¡PONTE al día!

COLLE

MIKE THACKER MÓNICA MORCILLO LAIZ FERNANDO PÉREZ COS

Hodder Murray
A MEMBER OF THE HODDER HEADLINE GROUP

Orders: please contact Bookpoint Ltd, 130 Milton Park, Abingdon, Oxon OX14 4SB. Telephone: (44)
01235 827720. Fax: (44) 01235 400454. Lines are open from 9.00 - 5.00, Monday to Saturday, with a 24
hour message answering service. You can also order through our website www.hoddereducation.uk.

British Library Cataloguing in Publication Data
A catalogue record for this title is available from the British Library

ISBN-10: 0 340 84669 0
ISBN-13: 978 0 340 84669 8

First Published 2003
Impression number   10 9 8 7 6 5
Year   2007 2006

Typeset by Tech-Set Ltd.
Printed in Italy for Hodder Murray, a division of Hodder Education, 338 Euston Road,
London NW1 3BH.

Contents

Introduction

¡Ponte al día! is an advanced course for students who enjoy Spanish and want to improve their language skills and extend their knowledge of the Hispanic world. It consists of 13 units, which will take you through Spanish A-level from beginning to end: Unit 1 is transitional, aiming to bridge the gap between GCSE and advanced work, Units 2–7 correspond to AS and Units 8–13 to A2. For the most part the book is written in Spanish to ensure that you are working in the language as much as possible.

A-level is a two-year course, which requires a high degree of linguistic skill, a thorough knowledge of grammar structures and a real engagement with the culture of Hispanic countries. *¡Ponte al día!* covers these areas systematically. Each of the units is based on a topic offered by the examination boards, and contains a range of tasks which will help you acquire the knowledge, structure and vocabulary that you need for the examination. In the first units of *¡Ponte al día!*, the tasks and exercises are relatively short and uncomplicated; as the course goes on they gradually become more complex and lengthy, in order to prepare for the examination. The course also provides regular grammar explanations and practice, linking the grammar points to reading passages to put them into context. Your knowledge of Spain and Latin America will increase progressively, since you will always be working on extracts related to Hispanic countries. In addition, each of Units 2–13 highlights the society and culture of either a Spanish *comunidad autónoma* or a Latin-American country.

To reap the maximum benefit from the course, you need to be strongly motivated, to learn to study independently and to work up your skills. *¡Ponte al día!* provides a platform for this process.

Finally, remember that:

- The best way to learn is to explore the language and discover it for yourself.

- Higher level study requires advanced strategies for learning. Be prepared to acquire them!

- Don't be afraid to make mistakes. The essential thing is to become confident in the language.

- Get into the habit of learning vocabulary every week.

- Read and listen to Spanish regularly, even for a short while.

- Communicating with others in Spanish is fundamental to the process of learning.
  Enjoy it!

¡Suerte!

You will see the following symbols throughout *¡Ponte al día!*:

reading exercise

listening exercise

speaking exercise

writing exercise

En familia

Entrando en materia...

En esta primera unidad vamos a tratar sobre la familia hispana. Intentaremos describir las características principales de la unidad familiar en España e incluiremos ejemplos de familias iberoamericanas. Se revisarán aspectos como el papel de los abuelos en las nuevas familias, las relaciones entre padres e hijos, las ayudas que el gobierno da a las familias y cuestiones sociales como el hecho de ser madre antes de los 18 años, entre otros temas. Los puntos gramaticales que se van a tratar son:

- El presente de indicativo (cambios de ortografía)
- Los adjetivos
- El futuro

Reflexiona:

■ Haz una lista de palabras relacionadas con la familia. ¡Cuántas más mejor! Coméntalas con tu compañero.

■ Mira las fotos y describe una de ellas a tu compañero.

La familia española hoy en día

1 La familia de Mónica

Crecí en una familia numerosa y no lo cambiaría por nada del mundo. Somos siete hermanos y yo soy justo la mediana. Mis padres fueron muy ordenaditos incluso para eso: dos niños, tres niñas, dos niños.

Siempre me ha gustado ser parte de una gran familia ya que se aprende mucho al convivir con los demás. Has de ser generoso y aprender a compartirlo todo o te conviertes fácilmente en la oveja negra de la familia. Debes aprender a ser espabilado y a reaccionar rápido ante cualquier circunstancia, ya que hay muchos que se te pueden adelantar. Tienes que aprender a comer de todo, pues eso de elegir no existe – mamá ya tiene bastante con preparar una comida para nueve.

Recuerdo que mis padres nunca tuvieron inconveniente en que trajéramos amigos a casa y siempre los acogían cariñosamente diciendo que "donde comen nueve, comen diez". Nuestra casa era muy grande ya que a medida que crecía la familia mis padres tuvieron que ir ampliándola. Finalmente tuvieron que comprar el piso de arriba e hicieron una escalera de caracol para unir los dos pisos. Ahora hay ocho dormitorios, cuatro cuartos de baño, dos cocinas, dos garajes.... pero verdaderamente necesitaban el espacio.

A ¿Qué significan las siguientes palabras o expresiones sacadas del texto? Intenta no usar el diccionario y extraer el significado del contexto. Mira a ver si tus compañeros saben otras palabras que tú no sabes.

1 no lo cambiaría por nada del mundo
2 la mediana
3 la oveja negra
4 espabilado
5 reaccionar rápido
6 acoger
7 ampliar

B Mónica sigue contando su historia pero hay algunas palabras que faltan. Elige la palabra adecuada para cada espacio en blanco.

1 a) nos llevamos b) nos traemos c) se traen
2 a) están b) vivimos c) viviendo
3 a) había b) tengo c) tenemos
4 a) organizando b) mal c) organizado
5 a) me gusta b) me cuesta c) nos gusta
6 a) las gentes b) las personas c) la gente

Todos los hermanos **1**_____ muy bien ya que nacimos todos bastante seguidos y tenemos edades similares. Es un poco como una pandilla de amigos **2**_____ juntos.

Constantemente **3**_____ risas y bromas, se corría por la casa, para hacer cosquillas a uno, hacer una guerra de agua entre todos o pelearse con el otro. Al mismo tiempo, todo estaba muy **4**_____, pues los padres tenían que ser estrictos para que la casa no se convirtiera en una auténtica jauría. Claro, que eso no impidió que la pecera se rompiera más de una vez tras algún que otro partido de fútbol en el salón...

Hoy **5**_____ creer que mis padres nos pudieran sacar adelante, que hayamos hecho estudios universitarios, que tengan varios nietos, que su casa esté prácticamente vacía.... y que ya **6**_____ no se pare en los semáforos a contar cuántos niños y maletas es posible transportar en un solo coche...

C Haz una nota con las características de tu familia y compárala con la de Mónica. ¿Cuántos sois? ¿Cómo os lleváis? ¿Dónde vivís? ¿Cómo es vuestra familia? Después explica al resto de la clase cómo es tu familia.

2 La hermana de Mónica

 Escucha la siguiente historia sobre la familia de Mónica y di cuáles de las siguientes frases son verdaderas (V) o falsas (F). Si son falsas escribe la versión correcta.

1 Andy es de Sevilla.

2 Andy tiene los ojos azules.

3 A Mónica no le gusta Andy.

4 Patricia tiene dos hijas.

5 La sobrina de Mónica es rubia.

6 Los padres de Mónica están encantados con Andy.

3 Las relaciones familiares

 Comentad en grupo e intentad poner en contexto las siguientes frases. Para ello podéis inventar una historia sobre cada una de ellas:

1 Mi padre es mi coleguita.

2 Los abuelos se sienten útiles cuidando a sus nietos.

3 Muchos niños en una sola casa . . . ¡Vaya un problema!

4 El reparto de las tareas domésticas ha cambiado completamente.

5 Nuestros hijos se pelean constantemente.

6 He sido madre antes de los 17 años.

 Escucha los siguientes textos sobre las relaciones familiares y emparéjalos con las frases de al lado. Recuerda que sobra un número.

1	2	3	4	5	6

 Responde a estas preguntas.

¿Trabaja tu madre? ¿Qué hace? ¿Conoces a familias en las que la madre trabaja? ¿Conoces a familias en las que la madre no trabaja? ¿En qué son distintas esas familias? Compáralas con la tuya.

4 El trabajo de Isabel

La situación familiar de los españoles es muy distinta a la de hace unas décadas. Hace 20 años, la mujer dedicaba todo su tiempo al hogar y a los hijos. Con la incorporación de la mujer al mercado laboral la situación ha cambiado. Isabel nos cuenta lo que hace cada día:

Por la mañana empiezo muy temprano; me levanto a eso de las siete de la mañana. Me arreglo rápidamente y despierto a mis hijos: Marta de tres años y José de seis. Les preparo el desayuno, les arreglo y les visto tan rápidamente como puedo. Luego nos vamos en el coche, primero a la guardería de la nena y luego al cole de José. Una vez que me despido de ellos, pongo la radio del coche, oigo las noticias y me voy derechita al atasco de la M-30[1].

Por la tarde, salgo del trabajo a las cuatro y me meto otra vez en el atasco de la M-30. ¡Menos mal que conozco un atajo para llegar a la guardería de Marta! La recojo y nos vamos a buscar a José.

Cuando llegamos a casa, comienza mi segundo trabajo: les preparo la merienda, juego con ellos, les baño, les dejo ver la tele un poco, les sirvo la cena, les cuento un cuento y se acuestan.

Después, me relajo un poco hasta que viene Paco, mi marido, que sale muy tarde de trabajar. Al final del día, me siento tan cansada que cuando cierro la puerta de mi habitación y me meto en la cama caigo redonda.

[1] *La M-30 es una autopista de circunvalación de Madrid*

A Completa las frases siguientes con tus propias palabras según el sentido del artículo:

1 Isabel se levanta _____ .
2 Isabel _____ a los niños muy rápidamente.
3 La M-30 tiene muchos _____ .
4 A las cuatro, Isabel _____ el trabajo.
5 Llega a la guardería antes porque sabe otro _____ más rápido.
6 Paco llega a casa _____ que Isabel.

 B Ahora habla con tu compañero de lo que sueles hacer diariamente en tu casa:

1 ¿A qué hora te levantas? ¿Antes o después que Isabel?

2 ¿Tardas mucho o poco en arreglarte antes de salir de casa?
3 ¿Qué haces al llegar a casa? ¿Algo parecido a lo que hace Isabel o sus hijos?
4 ¿Tienes más o menos tiempo libre que ellos?
5 ¿A qué hora te acuestas?

 C Compara tu rutina con la de tu compañero y escribe una lista de las actividades que realizas durante un día normal.

 D Escribe unas 100 palabras contando lo que hace tu madre en un día normal.

Grammar

RADICAL-CHANGING VERBS IN THE PRESENT TENSE

Radical-changing verbs are verbs in which the spelling of the stem varies in certain circumstances, i.e. is not "regular". The stem is the verb without the ending *-ar, -er,* or *-ir,* e.g. *pens-* in the verb *pensar, entend-* in *entender* and *volv-* in *volver.* The last vowel in the stem is always the part affected: thus the second *e* in *entend-* "splits" into *ie: entiend-,* but **only** in certain persons of the verb.

Radical changes affect *-ar, -er* and *-ir* verbs. It is not easy to predict whether a given verb undergoes a radical change or not.

E > IE

The *e* of the stem changes into *ie* in all persons except *nosotros* and *vosotros.*
For example: *querer: quiero, quieres, quiere, queremos, queréis, quieren*

O > UE

The *o* of the stem changes into *ue* in all persons except *nosotros* and *vosotros.*
For example: *poder: puedo, puedes, puede, podemos, podéis, pueden*

E > I

The *e* of the stem changes into *i* in all the persons except *nosotros* and *vosotros.*
For example: *pedir: pido, pides, pide, pedimos, pedís, piden*

-G-

A number of verbs insert *g* into the stem of the first person. Some of these verbs change the stem like the verbs above, others do not. For example: *tener: tengo, tienes, tiene, tenemos, tenéis, tienen*
hacer: hago, haces, hace, hacemos, hacéis, hacen

For more information on radical-changing verbs see Grammar Summary, p273.

Ejercicio

Saca del texto 4, *El trabajo de Isabel*, los verbos que creas que son irregulares y ponlos en su columna respectiva:

E > IE	O > UE	E > I	- G -

5   ¿Qué hacen Paco e Isabel?

Escucha el CD y contesta las preguntas.

  A   **Haz una lista de las cosas que hace Isabel y de las cosas que hace Paco.**

 B   **Compara lo que hacen tus padres con lo que hacen Paco e Isabel. ¿Cómo se reparten las tareas del hogar en tu familia? ¿Quién hace las cosas de casa? ¿Les ayudan tus abuelos, tíos, hermanos mayores…?**

  C   **Ante los problemas que Isabel y Paco tienen, hay varias soluciones:**

- Dejar el trabajo y reducir los gastos.

- Pagar más y llevar a los niños a guarderías y colegios más cercanos al lugar de trabajo.

- Sacrificarse y continuar con una vida en la que se fuerza a los niños a tener unos horarios de adultos.

- Pagar a un(a) canguro y estar preocupados todo el día.

- Contar con la ayuda de algún familiar, si es que pueden.

Elige la solución que te parezca más adecuada. ¿Por qué? ¿Qué piensan tus compañeros? Justifica tu decisión ante la clase.

6   El papel de los abuelos

Lee el texto y mira lo que les pasa a Isabel y Paco.

La verdad es que tanto los padres de Paco como los míos nos ayudan mucho. Los fines de semana se llevan a los niños al parque y juegan con ellos, les dan de comer y a ellos les gusta mucho sentirse útiles. Estar jubilados es muy difícil para ellos porque no saben qué hacer, se sienten bien al ser responsables de Marta y José por unas horas y se ven más integrados en la familia. A mí me encanta por un lado porque transmiten a los niños su experiencia, aunque, a veces, en su afán por enseñar sus conocimientos a sus nietos, intentan educarles a su modo. Esto crea algunos problemas porque, por ejemplo, nosotros no les permitimos que coman golosinas antes de la comida, mientras que Pedro, el padre de Paco, les consiente más y Marta y José, que no son tontos, aprenden rápido y saben a quién acudir cuando quieren ciertos caprichos.

Corrige los errores de las siguientes frases.

1 Los fines de semana, Marta y José van a casa de sus abuelos.

2 Estar jubilados es muy fácil para ellos porque siempre tienen algo que hacer.

3 Los abuelos transmiten a sus nietos sus caprichos.

4 Los abuelos educan a Marta y José de igual forma que Paco e Isabel.

5 Pedro no permite ningún capricho a sus nietos.

Los problemas familiares

En el seno de la familia, además de encontrarse protección y felicidad, también hay problemas como la disciplina, la falta de comunicación, la violencia, etc. Ahora vamos a ver algunos de esos problemas.

7a Carta a Mía

Lee la siguiente carta que una lectora ha mandado al consultorio de la revista Mía.

> Tenemos cuatro hijos de 27, 25, 19 y 16 años y vemos que discuten por todo y hasta llegan a las manos en ocasiones. Se echan en cara quién habla más tiempo por teléfono, por ejemplo. Además, dicen que tenemos predilección por alguno y concretamente el mayor es muy autoritario y a veces se le va la mano con los pequeños. ¿Qué podemos hacer?
>
> Laura

  Contesta la carta (100 palabras) usando ejemplos relacionados con tu familia o con la familia de tus amigos si conoces a alguien con este tipo de problemas.

  Comenta esta carta con tu compañero, proponiendo soluciones al problema.

7b Respuesta de Mía

Ahora lee la respuesta que la revista Mía da a la lectora.

> Hay que dejarle bien claro al hermano mayor que él no es un padre y que en ningún caso puede hacer daño, ni físico ni psicológico, a sus hermanos. Veo que tus hijos ya son bastante mayorcitos como para andarse con bobadas de celos y discusiones sobre si uno habla más o menos por teléfono. Hay que hablar con ellos muy seriamente y pedirles que abandonen esa conducta infantil y adolescente y se comporten como las personas adultas que son, salvo el de 16 años. Por no actuar a tiempo y cortar en seco actos de violencia de unos hermanos contra otros después ha habido que lamentar hechos peores. La actitud firme de los padres es fundamental en casos así ya que la responsabilidad última es solamente suya.
>
> Mía

A **¿Qué significan las siguientes expresiones del texto? Intenta explicarlas en español sin mirar en el diccionario. ¿Cuántas sabes? ¿Cuántas saben tus compañeros? ¿Podéis averiguar el significado de todas las expresiones entre todos los compañeros de clase?**

Dejarle bien claro
En ningún caso
Andarse con bobadas
Salvo

Actuar a tiempo
Cortar en seco
Ha habido que lamentar
Actitud firme
En casos así

B **Comenta la respuesta que da la revista. ¿Es similar o diferente a la que vosotros habéis propuesto? ¿Cuáles son las diferencias? ¿Cuáles las similitudes? ¿Qué pueden hacer los padres de estos chicos?**

8 Cachetes a 3 euros

——— CACHETES A 3€ ———

Hace unos pocos años, el dar un bofetón a un hijo menor de edad simplemente se consideraba un acto de disciplina por parte de sus progenitores. Ahora, por aquello de los derechos del niño, la educación abierta y las secuelas sicológicas, a uno le pueden condenar por el simple hecho de levantar la mano a un familiar.

Ese es el caso de J.J.E.A. condenado por el juez de instrucción nº1 de

Alzira (Valencia) a pagar una multa de 3€ diarios durante un mes por

dar un bofetón a una hija suya. Menos mal que, ahora, la Audiencia Provincial de Valencia le ha absuelto. Al parecer la niña, de 15 años de edad, era algo rebelde y el tribunal entiende que la única manera de corregir su conducta es con un buen cachete a tiempo. Atención, pues, a esos padres que dicen que la única manera de educar a un hijo rebelde es con mano dura porque se puede encontrar con algún contratiempo.

A   **Decide si las siguientes frases son verdaderas (V) o falsas (F) según el texto. Si son falsas, escribe la versión correcta.**

1 España no ha cambiado socialmente respecto a los actos de disciplina.
2 J.J.E.A. es condenado en Alzira por pegar a su hija.
3 La Audiencia Provincial está en contra de la condena.

4 El artículo está a favor de dar un bofetón a tiempo.
5 La niña se comportaba bastante bien.

B   **Comenta con tus compañeros de clase esta pregunta: ¿Te parece bien que los padres paguen multas como en la decisión del juez de Alzira o es mejor un buen cachete a tiempo como dice la Audiencia Provincial?**

9 Los temores de los padres

Otro problema que se afronta en una familia es cuando los hijos empiezan a salir por la noche con sus amigos. Lee el siguiente artículo.

LOS TEMORES DE LOS PADRES

Que sus hijos se encuentren con peligros como el alcohol y las drogas es lo que más temen los padres. Cada vez existen menos diferencias en razón del sexo entre la juventud, pero en temas como el de las salidas nocturnas se agudizan los miedos de los padres si quien va a salir es la chica. Incluso en discusiones como las del horario de vuelta a casa, se tiende en muchos hogares a ser más permisivos con los chicos. ¿Por qué hay más miedo con las chicas? Entre otras razones, se considera a las chicas más indefensas y vulnerables ante los peligros de la noche. El fantasma de los embarazos no deseados aún pervive en la mente de muchos padres. Asimismo, todavía es posible oír en boca de muchos: 'No está bien visto que una chica vuelva tan tarde a casa'. Pero ¿cuándo hay que preocuparse de verdad? Cuando empiece a haber cierto descontrol. Si observamos que no respeta ningún tipo de horario; si su carácter se vuelve de repente irritable y huraño; si, con cierto secretismo, cambia de amistades. . .

  A Encuentra en el texto las palabras que tienen el mismo sentido que las siguientes.

1 amenazas
2 distinciones
3 por la noche
4 desacuerdos
5 cuidado
6 desamparadas
7 querido
8 a última hora
9 falta de disciplina
10 temperamento
11 susceptible
12 va con otros amigos

  B Comenta el artículo, poniéndote en la situación de tus padres: ¿Qué crees que piensan cuando sales? ¿Qué les recomendarías que hicieran? ¿Entiendes por qué se enfadan cuando llegas tarde?...

C Busca en el artículo todas las formas del verbo que tengan una ortografía irregular.
Haz una lista de éstas y del infinitivo del verbo.
Por ejemplo: *encuentren > encontrar*.

10 ¡A qué horas llegas, hijo mío!

   A Ahora escucha lo que le dice Carmen a Pilar sobre su hijo Carlos, que llega tarde en las vacaciones de Semana Santa. Relaciona las frases de las dos columnas:

1 Carlos en vacaciones . . .
2 Carmen piensa en . . .
3 Carmen piensa que Carlos . . .
4 Pilar recomienda a Carmen . . .
5 Pilar no se . . .
6 Según Pilar, Carlos llegó tarde . . .

a . . . lo que estará haciendo Carlos.
b . . . que se relaje un poco y vea la tele.
c . . . no para de salir por la noche con sus amigos.
d . . . se está peleando, está tomando drogas o que ha tenido un accidente.
e . . . porque no pasaba ningún autobús.
f . . . lo toma en serio.

B En parejas analizad lo que pasa en vuestro caso cuando salís por la noche y en las reacciones de vuestros padres. Exponed vuestros casos al resto de la clase.

Grammar

ADJECTIVES

● Adjectives are words we use to tell us something more about a noun, describing it or qualifying it in some way: *la casa* by itself tells us nothing particular about the house, but in *la casa arruinada,* the adjective *arruinada* tells us that the house is in ruins.

Remember that adjectives agree with nouns in:

> **Gender:** *un coche **rojo***   a red car
> **Number:** *dos chicas **italianas***   two Italian girls

and that they are normally placed **after the noun.**

● The following frequently-used adjectives are usually placed before the noun and they lose the final *-o* when the following noun is masculine singular. This is called "apocopation".

algún/alguno/ a	any
mal(o)/mala	bad
ningún/ninguno/ a	no
buen(o)/buena	good
un(o)/ una	a, one
primer(o)/primera	first
tercer(o)/tercera	third

> Por ejemplo: *el primer hijo de la familia*   the first son of the family
>   *ningún problema*   no problem

● *grande,* "great", "big", loses the final *-de* before a singular noun.

> Por ejemplo: *una gran familia*   a big family

For more information on adjectives see Grammar Summary, p262.

Ejercicio

Escoge un adjetivo del cuadro y rellena los huecos, utilizando la forma correcta del adjetivo:

bueno	grande	ninguno	malo	primero

Ayer mi sobrino, Carlos, abandonó sus estudios. No parecía tener **1**_____ motivo. Yo le dije que ésta fue una **2**_____ decisión, pero él, como es muy testarudo sólo me respondía: "Pues, tú, con tu **3**_____ sentido, no sabes nada de lo que pasa en este colegio. Desde el **4**_____ día lo odio. Lo dejo con **5**_____ placer."

Unas familias hispánicas

Ahora vamos a describir a cinco familias hispanas que viven en distintas partes del globo. Los modos y las condiciones de vida en el mundo hispano varían enormemente, como veréis en los textos. Sin embargo, una cosa une a todas estas familias: hablan la misma lengua española y por eso comparten una cultura hispánica muy rica.

11 Cinco familias

a La familia De Frutos de España

La familia De Frutos, por edad y educación, forma parte de esa primera generación de españoles que ha alcanzado la soñada categoría de europeos. Son un matrimonio moderno que vive en Segovia. Se casaron jóvenes, dos años después de que naciera su hija (a la que bautizaron con un nombre, Sheila, muy lejos del típico del santoral) sólo pisan la iglesia en bodas y bautizos, y no quieren tener más hijos. José María además de regentar su negocio, ayuda en casa exhibiendo sus habilidades culinarias. Paloma aparte de trabajar como secretaria durante 8 horas al día, oficia de ama de casa: un papel que le ocupa bastantes horas más que a su marido.

 A Relaciona las siguientes palabras con su definición correspondiente.

1	generación	**a**	lista de santos utilizada para elegir el nombre de un hijo
2	categoría	**b**	dirigir
3	matrimonio	**c**	clase o grupo
4	santoral	**d**	ceremonia necesaria para ser cristiano
5	bautizo	**e**	hombre y mujer casados entre sí
6	regentar	**f**	relacionadas con el arte de cocinar
7	culinarias	**g**	personas que, por haber nacido en fechas próximas, tienen características comunes.

b La familia Carballo de Argentina

Los Carballo intentan mantener la calma mientras esperan el restablecimiento del orden social y económico en

Argentina. Viven en Salta, una ciudad a más de mil kilómetros de Buenos Aires. Aquí, Marta y José Antonio trabajan como fotógrafos y tienen tres hijos pequeños. Su trayectoria ha sido como una montaña rusa: han sufrido dos robos; su situación económica se tambalea y se han tenido que mudar infinitas veces de casa. No son pobres; incluso pudieron sustituir el equipo de música, la tele y el vídeo. Pero los tiempos son tan difíciles que se han trasladado a vivir a la casa de una tía de Marta. Los domingos por la tarde es el día más feliz de la semana. Se reúnen todos alrededor de la barbacoa. Bailan, comen y se ríen. Pero, no pueden dejar de lado la realidad de la vida: José Antonio carga su pistola al atardecer para proteger a su familia de los ladrones, cada vez más numerosos y violentos.

B Utilizando las palabras del recuadro rellena los huecos en este resumen de la vida de los Carballo.

mudarse se fiesta inestabilidad divertirse económica pareja felicidad padre robado

En este momento Argentina pasa por una crisis **1**_____. Los Carballo, una **2**_____ que trabaja como fotógrafos en la ciudad de Salta, sufren la **3**_____ social del país: les han **4**_____ dos veces y han tenido que **5**_____ de casa. Tienen miedo de los ladrones y la violencia, por lo que el **6**_____, José Antonio, carga su pistola antes de que **7**_____ acuesten los niños. Aún así, esta familia sabe **8**_____. Siempre hay **9**_____ los domingos, cuando reinan la música y la **10**_____ .

C Rellena los espacios en blanco del recuadro con los datos que faltan.

1	la raza de la familia Calambay	
2	la situación del pueblo	
3	el ambiente del lugar donde viven	
4	lo que venden en el mercado	
5	de éstas hay pocas	
6	falta en su domicilio	
7	en qué trabaja Lucía	
8	el sitio donde trabaja Lucía	
9	el sitio donde trabaja Vicente	
10	el uso de las mantas	

d La familia Castillo Balderas de México

Viven en el Barrio de Buenos Aires en la ciudad de Guadalajara. La zona comenzó como campamento de okupas, y a medida que sus habitantes encontraron trabajo se fue convirtiendo en un lugar de residencia permanente. Sin embargo, el barrio sigue con las calles sucias e intransitables. La familia Castillo Balderas no se ha dejado asustar por estos antihigiénicos inconvenientes. Por eso han decidido levantar (y con sus propias manos) las cuatro paredes de su vivienda. Ambrosio, el padre, no descansa ni un segundo. Se levanta a las cuatro de la madrugada para llegar hasta la distribuidora de productos agrícolas donde trabaja. Allí carga cajas de verduras en camiones. También se dedica a hacer chapuzas como soldador y aún encuentra tiempo para terminar de construir la casa donde viven. Carmen, la esposa de Ambrosio, se dedica exclusivamente al hogar. Al matrimonio lo que más le gusta después de cada jornada laboral es sentarse delante del televisor con sus hijos.

c La familia Calambay Sicay de Guatemala

La familia Calambay Sicay pertenece a la tribu de los cakchiqueles, uno de los 22 colectivos indígenas de Guatemala. Viven en San Antonio de Palopó, un hermoso lugar a orillas del lago Atitlán. Aquí se respira tranquilidad. Los Calambay Sicay son campesinos, por eso es frecuente encontrar a Lucía atando en manojos las cebollas que cultiva Vicente, su marido, y que después venden en el mercado de Sololá, la ciudad importante más próxima. La vida en San Antonio de Palopó no es fácil. Las comodidades escasean, y por no tener, no tienen ni agua corriente en la casa. Para matar el poco tiempo libre del que disponen, Lucía hila pulseras y bolsas en un telar pequeño. Vicente utiliza otro más grande para tejer las cobijitas (mantas) con las que se tapan sus tres hijos.

Contesta las preguntas siguientes en inglés.

1 Who were the first people to live in the district?
2 Why did people decide to live there more permanently?
3 Why is the area unattractive to live in?
4 What does Ambrosio do for a living?
5 What work does he do when he has time?
6 What does Carmen do?
7 What does the couple like doing after work?

e La familia Costa de Cuba

La vida cotidiana de la familia Costa está marcada por la dramática situación política a la que se enfrenta Cuba. Viven en La Habana, en una casa unifamiliar transformada en tres viviendas en las que viven los abuelos, los hijos y los nietos de la familia. La situación laboral no es demasiado halagüeña. Montecristi es Ingeniero de Caminos, y como el trabajo no abunda, se pasa el día buscando algún quehacer. El cometido de Sandra es llevar a los niños al colegio. Después le aguarda la más dura y desesperante tarea de la jornada: ir a la compra. Sin embargo, son una familia afortunada, y todavía celebran alguna fiesta cuando la ocasión lo requiere. En esos días especiales no falta el ron ni la carne de cerdo.

  Relaciona las frases de las dos columnas. ¡Ojo! Sobran tres frases.

1 El padre de la familia
2 Todos los miembros de la familia
3 Es muy difícil encontrar
4 Los niños van al colegio
5 A Sandra no le gusta nada
6 La familia Costa tiene suerte
7 Beben y comen bien

a los fines de semana.
b dar una fiesta.
c viven en la misma casa.
d se llama Sandra.
e con su madre.
f trabajo en La Habana.
g hacer la compra.
h se llama Montecristi.
i cuando hay fiesta.
j porque no es tan pobre como otra gente.

  La clase se divide en dos grupos y cada grupo representa a una de las anteriores familias. ¿Qué hacen en un día normal los miembros de cada familia? ¿A qué hora se levantan? ¿Qué comen? ¿Cómo pasan el tiempo libre?

  Haz un resumen (100 palabras) de la vida de una de las familias, mencionando cuáles son sus características principales.

Los jóvenes y la independencia

12 ¿Por qué los jóvenes se independizan cada vez más tarde?

Lee el siguiente texto sobre una característica muy común entre los jóvenes españoles.

La infancia parece transcurrir a un ritmo vertiginoso; los niños dejan de serlo bastante pronto. Sin embargo, paradójicamente, los sociólogos han detectado un alargamiento en el período de duración de la juventud. Esto se manifiesta en el retraso en la emancipación y en la incorporación al mundo adulto.

En el informe elaborado por el Instituto de la Juventud (INJUVE), los expertos aseguran que la sociedad en la que vivimos dispone de pocos recursos para conseguir que una persona salga del domicilio familiar antes de haber cumplido los 30 años. De hecho, sólo el 23% de los jóvenes españoles que aún no han llegado a la treintena se ha emancipado; el 77% restante sigue viviendo todavía en el hogar familiar.

  A Busca en el texto las palabras que tengan el mismo sentido que las siguientes expresiones inglesas.

1 very quickly   **2** oddly enough   **3** extension   **4** income   **5** family home   **6** has become independent

13 Tengo treinta y todavía en casa

Escucha a Esther, periodista de 26 años, a Juan, ejecutivo comercial de 31 años, a Antonio, trabajador social de 33 años y a José, cartero de 29, dando sus opiniones sobre el tema.

Esther

Juan

Antonio

José

ESTHER

  A Escucha lo que dice Esther y escoge la opción más apropiada.

1 Para Esther independizarse fue
   a) igual que para otros jóvenes.
   b) más difícil.
   c) más fácil.

2 Salió de casa para
   a) estudiar.
   b) irse a vivir con sus tíos.
   c) trabajar.

3 Quería tener una vida
   a) dependiendo de sus padres.
   b) propia.
   c) tranquila.

4 Se traslada a Madrid
   a) por su trabajo.
   b) porque le gusta la ciudad.
   c) por sus estudios.

JUAN

  Completa las siguientes frases de acuerdo con lo que dice Juan.

1 En su casa no tendría más _____ que en casa de sus padres.

2 Si viviera sólo no tendría _____ económica.

3 Las _____ no quieren hacer fijos a sus empleados.

4 Prefiere poder _____ y tener dinero.

ANTONIO

  Contesta las siguientes preguntas relacionadas con lo que Antonio comenta.

1 ¿Dónde vive Antonio?

2 ¿Qué es difícil encontrar en Guadalajara?

3 ¿Por qué es positivo afrontar todos los gastos y pasar apuros económicos?

4 ¿Qué se merecen los padres de Antonio?

JOSÉ

 Escucha a José y decide si las siguientes oraciones son verdaderas (V) o falsas (F). Si son falsas escribe la versión correcta.

1 José no quiere vivir sólo.

2 Los precios de las casas son muy altos.

3 No tiene la posibilidad de vivir sin contar con sus padres.

4 Tiene toda la independencia que quiere.

  ¿Quién tiene cada una de las siguientes opiniones?

1 Si tuviera el dinero suficiente ya no viviría con mis padres.

2 Tuve que salir de casa para estudiar.

3 Me he demostrado a mí mismo que sé vivir por mi cuenta.

4 Viviendo por mi cuenta no tendría más libertad.

  Como ves, hay opiniones para todos los gustos. Elige uno de los jóvenes anteriores y ponte en su lugar. ¿Cuál es tu opinión favorita? Coméntala con el resto de la clase. Escribe una lista de las razones a favor de quedarse en el hogar familiar y de las razones en contra.

La familia y la sociedad

14 Plan de ayuda a las familias

Lee el siguiente texto sobre el nuevo plan de ayuda a las familias.

El plan tiene más de 50 medidas cuyo objetivo es potenciar la natalidad, ya que en España tenemos una de las tasas más bajas del mundo. Entre las medidas destacan las siguientes:

- Se elaborará una ley específica para las familias numerosas.
- Subirá la prestación económica única por nacimiento del tercer hijo o sucesivos.
- Fiscalmente, recibirán una compensación adicional desde el tercer hijo.
- Podrán deducirse los gastos de guardería y personal doméstico.
- Podrán tener una vivienda de protección oficial de más de 90m².

- Tendrán más descuentos en transporte público.
- Disfrutarán de rebajas en actividades culturales y de ocio (museos, teatros, conciertos…).
- Navegar por Internet les costará menos dinero.
- Habrá un permiso de maternidad o paternidad a tiempo parcial para que dure más.

  Ascen tiene dos hijos y va a tener otro en unos meses. Escríbele una carta (150 palabras) utilizando el futuro y dile todas las ventajas que va a tener con el nuevo plan de ayuda a la familia.

Grammar

EXPRESSING THE FUTURE

The future tense is used to say **what is going to happen.**

In Spanish there are three main ways of expressing the future:

● using the present tense

En invierno, voy a los Pirineos.	We are going to the Pyrenees in the winter.
Nos vemos mañana.	We'll meet ("see each other") tomorrow.

● using **ir + a** followed by the infinitive

En invierno, vamos a esquiar en los Pirineos.	We are going skiing in the Pyrenees in the winter.
El jefe va a volver mañana.	The boss is coming back tomorrow.

Note: This construction is normally used to express the future in spoken language.

● using the future tense, **to state probability, future plans and intentions**

*En invierno **iré** a los Pirineos para esquiar.*	I will go skiing in the Pyrenees in the winter.
*Las familias de tres o más hijos **recibirán** ayuda especial del Estado.*	Families with more than three children will receive special help from the State.
*Navegar por Internet les **costará** menos dinero.*	Surfing the Net will cost them less.

Note: This form is not often used in the spoken language, the **ir + a** construction being preferred.

Formation of the future tense:

The future tense is formed by adding the following endings to the infinitive of the verb:

> **-é, -ás, -á, -emos, -éis, -án.**

Regular forms:		
	disfrutar + é = disfrutaré	"I will enjoy…"
	responder + ás = responderás	"you will answer…"
	subir + á = subirá	"it will go up…"

Irregular forms: some common verbs and their derivatives have an irregular future, which affects the stem of the verb.

> *tener: tendré, tendrás etc.*
> *poder: podré, podrás etc.*
> *hacer: haré, harás etc.*
> *poner: pondré, pondrás etc.*

Derivatives: *detener* (to arrest), *deshacer* (to undo), *suponer* (to suppose) etc.

Tendrán más descuentos en transporte público.	They'll have more discounts on public transport.
Podrán tener una vivienda de protección oficial.	They will be able to have State-subsidised housing.

For more information on the future tense see Grammar Summary, p270.

Ejercicios

1 Llena los huecos con los verbos entre paréntesis, utilizando la forma correcta del futuro.

a) En 2005 el Gobierno _____(introducir) una nueva ley para las familias numerosas.

b) Los niños no _____(venir) hasta la semana que viene.

c) Según las autoridades _____(haber) rebajas en las entradas de los museos.

d) En Galicia _____(hacer) frío mañana.

e) Las familias _____(poder) aprovecharse de descuentos en los gastos de guardería.

f) A las familias les _____(costar) menos si tienen más de tres hijos.

2 Contesta las preguntas utilizando el futuro, como en el ejemplo:

Ejemplo: ¿Has hablado con tu hermano?

No, hablaré con él mañana.

a) ¿Ha llamado a tu padre?

b) ¿Han salido tus primos?

c) ¿Le has dicho a Juanjo que venga?

d) ¿Se ha levantado tu abuelo?

e) ¿Os habéis inscrito ya?

15 He sido madre antes de los 18 años

Me di cuenta pronto de que estaba embarazada, pero no quise decirlo. Siempre pensé que me pesaría demasiado abortar: sólo tenía quince años. Se lo dije primero a mi madre, cuando ya estaba en el quinto mes de embarazo. Gracias a mis padres fui feliz en un momento tan duro.

Te salva la fortaleza y ver la carita de Clara para aguantar que tus amigos no cuenten contigo y que la gente en general cambie su actitud hacia ti. Es cuestión de madurez. Yo me considero una persona fuerte, pero aunque conté con toda mi familia y con una amiga, la única que no me abandonó, a veces lo pasaba muy mal. Me hizo mucha gracia que me rechazaran durante el embarazo y se acercaran después como si nada para conocer a mi niña.

El padre de la niña estuvo conmigo durante todo ese tiempo, hasta poco después de que la niña naciera. Tenía 19 años y quería que nos casáramos. Pero ya teníamos bastante con la responsabilidad de un bebé recién nacido como para que añadiéramos la de un matrimonio. Aquella relación terminó y la pequeña Clara se ha acostumbrado a vivir sin su padre.

A  **Lee la historia de Milagros que se quedó embarazada de Clara a los quince años y decide si las siguientes frases son verdaderas (V) o falsas (F). Si son falsas escribe la versión correcta.**

1 Milagros le contó inmediatamente a su madre que estaba embarazada.

2 Milagros no quería abortar.

3 Todos sus amigos la ayudaron.

4 Los amigos luego se acercaron a ver a Clara.

5 El padre de Clara estuvo con Milagros durante el embarazo.

6 La relación entre Milagros y el padre se rompió.

B 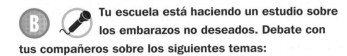 **Tu escuela está haciendo un estudio sobre los embarazos no deseados. Debate con tus compañeros sobre los siguientes temas:**

- El embarazo en la adolescencia puede convertirse en un hecho traumático.
- El apoyo de la familia es esencial.
- La presión social es mayor de lo que nos imaginamos.

- Hay muchos casos de matrimonios forzados e inducción al aborto.
- Según un estudio de UNICEF, España no es de los países occidentales que más sufren este problema. Su 'humilde' cifra de 7,9 nacimientos anuales por cada mil mujeres menores de 20 años contrasta con el 52,1 por mil de Estados Unidos, el 30,8 de Gran Bretaña y el 29,8 de Nueva Zelanda.

El mundo hispano

16 La familia de las naciones hispanohablantes

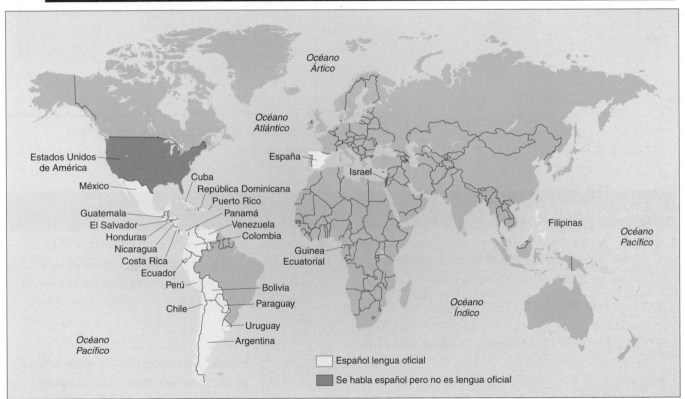

Tras la llegada de Cristobal Colón a Las Indias (América) en 1492, España empezó a extender su influencia por todo el mundo. Por ello el español es lengua oficial en más de 20 países entre los que se encuentran: Argentina, Bolivia, Chile, Colombia, Costa Rica, Cuba, Ecuador, El Salvador, Filipinas, Guatemala, Guinea Ecuatorial, Honduras, México, Nicaragua, Panamá, Paraguay, Perú, Puerto Rico, República Dominicana, Uruguay, Venezuela, además de España. También se habla entre los judíos sefarditas de Israel. Estados Unidos, pese a que el español no es idioma oficial allí, es el cuarto país hispanohablante del mundo...

Se estima que el número de hispanohablantes en el mundo es superior a los 350 millones y, aunque es la tercera lengua más hablada del planeta después del chino y del inglés, es la segunda lengua de negocios del mundo.

Curiosamente en España no sólo se habla español sino que además se hablan otras tres lenguas: catalán, vasco y gallego.

Sin embargo, estos países no sólo comparten una lengua, sino que tienen una cultura común que en mayor o en menor medida afecta a todos los países hispanohablantes. En los siguientes capítulos vamos a intentar mostrar diferentes aspectos de esta cultura hispánica a la que nos referimos.

A Agrupa los países en que se habla español como lengua oficial según su región. ¡Cuidado! Algunos países no caben, porque están en otras partes del mundo.

Norteamérica	Centroamérica	Sudamérica

B En el libro vamos a tratar sobre las siguientes regiones españolas: Andalucía, Canarias, Cantabria, Castilla La Mancha, Cataluña, Madrid y Valencia. ¿Puedes localizarlas en el mapa de España?

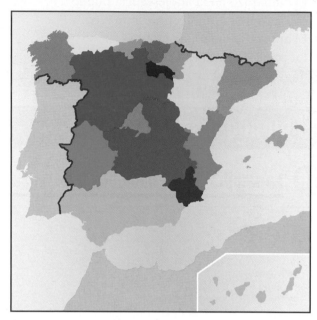

España está dividida en 17 communidades autónomas

Para terminar...

A En grupos pequeños cometad cuál creéis que será el futuro de la familia española. Fijaos en los siguientes datos:

- Entre 1996 y 1998 los matrimonios aumentaron en España un 6,68%.
- Los españoles, sin embargo, se casan más tarde (con más de 30 años).
- Entre 1990 y 2000 hubo un incremento considerable de las sentencias de divorcio (15%).

- En España, los jóvenes tienen tendencia a vivir en la casa de sus padres hasta los 30 años. Sólo el 23% dc los jóvenes españoles menores de 30 se ha independizado.

B Escribe unas 150 palabras sobre el futuro de la familia española. Intenta hablar sobre algunos de los aspectos que hemos visto en esta unidad. Utiliza el tiempo futuro donde sea posible.

Jóvenes: una vida por delante

Entrando en materia...

El tema de esta unidad trata de la juventud. Se hará también referencia a aspectos como el ocio y el deporte en el ámbito de la juventud. Tendremos oportunidad de aprender más de la vida de los jóvenes en España, concretamente en Cantabria. Los puntos gramaticales en los que nos centraremos son:

- Pretérito imperfecto
- Las construcciones con "hace"
- Comparaciones
- Posesivos

Recuerda: *Es importante tener en cuenta que el término "joven" en español abarca una franja más amplia que en inglés (que incluye principalmente los años de transición de niño a adulto, es decir, la adolescencia). En español, se tiende a emplear "joven" para denominar a aquellas personas entre 15 y 35 años.*

Reflexiona:

¿Son iguales los jóvenes en todos los países? ¿Tienen las mismas preocupaciones, los mismos gustos y las mismas ilusiones? Hasta cierto punto, sí: los jóvenes españoles se visten de la misma manera que sus amigos en otros países europeos, estudian las mismas asignaturas en la escuela y solicitan empleos parecidos. Sin embargo, todos los países tienen su propia cultura, y veremos que los jóvenes españoles de hoy día tienen unas actitudes y un comportamiento que provienen de su identidad española.

Los jóvenes españoles de hoy en día

1 ¿Cómo son los jóvenes españoles de hoy?

1 ESTUDIOS
Tres de cada cuatro se dedican a sus estudios o formación profesional pero otros jóvenes europeos tienen una mejor formación en informática y otras lenguas.

7. AFICIONES
Nueve de cada 10 citan la práctica de algún deporte entre sus aficiones favoritas. El 95% escucha música con regularidad. Entre los europeos son los que más bailan, aunque otros son más aficionados a tocar instrumentos regularmente.

2 VALORES
Para ellos la familia es lo más importante. La política y la religión apenas les preocupan.

3 DINERO
Valoran más la familia y los amigos que el dinero. La mayor parte no recibe más que una paga mensual de 16 euros de los padres.

6 AMIGOS
El joven español tiene bastantes más amigos que otros europeos. Pasa mucho tiempo con ellos, sobre todo por las noches. Sólo uno de cada cuatro vuelve a casa antes de las tres de la mañana los fines de semana. regularmente.

5 TRABAJO
Sólo el 15% de los españoles de entre 16 y 19 años trabaja, la mayoría con contratos eventuales. Más de la cuarta parte de otros jóvenes europeos de entre 15 y 19 años trabaja.

4 EMANCIPACIÓN
La mayoría vive en casa de sus padres hasta los 27 años. A los 18 años sólo el 3% ha volado del nido. La gran mayoría de otros europeos 'escapa' antes de cumplir los 20.

A Observa las estadísticas anteriores sobre los jóvenes españoles de hoy. Comenta con tu compañero las diferencias y similitudes con los jóvenes de tu propio país y de otros lugares que hayas visitado.

B Contesta, escogiendo la frase más apropiada de la segunda lista.
¿Qué importancia tiene(n) para los jóvenes españoles...?

1 los estudios	**a**	Es una de sus maneras favoritas de pasar los ratos libres.
2 la familia	**b**	Dejan el hogar mucho más tarde que otros jóvenes.
3 el dinero	**c**	Les gusta mucho estar con ellos.
4 el trabajo	**d**	Es lo que más les importa.
5 la emancipación	**e**	No le dan demasiada importancia.
6 los amigos	**f**	Son la ocupación principal de la mayoría.
7 la música	**g**	No lo encuentran tan fácilmente como los otros europeos.

C   Relaciona las siguientes palabras con su definición correspondiente. Una segunda lectura de las estadísticas te ayudará (fíjate en el contexto de las palabras).

1 La emancipación	**a** Temporal
2 La informática	**b** Educación y conocimientos que una persona posee
3 Las aficiones	**c** Técnicas y conocimientos relativos al uso de ordenadores y al tratamiento electrónico de datos
4 La formación	
5 Volar del nido	**d** Cantidad de dinero que los padres dan a los hijos periódicamente
6 La paga	**e** Acción por la cual los jóvenes se liberan de la autoridad a la que estaban sujetos en el hogar de los padres
7 Eventual	
	f Actividades realizadas en el tiempo libre
	g Dejar el hogar paterno para vivir independientemente

 D   Coloca el vocabulario siguiente en la columna que le corresponda:

hacer la carrera	la familia	la paga	volar del nido	mi novia
salir por la noche	la flauta	un contrato eventual	un empollón	el baloncesto
mi mejor amigo	la política	una licenciatura	estar sin blanca	

estudios	valores	dinero	trabajo	amigos	aficiones	emancipación

2   Cuando salíamos los fines de semana

Dos españoles que viven en Inglaterra están hablando de lo que solían hacer en España cuando salían. Escucha el CD y contesta las preguntas.

 A   Escucha a dos jóvenes, Pedro y Silvia, e indica con una cruz si las siguientes afirmaciones son verdaderas (V) o falsas (F). Si alguna declaración es falsa, escribe la versión correcta.

1 Pedro iba a la discoteca los fines de semana.
2 Le gustaba conocer a chicas en la discoteca.
3 Tener novia estaba mal visto.
4 La gente joven solía salir sola.
5 Silvia solía comer algo antes de ir a la discoteca.
6 Los amigos de Silvia y ella iban a la discoteca a las tres de la mañana.
7 Al salir de la discoteca, todos los amigos desayunaban juntos en un bar.

B   **Sustituye las palabras en cursiva en la lista de al lado por una de las siguientes expresiones, haciendo los cambios que consideres necesarios. Vas a necesitar sólo diez:**

salir a tomar unas copas	ir de tapas
ligar	soler
el desempleo	el ambiente de la familia
dejar el colegio	la droga
ir a la universidad	padre / madre soltero/a
rebelarse	la xenofobia
el vandalismo	de madrugada
salir en pandilla	salir con alguien
una pareja	un empollón
estar sin blanca	

Recuerda: *Si no conoces algunas de las palabras, emplea un diccionario o pregunta a tu profesor.*

1 Mi madre siempre me esperaba despierta cuando volvía *muy tarde por la noche*.
2 A mi hermano nunca le ha gustado *salir en grupo*.
3 Alrededor de los 13 años los jóvenes empiezan a *contradecir a sus padres*.
4 Lo peor para los jóvenes es que *tienen poco dinero*.
5 Con su cartera llena de libros y sus enormes gafas, mi amigo parecía un *niño muy estudioso*.
6 Tu primo ya tiene edad de *empezar una carrera*.
7 Ahora que ha superado su último desengaño amoroso, Juan quiere *tener novia*.
8 Cuando vengan a visitarnos a Cuenca, tenemos que *pasear y beber algo*.
9 Los domingos, antes de comer, a algunos españoles les gusta *tomar el aperitivo*.
10 Uno de los mayores problemas con el que se enfrentan los jóvenes españoles es *la falta de trabajo*.

Grammar

THE IMPERFECT TENSE

The imperfect tense is used for:

● repeated events or habitual actions in the past

*Los fines de semana **íbamos** a la discoteca.*
***Salíamos** sobre las tres de la mañana.*

At weekends **we used to go** to the disco.
We usually **went out** at around 3 am.

● descriptions in the past

*Mi abuela **era** una persona muy despabilada.*
*Su amigo **llevaba** una chaqueta azul y zapatos blancos.*

My grandmother **was** a very alert person.
Her friend **wore** a blue jacket and white shoes.

● actions in the past which were going on when interrupted by a completed action

***Estaba** esperando a mi hermano cuando sonó el teléfono.*

I **was** waiting for my brother when the telephone rang.

For regular verbs the imperfect tense is formed as follows:

-ar verbs: add **-aba, -abas, -aba, -ábamos, -abais, -aban** to the stem of the verb.

-er and **-ir** verbs: add **-ía, -ías, -ía, -íamos, -íais, -ían** to the stem of the verb.

Note that only three verbs, **ir**, **ser** and **ver** have irregular forms. Now check your knowledge by doing the exercise below.

If you are uncertain about the forms of the imperfect tense see Grammar Summary p269.

Ejercicio

Llena los huecos con los verbos en el recuadro utilizando la forma correcta del pretérito imperfecto.

| tener | ser | reñir | pasar | llevar | salir | ir | estudiar | tardar | estar | comer |

a) Esas dos mujeres _____ zapatos idénticos, de color marrón.

b) Cuando _____ (yo) 16 años pasé dos meses en Córdoba.

c) Siempre _____ (nosotros) a las siete de la tarde para ir de tapeo.

d) La semana pasada no fui al tenis porque _____ enferma.

e) Mientras _____ (nosotros) alguien llamó a la puerta.

f) La jefa _____ una mujer delgada de pelo largo.

g) Mientras Montse _____ para los exámenes, sus amigas _____ el fin de semana en el campo.

h) El tren _____ de Aranjuez a Madrid todos los días a la misma hora.

i) Si Gonzalo _____ su madre le _____ mucho.

③ Cuando era niña

Escucha el CD y extrae las formas verbales en imperfecto.
Aquí tienes los infinitivos de los verbos:

1 venir	**4** sentarse	**7** gustar	**10** dar	**13** encantar	**16** volver
2 ser	**5** estar	**8** mandarse	**11** ser	**14** marearse	**17** tener
3 hacer	**6** disfrutar	**9** interceptar	**12** soler	**15** tener	

Vuelve a escuchar el CD y enlaza estas expresiones con su equivalente:

1 interceptar	**a** cargas, sufrimientos
2 dar mucha rabia	**b** sentir malestar y pérdida de equilibrio
3 marearse	**c** ha pasado de todo desde ese momento
4 mucho ha llovido desde entonces	**d** molestar, fastidiar
5 sacarse las castañas del fuego	**e** solucionar los problemas por sí mismo
6 cruces	**f** detectar y confiscar algo

Al teléfono

④ Un día poco afortunado

A **Completa los huecos del texto de abajo con el siguiente vocabulario:**

¿dígame?   recado   llamando por teléfono   el auricular
dar un telefonazo   se había equivocado   cabina telefónica
averiada   tono   estaba comunicando   ha marcado
¿de parte de quién?

Marta está **1**_____ a su novio. Después de encontrar una **2**_____, ha descolgado **3**_____, **4**_____ el prefijo y el número de teléfono y ha esperado **5**_____ . Nadie contestaba. Ha intentado de nuevo, pero esta vez **6**_____ . Decidió colgar y **7**_____ a su

mejor amiga. Marcó su teléfono y salió una voz desconocida, ya que **8**_____ de número. Llamó a la operadora, para confirmar que el teléfono era correcto. Le dijeron que esa cabina estaba **9**_____ y que debía intentar llamar desde otra cabina. Por suerte, había otra muy cerca y tras llamar otra vez a su novio, una amable voz respondió: **10**"_____ ". Dijo que quería hablar con Juan y la voz respondió: **11**"_____ ". Ella dijo que era Marta. La voz respondió: "Juan no está. ¿Quieres dejar algún **12**_____?" Marta pensó que verdaderamente era un día poco afortunado para localizar a sus amigos...

5 Teléfonos con lenguaje propio

"Hla, qtl tdo?" (hola, ¿qué tal todo?), "sty cn pñ, cn t2" (estoy con la peña, con todos), "tns stio xa mi?" (¿Tienes sitio para mí?), "n pc + trd" (un poco más tarde), "thanx"(gracias), "1b" (un beso). Ésta podría ser una conversación entre dos amigos mantenida a través de mensajes de texto de teléfono móvil. La mayoría de los mensajes son enviados por jóvenes entre 15 y 35 años que los emplean por dos razones obvias: ahorrar dinero y tiempo.

El lenguaje de los móviles es un código de signos, siglas, acrónimos, abreviaturas de palabras inglesas, dibujos compuestos con los caracteres del teclado y palabras a las que se les han eliminado casi todas las vocales. Este lenguaje se ha convertido en la

forma más ingeniosa de comunicarse entre los adolescentes del siglo XXI. Todo vale si cumple su objetivo: condensar al máximo las palabras para que quepa la mayor información posible dentro de los 160 caracteres que caben en cada mensaje de texto, también conocidos como SMS según las siglas inglesas, Short Message Service (servicio de mensajes cortos).

Está pensado para el público más joven. Las estadísticas muestran que alrededor del 40% de los dueños de teléfonos móviles utiliza los mensajes cortos y que el envío de mensajes a través del móvil se ha convertido en el servicio que ha experimentado un mayor crecimiento en todos los operadores de telefonía.

A **Lee el texto y luego ordena y numera las siguientes frases que constituirán un resumen de éste.**

1 Es frecuente dejar sólo las consonantes para hacer los mensajes más breves.

2 En cada mensaje de texto caben ciento sesenta caracteres.

3 Los jóvenes entre quince y treinta y cinco años son los que más emplean los mensajes de móvil

4 La intención de los jóvenes es ser rápidos y gastar menos.

5 A veces se abrevian las palabras del inglés.

6 Este servicio ha experimentado un gran crecimiento en los últimos años.

7 A menudo se crean dibujos con los caracteres del teclado.

8 Es un práctico modo de comunicación muy en auge entre los jóvenes de nuestro siglo.

9 En el lenguaje de los móviles "thanx" puede significar gracias.

10 Es un método de comunicación que los mayores no suelen usar tanto.

⑥ Los teléfonos móviles

Una costumbre social que une a todos los jóvenes que viven en los países desarrollados es la de comunicarse con frecuencia por teléfono móvil.

A **Escucha el CD e indica con una cruz quién dice qué:**

	Emma	Carmen	Nuria	Pilar
1 A los chicos les falta concentración.				
2 Al adolescente le resulta más fácil demostrar sus emociones por teléfono.				
3 Los jóvenes necesitan el teléfono para establecer vínculos.				
4 Hablo diariamente con mis amigos.				
5 Utilizo el teléfono para ponerme al tanto de lo que pasa.				
6 No hablo por teléfono para resolver problemas.				
7 Las chicas hablan más que los chicos.				

B **Comenta estas preguntas.**

● En tu opinión ¿son los teléfonos móviles algo imprescindible hoy en día? Comparte tu razonamiento con el resto de la clase y con tu profesor.

● Con tu compañero, haz una lista de ocasiones en las que un teléfono móvil puede ser más útil que una cabina telefónica o un teléfono fijo.

● Ahora habla/d de tu/vuestra propia experiencia con los móviles o la que han tenido con ellos tus amigos o algún miembro de tu familia. Presenta la situación concreta y por qué el uso del móvil fue un éxito o un fracaso.

● ¿Crees que los móviles tendrían menos éxito entre los jóvenes si no ofrecieran la posibilidad de enviar mensajes de texto?

¿Qué piensan y sienten los jóvenes?

7 Los valores de la juventud

Conocer cómo piensa y siente la juventud de nuestros días, saber cuáles son sus inquietudes, ilusiones, aspiraciones y angustias, qué temas les interesan más y cuáles menos ha sido objeto de muchos estudios.

El Instituto de la Juventud ha sido el promotor de un estudio en que se analizan los valores actuales de la juventud en España. Se ponen de manifiesto los datos relativos a las ideas, creencias, expectativas e ilusiones de la juventud actual. Se desprende que los jóvenes españoles prefieren la democracia como sistema político. Sin embargo, esta valoración positiva desciende cuando se compara con la de otros países europeos. En cuanto a las instituciones del Estado, en una escala cuyo valor máximo se sitúa en 5 puntos, los mejores resultados corresponden a la Corona, que obtiene 3,7 puntos, seguidos de los Gobiernos autónomos con 3,2 puntos cada uno.

La valoración que hacen los jóvenes de los políticos parece satisfactoria, pues la mitad de los jóvenes entrevistados tiene una opinión favorable. Sin embargo, a la hora de contestar sobre qué creen que mueve a los políticos a dedicarse a esta actividad, el 62 por ciento dice que una ambición personal.

Respecto a los temas más polémicos y que mayor interés despiertan en la opinión pública, los jóvenes se muestran mayoritariamente más favorables a la igualdad plena de sexos (95 por ciento) y al rechazo de la pena de muerte (79 por ciento). A favor de la despenalización del consumo de las drogas se encuentran el 60 por ciento y el 38 por ciento en contra.

A **Lee el artículo y contesta las preguntas siguientes:**

1 ¿Cuál es el objetivo de este estudio?
2 ¿Qué piensan los jóvenes sobre la democracia en España si se compara con el resto de Europa?
3 ¿Cuál es la institución mejor considerada de acuerdo a la encuesta?
4 ¿Cuál es la principal motivación de los políticos para dedicarse a dicha actividad según la opinión de la mayoría de los jóvenes?
5 La mayoría de los jóvenes españoles, ¿están a favor o en contra de la pena de muerte?
6 Según la encuesta, ¿quieren los jóvenes que se legalicen las drogas?

8 Respeto a los mayores

Ayer fui testigo de una falta de respeto total hacia una persona mayor. En plena N-340, a la altura de Cervello, dos jóvenes con ciclomotores circulaban en paralelo mientras charlaban, provocando la ralentización de la circulación. Un abuelo que iba detrás les recriminó su conducción. Los motoristas se volvieron y uno de ellos le abrió la puerta del coche y se encaró con el señor. Mientras el resto de los conductores adelantaban por la derecha, ignorando lo que ocurría, me paré detrás para que la discusión no fuera a mayores. No sé dónde vamos a ir a parar si no mostramos más respeto por aquéllos que han hecho que los jóvenes tengamos la libertad y las posibilidades de hoy en día.

Miguel Román Cardona, Vallirana (Barcelona)

A **¿Has sido alguna vez testigo de alguna falta de respeto hacia una persona mayor?** Escribe 100–150 palabras describiendo una anécdota similar, ya sea una situación que hayas presenciado o una imaginaria. Explica también (a modo de moraleja) por qué se ha de respetar siempre a nuestros mayores.

9 ¿Crees que los jóvenes de hoy en día tienen valores?

 A Escucha atentamente el siguiente extracto. Ahora indica con la inicial de su nombre qué frase resume mejor la opinión de cada hablante.

Begoña (B), Cristina (C), Gemma (G), Juan (J), Arturo (A)

1 El Estado es responsable de enseñar a distinguir el bien del mal	
2 Los valores se aprenden a través de muy diversos ámbitos y figuras	
3 A veces son causas externas las que parecen obligarnos a tener ciertos valores	
4 Antiguamente los jóvenes luchaban más abiertamente por sus ideales	
5 Todos los valores merecen ser respetados	

  B Con tu compañero:

- Haz una lista de los valores que creéis que tienen los jóvenes británicos. Compáralos con los de los jóvenes españoles indicados más arriba.
- Discutid dónde, cómo o de quién creéis que se aprenden esos valores (los padres, los amigos, la TV, el Estado, la escuela...). Razona tu respuesta.
- ¿Creéis que, por ejemplo, valores como el respeto a los mayores, a tu prójimo y a ti mismo se pueden considerar como valores universales (es decir, reconocidos en cualquier parte del mundo)? ¿Por qué?
- ¿Creéis que los valores de los jóvenes de hoy son muy distintos a los de sus padres? ¿Y a los de sus abuelos? Ilustra tu opinión con ejemplos concretos.

Grammar

COMPARISON

There are **three** basic types of comparison:

- Comparison of superiority ("more than...")

más que...

Gonzalo es más liberal que sus padres.	Gonzalo is more liberal than his parents.
Los jóvenes de hoy tienen más posibilidades para viajar que los del siglo XX.	Young people today have more opportunity to travel than in the 20th century.

- Comparison of inferiority ("less than...")

menos que...

En la época de Franco, la gente tenía menos libertad que hoy.	In Franco's time people had less freedom than now.
En España el francés se estudia menos que antes.	French is studied less in Spain than before.

- Comparison of equality ("as... as")

tan(to)...como

In *tan...como,* *tan* **is followed by an adjective:**

Para los jóvenes españoles la igualdad de sexos es tan importante como la prosperidad del país.	For young Spaniards equality of the sexes is as important as the prosperity of the country.

In *tanto...como,* *tanto* **is followed by a noun, with which it agrees in number and gender:**

Hoy día la juventud no tiene tanto interés en trabajar en el Tercer Mundo como en los años 90.	Young people today do not have as much interest in working in the Third World as in the 90s.

For more information on comparison see Grammar Summary, p263.

10 Los jóvenes y el hogar familiar

Lee lo que opina Pedro González Blasco, Catedrático de Sociología de la Universidad Autónoma de Madrid, sobre si los jóvenes españoles no pueden o no quieren irse del hogar familiar.

– *¿Cuál es hoy la actitud de los padres respecto a la independencia de los hijos?*

– La familia representa el afecto que todo ser humano necesita. Los padres siempre tienen que estar dispuestos a acoger a sus hijos y son éstos los que progresivamente deben ir madurando, es decir, ir asumiendo responsabilidades. Educar a los hijos exige mucha paciencia y es muy difícil; hacerlo hoy exige más generosidad que nunca.

– *¿Qué conceptos tienen los jóvenes de la familia?*

– La valoran. De hecho, en las encuestas que nosotros hemos realizado, la ponen por delante de muchas cosas, aunque se refieren a la familia de origen, no tanto a la necesidad de crear la suya propia. Hoy se vive una mayor permisividad en las relaciones sexuales y en el disfrute del ocio, lo que les permite vivir con sus padres sin los problemas que tenían las generaciones anteriores.

– *¿Son ahora más egoístas que antes?*

– No, son más individualistas. Cada uno debe buscar su sitio por sí mismo, hay valores comunes, pero no tienen mucha fuerza. Los jóvenes son muy distintos, los hay idealistas, pero la mayoría sigue pautas que difieren mucho de las que tenían los jóvenes hace treinta años.

– *¿Les falta rebeldía?*

– Son rebeldes, pero de otra forma. Ya no tienen que hacer una revolución política, porque ellos sólo han conocido la democracia. Quedan cosas por hacer, como conseguir la igualdad total de los sexos o actuar a favor del medio ambiente.

– *¿Qué repercusión tiene esta actitud en la formación de la personalidad?*

– Lógicamente, la juventud actual no se arriesga demasiado y no madura a través de la asunción de responsabilidades. Esto tiene una serie de consecuencias, que ya estamos comprobando como el retraso en la edad de matrimonio, la pérdida de ilusión y vitalidad y la disminución de la natalidad, que es un grave problema social.

– *¿Cree que habrá algún cambio en el futuro?*

– Será lento, porque la juventud no cambia si no lo hace la sociedad. Ésta es la que debe poner remedio a esta situación, tiene que facilitar puestos de trabajo, dar mejores condiciones para adquirir viviendas y resaltar el valor de la independencia y la familia.

  A Después de leer el texto, completa las siguientes frases con las partículas que faltan y que encontrarás en el recuadro:

más / que (×3)	tan / como (×2)	tanto / como (×3)	hace	menos / que (×2)

1 Educar a los hijos hoy en día resulta _____ difícil _____ nunca.

2 Los jóvenes consideran que la familia es _____ importante _____ muchas otras cosas.

3 Nuestros jóvenes tienen _____ problemas con sus padres _____ las generaciones anteriores.

4 Hoy se vive una mayor permisividad ._____ en las relaciones sexuales _____ en el disfrute del ocio.

5 En la actualidad los jóvenes son _____ individualistas _____ antes.

6 _____ treinta años los jóvenes seguían pautas muy diferentes.

7 Los jóvenes de hoy no son _____ revolucionarios _____ los de antes y no se arriesgan _____ _____ sus predecesores.

8 Muchos han perdido _____ la ilusión _____ la vitalidad.

9 Ahora nacen muchos _____ niños _____ antes.

10 Es necesario recalcar valores _____ esenciales _____ la familia.

Grammar

AGO

Remember that the idea of "ago" in English is conveyed by using *hace* followed by the period of time:

*Los jóvenes tenían actitudes diferentes **hace 30 años**.*   Young people had different attitudes **30 years ago.**

⑪ Gonzalo y su familia

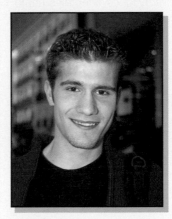

Mi amigo Gonzalo ha crecido en un entorno democrático donde la libertad es un valor muy importante. A él le gusta poder opinar de todo y está más involucrado en política que muchos de sus compañeros en la universidad. Sus padres son casi tan conservadores como lo eran sus abuelos. Valoran mucho el catolicismo, la familia y el orden y son menos revolucionarios que sus jóvenes contemporáneos en los 60. Su hermano es casi tan conservador como ellos y está muy interesado en todo lo que ocurrió durante la guerra civil y el período franquista. Cuando mis padres eran jóvenes no había tantas facilidades como ahora. La juventud de hoy puede viajar y opinar mucho más que sus antecesores. No había tanta gente que tuviera la oportunidad de ir a la universidad y no tenían costumbre de irse a vivir en pareja. Hoy en día, los jóvenes viajan mucho más, se casan más tarde y la natalidad es muchísimo más baja.

A **Encuentra en el texto anterior las fórmulas que expresen comparaciones.**

B **Empareja las siguientes expresiones con sus equivalentes en la otra columna:**

1 Independencia de los hijos
2 Mayor permisividad en el disfrute del ocio
3 Igualdad total de sexos
4 Actuar a favor del medio ambiente
5 Retraso en la edad de matrimonio
6 Pérdida de ilusión y vitalidad
7 Disminución de la natalidad
8 Conceder préstamos asequibles para adquirir viviendas

a Cooperar para conservar la naturaleza
b Dar facilidades económicas para poder comprar una casa
c La gente se casa más tarde
d Menos entusiasmo y energía
e Nacen menos niños
f El hombre y la mujer tienen los mismos derechos y deberes
g Cuando los jóvenes dejan el hogar de sus padres
h Más libertad y menos control a la hora de divertirse

⑫ Sin oportunidad de elegir

A **Escucha el CD y completa las siguientes frases:**

1 El hijo piensa que las cosas son _____ difíciles ahora _____ 40 años.
2 El padre dice que los jóvenes viven ahora _____ en su época.
3 El padre opina que quizá la culpa sea _____ de los padres _____ de los hijos.

4 Entonces había _____ abogados y economistas _____ en nuestros días.
5 En la actualidad hay que luchar _____ antes para obtener un trabajo.
6 Los jóvenes de hoy tienen una calidad de vida _____ alta _____ antes.
7 Hoy en día acceder a una vivienda es _____ complicado _____ 40 años.

Cantabria

Golfo de Vizcaya

Santander
Torrelavega○ Laredo○
Reinosa○

Situación: La región de Cantabria se encuentra en el norte de España, en la zona costera que baña el Mar Cantábrico. A lo largo de su litoral se extiende un gran número de playas. Los Picos de Europa y la Cordillera Cantábrica marcan los límites naturales con las vecinas provincias de Asturias, Burgos, León y Palencia.

Superficie: 5.288 km^2

Población: 510.900 habitantes

Industrias principales: pesquera, metalúrgica, hostelera, minera, química, alimentación, construcción, ferroviaria

Atracciones turísticas: En su multitud de valles verde esmeralda, se asientan pintorescos pueblos como la medieval Santillana del Mar. Algunas de sus principales localidades son Castro Urdiales, Laredo, Santoña, Comillas o San Vicente de la Barquera, sin olvidar puntos del interior como Ramales, Ampuero, Reinosa o Potes. Santander, la capital, se sitúa al abrigo del puerto natural más amplio de todo el Cantábrico. En Cantabria se puede practicar todo tipo de actividades deportivas y recreativas: golf, senderismo, bicicleta de montaña, vela... Su tradición culinaria y gastronómica incluye manjares como la merluza en salsa verde, la lubina y la dorada a la sal, el cocido montañés o los sobaos pasiegos.

Las Cuevas de Altamira

Historia: La Historia y el Arte de Cantabria ocupan un lugar destacado en la Historia universal. De hecho, las pinturas de Altamira se adelantan casi 10.000 años al gran arte de las civilizaciones orientales como Egipto o Mesopotamia. Los famosos bisontes del techo de la cueva montañesa son un gran exponente del nivel de desarrollo de un hombre que vivió cerca de 14.000 años A.C. Estas representaciones son tan bellas que, por mucha gente, han sido consideradas "la capilla sixtina del paleolítico". Durante el primer milenio A.C. hallamos un pueblo, que los Romanos llamaron "Cántabros" que, constituidos en sociedad tribal en plena edad del hierro, hicieron muy complicado su sometimiento a los Romanos. El proceso de romanización de Cantabria concluyó hacia el siglo IV D.C. En el año 574 Leovigildo toma Amaya y comienza la etapa visigoda en nuestra tierra, aunque apenas tuvo incidencia. Fue en las montañas cercanas y en las de la vecina Asturias donde se puso la primera barrera al avance de la invasión musulmana. A partir del siglo XIII, la flota de Cantabria adquiere un especial protagonismo en los mares de Europa y en las batallas navales contra los musulmanes de Al Andalus. En 1778 se constituía la Provincia de Cantabria como tal. El desarrollo urbano de la capital de la región, Santander, está estrechamente vinculado a su puerto, enormemente importante. Este auge de la actividad portuaria hizo posible el crecimiento de una burguesía local que impulsó el ensanche de la ciudad. Tras la guerra civil, Cantabria sufrió un largo período de privación de libertades. Bajo el impulso del rey Don Juan Carlos I, reformistas del régimen anterior y líderes de los partidos políticos que salían de la clandestinidad deciden dotarse de una Constitución democrática, la de 1978. Constitución que abrió la vía para que en 1981 Cantabria se convirtiera en Comunidad Autónoma.

Sitio Web (Cantabria):

http://www.guiadecantabria.com

13 Desarrollando el tema de Cantabria

  Reúne información sobre **Cantabria** a través de Internet [**http://www.cantabriajoven.com**], amigos, revistas u Oficinas de Información. Tu objetivo es animar a un joven escritor que se siente muy pesimista respecto a su propia región: Cantabria. Trata de resaltar aquellos aspectos más positivos y ofrécele alternativas de ocio, deporte y trabajo para los jóvenes que residen allí. Cuenta a tus compañeros qué has encontrado y cómo conseguiste levantar la moral de ese muchacho.

B Lee el artículo siguiente:

Un accidente en alta mar

Un marinero de 40 años, Alfonso Valle Fernández, murió ahogado esta tarde al voltear el pesquero "Virgen del Coral" cuando faenaba unas tres millas al norte del Cabo de Ajo (Cantabria). Los otros seis tripulantes fueron rescatados ilesos, unos quince minutos después del accidente, por otros pesqueros que faenaban en las cercanías. El "Virgen del Coral" estaba cargando cajas de pescado por un lateral, cuando se dio la vuelta, arrojó a sus tripulantes al agua y quedó flotando quilla arriba. Alfonso se golpeó y no pudo asirse al casco de acero del barco, como hicieron sus compañeros. Un médico del servicio de Protección Civil del Gobierno de Cantabria se desplazó en helicóptero para intentar ayudar a Alfonso, pero ya se lo encontró cadáver.

Imagina que estabas en el pesquero en el momento en que se volteó y que eres uno de los rescatados. Escribe una carta de unas 200 palabras describiendo:
- la zona de España en la que tuvo lugar el incidente
- lo que ocurrió
- qué hizo Alfonso
- cómo reaccionaste tú
- la actuación del médico

14 La noche es joven

A   Escucha el extracto y contesta las siguientes preguntas:

1 ¿Quién organiza el programa "La noche es joven"?
2 ¿A jóvenes de qué edad van dirigidas esas actividades?
3 Cita cuatro de las actividades previstas.
4 ¿Con qué temáticas están relacionados los talleres que ofrecen? Menciona cuatro.
5 ¿Cuál es el propósito del programa "La noche es joven"?
6 ¿A qué crees que se refieren al decir "los peligros de la noche, desgraciadamente conocidos por todos"?
7 ¿Quién puede participar en "La noche es joven"? ¿A qué precio?
8 ¿Qué hay que hacer para participar?

Problemas sociales relacionados con la juventud

Recuerda: *El "botellón" es un fenómeno masivo que se dio entre los jóvenes españoles y que consistía en adquirir de las tiendas productos alcohólicos y tentempiés a bajo precio para después consumirlos en la vía pública. Las nefastas consecuencias para la vecindad (ruido, suciedad, imagen decadente...), el costo público de este tipo de actividad (en limpieza y vigilancia, por ejemplo) y las constantes quejas llevaron a las autoridades a tomar medidas.*

15 La ofensiva contra el botellón

Madrid aprueba un proyecto de Ley que prohíbe beber en la calle salvo en las terrazas y en determinadas fiestas populares, cuando excepcionalmente se permitirá el consumo. Las gasolineras no podrán vender alcohol y las tiendas de alimentación tendrán que obtener una segunda licencia, que deberán conceder los Ayuntamientos en un plazo de tres meses tras la entrada en vigor de la nueva normativa. Tampoco se permitirá la venta en puestos ambulantes, en máquinas automáticas ni por empresas de envío a distancia en horario nocturno. En los autoservicios, la venta de alcohol se realizará en una sección concreta con letreros anunciadores de la prohibición de comprar para los menores de 18 años. Los establecimientos que incurran en infracción muy grave podrán ser sancionados con multa de hasta 600.000 euros o el cierre del local, mientras los consumidores que, por ejemplo, beban en la calle, deberán cumplir trabajos sociales como colaborar con los servicios de limpieza o atender a ancianos. Además, los médicos que atiendan a un menor con intoxicación por consumo de drogas o alcohol tendrán la obligación de avisar a sus padres o tutores. La publicidad de alcohol y tabaco – un producto para cuya adquisición se aumentará la edad desde los 16 actuales hasta los 18 – no podrá ir dirigida a menores, no utilizará la imagen de éstos ni irá asociada a conceptos como el éxito social o sexual.

A **Lee el texto y contesta las siguientes preguntas en inglés:**

1 What does the recent law forbid?
2 Who is going to grant food shops a second licence to sell alcohol?
3 When must the City Council grant these licences?
4 On what condition are self-service establishments allowed to sell alcohol?

5 What may happen to those establishments that ignore the norms?
6 How will street drinkers be punished?
7 What will doctors have to do if they treat an offender who is under age?
8 How will the publicity for alcohol and tobacco be altered?

16 ¿Está a favor de prohibir el consumo de alcohol en la calle?

A **Lee la información de abajo. Escucha el fragmento y después enumera las siguientes afirmaciones en el orden en que se dicen.**

1	La primera norma de educación es que mi libertad termina donde empieza la de mi prójimo.
2	Que sancionen por ensuciar y manchar la imagen de las ciudades
3	Con el botellón sabemos qué es lo que consumimos
4	Nuestra intención no es molestar a los vecinos
5	¿O sólo es nocivo lo que no proporciona impuestos?
6	Se puede hacer pero donde nadie les vea

B **Comenta con tus compañeros:**

● ¿Estás a favor de prohibir el consumo de alcohol en la calle?

● Si tuvieras que tomar una decisión sobre lo que ocurría en España con los jóvenes ¿qué recomendarías?
● ¿Cuáles pueden ser las ventajas y desventajas de beber en la calle?
● ¿Consideras que los vecinos tenían verdaderos argumentos para quejarse?
● Haz junto con tus compañeros una lista de posibles soluciones al problema del botellón.

C **Basándote en la lista que habéis confeccionado en clase, escribe una carta a un periódico proponiendo al gobierno estas nuevas soluciones al problema del botellón.**

17 ¿Es hoy la juventud más violenta que antes?

1 "La juventud de hoy no es más violenta. La mayoría lo es menos. Las manifestaciones de violencia de un reducido número de jóvenes organizados en grupos cuyas agresiones son fascistas, antisociales, xenófobas, racistas y extremadamente violentas en algunos casos, además de producir alarma y gran repercusión social, provoca que se etiquete a toda la juventud como violenta. Afortunadamente, la realidad es bien distinta: los jóvenes de ahora tienen **(a)** cultura, están **(b)** preparados y se divierten mejor **(c)** los de **(d)** diez o quince años"

Manuel Giménez, jefe de Prensa y Relaciones Públicas de la Dirección General de la Policía

2 "Yo creo que sí. Desde luego no cabe ninguna duda de que es mucho **(e)** violenta **(f)** la de **(g)** 10 o 15 años, aunque los niveles no llegan a ser de momento demasiado preocupantes. Las causas son varias: el desempleo, la falta de integración y de expectativas... Sin embargo, aún así, pienso que sigue siendo **(h)** pacífica **(i)** la de otros países de Europa o que la de Estados Unidos."

Amando de Miguel, sociólogo

A Lee los dos textos y utiliza las palabras siguientes tantas veces como sean necesarias para completarlo, sustituyendo las letras entre paréntesis ( ) con: más / que / hace / menos / tanto / como

  B Describe una situación de violencia entre jóvenes que tú mismo hayas presenciado (en la calle, en una discoteca, en un partido...) Pon especial énfasis en las causas que han desencadenado esa reacción violenta. (150–200 palabras)

El deporte

 18 **Un futbolista madrileño**

Raúl. Sus armas, juventud y ambición. Su ídolo, Maradona. Su aspiración, ganar todo lo posible

(Raúl González Blanco. Madrid (España). Real Madrid. Delantero.)

Tiene tan sólo 26 años y es ya la estrella incontestable del fútbol español. De origen humilde, el futbolista madrileño sabe guardar siempre la cabeza fría.

Pregunta ¿Se da cuenta de todo lo que le está pasando?

Respuesta Trato de no dejar nada al azar. Evidentemente, es muy difícil asimilar el éxito, la fama, el dinero, las presiones... ¡Y todo eso a la vez! Me esfuerzo por dominar los acontecimientos. Conservo la calma y me concentro sobre todo en mi actividad deportiva. De hecho, la presión más importante para mí son las expectativas del público. La gente me dio su confianza y no puedo decepcionarlos. Eso es algo que me da fuerza y que me angustia.

Pregunta Jugar al máximo nivel implica grandes sacrificios...

Respuesta Claro. Por ejemplo, no puedo hacer la vida de un joven de mi edad. De vez en cuando, también a mí me gustaría ser un joven despreocupado, salir por la noche, divertirme... Pero en la vida hay que optar por lo que te conviene en cada momento. La vida de un futbolista de alto nivel no dura mucho tiempo, 10 ó 12 años como máximo. Por eso hay que entregarse a fondo y tener claras las prioridades.

Pregunta ¿Cuál es la fuerza de su equilibrio?

Respuesta Sin duda alguna, mi familia. Ella es el centro de mi existencia. Es mi principal punto de referencia y, gracias a ella, nunca pierdo el norte. Para mí, mi familia y mis amigos constituyen los fundamentos y los cimientos de una vida madura. Cuando no me entreno o no me desplazo con el club, me gusta estar con los míos, cazando en el campo, donde tengo un caballo. Es una verdadera pasión para mí.

Pregunta ¿Cuál es el secreto de su éxito deportivo?

Respuesta Entrenamiento y mucho trabajo. No hay otro secreto. Un elemento crucial es el equipo que te rodea. Tengo la suerte de estar muy bien rodeado en el Real Madrid. Más en el fondo, intervienen también algunas cualidades propias, y no hablo sólo de aptitudes deportivas. La condición física es indispensable, pero se necesita también una profunda fuerza mental. Y para encontrarse, cada cual tiene sus claves y sus referencias. A mí me sirvió mucho el ejemplo de Maradona, mi ídolo.

A 📄 Lee el texto y completa la siguiente ficha sobre Raúl.

Nombre:	
Apellidos:	
Equipo:	
Posición:	
Presión más importante:	
Fuerza de su equilibrio:	
Aficiones:	
Secreto de su éxito deportivo:	
Su ídolo:	

 B ✏️ Ahora piensa en tu deporte favorito e imagina que alcanzas la cumbre a los 26 años. Completa tu propia ficha:

Nombre:	
Apellidos:	
Equipo:	
Posición:	
Presión más importante:	
Fuerza de tu equilibrio:	
Aficiones:	
Secreto de tu éxito deportivo:	
Tu ídolo:	

Grammar

POSSESSIVES

Possessive adjectives

● Remember that Spanish possessive adjectives, *mi, tu, su, nuestro/a, vuestro/a* agree in number with the following noun, which is the thing or person "possessed".

Para mí, mi familia y mis amigos constituyen los fundamentos... de una vida madura.

For me, my family and my friends are the foundation... of a mature life.

● *nuestro* and *vuestro* also agree in gender with the following noun.

Nuestros jóvenes son demasiado idealistas.

Our young people are too idealistic.

● *su(s)* can mean "his", "her", "its", "their" or "your" depending on the context. Where the context is formal, as in the interview with Raúl, *su* can mean "your":

¿Cuál es el secreto de su éxito?

What is the secret of your success?

Look at the passage again, find any other instances of the use of *su(s)*, and work out what it means.

● Quite frequently Spanish does not use a possessive adjective where it would be used in English. This happens when referring to personal "possessions", clothes, and parts of the body.

Conservo la calma.
Me duelen los dientes.

I keep my cool.
My teeth ache.

Possessive pronouns

● We use possessive pronouns, *(el) mío, (el) tuyo, (el) suyo, (el) nuestro, (el) vuestro* etc. to replace a noun. Possessive pronouns agree in number and gender with the following noun.

Me gusta estar con los míos.
Aquella cerveza es suya.

I like to be with my family (i.e. "mine"/"my ones").
That beer is his/hers/yours/theirs.

● *(el) suyo* can mean "his", "hers", "yours" or "theirs", as in the above example. Sometimes the meaning of *el suyo* etc. is ambiguous in which case in Spanish it is frequently replaced by *de él/ella/usted* etc. or the name of the person.

Aquella cerveza es de usted/de Miguel.

That beer is yours /Miguel's.

For more information on possessive adjectives and pronouns see Grammar Summary p266.

Ejercicios

1. Completa las frases con un adjetivo posesivo adecuado. ¡Puede haber más de uno!

a) Claudio, ¿por qué no vamos a ver a _____ amigos (de nosotros) esta noche?

b) Señor Castro, ¿quién es el jefe de _____ empresa (de usted)?

c) Hijas, podéis abrir _____ regalos. (de vosotros)

d) Siempre hemos luchado por defender los valores de _____ patria. (de nosotros)

e) Reconozco que la familia ha sido la influencia más importante de _____ vida. (de mí)

2. Rellena los huecos con el pronombre posesivo correcto.

a) Este coche es _____ (de Amelia).

b) Aquel disquete es _____ (de mí).

c) El diccionario es _____ (de Enrique).

d) La decisión es _____ (de ti).

e) La propiedad es _____ (de nosotros).

Para terminar...

Los menores de 18 años tendrán prohibido el acceso a salas de ocio en las que se venda alcohol, salvo que éstas abran como discotecas "light", es decir, sin bebida, sólo para mayores de 14 años y sin continuidad con la sesión para adultos.

A   Comenta con tus compañeros:

- ¿Qué te parece la idea de promover las discotecas "light"?
- ¿Crees que tendrían éxito? ¿Por qué?

- ¿Qué otras actividades pueden realizar los jóvenes aparte de consumir alcohol?
- ¿Qué factores crees que influyen en que un joven comience a interesarse en el alcohol?

B   Ahora que sabes más sobre la juventud en España, escribe tus razones por las que te gustaría o no te gustaría ser un joven español. Razona tu respuesta haciendo una comparación con la situación de los jóvenes en tu propio país. (200 palabras)

¿Gozas de buena salud?

Entrando en materia...

En esta unidad abordaremos el tema de la salud. Para comenzar trataremos de la comida típica que se produce en España; luego presentaremos el tema de la dieta que hay que seguir para mantener el equilibrio del cuerpo. Seguimos con unas páginas sobre los peligros de las llamadas drogas de diseño. También vas a conocer la Comunidad de Valencia, centro gastronómico y cultural. Los puntos gramaticales que se van a tratar son:

- los géneros de los nombres
- el pretérito indefinido
- el imperativo (1)
- los artículos definido e indefinido

Reflexiona:

- con un compañero haz una lista de palabras relacionadas con la salud. Luego colocad cada palabra en uno de los grupos siguientes: los alimentos, los platos, la dieta, la droga.
- cuando hayáis terminado identificad los alimentos y los platos de la lista que son típicos de España y/o Latinoamérica.

Los productos

1 ¿Cuáles son los productos típicos y las recetas más distintivas de España?

Entre los productos destacan el aceite de oliva, el tomate, el ajo, los productos cítricos, el jamón serrano, el vino y el queso manchego y entre las recetas el gazpacho andaluz, la tortilla de patatas, la paella valenciana y una inmensa variedad de recetas de pescado.

El jamón serrano: un jamón salado y curado al aire, que proviene del cerdo ibérico. Se recomienda cortarlo en lonchas muy finas, casi transparentes.

El queso manchego: producto de Castilla-La Mancha. Un queso firme, amarillento. El verdadero queso ha de ser de la oveja manchega, que tiene una leche muy aromática.

España es el mayor productor del mundo de aceite de oliva. El centro de este cultivo es Andalucía, pero el aceite se produce también en otras regiones. Se aprecia cada vez más el sabor del aceite de oliva y su contribución a una dieta saludable.

El artículo que sigue explica la historia de varios productos y las regiones de donde provienen.

a Las comidas tradicionales

Tras el descubrimiento de América llegaron a España numerosos productos desconocidos hasta entonces, como el tomate, el pimiento, la patata, el cacao y el maíz, que se fueron integrando en la cocina española. Tanto es así, que hoy muchos de estos productos son imprescindibles en algunas de las recetas españolas más típicas. ¿Qué sería del gazpacho sin el tomate? ¿Y de una tortilla española sin sus patatas?

Especialmente, con el cultivo del tomate surgieron numerosos platos en Andalucía, que hoy conocemos con el nombre de gazpachos. El gazpacho andaluz – una sopa fría de verdura –, es la solución idónea contra el calor del verano, ya que da al cuerpo la sal necesaria para combatirlo y es fuente de vitaminas, fibra vegetal, ácidos grasos poliinsaturados, sales minerales y glúcidos. Se compone de almendras molidas, dientes de ajo, pan, aceite de oliva y vinagre de jerez.

Como en otros países europeos, hasta muy avanzado el siglo XIX la mayoría de la población tenía como alimento principal del día una comida cocida al fuego durante horas, con agua y todos los ingredientes disponibles en un solo puchero. La modestia de estas sopas se manifiesta en la sopa de ajo: no tenía más que pan, aceite de oliva, ajo, sal y una pizca de pimienta.

Olla es el puchero en el que se cocía sopa y, con el tiempo, pasó a denominar ese tipo de platos en los que primero se toma el caldo y después se come la verdura y la carne. Éste es también el caso del cocido. El más conocido es el cocido madrileño.

Lee el artículo y escoge la respuesta correcta:

1 El tomate proviene:
   a) del Nuevo Mundo
   b) de Andalucía
   c) de otro país europeo

2 El gazpacho es:
   a) un postre
   b) un plato del sur dc España
   c) una especie de tomate

3 En el siglo diecinueve la gente comía:
   a) platos muy ricos
   b) sencillamente
   c) una variedad de platos

4 'Olla' es:
   a) un plato
   b) un caldo
   c) un plato y un puchero

b Los productos del mar y el arroz

Después de Japón, España posee la mayor flota pesquera del mundo y eso ha hecho mella en nuestros gustos gastronómicos. En el País Vasco tienen una especial predilección por la merluza y el bacalao – en aceite de oliva y ajo. Para su sopa, los asturianos emplean pescado blanco, añadiendo moluscos y crustáceos hervidos en agua de mar. Por el contrario, para confeccionar su caldeirada, los gallegos ponen el pescado en escabeche, con hierbas, aceite de oliva, vinagre y pimentón. Otro ingrediente esencial en la gastronomía ibérica es el arroz, que fue introducido por los árabes en el siglo VIII. Con el tiempo, Murcia, Alicante, Valencia y Castellón se convirtieron en las principales provincias arroceras. Los ingredientes se cocinaban a fuego lento en sartenes lisas de metal, denominadas paellas, que solían colocarse sobre un fuego de ramas de vid o de naranjo al aire libre. Durante el siglo XIX adquirió gran popularidad en Valencia, donde se hizo célebre por servirse sin mariscos. Hoy en día, es habitual añadirle mejillones y calamares.

 Lee el artículo y da la información que falta.

1 País que tiene la mayor flota pesquera del mundo
2 Gente del norte de España que come mucho bacalao

3 Comunidad del norte en la que hacen un caldo de pescado con escabeche
4 Cultivo del este de España
5 Recipiente de cocina para cocinar los ingredientes de la paella
6 Ingrediente que no se utilizaba en la paella hace dos siglos

c De la tierra, el cordero

En comparación con otros países, la carne en España era relativamente escasa hasta bien entrado el siglo XX. De hecho, sólo en algunas regiones del norte y noroeste existen abundantes pastos verdes, por lo que comer carne era, antiguamente, un símbolo de prestigio social.

   La de cordero y oveja era la que más proliferaba, ya que estos animales encontraban suficiente pasto en las áridas tierras del interior. En España, los corderos lechales tienen un sabor extraordinario, ya que se sacrifican antes que en otros países, a las tres o cuatro semanas de vida. En los restaurantes tradicionales se asan a fuego lento en fogones de barro cocido. También se hornean así el cabrito y el cochinillo.

C **Une las frases siguientes según el sentido del texto.**

1 Antes del siglo veinte   **a** los corderos jóvenes.
2 España es un país seco   **b** comer carne asada.
3 Los españoles tienen costumbre de matar   **c** se comía poca carne en España.
4 A los españoles les gusta   **d** con excepción de ciertas regiones del norte.

Lee otra vez los tres artículos a, b y c sobre los productos y haz los ejercicios D, E y F.

 D **Indica qué plato o comida es típico de las regiones siguientes.**

1 Andalucía   **3** El País Vasco   **5** Galicia   **7** norte de España
2 Madrid   **4** Asturias   **6** Valencia

 E **Relaciona las palabras siguientes con su definición correspondiente.**

1 imprescindible   **a** guiso preparado con garbanzos, carne y hortalizas
2 disponible   **b** vasija para cocinar
3 el puchero   **c** muy necesario
4 una pizca   **d** aplicando calor poco a poco
5 el cocido   **e** hierba que come el ganado
6 hacer mella en   **f** que está libre para hacer algo
7 confeccionar   **g** cantidad muy pequeña
8 mariscos   **h** preparar
9 a fuego lento   **i** animales marinos comestibles
10 pasto   **j** impresionar

 F **Completa las frases siguientes utilizando una de las palabras en el recuadro.**

sal	el cordero	el arroz	una sopa	pescado
mariscos	olla	carne	el tomate	el pimiento

1 Hasta que se descubrió América, España no conoció _____ .
2 _____ es el ingrediente esencial del gazpacho.
3 En el verano hace falta mucha _____ para combatir el calor.
4 En siglos pasados la gente solía comer _____ modesta como alimento principal.
5 _____ significa la cazuela en la que se cuece la comida y también el plato mismo.
6 En el País Vasco, a la gente le gusta mucho comer _____ .
7 Los árabes introdujeron _____ en España.
8 Hace doscientos años los valencianos no solían incluir _____ en la paella.
9 En tiempos pasados sólo la gente de importancia social comía _____ .
10 Antes _____ era la carne que se comía con más frecuencia.

2 La tortilla española

A Escucha el CD y escribe los imperativos que encuentres derivados de estos infinitivos:

1 cascar
2 añadir
3 batir
4 recordar
5 volcar
6 remover
7 dejar
8 buscar
9 poner
10 invertir
11 empujar
12 acompañar

B Escucha de nuevo el CD y localiza las expresiones que signifiquen lo mismo que las siguientes:

1 un poquito de algo, que se coge con dos dedos
2 divididas en grupos
3 a trabajar
4 laguitos
5 adquirir consistencia
6 con habilidad
7 parte del brazo que se une con la mano
8 se tuesta

La dieta mediterránea

Las tierras del sur y del este, al lado del Mediterráneo, han dado al mundo una dieta muy saludable llamada la *dieta mediterránea*.

3 Las verduras

El paraíso de las verduras

Los romanos ya se dieron cuenta de que España era un paraíso para las verduras, y los árabes las cultivaron, sobre todo en la región levantina y Andalucía.

Todavía hoy, los cultivos más importantes de verduras se extienden por toda la costa del Mediterráneo, aunque los más amplios y variados se encuentran en las vegas de Valencia, Murcia, Almería y Málaga. La verdura más extendida, con unos 2,5 millones de toneladas, es el tomate, seguido de la cebolla (unos 1,2 millones de toneladas) y la patata (unos 850,000 toneladas). También destacan los pimientos, la lechuga, pepinos, alcachofas, judías verdes, ajo, repollo, coliflor, zanahoria, habas, calabacines y berenjenas.

Este vergel de verduras ha dado lugar a la llamada dieta mediterránea, una cocina que se localiza, sobre todo, en Cataluña, la Comunidad Valenciana, Baleares, Murcia y Andalucía. Basada en los frutos de la tierra, el mar y la granja, esta manera de entender la cocina no estaba demasiado bien vista en el pasado, ya que era considerada como la comida popular, muy distinta a la dieta de los nobles, excesivamente rica en hidratos de carbono y pobre en proteínas y grasas. Con el tiempo, este régimen alimenticio, seguido por la mayoría de los habitantes del litoral mediterráneo debido a la relativa escasez de carnes y animales de caza, se ha transformado en un modelo a imitar por otros países, cuyas dietas tradicionales son especialmente dañinas por su elevado contenido en grasas, con una alta incidencia de enfermedades.

Los nutricionistas han observado una menor tasa de mortalidad en los pueblos de la cuenca del Mediterráneo. La clave está en ver cada producto como la parte de un todo, es decir, consumir cada uno de ellos según las cantidades y proporciones tradicionales y no considerarlos como alimentos aislados. En general, un 75% de la llamada dicta mediterránea se resuelve con legumbres, hortalizas, verduras, pescados, cereales y, por supuesto, aceite de oliva. El 25% restante lo ocuparían el resto de los alimentos. Hay veces que se toma más carne, sobre todo en época de matanza o de caza. Por otra parte, el pescado y el aceite de oliva se consumen en todas las temporadas. Los inviernos son para legumbres como lentejas, garbanzos o judías, y los veranos para las hortalizas.

A Lee el texto y pon una cruz (x) en las declaraciones más adecuadas. ¡Ojo! Sólo hay 4 frases correctas.

1 En el oeste de España las verduras fueron cultivadas por los árabes.
2 Se cultiva más cebolla que lechuga.
3 En el pasado, a la gente de prestigio no le gustaba comer los frutos de la tierra.
4 La gente que sigue esta dieta corre más riesgo de sufrir un ataque cardíaco.
5 Los habitantes de Cuenca tienen mejor salud.
6 Lo esencial es mantener un equilibrio entre los varios productos.
7 La fruta no es un ingrediente esencial de esta dieta.
8 La dieta no varía nunca.

 B Lee las definiciones que siguen y decide a qué productos corresponden.

1 De forma redondeada con la piel de color morado
2 Dividido en dientes y de olor fuerte
3 Semillas en forma de disco pequeño y de color oscuro
4 Tubérculo redondeado; amarillento y carnoso en el interior
5 Raíz comestible de color ananjarado
6 Semilla de color amarillento y de forma redonda
7 De color rojo, amarillo o verde; hueco

Grammar

GENDER OF NOUNS

It is dangerous to assume that in Spanish all nouns ending in **-o** and **-a** are masculine and feminine respectively. Some common nouns, e.g. *el día, el problema, la radio, la mano, la foto* disprove this assumption.

● Many nouns do not end in **-o** or **-a**. The gender of a large group of nouns ending in **-e** cannot be predicted, e.g. *la carne, el tomate*

● The endings of words provide two useful rules for gender:

a) Nouns ending in *-or, -aje* are normally masculine:

el olor   smell   *el agricultor*   farmer   *el paisaje*   landscape   *el garaje*   garage

But note: *la flor*   flower   *la coliflor*   cauliflower

b) Nouns ending in *-ión, -dad, -tad, -umbre, -ud* are normally feminine:

la solución   solution   *la población*   population   *la legumbre*   pulse
la salud   health   *la dificultad*   difficulty

● Certain categories of noun are normally masculine:

a) rivers, seas, mountains

el Guadalquivir   the Guadalquivir   *el Mediterráneo*   the Mediterranean   *los Pirineos*   the Pyrenees

b) fruit trees

el naranjo   orange tree   *el ciruelo*   plum tree

Note: the names of fruits are feminine:

la naranja   orange   *la ciruela*   plum

For more information on gender see the Grammar Summary p262.

Ejercicio

Indica el género de los nombres siguientes, haciendo dos listas bajo "masculino" y "femenino".

aceite, enfermedad, fuente, comunidad, vinagre, nombre, aire, sartén, diente, gente, sal, pimentón, ingrediente, mejillón, coliflor, mar, clave, régimen, región, nutriente

El desayuno

El breve artículo que sigue te explica lo que comen y beben los españoles para el desayuno.

4 Lo que desayunan los españoles

En España hay una gran variedad de desayunos: desde la guindilla con aguardiente y chorizo para matar el gusanillo que se meten entre pecho y espalda muchos riojanos antes de salir al campo, hasta el pescaíto frito, los churros, las porras, la tostada o el simple cafelito. Sin embargo, las estadísticas indican que un 30% de los españoles desayuna sólo una bebida o no toma nada; casi el 55% acompaña esa bebida con algún alimento sólido como tostada, galletas, cereales o churros y un 10% recurre a los desayunos de tenedor. Alrededor de un 1% toma bebidas alcohólicas en el desayuno. Tras el ayuno nocturno, el azúcar de la sangre presenta un índice bajo, y el mejor modo de cubrir ese déficit es desayunando.

  Indica cuál es la declaración correcta:

1 El chorizo es:
  a) una bebida.
  b) un alimento.
  c) un suplemento.

2 'Matar el gusanillo' significa:
  a) quitar la vida a un animalito.
  a) satisfacer el hambre.
  c) comer carne.

3 Un 30% de los españoles
  a) toma poco.
  b) toma algo sólido.
  c) desayuna solo.

4 Para el desayuno un 55% de los españoles
  a) sólo come.
  b) bebe y come.
  c) sólo bebe.

5 El porcentaje de los españoles que toma bebidas alcohólicas no es:
  a) insignificante.
  b) importante.
  c) nada despreciable.

6 Necesitamos desayunar porque:
  a) la sangre tiene demasiado azúcar.
  b) hace falta que el azúcar de la sangre baje.
  c) hace falta que el azúcar de la sangre suba.

5 Dos chicos españoles hablan del desayuno y de las horas de comer en España

A Rellena el cuadro con la información que falta sobre la rutina diaria de Pedro.

1	las razones por las cuales se levantaban temprano en casa de Pedro
2	lo que hacía la mamá
3	lo que tomaba Pedro antes de ir a la oficina
4	hora de la llegada de Pedro a la oficina
5	distancia entre la oficina y su casa
6	lo que de costumbre tomaba Pedro en el bar
7	hora de la comida o el almuerzo
8	hora de la cena

B Escucha la última sección del texto y rellena los espacios en blanco con las palabras que faltan.

Dolo: Pues en mi casa generalmente yo me levanto, tomo un café **1**_____ y luego ya hasta las dos y media o tres no comemos. Tomamos una comida de **2**_____ normalmente o entrante, dos platos y postre y después yo **3**_____ porque me empieza a entrar el hambre, seis, seis y media, siete quizá y me tomo,depende, un bocadillo o unas galletas **4**_____ .

Pedro: Para **5**_____ , ¿no?

Dolo: Sí, y, como decimos, **6**_____ . Y luego por la noche a eso de las nueve o diez, pues **7**_____ , un sandwich o algo ligerillo, tortilla francesa, tortilla española, y nada más.

C Compara con tu compañero el desayuno en España y en tu país. ¿Qué diferencias notas, según lo que dicen Pedro y Dolo? Haced una lista de las diferencias.

Los platos

6 "Autogastronomía" de autor

Tres platos preferidos del novelista Manuel Vázquez Montalbán

Arroz con bacalao

"Era la especialidad de mi abuela. Ella cocinaba cuando yo era pequeño porque mi madre trabajaba cosiendo. Incluso si entre ellas se enfadaban, mi abuela cocinaba para ella sola y se hacía eso, arroz con bacalao o con sardinas o con vegetales… El bacalao era barato, la única posibilidad de las capas populares de comer pescado.

El arroz lo hacía con una cazuela en una cocina de carbón. Algunas de esas cazuelas eran arqueológicas – mi abuela debió heredarlas de su madre. Era fruto de la costumbre popular heredar las cosas: la habitación de matrimonio, sábanas, paellas, la pobreza…"

Pan caliente con olivas negras

"Es otro gusto de mi infancia. Delante de mi casa había un horno y cada día traían el pan negro del racionamiento. Caliente era el pan que más o menos se podía comer. Un día que hice campana en el colegio mi madre me dio una papelina de olivas negras y de pan negro caliente, y me quedó una idea paradisiaca.

Con los años he intentado recuperar ese sabor. A veces cojo un trozo de pan y me lo como con olivas negras. Si es posible incluso utilizo unas olivas tan sofisticadas como las de Kalamata, pero entonces empleábamos las de Aragón, más fuertes de gusto, con la carne más apretada al hueso".

Potajes y *carn d'olla*

"El nuestro era un hogar con mi padre, que venía de Galicia; mi abuela, de Cartagena; mi madre, nacida en la Barceloneta pero cuyas pautas culturales alimentarias las había recibido de su familia murciana-cartagenera… Se estableció un encuentro cultural que culminó en un pacto: de vez en cuando se hacía un caldo gallego para mi padre, y éste aceptaba las pautas gastronómicas murcianas.

Ese pacto introducía una variedad de gustos que creaba cierta expectativa: admito que no tuve aquella educación infantil habitual de arroz hervido, patatas fritas… Pero el plato único sí que lo viví. Hasta que mi padre salió de la prisión, vivíamos en la misma casa mi abuelo materno, mi abuela y mi madre. Ellos procuraban que yo no comiera sólo un plato. Cuando salió mi padre de la prisión implantó una disciplina ideológica y viril y subsistíamos a base de plato único

todos. De eso me ha quedado que, cuanto más mayor, más me gustan los potajes. Lo mío es un retorno a la infancia.

  A Empareja las palabras siguientes con sus equivalentes en inglés.

1	incluso	a	sheet
2	la capa	b	broth
3	la cazuela	c	even
4	heredar	d	close
5	la sábana	e	manly
6	hacer campana	f	layer, stratum
7	paradisiaca	g	agreement
8	apretado	h	to play truant
9	el hueso	i	boiled
10	la pauta	j	casserole
11	un pacto	k	stone
12	un caldo	l	stew
13	hervido	m	model, guideline
14	viril	n	heavenly
15	el potaje	o	to inherit

  B Lee lo que dice el autor del primer plato, arroz con bacalao, y da la información que falta.

1 Persona que preparaba este plato
2 Lo que hacía su madre
3 Lo que pasaba cuando se enojaban madre e hija
4 Por qué se comía el bacalao en su casa

5 Origen probable de las cazuelas de la abuela
6 Objetos de casa que se heredaban

  C Lee la historia del segundo plato, pan caliente con olivas negras, y termina las frases siguientes:

1 El horno estaba delante…
2 El día en el que Vázquez Montalbán recibió el plato de su madre no fue…
3 Hoy día, si se siente nostálgico por el sabor come…
4 Antes …olivas de Aragón.

  D Con referencia al tercer plato, potajes y carne d'olla, contesta en español las preguntas que siguen, utilizando tus propias palabras.

1 ¿Por qué no se pusieron de acuerdo sus padres en qué comer?
2 ¿Qué intentaba hacer su familia cuando no estaba su padre?
3 ¿Cuándo comenzó el joven a comer el plato único?
4 ¿Por qué le gustan los potajes?

Grammar

THE PRETERITE TENSE

The preterite tense, or *pretérito indefinido* in Spanish, is used to indicate a past action which occurred at a clearly defined time in the past.

The preterite is used for:

● an action in the past which is seen to be completed. This action may refer to a single moment or an action which took place over a long period in the past. The important thing is that the period of time is finished and is clearly defined in time.

*Cuando mi padre **salió** de la prisión.*	When my father came out of prison.
*Admito que no **tuve** aquella educación infantil habitual de arroz hervido, patatas fritas.*	I confess that I didn't have what children are usually brought up on, boiled rice and chips.

● to recount a sequence of events which took place in the past:

*Un día que **hice** campana en el colegio mi madre me **dio** una papelina de olivas negras y de pan negro caliente, y me **quedó** una idea paradisiaca.*	One day when I played truant from school my mother gave me some black olives and hot black bread wrapped in a piece of paper, and this was like heaven to me.

The preterite in regular verbs

In regular verbs the preterite is formed as follows:

-ar verbs: add *-é, -aste, -ó, -amos, -asteis, -aron* to the stem of the verb
-er and *-ir* verbs: add *-í, -iste, -ió, -imos, -isteis, -ieron* to the stem of the verb

The preterite in irregular verbs

Many common verbs are irregular in the preterite, and change the spelling of the stem of the verb. It is important to learn the **first person** of the preterite irregular verbs because the other persons follow it.
For example: *tener: tuve, tuviste, tuvo, tuvimos, tuvisteis, tuvieron*
hacer: hice, hiciste, hizo, hicimos, hicisteis, hicieron

For more information on the preterite see Grammar Summary p268.

Ejercicio

Rellena los espacios en blanco utilizando la forma correcta del pretérito indefinido del verbo entre paréntesis.

Ayer mi madre, mi hermana mayor, Clara, su novio, Esteban y yo **a)**_____ (ir) a un restaurante italiano en el centro de la ciudad. Antes de comer, **b)**_____ (sentarnos) en el bar para tomar una cerveza. A las 10.00 **c)**_____ (venir) la camarera para conducirnos a la mesa. De primero mi madre y mi hermana **d)**_____ (pedir) ensalada y Esteban y yo melón. De segundo todos **e)**_____ (pedir) pizza. Deasafortunadamente, cuando la camarera **f)**_____ (acercarse) a la mesa **g)**_____ (tropezar) y una de las pizzas **h)**_____ (caer) en la espalda de mi hermana. La camarera **i)**_____ (ponerse) a llorar y uno de sus compañeros la **j)**_____ (reñir). Finalmente el propietario **k)**_____ (llegar) para pedir perdón por la molestia y nos **l)**_____ (ofrecer) la comida gratis.

7   Las tapas

¿Qué son las "tapas"?

Nada como la comida y la bebida para determinar los rasgos peculiares de la vida común. Los españoles gustan de comer, beber y conversar al tiempo. Quizás el rasgo más característico de esos hábitos sea la "tapa" que se consume en los bares antes de comer, como acompañamiento y justificación de alguna bebida alcohólica suave. Por lo general las tapas se toman en grupo y una persona paga por los demás. Luego otro repite la invitación en otro bar hasta completar la ronda.

Las tapas eran una institución característica de las ciudades, y más aún de la zona norteña, con el centro en el País Vasco, Navarra y la Rioja. La costumbre se ha ido extendiendo y es hoy común a todo el territorio nacional.

Amando de Miguel

  Lee el artículo y decide si son verdaderas (V) o falsas (F) las declaraciones siguientes. Si son falsas escribe la versión correcta.

1 La vida común no se define nada por el beber y el comer.
2 Siempre se bebe algo con las tapas.
3 Las tapas se comen depués de la cena.
4 La gente no suele quedarse en un solo bar para tomar las tapas.
5 El hábito de comer tapas empezó en zonas rurales.

8   Nuevas tapas y raciones: Cros Diagonal

Las tapas se extienden, imparables. Las barceloneses se han aficionado a esta manera de comer que, además de resultar apetitosa, abrevia la permanencia en la mesa a mediodía, y permite variadas cenas entre amigos por la noche. En Cros, de bonito interior y grandes ventanales a la Diagonal, se puede empezar por unas ostras gallegas o unos pimientos, seguir con alguna ensalada, los chipirones a la andaluza o alguna tortilla. Tampoco se pueden dejar de lado las carnes a la plancha, como los solomillos – con flor de sal o relleno de hígado de pato con salsa de café o pescados como sus bacalaos. Y para rematar, la repostería de la casa. El horario es amplio: de lunes a viernes, de 8.00 a 02.00 horas; sábados y domingos, de 9.00 a 2.00 horas.

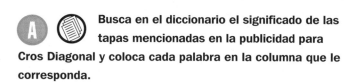

A   **Busca en el diccionario el significado de las tapas mencionadas en la publicidad para Cros Diagonal y coloca cada palabra en la columna que le corresponda.**

pescado/mariscos	carne	verduras

9   El tapeo

A   **Escucha el CD y decide cuáles de las frases siguientes son correctas. ¡Ojo! Sólo hay cuatro.**

1 En Granada hay que pagar por las tapas.
2 En España en general hay que pagar por las tapas.
3 Después del tapeo Silvia tiene un hambre enorme.
4 En Vigo acostumbran a beber alcohol en vez de tapas.
5 En Vigo suelen poner algo para comer con el vino.
6 En Madrid no te ponen nada con la bebida.
7 Según Pedro, una caña cuesta 90 ó 100 pesetas.
8 Pedro ha estado en Madrid recientemente.

B   **Escucha el CD otra vez y haz una lista de todas las tapas que oigas.**

La Comunidad de Valencia

La Comunidad de Valencia es conocida sobre todo por su gastronomía y es una de las regiones que se identifican con la 'dieta mediterránea': se exportan sus naranjas y limones por todo el mundo; en su famosa 'huerta' se cultiva todo tipo de hortalizas; el arroz forma parte de sus platos más famosos, entre ellos la paella. También los pescados y mariscos de Valencia tienen fama en toda España.

Situación: la Comunidad de Valencia está situada en el este de España, a orillas del Mediterráneo. Comprende las provincias de Alicante, Castellón y Valencia. La ciudad de Valencia es la tercera de España, después de Madrid y Barcelona. Lo más representativo de esta región es la huerta, un terreno fértil que tiene un sistema de riego muy eficaz, inventado por los árabes.

Población: Comunidad de Valencia 4.202.608 habitantes
Ciudad de Valencia 739.014 habitantes.

Industrias principales: agricultura (naranjas, arroz, vino), construcción naval, cerámica, industria metalúrgica, química y textil.

Historia: La ciudad de Valencia fue fundada por los romanos en el año 138 a.C. A través de los siglos ha conocido muchas culturas distintas, entre ellas, la romana, la musulmana y la cristiana. A finales del siglo 11, durante el período de dominio musulmán de Valencia, el famoso guerrero, el Cid Campeador, ganó una famosa batalla contra los moros. Pero fue el rey Jaime I de Aragón quien reconquistó la ciudad en el siglo 13 y Valencia se convirtió en uno de los estados más poderosos del Mediterráneo. Hoy en día la ciudad de Valencia es una de las principales de España.

⑩ La huerta valenciana y el Tribunal de las Aguas

Alrededor de la ciudad de Valencia está situada la huerta. Empieza justo al borde de la ciudad y se extiende desde la Albufera a Sagunto. Su fértil tierra, que puede dar hasta cuatro cosechas al año, está regada por ocho grandes acequias que distribuyen las aguas del Turia.

Hace siglos los árabes crearon un sistema de riego para el reparto democrático del agua entre los cultivadores, de manera que todos pudieran regar su tierra adecuadamente. Asimismo fue necesario crear un tribunal para mantener el respeto a este sistema de reparto.

El Tribunal de las Aguas de la Vega de Valencia es sin discusión alguna la institución más antigua de justicia que existe hoy en Europa. A través de más de 1000 años cada jueves en la Puerta de los Apóstoles de la Catedral, antes de que el reloj dé las 12 campanadas del mediodía, entran en el recinto los 8 síndicos

magistrados populares para constituir el tribunal. El Tribunal de las Aguas parece haber sido establecido en el año 960 de la era cristiana. Está conformado por 8 síndicos de las 8 acequias que distribuyen en Valencia. Las personas más rectas de las ocho acequias son las elegidas. De esta forma serán también las más justas en el momento de juzgar. Las personas elegidas conocen a la perfección los derechos en el uso del agua.

La forma de funcionar del Tribunal es sencilla y eficaz, el demandado se puede defender personalmente aportando pruebas y testigos en su defensa, el presidente y demás miembros del jurado pueden hacer sus interrogatorios y emiten sentencias.

El Tribunal sentencia apenas, daños y perjuicios bajo las ordenanzas de cada acequia. Sus fallos son inapelables y sin aplazamientos.

A   **Contesta en español las preguntas siguientes.**

1 ¿Por qué fue necesario crear el Tribunal de las Aguas?

2 ¿Dónde y cuándo se reúnen los jueces?

3 ¿Cómo deben ser los jueces?

4 ¿Cómo se defiende la persona acusada?

5 Explica lo que significa 'Sus fallos son inapelables y sin aplazamientos'.

B **¿En qué aspectos se diferencia el Tribunal de las Aguas de un tribunal típico del siglo XXI? Haz una lista de las diferencias con tu compañero/a y coméntalas con la clase.**

11 La paella valenciana

Como es sabido, Valencia es famosa por la paella. Muchos dicen que la verdadera paella se prepara con pollo y conejo (y sin mariscos ni pescado), como se describe en la receta siguiente. Antes de probarla, busca en el diccionario todas las palabras que no conozcas.

—— Cómo cocinar la paella valenciana ——

(con la colaboración de Juan Carlos Galbis (Restaurante Galbis, Valencia)

Para comenzar a elaborar este plato lo primero que hay que saber son los ingredientes necesarios para su realización. En esta relación están todos los ingredientes necesarios por persona. Para calcular el total hay que multiplicar las cantidades por el número de comensales.

Ingredientes

- arroz (100-120 gramos)
- pimentón rojo dulce molido
- azafrán de flor
- azafrán colorante
- pollo (100 gramos)
- conejo (100 gramos)
- $\frac{1}{4}$ de tomate natural
- judía verde ancha (60 gramos)
- judía blanca (30 gramos)
- agua (tres litros y medio para toda la cocción)
- aceite de oliva virgen (4 cucharadas soperas)
- sal al gusto

Modo de cocción

1 Coloca la paella sobre el fuego y añade las cucharadas del aceite de oliva virgen una a una.

2 Pon sal y mueve para mezclar bien con el aceite.

3 Echa la carne (pollo y conejo) y repártela con la cuchara por la paella para que se sofría bien y tome el gusto de la sal y el aceite.

4 Ralla el tomate.

5 Añade la judía verde y remueve bien con la carne.

6 Seguidamente pon la judía blanca o tabella.

7 Con la cuchara haz hueco en el centro colocando la verdura y la carne en las orillas. Echa el tomate. Mezcla todo bien.

8 Pon el pimentón.

9 Ahora añade el arroz y mézclalo con el resto de los ingredientes distribuyendo el contenido de forma regular por toda la paellera. Una vez que se añade el agua no se debe remover más.

10 Añade el agua en seguida para evitar que el pimentón se queme y se agarre a la paella.

A   Lee la receta y relaciona las frases de las dos columnas.

1 Primero hay que
2 Hay que mezclar la carne con la sal y el aceite
3 Después de echar el pimentón
4 Cuando hayas mezclado la judía verde con la carne
5 Coloca el tomate rallado

a en el centro de la paella
b echa la judía blanca.
c añadir las 4 cucharadas de aceite de oliva
d añades el arroz.
e para dar sabor a la paella.

 B   Busca en la sección *Modo de cocción* todos los ejemplos de la forma imperativa del verbo. Luego escribe el infinitivo de cada verbo.

¡Come y duerme bien!

Ahora cambiamos el tema para investigar cómo mantener la línea con una dieta saludable y cómo dormir bien.

12 Trucos para cocinar "light"

Aquí tienes algunos consejos para cocinar "light", es decir, evitar tomar demasiadas calorías.

- Saltea los alimentos o ásalos a la plancha en vez de freírlos (en sartén antiadherente).
- No reboces nunca los alimentos: duplicarás o triplicarás sus calorías.
- Cuece al vapor para conservar los nutrientes.
- Recurre al microondas. Un poco de aceite, sal, ajo, cebolla o especias son suficientes para cocinar un pescado, una carne, una verdura o un pollo.
- Como acompañamiento de los platos (y como alternativa a las patatas fritas y salsas grasas), recurre a las verduras a la plancha con ajo y aceite (rodajas de tomate, calabacines, berenjenas, pimientos, setas y champiñones); a las ensaladas verdes; y a las salsas "light".
- Toma lácteos: son ricos en calcio y estudios recientes revelan que las dietas ricas en calcio ayudan a controlar el peso.
- No emplees natas, tocino, chorizo, embutidos grasos o manteca en tus guisos.
- Añade muchas verduras (salteadas, cocidas o crudas) a las pastas y los arroces.
- Atrévete a incluir fruta (melón, sandía, manzana, piña, pera, uvas peladas) en la pasta.

 A   Relaciona los verbos siguientes con su definición correspondiente:

1 saltear
2 asar
3 rebozar
4 cocer
5 recurrir a
6 atreverse a

a acudir a
b cocinar mediante el fuego directo
c hervir
d decidirse a hacer algo resueltamente
e freír ligeramente
f bañar en otros ingredientes

 B   Comparte con tu compañero/a tus ideas sobre el comer "light" y planificad juntos la dieta de un día, siguiendo los consejos y utilizando los ingredientes de arriba.

Desayuno	Comida	Cena

13 Hábitos alimenticios

A Escucha el CD y explica con tus propias palabras lo que significa:

1 cada dos por tres
2 me da pereza
3 me pongo hasta arriba
4 soy muy comilón
5 pasarse con el alcohol o el tabaco
6 me chifla
7 perder la línea
8 guarrerías
9 me estoy poniendo de buen año

B   ¿Quién lo dice? ¿Paula, Eduardo, Inés o Daniel?

1 Siempre está de régimen
2 Es estudiante
3 Come comida basura
4 Lleva una vida muy sana
5 Hace muchos años que no tiene buen apetito
6 Le gusta preparar la comida
7 Quiere aprender a cocinar
8 Le importa estar en forma

14 Nuevos hallazgos sobre el sueño

"Dormir más de ocho horas cada noche conlleva un 15% más de probabilidades de morir por cualquier causa que dormir siete horas (o que dormir menos de cuatro o cinco horas)", decía el pasado febrero un estudio realizado en Estados Unidos.

El sorprendente estudio documentaba los hábitos de sueño de más de un millón de personas de entre 30 y 102 años. "Comprobamos que la media de sueño nocturno de los sujetos estudiados era de seis horas y media y vimos también que quienes dormían cinco, seis o siete horas no aumentaban su riesgo de mortalidad", dicen sus autores.

Los expertos consultados señalan que la falta de sueño – y sobre todo el sueño de mala calidad – sigue estando relacionada con mayor riesgo de accidentes, efectos negativos en el sistema inmunitario y hasta con mal humor. Los que, independientemente de las horas dormidas, tardan en conciliar el sueño o tienen problemas para mantenerlo, pueden encontrar ayuda en estos consejos que dan los especialistas.

● **Levántate y acuéstate** a la misma hora. No rompas la rutina ni los fines de semana ni en vacaciones.

● **Deja pasar dos horas** después de cenar o hacer ejercicio. Cenar tarde y mucho es sinónimo de despertares frecuentes y malas digestiones. Evita tomar cafeína, alcohol y no hagas ejercicio por la noche.

● **Duerme en una habitación** fresca y silenciosa. No te tapes demasiado, pero ponte unos calcetines suaves. Los pies calientes inducen el sueño. Pon humidificadores si el aire seco te molesta y cierra bien las ventanas (la luz solar influye en el reloj interno y los ruidos impiden dormir).

● **Elige bien tu cama** y vete a dormir cuando estés cansado/a. Si no te quedas dormido/a en 15 minutos, levántate y haz algo. Luego, vuelve a la cama cuando sientas sueño. No te preocupes si no te duermes enseguida. Ya lo harás; con apenas cinco horas tienes bastante.

A   Haz una lista de los infinitivos de todos los verbos utilizados en forma imperativa en este artículo (¡no te olvides de incluir los ejemplos negativos!).

B   **Relaciona las frases de las dos columnas.**

1 Dormir más de ocho horas cada noche
2 Toda la gente entrevistada
3 El promedio de sueño de todas las personas
4 Es muy importante que
5 Los expertos recomiendan
6 No es bueno
7 Si no puedes dormir

a que tengas una rutina fija de levantarte y acostarte.
b daña la salud más que dormir menos horas.
c el sueño sea de buena calidad.
d era de seis horas y media.
e dejar abiertas las ventanas del dormitorio.
f es aconsejable levantarte y hacer algo.
g tenía más de treinta años.

Grammar

THE IMPERATIVE

The imperative form is used for giving commands. Commands can be either **affirmative**: ¡mira! – look! or **negative**: ¡No mires! – Don't look! In Spanish you have to choose between *familiar* and *formal* modes of address, *(tú/vosotros* and *usted/ustedes).*

Tú commands

● To form the affirmative familiar imperative in the singular remove the last letter from the second person singular of the present indicative.

Emplea recipientes especiales de plástico.	Use special plastic containers.
Atrévete a incluir frutas.	Dare to include fruit.
Añade muchas verduras.	Add lots of vegetables.
*Si no te quedas dormida en 15 minutos, **levántate** y **haz** algo.*	If you aren't asleep in 15 minutes, get up and do something.

Note that eight verbs have irregular *tú* forms in the imperative, as follows:

decir	to say	*di*
hacer	to do, make	*haz*
ir	to go	*ve*
poner	to put	*pon*
salir	to go out	*sal*
ser	to be	*sé*
tener	to have	*ten*
venir	to come	*ven*

● To form the negative *tú* imperative, **no** is placed before the second person singular of the present subjunctive.

***No emplees** natas.*	Don't use cream.
***No reboces** nunca los alimentos.*	Never coat food in batter.
***No rompas** la rutina ni en los fines de semana ni en vacaciones.*	Don't change your routine at weekends or when on holiday.

Vosotros commands

● To form the affirmative familiar imperative in the plural replace the final **-r** of the infinitive with **-d**.

¡Comed!	Eat (up)!
Chicos, ¡venid mañana a las 8!	Come tomorrow at 8, boys!

● To form the negative *vosotros* imperative, **no** is placed before the second person plural of the present subjunctive.

No habléis con ella.	Don't speak to her.

Usted(es) commands

● *to form* **usted** commands, affirmative and negative, singular and plural, use the third person form of the present subjunctive.

***Emplee** recipientes especiales de plástico.*	Use special plastic containers.
***Añada** muchas verduras.*	Add lots of vegetables.
***Tomen** la primera a la derecha para el restaurante Andaluz.*	Take the first on the right for the Andaluz restaurant.
***No emplee** natas.*	Don't use cream.
***No rompan** la rutina ni en los fines de semana ni en vacaciones.*	Don't change your routine at weekends or when on holiday.

For more information on imperative forms see Grammar Summary p272.

Ejercicios

1 Convierte los verbos en infinitivo en el imperativo informal en singular (tú) y el imperativo formal en singular (usted).

a) comprar cebollas	**f)** poner la mesa
b) dormir bien	**g)** añadir sal
c) taparse bien	**h)** escribir al doctor
d) decírmelo	**i)** salir pronto
e) acostarse temprano	**j)** divertirse en el parque

2 Convierte los imperativos siguientes en la forma negativa, como en el ejemplo:

Ejemplo: *habla > no hables*

a) llama a tu novia	**f)** ¡vete!
b) corre	**g)** díselo
c) ¡sal en seguida!	**h)** dale la entrada
d) ven	**i)** pon la tele
e) escribe a tu padre	**j)** abre la ventana

Las drogas

⑮ Un "camello"

"Cocodrilo" es uno de los vendedores de pastillas más conocidos de Madrid. Natural de un pequeño pueblo del Caribe dominicano, antes de vender drogas era un afamado judoka local que, incluso, llegó a presidir la delegación de Deportes del instituto de enseñanza donde cursaba sus estudios.

Su primer contacto con las drogas se produjo de forma casual. Un amigo le propuso hacer un viajito a Amsterdam en un barco cargado de cocaína. Entonces tenía 19 años. Su trabajo consistía en vigilar que el peso de la mercancía no disminuyera en el trayecto y que se entregara a las personas escogidas para recibirla y no a otras. A "Cocodrilo" le sonrió la suerte. No lo pillaron y, un mes después, estaba de vuelta en su casa con los bolsillos llenos de dólares. Dejó los estudios, invirtió su dinero en negocios varios y se convirtió en uno de los personajes más solicitados por los turistas que visitaban su pueblo. El les facilitaba los ingredientes necesarios para pasar unas vacaciones especiales: desde marihuana hasta coca, pasando por infusiones de plantas alucinógenas.

El segundo viaje europeo lo llevó a las costas gallegas y de ahí, a Madrid. Tenía que encargarse de que la coca se descargara desde el barco a un camión, y custodiarla en su viaje a la capital de España, donde otros miembros de la organización para la que trabajaba debían distribuirla y comercializarla. Al "Cocodrilo" volvió a sonreírle la suerte. Nadie se enteró de nada. Tenía bastante dinero y nunca volvió a su pueblo. Madrid le gustó tanto que decidió quedarse y montar su negocio en las concurridas discotecas de la ciudad...

Han pasado tres años desde aquel viaje, y el negocio de "Cocodrilo" ha cambiado. Según su testimonio, a los grandes narcotraficantes les resulta cada vez más caro traer la coca. Hay mucha vigilancia y demasiada gente en la cárcel. Por eso decidí – apunta – cambiar el negocio. "Dejé la coca y ahora sólo me dedico a las pastillas".

 A **Después de leer el artículo:**

1 Busca en el texto todos los ejemplos de pretérito indefinido que puedas encontrar y subráyalos. Comprueba tu lista con tu compañero/a.

2 Busca en el texto todos los ejemplos de pretérito imperfecto que puedas encontrar y subráyalos.

3 Intenta explicar las razones por las cuales se han utilizado los dos tiempos verbales en el contexto.

 B **Contesta las preguntas siguientes en español:**

1 ¿Qué hace Cocodrilo?

2 ¿De qué país es Cocodrilo?

3 ¿Cómo comenzó Cocodrilo a involucrarse en la droga?

4 ¿Por qué tuvo suerte?

5 ¿Por qué los turistas solicitaban a Cocodrilo?

6 ¿Por qué no volvió al Caribe?

7 ¿Por qué se dedica ahora sólo a las pastillas?

16 La experiencia de tomar drogas de diseño

   Rellena los espacios en blanco en el fragmento siguiente, utilizando las palabras en el cuadro:

tocado   vaso   sentirse   según   guapo   cosquilleo   besan   minutos   las   cabeza

PRIMERA PARTE

Por regla general, el consumidor empieza a **1**_____ extasiado media hora o 45 **2**_____ después de ingerir la píldora, acompañada de un refresco o un **3**_____ de agua. Casi todas estas pastillas desinhiben: quien **4**_____ toma desea tocar a los demás y ser **5**_____. Se produce una especie de **6**_____ suave que atraviesa el cuerpo de la **7**_____ a los pies. Si uno se mira al espejo se ve muy **8**_____, y también ve guapos a quienes le rodean. Todos se **9**_____ y se abrazan, aunque se acaben de conocer. **10**_____ sus consumidores, las pastillas dan "buen rollito".

SEGUNDA PARTE

Aproximadamente, existen en el mercado 50 píldoras de distintas marcas y colores. Las que tienen nombres de coches de alta cilindrada – Mitsubishi, Audi TT, Ferrari o Mercedes – producen sensación de velocidad. Al tomarlas, uno puede llevarse varias horas bailando a un ritmo frenético sin notar el cansancio y sin necesidad de beber nada – salvo agua –, ni siquiera de fumar un cigarrillo. Sólo se siente la música, "bacalao" o tecno, y el movimiento del cuerpo, el baile sin fin. Estas son las preferidas por los consumidores más jóvenes, de 18 ó 20 años. Es frecuente verlos a altas horas de la madrugada o ya de día danzar sudorosos en la pista de baile, mojándose la cabeza en los servicios y llenando de agua sus botellas de plástico.

Si tan malas son estas pastillas, ¿por qué tanta gente está encantada de haberlas conocido? Muy fácil. Pocas sustancias producen una sensación de bienestar y placer tan grande y prolongada por tan poco dinero. El tiempo pasa sin que uno se dé cuenta, desaparecen los miedos y la timidez y se disfruta de una increíble capacidad de relacionarse con los demás.

Se marchan los problemas y las inseguridades, y perfectos desconocidos se hacen amigos. Está claro que su consumo presenta aspectos negativos, pero no se perciben por quienes ingieren estas pastillas de forma ocasional, en vacaciones o algún fin de semana. Otra cosa es el hábito: el organismo de un consumidor frecuente puede sufrir cualquiera de varios efectos nocivos. Y si las toma una persona con problemas de hígado o corazón la experiencia puede ser mortal, aunque se han descrito muy pocos casos de muerte asociados al consumo de drogas de diseño.

  Lee la segunda parte y contesta las preguntas en inglés.

1 Why are the tablets named after cars?
2 What effects does taking these drugs have on dancers?
3 What makes these drugs so attractive to users?
4 What risks to health are there in taking designer drugs?

17 Los efectos de tomar drogas de diseño

  Escucha el CD y completa las frases con las palabras que faltan.

Una de la tarde. Ante las puertas del Hospital Clínic de Barcelona, un coche **1**_____ aparcado con cuatro jóvenes en su interior. Tres **2**_____ de una chica que permanece profundamente dormida –

¿o en coma? – desde que la han sacado **3**_____ de un *after hours*. Observan si respira. Quieren estar seguros de que **4**_____ antes de dar el paso. Cuando **5**_____ y su pulso se estabiliza, se la llevan a casa. Hablan de su experiencia y de las sensaciones del éxtasis.

B ¿Quién lo dice? ¿Mónica, André, Daniel o Miguel?

1 Una vez me adulteraron la bebida.

2 El éxtasis me hace querer bailar mucho.

3 Si no controlas, el éxtasis te hace mal.

4 Tuve la sensación de estar en otro mundo.

5 Aunque parecía estar cerca de la muerte, sentí muchísimo placer.

6 Dormí un rato y todo siguió igual que antes.

7 Llevo 18 meses tomando éxtasis.

 C Lee el siguiente artículo:

La Policía Nacional ha detenido a ocho personas, entre ellos dos menores, y ha intervenido 5.200 pastillas de éxtasis, como resultado de las investigaciones iniciadas en la macrofiesta de música rave celebrada en el Palacio de Deportes de Málaga ayer. La droga incautada procedía de laboratorios clandestinos de Holanda, donde fue fabricada y posteriormente trasladada a España para que se consumieran en eventos musicales de idéntica naturaleza al que provocó el ingreso en centros hospitalarios de Málaga de dos jóvenes, de 22 y 16 años.

Imagínate que has participado en la fiesta rave del artículo. Escribe un reportaje del evento para el periódico regional. Concéntrate en los puntos siguientes y emplea aproximadamente 150 palabras.

● lo que estabas haciendo antes de la llegada de la policía

● qué pasó cuando llegó la policía

● cómo se debe castigar el uso de las drogas blandas

● qué opinas sobre el consumo de las drogas en España

Grammar

THE DEFINITE AND INDEFINITE ARTICLES

There are some significant differences between Spanish and English in the way the articles are used.

The definite article:

● is used with nouns in a general sense or to indicate something unique.

El gazpacho es la solución idónea contra el calor del verano.

Gazpacho is the ideal antidote to the summer heat.

*A Cocodrilo le sonrió **la** suerte.*

Fortune smiled on Cocodrilo.

El 45% de los médicos fuma.

45% of doctors smoke.

● is *not* used before a country unless it is qualified by a phrase or an adjective:

España tiene un sector agrícola muy fuerte.

Spain has a very strong agricultural sector.

But, *La España del siglo XX.*

Twentieth-century Spain.

The indefinite article:

● is not used with occupations.

Cocodrilo es camello.

Cocodrilo is **a** drug-dealer.

Su padre era médico.

His father was **a** doctor.

● in its plural form, *unos/unas*, is often either not translated at all, or translated more satisfactorily by "a few," or "approximately".

unas vacaciones especiales

special holidays

Ponme unos tomates.

Give me a few tomatoes.

Entregó unos 3.000 euros.

He handed over about 3000 euros.

For more information on the articles see Grammar Summary p261.

Ejercicio

Rellena los espacios en blanco con el artículo apropiado, donde convenga.

a) _____ ajo es blanco

b) En Valencia_____ arroz se cultiva en campos cerca del mar.

c) _____ pesca es una de las industrias más importantes de España.

d) En _____ España del siglo XXI la importancia de _____ agricultura va a disminuir.

e) Su padre es_____ agricultor y su madre _____ ingeniera.

f) Un 30% de _____ chicos beben cerveza desde _____ 14 años.

g) Los peligros de tomar _____ éxtasis no pueden ser exagerados.

h) ¿Qué sería de _____ gazpacho sin el tomate?

i) Primero se toma _____ caldo y después se come_____ verdura y _____ carne.

j) Entre las tapas preferidas de los españoles figuran _____ patatas bravas y _____ calamares.

Para terminar...

Algunas actividades deportivas pueden ser peligrosas. Escucha el CD, que cuenta lo que le pasó a Dolores un día...

8 Mes en el que ocurrió el accidente

9 Lugar en el que vivía

10 Parte de la calle donde tenía que ir

A **¿Cuáles de las siguientes palabras oyes?**

1 alguno

2 caí

3 aterricé

4 fui

5 piel

6 poner

7 rápidamente

8 quedaran

9 hacían

10 cuidado

C En grupos comentad qué es para vosotros el aspecto más importante de la salud: ¿tener una dieta saludable, como la dieta mediterránea? ¿mantenerse en forma? ¿practicar deportes? ¿dormir bien? ¿buscar un equilibrio entre las necesidades del cuerpo y las de la mente?

B **Da la información que falta:**

1 ¿Cuándo ocurrió el accidente?

2 Parte del cuerpo que sufrió primero

3 Lo que arrastró el viento

4 Lo que se le levantó

5 Período en que tuvo que utilizar muletas

6 Lo que tuvo que poner en la cara

7 Lo que habría pasado si hubiera puesto la cara al sol

D Luego escribe unas 150 palabras sobre uno de los temas siguientes, fijándote en los aspectos de la salud que hemos visto en esta unidad:

● La comida típica de una región de España

● Los peligros/los atractivos de las drogas de diseño.

● La importancia de tener una dieta equilibrada.

● Las diferencias entre España e Inglaterra en cuanto a la salud.

Viajes: la vuelta al mundo

Entrando en materia...

El tema de esta unidad trata del turismo, los transportes y los viajes. Se tocarán aspectos como los centros turísticos españoles, las distintas opciones a la hora de alojarse, los variados tipos de transporte o las razones por las que la gente viaja. Nos centraremos especialmente en una región española: Cataluña. Los puntos gramaticales que se van a exponer son:

● construcciones con "gustar"
● el pretérito perfecto
● el superlativo

Reflexiona:

¿Qué tipo de transporte te resulta más cómodo? ¿Qué estilo de vacaciones se adapta mejor a tus gustos y tu bolsillo? ¿Te gusta viajar? ¿Por qué lo haces? ¿Has sufrido alguna vez trastornos debido al mal funcionamiento de los medios de transporte? ¿Son los transportes de igual calidad en todos los países y ciudades? ¿Recuerdas la primera vez que montaste en avión? ¿Te mareas en los barcos o en el coche? ¿Prefieres ir a pie o en bicicleta? Cualquiera que sea tu opinión, hay que admitir que los transportes y el turismo están haciendo el globo terráqueo cada vez más pequeño y nuestro propio mundo más grande y más abierto a nuevas experiencias...

Los medios de transporte

¿Conoces todos estos medios de transporte? Comenta con tu compañero y consulta el diccionario o con tu profesor, si es necesario.

en bicicleta	en coche	en tren	en moto	en avión	en metro	en patines
en funicular	en barco	a pie	en teleférico	en autobús	en taxi	a caballo

1 ¿Cuál es el mejor medio de transporte?

Unas cuantas personas nos dan su opinión sobre algunos medios de transporte:

A mí me da muchísimo miedo el avión. No soy capaz de relajarme y siempre voy mirando las caras de las azafatas, para ver si se va a producir el gran desastre... Además, me da un vértigo increíble.

Magdalena, 32 años

Yo odio lo de montar en barco. Se me revuelve el estómago, me duele la cabeza y siempre acabo devolviendo en vez de disfrutar del paisaje. Me tengo que tomar pastillas y no moverme mucho.

Rafael, 27 años

Para mí el medio de transporte ideal es el taxi. Estoy jubilada y no salgo con mucha frecuencia así que cuando lo hago me gusta hacerlo por todo lo alto. El mayor problema son los atascos y el bolsillo...

Silvia, 62 años

Mi gran amiga es la bicicleta – voy con ella a todos sitios, esquivando embotellamientos, no dañando el medio ambiente y haciendo ejercicio. La uso para el trabajo, la compra, los ratos de ocio...

José Luis, 25 años

Mi medio de locomoción habitual son mis pies. Me encanta caminar y lo hago siempre que puedo. Si puedo evitar coger el metro o el autobús en una ciudad, puedes estar seguro que lo haré.

Álvaro, 29 años

Donde esté el coche, que se quite lo demás: aire acondicionado, tu propia intimidad, tu musiquita, la compañía que uno elija y a disfrutar del volante... ¿Qué más se puede pedir?

Gonzalo, 38 años

  A Lee el texto, localiza estas expresiones y trata de deducir su equivalente en inglés en la columna de la derecha:

1 dar vértigo
2 revolverse el estómago
3 estar jubilado
4 hacer algo por todo lo alto
5 el problema es el bolsillo
6 esquivar embotellamientos
7 donde esté.....que se lo quite lo demás
8 disfrutar del volante
9 ¿qué más se puede pedir?

a to turn one's stomach
b to do something in style
c money is the trouble
d you can't ask for more than that
e where there is a ...... forget about the rest!
f to be retired
g to feel dizzy
h to avoid traffic-jams
i to enjoy driving

B **Vuelve a leer el texto y completa las siguientes oraciones:**

1 _____ no cambiaría su propio vehículo por nada del mundo.

2 A _____ le encanta pedalear, vaya donde vaya.

3 _____ no se sube en transporte aéreo ni aunque le paguen.

4 _____ tiene suerte de poder permitirse ese tipo de transporte.

5 _____ lo pasa muy mal en transportes marítimos.

6 _____ recorre muchos kilómetros a pie.

C **Elige tres medios de transporte y explica a tu compañero por qué te gustan o no te gustan. Cuenta después al resto de la clase qué medios de transportes prefiere tu compañero y por qué.**

Grammar

VERBS LIKE GUSTAR

A number of common verbs have a similar construction to *gustar*. In this construction the object in the English sentence becomes the subject in the Spanish one.

Le gustan los trenes.	He likes trains (literally: trains are pleasing to him).
Me gusta hacerlo por todo lo alto.	I like doing it in style.

Frequently the Spanish indirect object is reinforced by adding *a* + the personal pronoun at the beginning of the sentence: **A él** *le gustan los trenes.*

Other verbs which are frequently used in the same way as *gustar* are:

costar	to be an effort	*encantar*	to be delighted, to love	*interesar*	to interest
dar	to give	*faltar*	to be lacking, missing	*molestar*	to bother
doler	to ache, hurt	*importar*	to matter to	*tocar*	to concern, to be one's turn

Me duele la cabeza.	I have a headache.
Le encanta caminar.	(S)he loves walking.
A mí me da muchísimo miedo el avión.	I am very frightened of flying.

For more information on verbs like *gustar* see Grammar Summary p274.

Ejercicios

1 Rellena los espacios en blanco con el pronombre correcto.

a) ¿_____ molesta a Clara que vayamos al cine sin ella?

b) No veo ningún inconveniente . _____ da igual.

c) Después de su ataque cardíaco, a mi padre _____ duele el pecho.

d) Te toca a _____ ¿no?

e) A sus amigos no _____ interesa nada ir al parque.

f) ¿A vosotros _____ importa que nos acompañe Miguel?

2 Contesta las preguntas según el modelo.

Ejemplo: ¿A ti te gusta el cine? *Sí, a mí me gusta.* or *No, a mí no me gusta.*

a) ¿A Sofía le gustan las matemáticas?

b) ¿A ti te molesta que fumen?

c) ¿A tus amigos, les interesa jugar al golf?

d) ¿A vosotros, os falta algo?

e) ¿A ellas, les da miedo salir solas por la noche?

f) ¿A ti te duelen los dientes?

El transporte público

2 Te cuesta un ojo de la cara

 Escucha el CD e indica sólo aquella información que se menciona. Tienes que marcar cinco.

1 Antes viajar en avión costaba mucho dinero.
2 Los medios de transporte son más o menos como antes.
3 Reservar vuelos en Internet es menos complicado y más barato.
4 No tengo preferencia por un medio de transporte concreto.

5 Me aterrorizan los aviones.
6 Hay personas para las que volar es poco menos que una tortura.
7 Me encanta que me toque alguien que ronque.
8 Volar parece ser una parte de mí.
9 Me gustaba imaginarme la vida de los personajes que veía.
10 Me suelo aburrir en los aeropuertos.

3 Ascenso del uso del transporte público en Barcelona

Vocabulario de ayuda
día laborable: working day
de media: on average
entorno: vicinity
término municipal: municipal area
turismos: private cars

El uso del transporte público en Barcelona creció durante el año pasado un destacado 6%, pero no lo hizo, paradójicamente, en menoscabo del empleo de los vehículos privados (coches y motos), que aumentó también, aunque sólo un 1%. La conclusión es que ha crecido en general el volumen de desplazamientos. Cada día laborable se realizaron en Barcelona durante el año pasado unos 6.280.000 viajes de media. El censo de coches particulares de la ciudad desciende progresivamente desde hace tres años. En realidad, el 1% de incremento en los desplazamientos realizados en vehículo privado ha sido más por las motocicletas que por los coches. Con todo, con más desplazamientos en transporte público y menos parque móvil de turismos, el uso del coche en la ciudad creció un 0,1%. Respecto al transporte público en Barcelona, de media, cada día se realizaron en suburbano, tren o bus 130.000 viajes más que en el año anterior. Las conexiones en transporte público con los municipios del entorno de Barcelona siguen siendo muy deficitarias. Los desplazamientos internos se realizan: un 39% en transporte público, 25% en privado y 36% a pie y los que traspasan el límite del término municipal: 64% en vehículo privado, 32% en público y 4% a pie. Esta es la raíz de los atascos que sufren las calles de la ciudad. Cada día entran en Barcelona 309.000 coches foráneos, por lo que casi uno de cada dos turismos que se ven en la calle (45%) es de otro término municipal.

A Después de leer el texto enlaza las palabras de la izquierda con sus correspondientes en inglés en la columna de la derecha:

1	en menoscabo	a	foreign
2	desplazamientos	b	fleet of official vehicles
3	parque móvil	c	insufficient
4	turismos	d	municipalities
5	suburbano	e	private cars
6	municipios	f	underground
7	deficitarias	g	movements
8	atascos	h	to the detriment of
9	foráneos	i	congestion

B Lee el texto e indica qué representan las siguientes cifras:

1	6%	6	39%	10	32%
2	1%	7	25%	11	4%
3	6.280.000	8	36%	12	309.000
4	0,1 %	9	64%	13	45%
5	130.000				

C Comenta con tu compañero:

● ¿Cuál es el medio de transporte más utilizado en el lugar donde vives? ¿A qué crees que se debe? ¿Has estado en otros lugares donde se usen otros medios de transporte? Por ejemplo, en Madrid la gente utiliza mucho el coche incluso para ir al centro de la ciudad; en Londres la gente parece estar más concienciada de las ventajas del uso del transporte público; en Cambridge o Ámsterdam se utiliza mucho la bicicleta.... ¿Crees que hay razones para que esto sea así?

● ¿Cuáles crees que deben ser las ventajas y desventajas de utilizar un vehículo propio, en comparación con el transporte público? Si tú pudieras tener tu propio coche, ¿lo tendrías? ¿por qué?

4 Una huelga de autobuses

Un millón de problemas por los paros

Mientras la huelga, que tiene paralizados los autobuses interurbanos en la Comunidad, no se resuelva, cada día será un nuevo quebradero de cabeza para casi un millón de madrileños. La huelga de los días 21, 22, 27 y 28 de marzo sorprendió a miles de personas, que se vieron atrapadas durante horas en las paradas e intercambiadores de toda la Comunidad. Sin embargo, los ciudadanos que diariamente usan este servicio han buscado los dos últimos días vías alternativas para trasladarse al trabajo, a la universidad e incluso a hacer la compra o al médico. Paradas e intercambiadores se han quedado desiertos.

Coches particulares: Las carreteras de entrada a la capital han registrado enormes retenciones tanto ayer como el lunes. La huelga ha provocado que se recurra al vehículo propio para trasladarse. Esto ha hecho que los trayectos se conviertan en auténticos infiernos para los conductores.

Tren: El tren de cercanías ha sido la opción más elegida por los madrileños. Pero, al no circular tampoco las líneas locales de autobuses, el trasladarse dentro de los propios pueblos supone largas caminatas o tener que recurrir al taxi. Javier vive en Tres Cantos, que dispone de estación de Cercanías, pero tiene que andar unos 45 minutos para coger el tren. Además, como los trenes tienen horarios más restringidos que los autobuses, la huelga le supone salir dos horas antes de su casa.

Taxis: En los pueblos de la Comunidad donde no llega el tren, recurrir al taxi es el único método para aquellos que no disponen de coche, ni de ningún conocido que pueda llevarles. Algunos han optado por acercarse a las paradas de autobús y juntarse con otras dos o tres personas para que la carrera les salga más económica. Pero ésta es una opción para casos extremos, debido al gasto que supone.

Autostop: En pueblos sin tren como Galapagar y Colmenarejo, la buena voluntad de los vecinos ha solucionado muchos problemas. Decenas de personas esperaban las últimas mañanas en la carretera de salida del pueblo y en las paradas de autobús, haciendo autostop. Si ni siquiera esto funciona, caminar por la carretera ha sido la última opción.

Lee el texto e indica si las siguientes afirmaciones son verdaderas (V), falsas (F) o no se sabe (NS):

1 La huelga de autobuses interurbanos en Madrid no ha supuesto demasiados trastornos para los madrileños.

2 La gente se ha buscado otros medios para realizar sus quehaceres habituales.

3 Las zonas de espera de autobuses interurbanos se han quedado vacías.

4 A pesar de que muchos han optado por tomar su propio vehículo, el tráfico no se ha visto muy afectado.

5 Las carreteras que registraban mayores retenciones fueron las de Valencia y Extremadura.

6 La gente ha tenido que andar largas distancias o tomar un taxi para poder emplear los trenes de cercanías.

7 Javier ha llegado tarde al trabajo por culpa de la huelga.

8 Los que han decidido tomar un taxi no querían compartirlo.

9 Galapagar y Colmenarejo son pueblos que no tienen estación de autobús.

10 Desgraciadamente, los vecinos no se han dignado a cooperar.

  Ahora responde a las siguientes preguntas:

1 ¿Qué les ocurrirá a casi un millón de madrileños?

2 ¿Qué han hecho aquellos ciudadanos que usan los autobuses interurbanos regularmente?

3 ¿Qué les pasará a los conductores con vehículo propio?

4 ¿Por qué tiene que salir Javier dos horas antes de su casa?

5 ¿Qué ha hecho la gente para que le salga el taxi más barato?

6 ¿Por qué los vecinos de Colmenarejo y Galapagar han solucionado muchos problemas?

  Trata de recordar algún momento en que haya habido huelga de transportes en tu país (trenes, autobuses, metro, aviones...). Escribe 200 palabras sobre las consecuencias de esa huelga y cómo te ha afectado a ti personalmente y a las personas que te rodeaban en ese momento.

Grammar

THE PERFECT TENSE

The perfect tense is used, as in English, to connect the past to the present. It describes an action that has begun in the past and is continuing *now*.

*El tren de cercanías **ha sido** la opción más elegida por los madrileños.*

The suburban train (service) **has been** the favourite option of the people of Madrid.

*Algunos **han optado** por acercarse a las paradas de autobús…*

Some people have chosen to wait at bus stops…

The perfect tense is formed from:

haber plus the past participle of the verb.

-ar verbs	add *-ado* to the stem: *he mirado* etc.
-er and **-ir** verbs	add *-ido* to the stem: *he bebido, he vivido* etc.

A number of common verbs have irregular past participles, *e.g. hacer > hecho, poner > puesto.*

For a full list see Grammar Summary p268.

Notes:

1 The use of the Perfect is different from that of the Preterite (*el pretérito indefinido*), which describes **actions that have been completed in the past.**

La huelga de los días 21, 22, 27 y 28 de marzo **sorprendió** *a miles de personas.*

The strike of 21st, 22nd, 27th and 28th March took thousands of people by surprise.

2 The perfect tense differs in its use from that of the perfect tense in French. The French perfect is used like the preterite in Spanish, for actions that are completed in the past. Students of both languages, influenced by French usage, often use the perfect tense wrongly for a completed past action: in general, *vi* should be used for "I saw" and not *he visto; vine* should be used for "I came", and not *he venido.*

3 Despite (2) above, the Spanish perfect is normally used for events that took place on the same day.

Esta mañana **he ido** *al trabajo temprano.*

This morning **I went** to work early.

4 When used as part of the perfect tense, the past participle is **invariable** in number and gender.

For more information on the perfect tense see Grammar Summary p268.

Ejercicios

1 Completa las frases usando el pretérito perfecto:

Ejemplo:
Ahora Carmen (venir). *Ahora Carmen ha venido.*

a) Todavía no se (cerrar) la tienda.
b) Yo no (ver) tu bolso.
c) Asun (escribir) la postal.
d) Silvia (decir) la verdad.
e) Hasta ahora no (nosotros descubrir) lo que pasó.
f) Tus amigos no (hacer) nada para convencerme.
g) Es una región que (ir) creciendo rápidamente.
h) Margarita (volver) temprano ¿no?

2 Haz preguntas usando el pretérito perfecto, según el modelo.

Ejemplo:
comenzar (él) el nuevo trabajo.
¿Ha comenzado el nuevo trabajo?

a) ver (tú) a Enrique.
b) volver (tu hermano) de Bilbao.
c) terminar (ellos) de comer.
d) resolver (ella) el problema.
e) hacer (vosotros) el viaje a Italia.

 Los afectados por la huelga de autobuses interurbanos

VOCABULARIO

Lee el siguiente texto. En él encontrarás vocabulario que va a volver a aparecer en la grabación ("Los afectados por la huelga de autobuses interurbanos"), que sigue. Fíjate en las expresiones subrayadas y, junto con tu compañero, intenta deducir su significado. Si necesitas ayuda, consulta el diccionario y / o con tu profesor.

"Cuando era pequeña mis hermanos y yo íbamos al colegio en taxi, ya que la escuela nos pillaba muy lejos. Además, los primeros días mi madre nos acompañaba, pues aún no conocíamos el terreno - todo era nuevo para nosotros. Si hubiéramos ido andando, habría sido una larga caminata. En invierno, algún día la nieve hasta nos dejó incomunicados así que teníamos que buscarnos la vida (coger otro medio de transporte o incluso no ir al colegio). Nos salía bastante caro ir a la escuela, ya que se formaban unos atascos considerables. Y eso, sí, lo de madrugar, siempre fue un calvario para nosotros..."

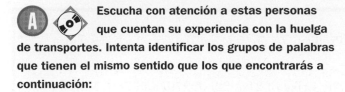

A Escucha con atención a estas personas que cuentan su experiencia con la huelga de transportes. Intenta identificar los grupos de palabras que tienen el mismo sentido que los que encontrarás a continuación:

Christian Pourtau, turista francés que viaja con su familia

1 porque estaba a poca distancia
2 siendo todo nuevo para nosotros
3 para volver tendremos que andar un buen rato

Jacob G., militar en el cuartel RAS 21 (Fuencarral)

4 el cuartel se ha quedado aislado por la huelga
5 si no hay mucha gente
6 sería más rápido caminar

Miguel H., obrero ecuatoriano (residente en Madrid capital)

7 me está costando mucho dinero
8 tras todo este sufrimiento
9 me levantaré antes

B Escribe en unas 200 palabras qué medio de transporte elegirías si fueras a hacer el viaje de tus sueños. Justifica tu opinión por medio de ejemplos y / o anécdotas.

C Comenta con tu compañero:

● Trata de recordar cuál fue tu último viaje en avión: ¿qué medio de transporte tomaste para llegar al aeropuerto? ¿por qué?
● ¿Cuál es tu prioridad a la hora de elegir el medio de transporte para llegar al aeropuerto: rápidez, economía, comodidad...?
● ¿Cuántos aeropuertos hay cerca de la ciudad donde resides? ¿Cuál es el método más práctico para acceder a cada uno de ellos?

Cataluña

Girona
Lleida
Barcelona
Tarragona
Mar Mediterráneo

Situación: Se encuentra al nordeste de la Península Ibérica y está bañada por el mar Mediterráneo. Limita al norte con Francia y Andorra; al este con el mar Mediterráneo; al sur, con la Comunidad Valenciana; y al oeste con Aragón.

Superficie: 31.930 km^2

Población: 6.361.365 habitantes. La evolución de la población en la comunidad catalana durante el siglo XX se ha caracterizado por mantener un crecimiento constante.

Industrias principales: Química, metalúrgica, gastronómica

Atracciones turísticas: La comunidad, en general, presenta una orografía muy diversa, desde grandes montañas a fértiles valles y amplios cauces fluviales. Una de las zonas más bellas, y más desarrolladas desde el punto de vista turístico y residencial, es la Costa Brava. Barcelona, con uno de los puertos más activos del Mediterráneo, ofrece una intensa vida cultural, comercial y recreativa. Antoni Gaudí es el máximo representante del modernismo de finales del siglo XIX, con la Sagrada Familia como su obra maestra. Tarragona desvela numerosos monumentos de la época romana y Girona sus atractivos pueblos y ciudades medievales. Los grandiosos monasterios de Montserrat y Poblet son muestra de la vida espiritual de esta región.

Lengua: Las lenguas oficiales son el castellano y el catalán.

Administración: Las cuatro provincias que la conforman son: Barcelona, Tarragona, Lleida y Girona. La capital es Barcelona. El máximo órgano institucional de la Comunidad Autónoma que rige la vida de los catalanes es la Generalitat de Catalunya, que está integrada por el Parlamento, la Presidencia de la Generalitat y el Gobierno Catalán. El Estatuto de Autonomía de Cataluña fue aprobado en 1979 y constituye la norma básica de la comunidad catalana.

Historia: Los hallazgos prehistóricos nos hablan de Cataluña como de una zona habitada desde los tiempos más remotos. Ampurias representa uno de los yacimientos arqueológicos más importantes de España. Visigodos y árabes contribuirían a perfilar la identidad catalana a través de las luchas entre francos y musulmanes. La unión de Cataluña y Aragón en 1137 y la conquista de Baleares y Valencia extenderán la lengua y cultura catalana. Todavía hoy se celebra cada año la "Diada" en conmemoración de sentimientos nacionalistas.

6 El aeropuerto de Barcelona

Sólo el 15% de los usuarios del Prat llega al aeropuerto en autobús o tren

Los usuarios del aeropuerto de Barcelona no tienen costumbre de llegar al Prat en transporte público: sólo un 15 por ciento utiliza el bus o el tren para ir a coger un vuelo. Casi todos los demás pasajeros van en sus propios coches o en taxi, este último más extendido, pese a ser el más caro. Un 44 por ciento de las personas que llegan al Prat suele hacerlo en taxi. Otro 41 por ciento se acerca hasta el Prat en coche privado, mientras que un 5 por ciento lo hace en autobús y un 10 por ciento en tren de cercanías, la opción que resulta más económica. Estos datos proceden de un estudio realizado por Aena, sobre una muestra de más de 22.000 viajeros.

La encuesta evidencia que las personas que más utilizan los vehículos propios y los taxis para desplazarse son hombres, y que la mayoría de usuarios que tienen que coger un vuelo llegan al aeropuerto solos (91 por ciento). Un 12 por ciento de los pasajero se dirige a la Terminal C, el puente aéreo. El estudio de Aena expone que el 68 por ciento de los pasajeros que utilizan el aeropuerto de Barcelona es de nacionalidad española y el 32 por ciento extranjeros, la mayoría hombres (62 por ciento). El motivo por el que suelen coger un vuelo es por negocios (49 por ciento), mientras que un 33 por ciento lo hace por vacaciones y un 18 por ciento por motivos que se han calificado como «de no negocio».

El perfil del usuario del aeropuerto del Prat se corresponde, a grandes rasgos, con un catalán de entre 30 y 49 años que goza de una situación laboral estable. La mayoría de pasajeros viaja en clase turista, factura alguna maleta en los mostradores de check-in y llega al aeropuerto para coger su vuelo con un tiempo medio de una hora y 20 minutos.

  A Mira las siguientes expresiones y localiza en el texto las palabras y expresiones que tengan el mismo sentido:

1 De forma general
2 Ferrocarriles cuyos destinos están en torno a una población
3 Tienden a
4 Especie de mesas donde se puede exhibir mercancía o facturar el equipaje
5 Personas que hacen un trayecto en algún medio de transporte
6 Serie de preguntas para averiguar la opinión dominante respecto a un asunto
7 A pesar de
8 Un ejemplo modelo
9 Conexión regular por avión entre Madrid y Barcelona
10 Entrega su equipaje y muestra su billete para acceder al avión

  B Lee el texto y contesta las siguientes preguntas:

1 ¿Qué ocurre con el 85% de usuarios del aeropuerto de Barcelona que no coge el bus o tren?
2 ¿Qué resulta contradictorio respecto al hecho de que el taxi sea el medio de transporte más empleado?
3 ¿Qué representan el 44%, 41%, 5% y 10%?
4 ¿Cuál es la forma más barata de ir al aeropuerto de Barcelona?
5 ¿Cuáles son las características típicas de las personas que optan por el vehículo propio y el taxi?
6 ¿De qué nacionalidad proceden los usuarios del aeropuerto de Barcelona?
7 ¿Cuáles son las razones por las que viajan?

7 ¿Por qué viaja la gente?

A **Escucha y escribe los datos que correspondan en cada columna:**

	Destino	Profesión	Razón por la que viaja	Medio de transporte	Tipo de alojamiento	Quién paga los gastos	Tiempo de estancia
Alberto							
Bárbara							
Ana							
Ricardo							
Daniel							
Concha							

Los trenes

8 La gran estación

El «macrointercambiador» que se abre mañana conectará ocho líneas de tren de Cercanías y tres de Metro con Madrid-Barajas, donde se llegará en 12 minutos. Además, permitirá facturar en el centro de la capital. Hasta ahora, Hong Kong era la única ciudad del mundo con una terminal del aeropuerto en el casco urbano.

Barajas tendrá desde mañana una prolongación de sus terminales en pleno paseo de la Castellana. El macrointercambiador de Nuevos Ministerios permitirá a cientos de miles de madrileños comprar su billete de avión, facturar el equipaje y obtener la tarjeta de embarque en el mismo centro de Madrid. El ahorro de tiempo para los usuarios del Metro que quieran llegar al aeropuerto desde cualquier punto de la ciudad será inmenso. Hoy se puede acceder en suburbano a Barajas, pero la interminable línea 4 eterniza el viaje.

Los hombres de negocios que trabajan por Nuevos Ministerios y Azca, el corazón económico de la capital, rara vez van en Metro a coger el puente aéreo: tienen que invertir 47 minutos en el viaje. A partir de mañana llegar al aeropuerto será más rápido que ir en coche o en taxi. Todo gracias a una flamante línea 8 directa con tres paradas intermedias: Colombia, Mar de Cristal y Campo de las Naciones. Los trenes 7.000, de última generación, tendrán monitores donde podrá darse información de vuelos.

En los modernos vagones de pasajeros habrá espacio para el equipaje de mano. En el de cola irán las maletas, en dos contenedores de seguridad. A este coche sólo tendrá acceso el personal de Aeropuertos Españoles y Navegación Aérea (AENA). Una vez en el aeropuerto, el equipaje se incorporará al futuro Sistema Automatizado de Tratamiento de Equipajes (SATE) de todo el aeródromo.

Historia de una maleta:
9.00 h. El viajero accede al vestíbulo y factura su equipaje. Hay 34 mostradores. Sólo necesita el billete y DNI.
9.02 h. El equipaje pasa por una cinta transportadora y desciende a la planta inferior, la de la línea 8.
9.04 h. Después de facturar, el viajero baja al andén del Metro para dirigirse al aeropuerto.
9.10 h. Dos contenedores con todos los equipajes se introducen en el último vagón del coche.
9.22 h. El Metro sale de Nuevos Ministerios con dirección a Barajas.
9.30 h. En el aeropuerto, el viajero accede a la puerta de embarque correspondiente.

A   **B**

A Extrae del texto diez palabras que pertenezcan al tema de los viajes. Después, compara tu lista con la de tu compañero.

B Localiza en el texto los equivalentes a estas palabras en inglés:

stops	boarding gate	to check in	counters	underground
shuttle service	plane ticket	boarding card	coaches	ID
conveyor belt	hand luggage	platform	suburban trains	

C Lee el texto e indica si las siguientes afirmaciones son verdaderas (V), falsas (F) o no se sabe (NS):

1 Gracias al nuevo intercambiador se podrá llegar en menos de un cuarto de hora del centro de Madrid al aeropuerto.

2 Ahora la gente podrá llegar al aeropuerto sin tener que cargar con las maletas.

3 A pesar de contar con esta nueva terminal, el tiempo que se gana no será excesivo.

4 Hasta ahora el centro de la capital y el aeropuerto no estaban comunicados por el metro.

5 Los ejecutivos de Madrid viajan con frecuencia a Sevilla y tardan unos 50 minutos.

6 La línea 8 será la nueva que comunique Nuevos Ministerios con Barajas.

7 La gente no podrá obtener información sobre los vuelos hasta que llegue al aeropuerto mismo.

8 Madrid será la segunda ciudad europea con este tipo de infraestructura.

D Imagina que eres un hombre o mujer de negocios cuyo producto es este "macrointercambiador" que has de vender al gobierno español. Expón en 150 palabras cómo lo harías y, por supuesto, no dejes de insistir en sus múltiples ventajas.

9 El AVE

El AVE arrebatará al puente aéreo el doble de pasajeros previstos por Iberia

La línea del tren de alta velocidad que conectará Madrid con Barcelona a finales de 2004 arrebatará al puente aéreo de Iberia el doble de pasajeros previstos inicialmente. El 55% de los usuarios del avión se pasará al AVE, según un estudio realizado por la Universidad de Castilla-La Mancha. El AVE también arrastrará al 60% de las personas que ahora utilizan el coche privado para viajar entre las dos capitales y al 11% de los usuarios del autocar.

Hasta ahora, Iberia había mantenido que la inauguración del AVE Madrid-Barcelona restaría al puente aéreo un 23% de pasajeros – poco más de medio millón al año –, mientras que la compañía Renfe cifraba en el 40% el porcentaje de actuales usuarios del avión que se pasarían al tren. Begoña Guirao, profesora de la Universidad de Castilla-La Mancha, afirma que un 13% de los usuarios del AVE

provendrá de los usuarios actuales de las líneas convencionales de Renfe que comunican Barcelona con Madrid y que un 7% será nuevos viajeros. Se calcula que serán casi tres millones el número de pasajeros que transportará el AVE en su primer año de funcionamiento. Las causas que provocarán el trasvase de pasajeros entre el avión y el tren serán, según Guirao, «el tiempo del trayecto y el precio del AVE, mucho más atractivos».

Actualmente, el trayecto entre Madrid y Barcelona en avión dura apenas 50 minutos, aunque hay que sumar el tiempo que se tarda en trasladarse al aeropuerto. En total, si no hay retrasos, la conexión entre ambas ciudades se puede hacer en dos horas. El precio medio de un billete de avión es de 108 euros por trayecto, según el estudio comentado, al que habría que sumar el coste del traslado al aeropuerto,

que si es en taxi no baja de los 12 euros.

Por contra, el AVE realizará el trayecto Madrid-Barcelona en dos horas y 20 minutos y el precio del billete será de unos 64 euros, según las primeras previsiones. El tren de alta velocidad, además, contará con la ventaja de que las estaciones estarán en el centro de ambas ciudades, con conexiones inmediatas con cualquier punto a través del metro.

Read the text and answer the following questions in English:

1 What is likely to happen in 2004?

2 Who will be using the AVE according to the study carried out by the University of Castilla-La Mancha?

3 How many passengers will be taking the AVE in its first year of service?

4 What two things will encourage people to switch from the plane to the AVE?

5 How long does it take to make a connection between Madrid and Barcelona by plane?

6 What will be a key advantage of using the AVE rather than a plane?

  Tu clase está planeando hacer un viaje a España en el que tendréis que ir de Madrid a Barcelona. Comentad (y escribid en la pizarra) las ventajas y desventajas entre usar el avión o el AVE para hacer dicho trayecto y decidiros por una opción, justificando las razones para llegar a dicha conclusión.

⑩ ¿Puedo llevar conmigo mi mascota en el tren?

  Escucha este fragmento y anota en inglés toda la información que puedas sobre la posibilidad de llevar una mascota en los viajes en transporte público. Después compara tus notas con las de tu compañero.

⑪ Machu Picchu

Sin lugar a ningún tipo de dudas, el tren que nos lleva de Cusco al Machu Picchu, se ha convertido con el paso del tiempo en uno de los imborrables recuerdos que afloran en nuestras mentes tras realizar tan entrañable viaje. Las dos opciones con las que se encuentra el turista son acceder a través del tren local que conduce lentamente desde Cusco a las faldas de Machu Picchu (Aguas Calientes), o lo que es lo mismo, empaparse, durante varias horas, de gentes y colores, de gustos y de olores, de historias y palabras tan perdidas en el tiempo como los orígenes del que fuera el último refugio del Inca. También es posible, y recomendable si se dispone de tiempo, acceder a través de la maravillosa experiencia de utilizar el sistema más antiguo de desplazamiento: recorrer a pie, a través del Valle de Urubamba, la distancia que separa Cusco del monumental recinto Inca.

A tempranas horas de la mañana nos encontramos en la estación rodeados de turistas, equipajes y guías, además de un ligero dolor de cabeza provocado por el "soroche" (mal de alturas causado por los 3.360 metros de altura), pero ello no tiene que privarnos de los necesarios reflejos para poder sentarnos en un buen sitio y si es posible cercano a la ventana, a través de la cual nuestros ojos asombrados podrán contemplar la belleza del paisaje y la elegancia con la que el río Urubamba se abre paso a través de las montañas para acompañarnos hasta la base del Machu Picchu. Las cámaras no paran de ser disparadas, ya que todo el mundo quiere llevarse a su localidad habitual un testigo de tan maravilloso viaje. Fuera, las laderas se elevan y las vías del tren, paralelas al río, corren por un cada vez más angosto desfiladero.

En cada lugar que el tren se detiene para subir o bajar pasajeros, los vagones se inundan de hombres y mujeres que entran para vendernos sus mercancías, "¿Un huevo cocinadito, señor? ¿Té de coca? ¿Pasteles?". Según va pasando el tiempo, nos vamos aproximando al mítico kilómetro 88, punto de partida para el Camino del Inca. Vemos bajarse a muchos excursionistas, con sus mochilas, cantimploras y tiendas de campaña a cuestas, mentalizados para pasarse varios días caminando a través de espesos bosques, pasos de hasta 4200 m, puentes con siglos de antigüedad y precipicios que cortan la respiración; pero también noches bajo las estrellas acampados cerca de alguna de las muchas ruinas incas que jalonan el camino. Cuarenta y ocho kilómetros en total que culminan con su entrada a la ciudadela por el Inti-Punku o Puerta del Sol, lugar donde primero aparece el astro y lugar desde el que obtendrán su primera visión del impresionante santuario, emergiendo plácidamente entre las nubes.

Lee el texto y localiza los términos que correspondan a las siguientes definiciones:

1 admirados
2 impregnarse
3 transporte
4 aparecen
5 vertientes de una montaña
6 recipiente para llevar agua en viajes y excursiones
7 frondosos
8 en su tienda de campaña
9 salpican

10 estrecho
11 paso estrecho entre montañas
12 abismos
13 bolsa que se lleva a la espalda
14 encima
15 enclave
16 actos rápidos e inconscientes
17 íntimo y querido
18 ligeras pendientes de una montaña

Otros medios de transporte

12 Servicios a bordo

SERVICIOS A BORDO

1 Acomodación en camarote clase Turista; y en clase Club con servicio de teléfono, prensa diaria gratuita y televisión con Canal Satélite Digital, así como acceso gratuito al gimnasio y sauna.

2 Camarotes, aseos y rampas para pasajeros de movilidad restringida.

3 Acomodación en butaca clase Turista con monitores colectivos de televisión y vídeo.

4 Restaurante a la carta donde se sirve una variada selección de menús y una amplia carta de vinos de denominación de origen.

5 Autoservicio con capacidad para 256 personas, donde se puede elegir entre una amplia variación de platos y el menú del día.

6 En la Cervecería se pueden degustar distintos tipo de cerveza y tapas. Pantalla de vídeo.

7 En el Café-Pub se sirve una variada selección de cafés y cócteles.

8 Sala de lectura y Sala de juegos de mesa.

9 Discoteca con animador/disc jockey.

10 Sala de cine con tres sesiones diarias y capacidad para 77 personas.

11 Piscina abierta durante todo el año para adultos y niños – en invierno cubierta climatizada con agua dulce. Jacuzzi, solarium y servicio de bar/cafetería.

12 El "Club del Conductor" dispone de autoservicio/bar con un menú diario y pantalla de televisión/vídeo y videojuegos.

13 Gimnasio y sauna.

14 Tienda autoservicio.

15 Teléfono público.

16 Enfermería.

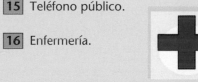

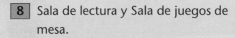

A El esquema de arriba resume las múltiples instalaciones disponibles en una lujosa compañía de ferries. Lee lo que dicen las siguientes personas y, tomando como referencia la información del esquema, escribe el número de la señal que corresponda.

Por ejemplo: *Isabel > 7*

Julián: "A mí me gusta hablar mucho por teléfono, leer el periódico y estar bien informado. Además, hago ejercicio siempre que puedo."

Carla: "A mí me encanta ver una 'peli' mientras me tomo una cervecita o dos."

Jesús: "Estoy intentando adelgazar y me han dicho que es muy bueno ir a la sauna."

Carolina: "Yo me paso la vida viendo la tele y películas de vídeo."

Celia: "¿Podré llamar a mis abuelos desde aquí?"

Manuel: "He organizado una gran comida de empresa y me quería ahorrar los gastos de servicio."

Cristina: "Estoy deseando nadar un poquito con mi hijo y luego tomarnos un refresco."

Ángel: "No me decido. ¿Juego al dominó o sigo leyendo El Quijote?"

Gustavo: "Como soy minusválido, necesito instalaciones especiales."

Antonio: "A mí todo lo que tenga algo que ver con conducir me gusta."

Miguel: "Tengo pasión por los vinos y el buen comer. De ahí me vendrá la curva de la felicidad."

Isabel: "Pues a mí ponme una mezcla tropical o un café irlandés y ya soy feliz."

Nuria: "Me chifla bailar, y más con compañía."

Inés: "Mucha gente de la boda mañana irá a ver una película en el barco."

Francisco: "¡Qué bien que haya zonas comerciales en el barco! Quiero comprar un regalo a mi novia."

Pablo: "¡¡¡Mi hermanita pequeña está sangrando por la nariz!!!"

13 El reinado de la bicicleta

Cuando la bicicleta se me reveló como un vehículo eficaz, de amplias posibilidades, cuya autonomía dependía de la energía de mis piernas, fue el día que me enamoré. Dos seres enamorados, separados y sin dinero, lo tenían en realidad muy difícil en 1941. Yo veraneaba en Santander y Ángeles, mi novia, en Burgos, a cien kilómetros de distancia. ¿Cómo reunirnos? El transporte, además de caro, era muy complicado: ferrocarril y autocar con dos trasbordos en el trayecto. Los ahorros míos, si daban para pagar el viaje no daban para pagar el alojamiento en Burgos. Así pensé en la bicicleta como transporte adecuado que no ocasionaba otro gasto que el de mis músculos. De modo que le puse a mi novia un telegrama que decía: "Llegaré miércoles tarde en bicicleta; búscame alojamiento; te quiere, Miguel". El miércoles, antes de amanecer, amarré en el soporte de la bici dos calzoncillos, dos camisas y un cepillo de dientes y me lancé a la aventura. Aquellos primeros años de la década de los cuarenta, con el país arruinado, sin automóviles ni carburante, fueron el reinado de la bicicleta. Otro ciclista, algún que otro peatón, un perro, un afilador... eran los únicos obstáculos de la ruta. Recuerdo aquel primer viaje de los que hice a Burgos como un día feliz.

Miguel Delibes

A   **Utiliza las palabras del recuadro para completar el resumen de este texto:**

locomoción	dinero	conmigo	un amor	mi novia
los veranos	cambios	abonar	la calzada	me marché

A falta de **1**___, la bicicleta se puede convertir en un medio de **2**___ ideal cuando se tienen piernas y **3**___ que visitar. Pasaba **4**___ en Santander, que estaba a cien kilómetros de donde estaba **5**___. Quería evitarme tanto los gastos como los obligatorios **6**___ de transporte. No era solvente como para poder **7**___ mi estancia en Burgos. Avisé a Ángeles y el miércoles **8**___ con tan sólo un poco de ropa y mi bicicleta, con apenas compañeros en **9**___, y con una gran satisfacción, que todavía tengo **10**___.

Turismo y viajes

14 **Barcelona**

LA CIUDAD DE MODA EN EUROPA

Olvídense de la Sagrada Familia. Olvídense de las Ramblas. Olvídense del Museo Picasso. Olvídense de la catedral. Olvídense, incluso, del Camp Nou. Éstas no pueden ser las razones por las que Barcelona se ha vuelto un destino tan extraordinariamente popular para los turistas extranjeros; el motivo de que, por ejemplo (y hay muchos ejemplos), la edición británica de la revista Condé Nast Traveller acabe de designar Barcelona como su ciudad preferida en el mundo, muy por delante de París, Venecia y Roma. Porque, no nos engañemos, si de lo que hablamos es de gran arte o gran arquitectura, Barcelona entra en la primera división europea, pero nunca la va a ganar. La primera vez que uno ve París, se queda estupefacto. La primera vez que uno ve Barcelona, dice "qué bonito", "qué agradable" o – al ver un edificio de Gaudí – "qué maravilloso y qué extraño". Pero no se queda estupefacto. No se queda boquiabierto ni piensa: "¡Dios mío, éste es el sitio más bello y asombroso que he visto en mi vida!". Entonces, ¿cuál es el secreto? ¿Por qué no cesa la invasión de los turistas? Yo lo tengo bastante claro. He vivido en otras ocho ciudades y he visitado alrededor de 80, pero Barcelona, a la que me trasladé desde Washington en 1998, es el único lugar que conozco donde quisiera pasar el resto de mi vida. Pero mi opinión es tan exageradamente parcial que, por el bien de la investigación científica, lo que he hecho es buscar barcelonadictos que no viven en Barcelona (una especie nada fuera de lo común, descubrí) y hacerles la pregunta a ellos.

Sus respuestas incluyeron, por supuesto, factores como el buen tiempo; las tarifas aéreas, que cada vez son más baratas; el tamaño justo que permite recorrer gran parte de

la ciudad andando; la calidad de la comida, el mar, y el hecho (al parecer, fundamental para italianos y londinenses) de que, desde aquella fabulosa operación publicitaria también conocida como los Juegos Olímpicos de 1992, Barcelona ha logrado mantener su reputación internacional de ciudad elegante y moderna. Pero fue cuando les planteé la pregunta "¿qué es lo que hace a Barcelona distinta de otros lugares que también tienen el mar, el sol y los calamares?" cuando empezó a desenmarañarse el misterio del discreto encanto que ejerce la capital catalana sobre buena parte de la humanidad...

Lee el texto y define las siguientes palabras. Si no consigues comprenderlas por el contexto, emplea un diccionario.

1 estupefacto   3 asombroso   5 recorrer   7 calamares
2 boquiabierto   4 "barcelonadictos"   6 plantear   8 desenmarañarse

 "¿Qué es lo que hace a Barcelona distinta de otros lugares que también tienen el mar, el sol y los calamares?"

¿Sabrías contestar esa pregunta? Si has estado en Barcelona, explica a tus compañeros cómo es y qué te gustó o no te agradó de esta ciudad. Si no has estado, da también tu opinión, intentando describir cómo te la imaginas y si crees que tú también la encontrarías distinta a otras ciudades con mar, sol y calamares.

15 Lo que dicen de Barcelona

 Ahora escucha lo que opinan otras personas que han visitado la ciudad. Agrupa las frases del recuadro, según quién las ha dicho.

Lauren: una surafricana que vive en Londres y ha viajado por todo el mundo.
Daniel: argentino de sangre italiana, vive en Barcelona hace tiempo y tiene una afluencia constante de peregrinos que vienen a visitarle de Italia.
Keith: un londinense, también insiste en el factor relax.
Stephen: también es de Londres.

a una no la hacen sentirse distinta   no existe nada parecido en Londres   todo lo contrario de ostentosos
lo que una ciudad puede y debe ser   te dejan en paz   su vida y su espíritu no se han extinguido
no presume   aquí pueden, realmente, descansar   la gente está siempre juzgando a los demás
reciben bien a todo el mundo   no cierra los fines de semana   un lugar que parece encerrado en el pasado

16 25 hoteles para escapadas románticas

El romanticismo crece y se aviva. En la ciudad o fuera de ella. **(a)** El hotel pone en bandeja el romance: una cena a la luz de las velas, un amanecer desde la cama, un baño de burbujas en el dormitorio... **(b)** No existen más límites a la imaginación que los del bolsillo. La industria turística española ya incentivó, en los años sesenta, los viajes de bodas a Mallorca como parte de una estrategia hoy consolidada de promoción de las **(c)** escapadas a dúo. Pero lo novedoso ahora no es sólo el sol, la playa o los buenos precios, sino que los hoteles comienzan a integrar en sus habitaciones bañeras de hidromasaje o calefacción por suelo radiante, "el mejor sistema para moverse descalzo y en albornoz", según Mario Álvarez,

director de El Nido de Valverde. Sonsoles Paradinas, propietaria del hotel Al Sur, en Murcia, exhibe a sus clientes un proverbio que resume, **(d)** a su entender, lo que busca una pareja: "Qué bonito es no hacer nada y después descansar". O como dice el dueño del hotel Valdeoma, Gregorio Marañón, "los clientes acaban rindiéndose a la tranquilidad". La conquista también se asegura a través del estómago: cocina hogareña, creativa, con ingredientes selectos y **(e)** una presentación propicia al flechazo. Sea como sea, **(f)** cada pareja es un mundo, y cada hotel, un mundo para cada pareja. Rústicos, vanguardistas, históricos, en la ciudad, junto al mar... Que no falten las propuestas.

A   **Lee el texto y luego indica con la letra correspondiente cuáles de estas definiciones encajan con las palabras subrayadas:**

1 Cada hombre y mujer juntos son distintos a los demás

2 Marcharse dos personas juntas

3 Lo único que puede detenerte es no tener dinero

4 El lugar donde te alojas hace todo lo imposible para crear un ambiente soñador

5 A su manera de ver

6 Una forma de ofrecerlo todo que invita a que Cupido actúe

B   **Contesta con tus propias palabras:**

1 ¿De qué se encarga el hotel?

2 ¿Cuál es el único obstáculo frente a la imaginación?

3 ¿Qué diferencia hay entre los viajes que se organizaban en los sesenta a Mallorca y los de ahora?

4 ¿Qué les ocurre a los clientes cuando se les proporciona un ambiente de confort?

5 ¿Qué otro factor influye a la hora de atraer al cliente?

C   **Piensa en cuando estás de vacaciones o relajado. ¿Qué suponen para ti las vacaciones? ¿Cuáles son tus actividades típicas en períodos vacacionales? ¿Qué echas de menos más cuando no estás de vacaciones? Exprésalo en 150 palabras.**

17   Ofertas y descuentos

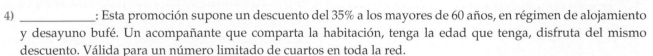

1) _____: Una promoción para alojarse seis noches consecutivas en 18 paradores de Castilla y León, Castilla-La Mancha y Extremadura por 54 euros por noche y habitación, y con un máximo de dos noches en el mismo establecimiento.

2) _____: Oferta de cinco cupones para pernoctar en habitación doble con desayuno por 66 euros cada una. Válida para un número limitado de habitaciones en toda la red.

3) _____: Un descuento del 20% sobre el precio del alojamiento, si se permanece dos o más noches en el mismo parador. Válido para un número limitado de habitaciones en los 86 paradores de la red.

4) _____: Esta promoción supone un descuento del 35% a los mayores de 60 años, en régimen de alojamiento y desayuno bufé. Un acompañante que comparta la habitación, tenga la edad que tenga, disfruta del mismo descuento. Válida para un número limitado de cuartos en toda la red.

5) _____: Esta oferta es válida para los huéspedes de entre 20 y 30 años. Incluye alojamiento en habitación doble y desayuno bufé, por 36 euros por persona y noche.

6) _____: Además de estas ofertas, la red estatal distribuye gratuitamente una tarjeta de fidelización, que incluye un sistema de acumulación de puntos (uno por cada 3 euros de factura en alojamiento y otro por cada 12 euros de factura en operaciones especiales) canjeables por estancias gratuitas en cualquier parador. Esta tarjeta da derecho a una copa de bienvenida, aparcamiento gratuito y otros detalles para los niños.

A   **Estas son algunas de las ofertas que nos ofrece este año la cadena de Paradores. Los nombres de cada oferta se encuentran en el recuadro – empáréjalos con la descripción adecuada:**

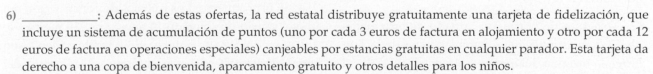

Semana de ensueño   Escapada joven   Amigos de paradores

Días dorados   Tarjeta cinco noches   Especial dos noches

B **Lee el texto y enlaza las palabras de la izquierda con su correspondiente en inglés:**

1 semana de ensueño
2 establecimiento
3 cupones
4 pernoctar
5 red
6 parador
7 escapada
8 huéspedes
9 tarjeta de fidelización
10 canjeable

a fidelity card
b hotel chain
c vouchers
d guests
e exchangeable
f state-owned hotel
g dream week
h hotel
i to spend the night
j escape

C **Imagina que dispones de una semana y que tienes oportunidad de disfrutar de la oferta "Escapada joven". Visita la página web de los Paradores (www.parador.es) y elige uno de Cataluña. Describe en 250 palabras cómo llegaste allí, cómo fueron tus vacaciones y tu impresión general respecto al balance calidad-precio.**

18 En el Parador de Sigüenza

A **Escucha el CD y contesta las siguientes preguntas:**

1 ¿Dónde está el Parador de Sigüenza?
2 ¿A qué distancia está de Madrid?
3 ¿Qué medio de transporte emplearon los amigos de Jesús para llegar?
4 ¿Cómo es el Parador de Sigüenza?
5 ¿Vivió alguien famoso en el Parador?
6 ¿Cómo son las habitaciones?
7 ¿Qué se puede visitar en Sigüenza?
8 ¿Por qué la comida es tan buena?
9 ¿Cuánto te cuesta si vas con la oferta de "Escapada joven"?
10 ¿Qué va a hacer Jesús en el puente de la Constitución?

19 Un coloso sin secretos

El Gran Hotel Bali

"El tamaño del edificio no tiene ningún secreto", confiesa Antonio Escario, el arquitecto de la torre más alta de España, que hoy se inaugura en Benidorm. "Para levantarla hemos utilizado lo que la profesión ya sabe, el sentido común". Se refiere al Gran Hotel Bali, el de mayor alzada de Europa, con 210 metros. La capital turística de la Costa Blanca celebra la apertura de este hotel, el primer edificio de España en altura, ya que sobresale 53 metros por encima de la Torre Picasso de Madrid, considerada hasta ahora como el mayor enemigo urbano de los que padecen vértigo.

La estructura de hormigón armado de este gigante de 776 habitaciones tiene reminiscencias de la Torre Eiffel, la insignia del ingeniero francés especializado en estructuras metálicas Alexandre Eiffel, que se eleva hasta los 320 metros en el Campo de Marte de París. El edificio de Benidorm es ancho por abajo y consigue esbeltez conforme va ascendiendo. Medidas contra movimientos sísmicos han sido tenidas en cuenta en su construcción, según

puntualiza el arquitecto. El bloque, que pesa 50.000 toneladas (más que el Titanic) cuenta con refuerzos perpendiculares de hormigón que actúan como apoyos de sus muros.

Los huéspedes amantes de lo singular tendrán a su disposición en este hotel, a 300 metros de la Playa de Poniente, seis 'suites' de lujo con 'jacuzzi' y solarium. Las habitaciones dobles son las que más abundan (662). Cuenta, además, con una decena diseñadas para disminuidos físicos. El proyecto técnico para hacer realidad el Bali se gestó hace unos 20 años, según el arquitecto. Los trabajos de construcción del hotel se han prolongado 14 años. Los 210 metros de altura del Bali junto al Mediterráneo son importantes. Desde otro enfoque, si las aguas del Mare Nostrum descendieran esos mismos metros, se podría cruzar andando entre Italia y África. Si técnicamente no tiene secretos, como dice el arquitecto, la obra es relevante. Y no sólo por los 30 millones de euros que ha costado, sino por el nuevo hito que supone para Benidorm.

A Lee el texto y luego completa las siguientes frases:

1 Lo que tiene de especial el Gran Hotel Bali es que _____.

2 La _____ era antes la torre más alta de España.

3 El Gran Hotel Bali tiene cierto parecido con _____, obra de un ingeniero francés.

4 Este edificio pierde _____ a medida que aumenta su altura.

5 Se ha tenido en cuenta el riesgo de _____ al construir este coloso.

6 El peso de este edificio es tan enorme que _____.

7 662 es _____ que hay en el hotel.

8 Se ha tardado _____ en construirse este hotel.

9 Se podría ir de Italia a África caminando si _____.

10 Esta edificación ha supuesto un gasto de _____.

B Comenta con tus compañeros cuáles son las ventajas y las desventajas del turismo en España. Tratad de justificar vuestras opiniones con ejemplos concretos.

Grammar

THE SUPERLATIVE

The idea of "most" is called the superlative.

The superlative is formed by placing the comparative adjective after the noun:

*La torre **más alta** de España. La ciudad **más vieja** de Argentina.*

Or by placing the definite article before the comparative adjective:

*Sevilla es **la más vieja** de las grandes ciudades de España.*

Notes:

1 Several common adjectives have irregular comparatives:

bueno > mejor; malo > peor; mucho > más; poco > menos; grande > mayor; pequeño > menor

*...la Torre Picasso de Madrid, considerada como **el mayor** enemigo urbano de los que padecen vértigo.*

...the Picasso Tower in Madrid, thought to be the greatest urban enemy of people who suffer from vertigo.

2 Unlike in French, the definite article is **not** repeated after the noun:

El AVE es el tren más rápido de España

The AVE is the fastest train in Spain.

3 After a superlative, "in" in English is expressed by *de* in Spanish (see above example).

For more information on comparison see Grammar Summary p263.

Ejercicio

Inventa preguntas a las respuestas siguientes que contengan la forma superlativa.

Ejemplo: Miguel de Cervantes. *¿Quién es el escritor más conocido de la historia española?*

a) Madrid
b) Albert Einstein
c) La Torre Eiffel
d) El verano
e) Picasso
f) La reina Victoria
g) El inglés
h) El Amazonas

20 El interrail: se sufre pero es como una droga

Muchas veces, cuando te levantas no sabes ni dónde estás. Medio dormido, te 1_____ la mochila y a recorrer una ciudad. 2_____, pero Interrail es un poco como una 3_____. Al siguiente año lo quieres hacer 4_____. Tengo millones de anécdotas. En los países del 5_____ han cambiado mucho las cosas desde que 6_____ por primera vez con 18 años. Recuerdo un 7_____ que nos intentó 8_____ y nos pidió dinero. En Praga 9_____ un control de inmigración. El tren estaba 10_____ de rumanos y nosotros con el pasaporte en los 11_____. Vimos cómo la policía maltrataba a la gente, y nosotros, como 12_____, en un tren a Austria. Y cosas más 13_____. En Ginebra nos encontramos una noche sin dinero y el sitio donde 14_____ era un bar del Deportivo de La Coruña, donde la gente hablaba sólo 15_____ y estaba abierto hasta las cuatro de la 16_____. En Bélgica nos colamos en la piscina de un club social carísimo y nos pillaron 17_____ y enjabonándonos. Otra vez dormimos en el césped de un 18_____ porque estaba lleno. Un año cruzamos en treinta minutos la 19_____ entre Holanda y Bélgica tres veces para encontrar albergue, y en un viaje 20_____ con un grupo de murcianos por distintos lugares de Europa. Eso sí, en todos los viajes acabo con 21_____ molida de dormir en el vagón y los pantalones 22_____ terminan en la basura. En fin, Interrail, es un viaje 23_____. A tu ruta se une gente que acabas de 24_____ y que se convierten en buenas amistades. Al final sólo 25_____ de lo bueno.

  A Escucha a Miguel Montero que tiene 30 años y trabaja en el aeropuerto de Barajas (Madrid). Ha hecho el Interrail tres veces, solo y con amigos. Rellena los huecos con las palabras que faltan.

razones por las que iríais a unos lugares y no a otros.

Ejemplo: *"A mí me encantaría ir a Sofía, en Bulgaria, porque mi abuela se llamaba Sofía y siempre he tenido curiosidad por ver esa ciudad. Eso sí, donde no me apetece nada ir es a Berlín; creo que debe traer demasiados recuerdos de los horribles sucesos de la guerra... ¿no crees?"*

  B Imagina que tú y tu compañero os vais a marchar de vacaciones con un billete interrail. Debéis decidir cuál va a ser vuestro recorrido, indicando cuáles son las

Para terminar...

  A Comenta con tu/s compañero/s:

- ¿Qué medio de transporte te parece más apropiado para recorrer una ciudad / ir de excursión / hacer largas distancias / ir a la aventura / relajarte...? Justifica tu respuesta.

- Si pudieras ir a un destino en cualquier parte del mundo, ¿dónde irías? ¿Por qué?

- Si tuvieras que elegir tu medio de transporte favorito, ¿cuál sería? ¿Por qué?

B Elige un aspecto de Barcelona relacionado con el turismo, los viajes y / o los medios de transporte. Busca por tu cuenta información de interés y prepara una presentación de unos cinco minutos para realizar ante el resto de la clase.

C Reúne información sobre las ruinas incas de Machu Picchu. Imagina que tienes la oportunidad de conocer este mágico lugar. Describe en 250 palabras la experiencia, explicando qué medio de transporte elegiste para acceder a él, qué impresión te causó el paisaje y si recomendarías este enclave a otras personas.

La educación: armados para el futuro

Entrando en materia...

El tema de esta unidad trata de la educación. Se tocarán aspectos como qué entendemos por *educación*, el currículo escolar, las diferencias sociales y culturales, el valor de la educación, los recursos disponibles o la violencia en las aulas. Aprenderemos más sobre la educación en el mundo hispano, con especial atención a Chile. Los puntos gramaticales que se van a tratar son:

● Construcción *hay que* + infinitivo
● El indefinido y el imperfecto
● Presente de subjuntivo
● Pronombres de objeto directo e indirecto

Recuerda: *El término "educación" en español abarca una franja más amplia que en inglés (que se refiere principalmente a la adquisición de conocimientos y a la formación intelectual de una persona). En castellano, además de tal sentido, se entiende la preparación del carácter de una persona para que sea capaz de vivir en sociedad, con buenos modales y comportamientos, es decir, de acuerdo a unas normas de cortesía.*

Reflexiona:

¿Qué tipo de educación has recibido? ¿Crees que los niños y jóvenes reciben una educación similar en todos los países? ¿Cuáles han sido los valores claves que te han inculcado durante la niñez y la adolescencia? ¿Los has conservado? ¿Tienen los sistemas educativos las mismas prioridades en todos los países? Cada país y cada ciudadano tiene sus propias necesidades educativas y su énfasis en ciertos valores concretos. Sin embargo, las preocupaciones y los objetivos de los gobiernos, los educadores y los alumnos tienen mucho en común en los distintos puntos del globo...

La primera regla de educación es el respeto al prójimo

La voz de mamá

Desde que era niño mi madre me habló de la buena educación. No te chupes los dedos, es de mala educación. No hables con la boca llena, es de mala educación. No interrumpas cuando hablan los demás, es de mala educación. No te burles de los demás, es de mala educación. Y así una lista interminable. Ahora que soy adulto, 37 años, todavía puedo oír la voz de mamá: en un congreso que me recuerda que hay que abrir la puerta a los demás, en el mercado que hay que saludar al tendero, en el baño que hay que dejarlo limpio al terminar o en la mesa que hay que ponerse la servilleta. Mi madre siempre resumía la buena educación en una frase muy sencilla, pero muy efectiva: lo que quieras para ti, házmelo a mí.

A Tras leer el texto, haz una lista de aquello que se considera de mala y buena educación según éste. Emplea el infinitivo.

De mala educación

A Escucha el CD y enlaza cada personaje con lo que le parece de muy mala educación:

1 Rosa
2 Miguel
3 Rocío
4 Agustín
5 Silvia
6 Gonzalo
7 Juan

a no asearse
b hablar en voz muy alta
c comer chicle
d no poner atención a lo que dicen otras personas
e decir palabrotas
f no esperar y subir el primero
g expulsar aire por la boca de forma sonora

Grammar

HAY QUE

Hay que, from the verb **haber,** is an impersonal expression, meaning "it is necessary to", "one must", "you have to". It is used only in the third person, and is followed by the infinitive.

*Me recuerda que **hay que** abrir la puerta a los demás, en el mercado **hay que** saludar al tendero…*

She reminds me that you have to open the door for others, at the market you must greet the shopkeeper…

Hay que may also be used with other tenses:

*Me recordaba que **había que** abrir la puerta a los demás.*

She reminded me that you had to open the door for others.

Recordando los días de la escuela

3   Entre las chicas y el latín...

El gran actor, Fernando Fernán-Gómez, habla de los días en los que era alumno del colegio Bilbao en Madrid, en los años treinta.

Por aquel tiempo mi madre fue advertida por una nota de puño y letra de don Remigio de que el alumno Fernando Fernández, cercano ya al final del curso no tenía ni la más leve idea de lo que era conjugar y declinar en latín.

– Eso de aprender latín es una puñetería y una pérdida de tiempo – dijo mi abuela –; es un idioma que sólo lo hablan los curas, y no sirve para ganarse la vida como intérprete.

– Pero si el chico no aprende latín – replicó mi madre – se perderán las cuarenta pesetas mensuales que cuesta el colegio.

En esto las dos estuvieron de acuerdo, y mi abuela celebró una entrevista con don Remigio, le explicó que yo resumía las últimas esperanzas de una vida jalonada de fracasos.

– Todos dicen que mi Fernando promete mucho – lloriqueaba mi abuela –; pero usted, don Remigio con esta carta que nos ha enviado ha roto las pocas esperanzas que me quedaban.

Don Remigio regresó a la clase con los ojos húmedos. Refirió la entrevista delante de los demás alumnos – y, lo que fue peor para mí, de las alumnas para avergonzarme y obligarme a cambiar de comportamiento, y yo también lloré aunque no estaba decidido a cambiar nada, porque la verdad es que no me quedaba tiempo para estudiar las conjugaciones y las declinaciones. Tenía que ir al cine, tenía que aprenderme poesías para recitar en los festivales, tenía que recorrer con los amigos Madrid de punta a punta, tenía que enamorarme de mis condiscípulas, de Isabel, de Charito, de Emilia, de María Luisa; tenía que hablar de política con mi abuela, de cine y de novios y novias con la criada.

 A   **Lee las siguientes palabras y, tras leer el texto entero, localiza las expresiones que tengan el mismo sentido:**

1 sirvienta
2 escrita con su propia mano
3 algo inútil
4 de un extremo al otro
5 compañeras de clase
6 hacerme pasar vergüenza
7 se quejaba medio llorando
8 procurarse el pan
9 no sabía nada de nada de
10 una existencia marcada por las desventuras

 B   **Lee el texto y enumera las siguientes frases según el orden en el que aparecen:**

1 A la madre le preocupaba tirar el dinero.
2 A Fernando le gustaba ligar con las chicas de su clase.
3 Su abuela habló con Don Remigio para decirle que tenía todas sus esperanzas puestas en Fernando.
4 Fernando pasó mucha vergüenza cuando Don Remigio mencionó la entrevista delante de todos los de su clase.
5 Don Remigio informó a la familia de Fernando de que sus conocimientos de latín eran nulos.
6 A Fernando le preocupaba más divertirse que estudiar.

 C   **Imagínate que eres profesor y estás tremendamente descontento con un alumno. Escribe una nota (150–200 palabras) a sus padres expresando tu preocupación por su hijo/a y da las razones por las que no estás satisfecho con él/ella.**

4 Aprendiendo en las cumbres

Esta historia narra la educación de una joven cuyo padre era el maestro de la escuela de una aldea en Galicia.

Iba a la escuela con los demás niños, pero era la más lista de todos. Lo oyó decir muchas veces al cura y al del Pazo, cuando hablaban con su padre. Aprendió a leer enseguida y le enseñó a Eloy, el del vaquero, que no tenía tiempo para ir a la escuela.

Te va a salir maestra como tú, Benjamín – decían los amigos del padre, mirándola.

Su padre era ya maduro, cuando ella había nacido. Junto con el recuerdo de su primera infancia, estaba siempre el del roce del bigote hirsuto de su padre, que le besaba mucho y le contaba historias cerca del oído. Al padre le gustaba beber y cazar con la gente del pueblo. A ella la hizo andarina y salvaje. La llevaba con él al monte y le enseñaba los nombres de las hierbas y los bichos. Alina, con los nombres que aprendía, iba inventando historias, relacionando colores y brillos de todas las cosas menudas. Se le hacía un mundo anchísimo, lleno de tesoros, el que tenía al alcance de la vista. Algunas veces se había juntado con otras niñas, y se sentaban todas a jugar sobre los muros, sobre los carros vacíos.

Pero desde que su padre la empezó a trepar a los montes, cada vez le gustaba más alejarse del pueblo; todo lo que él enseñaba o lo que iba mirando ella sola, en las cumbres, entre los pies de los pinos, era lo que tenía de verdadero valor de descubrimiento.

A Lee el texto y luego relaciona las dos columnas:

1	vaquero	a	toque ligero
2	el roce	b	parte más alta de una montaña
3	hirsuto	c	aficionada a ir de un sitio a otro
4	andarina	d	subir a un lugar escarpado
5	las hierbas	e	grueso y rígido
6	los bichos	f	plantas pequeñas
7	menudas	g	paredes muy sólidas
8	los muros	h	pastor de ganado vacuno
9	trepar	i	pequeñas y delicadas
10	las cumbres	j	animales pequeños

B Contesta las siguientes preguntas:

1 ¿De dónde era Alina?
2 ¿Qué tenía de especial esta niña?
3 ¿Qué profesión pensaba la gente que tendría Alina de mayor?
4 ¿Qué recuerdos tenía Alina de su padre?
5 ¿Qué pensaba Alina del mundo?
6 ¿Qué le gustaba más a Alina a medida que pasaba el tiempo?

C Tras leer el texto de nuevo y reunir información sobre Galicia (en libros, Internet – **www.turgalicia.es/** – agencias de viaje...), describe (150–200 palabras) cómo te imaginas un día cualquiera en la vida de Alina.

D   Resume en 100–150 palabras cómo fueron tus días en la escuela comparándolos con los de Alina.

Grammar

THE PRETERITE AND IMPERFECT TENSES

In Spanish you often come across two past tenses, the preterite (*el indefinido* in Spanish) and the imperfect, used in the same context: in these cases the preterite is used to state that something happened in the past at a specific time and *which is considered to be completed*, while the imperfect tense describes *what was going on* when the thing happened, or a habitual action. You often have to choose which of these two tenses to use when referring to the past.

Preterite (completed action)	Imperfect (incomplete action)
*Aprend**ió** a leer enseguida y le **enseñó** a Eloy...* She learned to read straight away and taught Eloy...	*... que no **tenía** tiempo para ir a la escuela.* ... who had no time to go to school.
*Pero desde que su padre la **empezó** a trepar a los montes...* But since her father initiated her into climbing up the mountains...	*... cada vez le **gustaba** más alejarse del pueblo...* ... she enjoyed going away from the village more and more...

For more information on the preterite and imperfect tenses see Grammar Summary p268–9.

Ejercicios

1 **Escoge la forma del verbo que te parezca correcta en las frases siguientes:**

a) Por fortuna había/hubo un doctor muy cerca cuando se cayó/se caía en la calle.

b) El profesor nuevo entró/entraba en la clase. Llevaba/llevó unas gafas enormes.

c) Se comió/comía la cena y se fue/iba.

d) Anoche llamé/llamaba a Miguel pero no estuvo/estaba.

e) Todos los días me acosté/me acostaba a medianoche y me levanté/levantaba a las 6.30.

2 **Escoge el tiempo del verbo (entre paréntesis) que convenga – o el indefinido o el imperfecto – y rellena los espacios en blanco.**

Alina recordaba ahora la primera vez que había ido con su padre a Orense, un domingo de verano, que a)_____ (haber) feria. La insistencia con que le b)_____ (pedir) que la llevara y sus juramentos de que no se c)_____ (ir) a quejar de cansancio. Cerca del río d)_____ (estar) la ermita de los Remedios, y un poco más abajo, a la orilla, el campo de la feria con sus tenderetes que e)_____ (parecer) esqueletos de madera. f)_____ (Estar) allí y el padre g)_____ (beber) y h)_____ (hablar) con mucha gente. i)_____ (Bailar) y j)_____ (cantar), k)_____ (jugar) a las cartas. Pero Alina l)_____ (mirar), sobre todo, el río, hechizada, sin soltarse al principio de la mano de su padre.

Chile

Océano Pácifico

Santiago

Coíhaique

Punta Arenas

Situación: Se extiende a lo largo de la costa del Pacífico, en Sudamérica. Es un país muy largo y estrecho, con frontera con Perú en el norte y Bolivia y Argentina en el sur.

Población: 14,17 millones de habitantes, de los cuales 4,3 millones se concentran en la capital del país, Santiago. Se considera que un 80% de la población es urbana. La población es mestiza, mezcla de europeos e indígenas, cuyas tradiciones aún se perciben en algunas partes del país. Los chilenos son personas amigables y hospitalarias con los extranjeros.

Industrias principales: Productos minerales, industriales, frutas y vegetales.

Atracciones turísticas: Es un país con una riqueza paisajística y ecológica excepcional. Su capital, Santiago de Chile, concentra la mayor actividad del país, y se define como una de las ciudades más cosmopolitas de Latinoamérica. Chile se define por una gran variedad de territorio. La zona norte está formada por la cordillera de la costa y el interior, por el altiplano y los picos Andinos, donde se halla el desierto de Atacama y una costa muy dinámica. En los Andes se encuentran los volcanes y, además, varios Parques Naturales de gran belleza. Pablo

Neruda, Gabriela Mistral e Isabel Allende son algunos de los personajes literarios chilenos más conocidos.

Lengua y moneda: La lengua oficial de Chile es el español, y su moneda el peso chileno.

Educación: La tasa de alfabetismo es de 94%, sobresaliendo como una de las más altas de Latinoamérica.

Religión: Por otra parte, cerca del 90% de los chilenos son católicos romanos, existiendo libertad de culto.

Historia: Un siglo antes de la llegada de los españoles, parte de Chile fue invadida por los incas, procedentes de Perú, hasta ser detenidos por los feroces Mapuches. Pedro de Valdivia fundó Santiago en 1542. El período colonial estuvo marcado por las luchas entre los españoles y los Mapuches, así como por los terremotos y las lluvias torrenciales. Las desigualdades en la sociedad chilena dieron lugar a varios intentos de cambio por parte de dirigentes como Eduardo Frei y sus reformas radicales, Salvador Allende con cambios frenéticos que dividieron al país, Augusto Pinochet, y sus dudosas artimañas e imposiciones, o el demócrata cristiano Aylwin Azócar.

5 Isabel Allende, escritora chilena

Isabel Allende (Perú, 1942), hija e hijastra de diplomáticos, viaja y estudia en varios países. Colabora y escribe en revistas infantiles en Venezuela, en periódicos y en una revista sobre la mujer *Paula* en Chile. Además, escribe artículos que se publican en Estados Unidos y Europa. Dicta conferencias en universidades en Latinoamérica, Europa y Estados Unidos donde también enseñó literatura. Después de la muerte de su tío Salvador Allende, presidente de Chile, debe exiliarse por razones políticas. Su libro *La casa de los espíritus* se traduce al inglés en 1983 y a partir de ese momento su fama se extendería al mundo entero.

Más sobre Isabel Allende: **http://www.isabelallende.com/**

Isabel Allende, escritora chilena

Cuando tenía unos seis años fue expulsada de la escuela de monjas alemanas en la que estudiaba debido a que había promovido un concurso de calcetines, en el que, inevitablemente, había que mostrar las piernas. "Esa fue la excusa que usaron", dice, "pero en realidad fui expulsada porque mi madre se había separado de mi padre y mantenía una relación con el hombre que luego se convertiría en mi padrastro. Las monjas no podían tener en la escuela a la hija de aquella mujer que estaba causando un escándalo".

Otra anécdota curiosa relacionada con las monjas, se remonta al día de su primera comunión. Acudía entonces a un colegio de monjas inglesas, que le proporcionaron una lista de pecados para que la revisara y se confesara de aquellosen los que había incurrido. "Como no me acordaba de muchos de los míos, tuve la idea de confesar los más graves de la lista: si me perdonan los pecados mayores, ¿cómo no me van a perdonar los menores?". Siguiendo este razonamiento, confesó ser adúltera y otros pecados por el estilo, pero en lugar de una absolución lo que consiguió fue que una de las hermanas le lavara la boca con jabón.

A **Lee el texto y da la información que falta:**

1 Supuesta razón por la que Isabel fue expulsada de la escuela:
2 Verdadera razón por la que Isabel fue expulsada de la escuela:
3 Razón por la que le daban una lista de pecados:
4 Razón por la que confesó los pecados más graves:
5 Lo que le hicieron las hermanas:

B **Trata de recordar alguna anécdota de tus días en la escuela primaria y cuéntasela a tu compañero/a.**

6 Un recorrido por las costas de Chile

Escucha el CD e indica cuál de las opciones es la correcta:

1 Álvaro salió de Punta Arenas…
   a) un jueves a las doce de la noche
   b) un martes a las doce del mediodía
   c) un martes a la medianoche

2 El barco en el que viajaba era…
   a) pequeño y humilde
   b) grande y lujoso
   c) muy grande, pero muy sencillo

3 La gente que viajaba era…
   a) de muchos países diferentes
   b) la mayoría de Chile
   c) de Chile y España

4 De Punta Arenas a Puerto Montt se tardaba…
   a) cuatro semanas
   b) cuarenta días
   c) cuatro días

5 Desde el barco se veían…
   a) glaciares blancos y azules
   b) paisajes blancos
   c) vegetación muy seca

6 Álvaro piensa que…
   a) esto es vida
   b) educarse es vivir
   c) adaptarse o morir

7 Pablo Neruda, escritor chileno

Pablo Neruda (Chile, 1904–1973), consagrado gran poeta, publicó sus primeros trabajos literarios en un periódico local chileno. Realizó grandes viajes mientras escribía, publicaba y se involucraba en política. Recibió numerosos premios, entre ellos el Premio Nobel de Literatura (1971). Una de sus obras más conocidas es "Veinta poemas de amor y una canción desesperada".

Más sobre Pablo Neruda: http://www.uchile.cl/neruda/

Después de muchos años en el liceo en que **(1)** tropecé siempre en el mes de diciembre con el examen de matemáticas, quedé exteriormente listo para **(2)** enfrentarme con la universidad, en Santiago de Chile. Digo exteriormente, porque por dentro mi cabeza iba llena de libros, de sueños y de poemas que me **(3)** zumbaban como **(4)** abejas.

Provisto de un **(5)** baúl de **(6)** hojalata, con el indispensable traje negro del poeta, delgadísimo y **(7)** afilado como un cuchillo, entré en la tercera clase del tren nocturno que tardaba un día y una noche interminables en llegar a Santiago.

La vida de aquellos años en la pensión de estudiantes era de un hambre completa. Escribí mucho más que hasta entonces, pero comí mucho menos. Algunos de los poetas que conocí por aquellos días **(8)** sucumbieron a causa de las dietas rigurosas de la pobreza. Cuando llegué a Santiago, en marzo de 1921, para incorporarme a la universidad, la capital chilena no tenía más de quinientos mil habitantes… El transporte en las calles lo hacían pequeños y **(9)** destartalados tranvías, que se movían trabajosamente con gran **(10)** bullicio de fierros y campanillas. Era interminable el trayecto entre la avenida Independencia y el otro extremo de la capital, cerca de la estación central, donde estaba mi colegio.

A Escribe el significado de las palabras subrayadas en el texto. Ayúdate del diccionario y del contexto para deducir su significado.

B Contesta las siguientes preguntas:

1 ¿Qué le pasaba siempre a Pablo en el mes de diciembre?
2 ¿Estaba Pablo completamente preparado para acceder a la universidad? ¿Por qué?
3 ¿Llevaba algún tipo de equipaje?
4 ¿Cuánto tardó en llegar a Santiago?
5 ¿Cuál era el mayor problema en la pensión de estudiantes?
6 ¿Cómo era el transporte de aquellos tiempos?

8 Entrevista con la profesora Yanett Panes Garrido

A Escucha e indica con una "V" o una "F", si las siguientes afirmaciones son verdaderas o falsas.

1 Mi interés por la educación comenzó al enseñar a leer a algunos de mis compañeros.
2 Mis alumnos nunca han tenido problemas de dinero.
3 Lo fundamental para los niños y jóvenes es sentir el respaldo de los demás.
4 No me llevo demasiado bien con mis alumnos; es una lástima.
5 Los alumnos no me conocen mucho ni son capaces de "leerme".
6 No me gusta pasar demasiado tiempo en el colegio.
7 Elegí y solicité esta carrera sin que mi familia se enterara.

El valor de la educación

9 La educación, otro frente abierto en el mundo

La educación es aún una asignatura pendiente en el mundo. Más de ochocientos millones de adultos son analfabetos y casi cien millones de niños de primaria no están escolarizados. A ello hay que sumar los millones que sí lo están pero que no reciben una educación con la calidad suficiente como para atender sus necesidades básicas de aprendizaje, según el Informe sobre la educación en el mundo de Unesco.

81 ONGs* españolas ayudan a construir, por ejemplo, una escuela en un poblado de Mozambique. A dar formación a los profesores de un colegio en un barrio marginal a las afueras de Lima. A enseñar a los jóvenes un oficio para que puedan encontrar lo antes posible un trabajo. A adaptar el material didáctico con el que estudian algunos alumnos de Paraguay y a traducirlo al guaraní para que los chavales entiendan sus propios libros. O a conseguir que una niña en Calcuta asista todos los días al colegio.

Una escuela pública en África no tiene, a veces, más remedio que instalarse debajo de un árbol. Otras, entre paredes de ladrillo sin pintar, con el suelo de tierra y un hueco en uno de sus muros por ventana. No disponen de pupitres y los niños deben sentarse en troncos sobre el suelo. Casi siempre, el profesor sólo tiene estudios de primaria. En Asia, las chicas están marginadas de la educación. En América Latina y Centroamérica se ha avanzado mucho en los últimos años, pero todavía hay zonas muy castigadas, como las áreas rurales y los suburbios de las grandes ciudades.

"Si no se educa a las personas, de nada sirve todo lo demás", señala Martín-Laborda, autor del Informe. "Si construimos un pozo, hay que enseñar primero la importancia del agua potable, su repercusión en la salud y en la higiene. Desde el principio les inculcamos que nosotros hemos hecho muy poco y ellos mucho. La implicación es vital; por eso hay que acompañarles en el desarrollo, ir a su ritmo. Ni forzar ni imponer".

En estos últimos años, los programas en educación han dado un gran paso gracias a la concienciación de la gente de los países más desarrollados, pero todavía hace falta un proyecto global y más financiación. Porque, como aseguran, la educación es la mejor inversión que se puede hacer.

Organización No Gubernamental

A 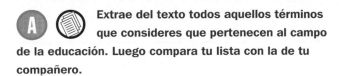 **Extrae del texto todos aquellos términos que consideres que pertenecen al campo de la educación. Luego compara tu lista con la de tu compañero.**

B 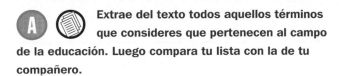 **Lee las siguientes definiciones y, localiza en el texto las expresiones que tengan el mismo sentido:**

1   No pueden disfrutar el privilegio

2   Una zona pobre y retirada
3   Es un tema que queda por resolver
4   Sus consecuencias para los aspectos sanitarios e higiénicos
5   Les hacemos comprender
6   No asisten a ningún centro de enseñanza
7   Han avanzado considerablemente
8   Vaya regularmente a la escuela
9   Lugares muy afectados por la falta de educación
10   No cuenta con otra opción que

El currículo escolar, ¿qué debe incluir?

⑩ La prevención deberá iniciarse en la escuela

Los menores de 18 años son los protagonistas de un anteproyecto de ley – que será presentado en breve ante el Consejo de Ministros – y a ellos dedica de forma especial los artículos destinados a la prevención. La futura ley insta a que las administraciones incluyan en los currículos de la enseñanza primaria y secundaria unos contenidos "obligatorios", orientados a frenar y a disuadir el consumo de bebidas alcohólicas. De igual forma, insta a que se incorporen en los planes universitarios programas de carácter sanitario y social que aborden las consecuencias físicas, psíquicas y comunitarias del consumo abusivo de alcohol.

A   **Comenta con tu compañero:**

- ¿Te parece bien que el tipo de formación mencionada en el texto se incluya en el currículo escolar? ¿Crees que tendría resultados efectivos?
- ¿Recuerdas el tema del "botellón" en la Unidad 2? Comenta con tus compañeros cómo los planes universitarios podrían abordar las consecuencias físicas, psíquicas y comunitarias del consumo abusivo de alcohol.
- En tu opinión, ¿cuáles crees que deberían ser las asignaturas obligatorias en el currículo? Por ejemplo: educación sexual, formación religiosa, filosofía, música, informática... Justifica tu respuesta.

Recuerda: El término "formación" en español significa los conocimientos que una persona adquiere a lo largo de su vida, es decir, educación en general o conocimientos sólidos de distintas materias.

11 ¿Qué asignaturas deben ser obligatorias?

A Escucha el CD e indica a qué asignatura daría prioridad cada persona:

Miguel	
Pablo	
Aurora	
Sofía	
Benito	

B Ahora comenta con tu compañero las razones que dan estas personas para considerar estas asignaturas importantes. Indica a tu compañero si estás de acuerdo o no, razonando tu respuesta.

12 ¿Te gusta aprender con Internet?

"A mí me encanta la clase de idiomas, porque nos dejan navegar por Internet y, por ejemplo, elegir una película de una cartelera francesa. Se aprende un montón."

Carla, 17 años

"Con lo que yo disfruto es con los juegos educativos electrónicos, donde se pueden hacer experimentos de química de forma interactiva y ¡parece que uno los está haciendo de verdad!"

Juan, 16 años

"Yo prefiero los métodos tradicionales. Eso de estar delante de una pantalla me parece tristísimo. Aprendo mucho más hablando con mis compañeros o haciendo preguntas al profesor."

Miriam, 18 años

"Mi problema es que se me da muy mal manejar el ratón. Cada vez que quiero hacer clic en una imagen me paso dos horas hasta que lo consigo. La verdad, me llevo mejor con el papel y la pluma."

Marisol, 16 años

"Yo pienso que los ordenadores son la bomba, saben hacer de todo. Como yo sé mucha informática, pues ayudo a mis compañeros cuando tienen que localizar una página web o lo que sea."

Paco, 17 años

"Aún estoy en el proceso de aprender la terminología, que si el disco duro, que si el módem, que si una aplicación ... y por otro lado mis padres, quejándose de las astronómicas cuentas de teléfono..."

Miguel, 16 años

A Traduce al inglés las palabras que aparecen subrayadas en los textos.

● ¿Te sientes identificado con alguno de los personajes de arriba? ¿por qué?
● ¿A quién de los seis personajes crees que le gusta más la informática?

⑬ Internet en la escuela

A Escucha el CD y responde a las siguientes preguntas:

1 ¿Quién ha presentado el programa "Internet en la escuela"?
2 ¿Cuánto dinero se va a invertir en el programa "Internet en la escuela"?
3 ¿Qué se propone hacer el gobierno gracias a la creación de este programa?
4 ¿Cuántos alumnos hay por ordenador en los centros públicos?
5 ¿Cuántos colegios disponen de conexión a la red?
6 ¿Quién financiará el programa?
7 ¿Por qué necesita España un impulso decisivo?

B Escribe en 150 palabras tu opinión sobre la siguiente afirmación:

"Hoy en día, el no saber informática es equivalente a ser analfabeto".

⑭ Aprender un idioma...

A Completa el siguiente texto con las palabras del recuadro:

| analizar | apuros | cultural | pero | se escriben | sensación | tiempo |
| aprenderlo | comprensión | diestro | pronunciar | seguro | social | todas | utilizarlo |

Aprender un idioma es una tarea mucho más compleja de lo que, en general, creen muchas personas. De ahí que muchos tengan la **1**＿＿＿＿＿＿ de haber progresado muy poco, después de haber invertido **2**＿＿＿＿＿＿ y dinero. Dominar un idioma significa sentirse **3**＿＿＿＿＿＿ en cualquier situación donde sea requerido **4**＿＿＿＿＿＿, bien sea en el entorno laboral o **5**＿＿＿＿＿＿ y, para ello es necesario dominar **6**＿＿＿＿＿＿ y cada una de un buen número de áreas.

Un buen vocabulario ayuda a salir de muchos **7**＿＿＿＿＿＿, pero de ninguna forma garantiza la **8**＿＿＿＿＿＿ o la fluidez. Tampoco basta saber cómo **9**＿＿＿＿＿＿ las palabras, ya que para que nos entiendan, debemos **10**＿＿＿＿＿＿ con corrección. La gramática será útil al escribir, **11**＿＿＿＿＿＿ mientras hablamos o escuchamos no tenemos tiempo de **12**＿＿＿＿＿＿ la estructura de las frases.

Otro obstáculo importante es la diferencia **13**＿＿＿＿＿＿ entre los nativos de un idioma y los que pretenden **14**＿＿＿＿＿＿. Una persona que aprende un idioma hace algo parecido a un **15**＿＿＿＿＿＿ intentando aprender a escribir o dibujar con la mano izquierda.

B Hay palabras que aparecen con frecuencia junto a otras. Algunas aparecen en el texto. Enlaza los elementos de las dos columnas:

1 dominar   **a** seguro
2 invertir   **b** un idioma
3 sentirse   **c** en cuenta
4 aprobar   **d** las maletas
5 hacer   **e** tiempo y dinero
6 tener   **f** de muy poco
7 servir   **g** exámenes

15 La mejor forma de aprender un idioma

A Lee las siguientes oraciones. Ahora escucha el CD e indica aquellas afirmaciones que son verdaderas respecto a lo que escuchas.

1 Todo el mundo estudia idiomas por razones de viaje y trabajo.
2 Hay muy diversos motivos por los que la gente estudia idiomas.
3 Estar rodeado del idioma y su cultura contribuye en gran medida para aprender una lengua.
4 El proceso de aprender una lengua extranjera es muy diferente a la forma en que se aprende la lengua materna.
5 Es inútil que las personas mayores intenten aprender una lengua.
6 El inglés será pronto el idioma oficial del mundo entero.
7 Tres elementos clave para la adquisición de un idioma son motivación, tiempo y calidad.
8 Es importante que a los profesores de idiomas les guste su profesión y que nunca dejen de formarse.

Grammar

THE PRESENT SUBJUNCTIVE

The subjunctive is one of the three moods of the verb; it is **not** a tense. The three moods are differentiated broadly as follows:

Indicative: for statements that convey a fact or reality
Imperative: for commands
Subjunctive: for uncertainty and unreality

The present subjunctive is formed as follows:

Regular verbs

By adding the following endings to the stem of the infinitive:

-*ar* verbs: *-e, -es, -e, -emos, -éis, -en*
-*er* and -*ir* verbs: *-a, -as, -a, -amos, -áis, -an*

To help you to remember the present subjunctive form it is useful to note that the endings of -*ar* verbs are the same as the present indicative endings of -*er* verbs, and those of -*er* and -*ir* verbs, except in the first person singular, are the same as the present indicative endings of -*ar* verbs.

Radical-changing and irregular verbs

The present subjunctive of radical-changing and irregular verbs is formed by removing the *o* from the end of the stem of the first person singular of the present indicative and adding the endings listed above.

Thus, the present subjunctive of *poner* is *ponga, pongas, ponga* etc., of *contar* is *cuente, cuentes, cuente* etc. and of *pedir* is *pida, pidas, pida* etc.

The subjunctive is mainly used in subordinate clauses. It communicates meanings that are often subtly differentiated from those of the indicative mood.

The subjunctive is used:

● after verbs of "emotion" expressing a wish, a fear or a hope, like *querer, esperar, temer, es una pena que, me gusta que*

Quiero que no **tengan** *miedo a expresarse…*	I want them not to be afraid of expressing themselves…
… voy con miedo de que me **hagan** *algo.*	…I am afraid that they will do something to me.

● after verbs of "influence" such as *es importante que, decir* (meaning "to tell"), *obligar, hacer*

…les obligo a que **lleven** *un diario de clase …*	I make them have a class diary

● with verbs of saying and thinking, used in the negative, such as *no decir, no creer, no parecer*

No creo que **merezca** *la pena gastar energía en los alumnos problemáticos.*	I don't think it is worth wasting energy on problem pupils.

● after statements of possibility and probability

Es muy probable que los alumnos **reaccionen** *mal a ciertos profesores.*	It's very likely that the pupils react badly to certain teachers.

● after conjunctions such as *cuando* and *hasta que* when expressing future time

Al empezar la clase tengo que hacer de portera, hasta que **estén** *todos.*	At the beginning of the class I'm like a doorkeeper until they are all there.

● after conjunctions expressing purpose such as *para que*

… corrigiéndole a un español para que no **diga** *'la gente hacen'.*	… correcting a Spaniard so that he doesn't say 'la gente hacen'.

For more information on the subjunctive mood see Grammar Summary p271.

Ejercicios

1. Rellena los espacios con el presente del subjuntivo de los verbos entre paréntesis.

  a) Espero que tus alumnos _____ (tener) éxito en los éxamenes.
  b) Temo que la selección española de fútbol no _____ (ir) a ganar la Copa.
  c) ¿Qué tengo que hacer para que mis alumnos _____ (aprender) mejor?
  d) Cuando _____ (tú volver) al colegio trae tus apuntes contigo.
  e) Es importante que _____(tú encontrar) tu diccionario.
  f) Le voy a decir que _____(él venir) a las 6.30.

2 Empareja las frases siguientes:

a) Es mejor que	**(i)**	pasen las vacaciones cerca de ellos.
b) Cuando llegue el invierno	**(ii)**	vayas a ver a tu hija mañana.
c) La oposición no piensa	**(iii)**	que el hombre llegue al planeta Marte en este siglo.
d) Quieren que sus nietos	**(iv)**	iremos a los Alpes para esquiar.
e) No es posible	**(v)**	que el Gobierno tome las medidas necesarias.

3 Completa las frases siguientes utilizando el presente del subjuntivo:

a) Es imposible que…	**e)** Temo que…
b) Quieren que…	**f)** Es una pena que…
c) Mi amiga no cree que…	**g)** Me gusta que…
d) No es importante que…	

Padres y profesores

16 Profesores, ¿qué piensan de sus alumnos?

"Pretendo que haya buen ambiente, pero hay que tener cuidado: la clase no se puede convertir en un viva la vida. Quiero que no tengan miedo a expresarse y les obligo a que lleven un diario de clase donde escriban lo que piensan de mí y de lo que ha ocurrido en el aula. A mí ese diario me sirve para darme cuenta de muchas cosas. Una vez una chica me reprochó que no le había preguntado nada. Hay que tener en cuenta que a muchos chicos perder la motivación les cuesta poco. Hay alumnos que son realmente difíciles. Pero miro hacia delante. Veo que consigo cosas."

Antonio Costa, 41 años, Instituto Pedro Ibarra de Elche, Alicante

"A veces sientes rabia. Tanto trabajo tanto estudio, para explicarle a un chaval la diferencia entre números positivos y negativos. Hay días buenos y malos. Pero, bueno, te levantas cada mañana y dices: allá voy."

Roberto Bayón, 54 años, Talayuela, Cáceres

"A veces me río de mí misma y me veo con mis estudios de licenciatura, mis másters, enseñando a un chico a distinguir entre patata y petaca o corrigiéndole a un español para que no diga la gente hacen. Tienes dos opciones: sigo y me adapto o tiro la toalla. No estoy dispuesta a frustrarme..."

Charo Alonso, 54 años, Talayuela, Cáceres

"Soy enemigo de enfadarme, pero a veces me cuesta hasta un cuarto de hora comenzar. Son más productivas las clases a primera hora de la mañana, las dos últimas suelen ser un desastre. En general se ha perdido la educación, hay una pobreza en el lenguaje de los chicos y los padres se desentienden. Y hay chicos que se sienten fuertes, que te dicen mi padre te está pagando. Lo tienen todo hecho: no entienden el esfuerzo. Están obsesionados por la ropa de marca o por los móviles."

Eduardo Galnares, 60 años, Colegio Salesianos de San Pedro, (concertado), Sevilla

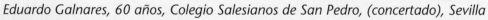

"Me suelo preparar las clases, pero a veces voy con miedo, no con miedo de que me hagan algo, sino de que tengas que tragarte tu dignidad, los desprecios que te hacen. Al empezar la clase tengo que hacer de portera, hasta que estén todos y podamos empezar. Yo no soy profesora para eso. La mayoría de los chicos se comportan bien, pero basta con dos o tres para que te amarguen. Y eso te gasta mucha energía."

Lola Frenac, 35 años, Instituto Alfonso X El Sabio (público), Murcia

"Me gusta concebir la clase como un equipo investigador, en el que yo, como experto-coordinador, no estoy contra los alumnos, sino con ellos; por lo que su éxito o su fracaso es también el mío."

Francisco Villegas, 37 años, Instituto Alarnes, Getafe, Madrid

A   Lee lo que opinan estos profesores sobre sus alumnos y luego enlaza estas frases con la definición correspondiente.

1 "La clase no se puede convertir en un viva la vida."

2 "Lo tienen todo hecho."

3 "Miedo de que tengas que tragarte tu dignidad."

4 "Su éxito o su fracaso es también el mío."

5 "Sigo y me adapto o tiro la toalla."

6 "Te levantas cada mañana y dices: allá voy."

a Al iniciar el día te armas de valor para aceptar cualquier reto.

b El aula ha de ser un lugar donde haya buen ambiente, pero reine siempre la disciplina y el respeto.

c Mi estrecha relación con los alumnos me hace alegrarme cuando aprenden y entristecerme cuando no les va bien.

d Miro adelante y afronto lo que haya o me retiro por completo.

e Sus preocupaciones son mínimas y no aprecian lo que tienen.

f Temor a que tengas que oír o aceptar por fuerza cosas desagradables.

B   Empleando tu diccionario y observando el contexto, traduce al inglés las siguientes expresiones:

1 Tener cuidado

2 Darse cuenta de algo

3 Tener en cuenta

4 Perder la motivación

5 Mirar hacia delante

6 Sentir rabia

7 Reírse de uno mismo

8 Desentenderse de algo

9 Comportarse bien

10 Ser enemigo de enfadarse

C   Comenta con tus compañeros cuál de los profesores anteriores creéis que diría cada una de las siguientes frases:

1 "Me gusta hacer un seguimiento regular y que mis alumnos se sientan cómodos en mi clase."

2 "El trabajar en equipo y tratar a los estudiantes de igual a igual es muy positivo."

3 "En esta profesión te puedes encontrar de todo, pero lo importante es echarle ganas."

4 "Hay días en que pienso que mis estudios no me han servido para nada, pero ante todo, no me frustro."

5 "Existen graves problemas de disciplina, a menudo a causa de unos pocos."

6 "Cuanto más temprano sea, más rinden los alumnos."

D   Junto con tus compañeros y tu profesor, elabora una lista en la pizarra de las quejas y temores que manifiestan estos profesores. Después comenta con tu compañero:

● ¿Qué te parece la idea de escribir un diario con tus impresiones de cada clase?

● ¿Crees que es comprensible que un profesor sienta rabia al tener que explicar materias de nivel muy inferior a su propia formación?

● ¿Te parece buena idea separar a los estudiantes de acuerdo a su capacidad intelectual?

● ¿Crees que tienen parte de razón cuando los profesores afirman que les cae todo encima?

● Habla a tu compañero sobre un buen / mal profesor que hayas tenido y explica tus razones por considerarlo así.

17 Los padres delegan en la escuela

A **Escucha este extracto y después enumera estas frases según el orden en que oigas información con el mismo sentido:**

1 La influencia de las hormonas crea notables alteraciones en los adolescentes.
2 Los padres no dedican suficiente tiempo a sus hijos.
3 El colegio es sólo una pequeña parte en el desarrollo del niño.
4 A menudo las clases extra-escolares requieren demasiada dedicación.
5 Hay muchos tipos de jóvenes.
6 Tengo suerte de que mis padres me apoyen en mis estudios.
7 Los jóvenes de hoy son apáticos.
8 Hay un claro contraste entre los valores del instituto y de la sociedad.
9 El ambiente de fuera de la escuela ejerce una gran influencia en el joven.

B **En tu opinión, ¿quién ejerce mayor fuerza sobre el adolescente: la familia, la escuela o los amigos?**

Dificultades en la educación

18 La violencia en los colegios

La violencia se dispara en los colegios

La pérdida de respeto, la carencia afectiva o el fracaso escolar son factores que llevan a conductas agresivas dentro de la escuela. Los últimos casos de agresiones, como el ocurrido en Melilla el pasado mes de junio, cuando un grupo de alumnos apaleó a un profesor, han despertado la inquietud entre los educadores, aunque éstos precisan que España está todavía lejos de los índices de violencia escolar de otros países. Sin embargo, existen datos preocupantes. Entre los 12 y los 14 años, el 27 por ciento de alumnos dice sufrir agresiones "con frecuencia", y un 60 por ciento "algunas veces". Los psicólogos piden la colaboración de la familia.

«Es tan fácil que hasta Raúl puede hacerlo». Los demás niños de la clase comenzaron a reír y se formó un pequeño revuelo que la profesora no tardó en controlar. Sin embargo, Raúl apenas podía contener la rabia. Llegó la hora del recreo y no esperó para ir al encuentro del compañero que le había puesto en ridículo. Varios puñetazos y patadas fueron el resultado de la pelea. No era la primera vez que Raúl se veía envuelto en una escena como ésta, relatada por una profesora de un colegio madrileño.

Según responsables de la Fundación Asociación Nuestro Hogar (ANAR), que gestiona el Teléfono del Menor, «fomentar la autoestima del alumno es fundamental para que éste abandone su conducta agresiva», afirman.

El presidente nacional de la Confederación Católica de Padres de Alumnos (Concapa), Agustín Dosil, atribuyó el aumento de la violencia en el ámbito escolar a diversas causas como la propia agresividad de la sociedad, la falta de educación en valores y la influencia de la televisión entre otras.

Respecto al papel de la familia en la prevención de este fenómeno, Díaz Aguado aconseja a los padres limitar el tiempo que sus hijos dedican a ver la televisión o a entretenerse con videojuegos.

A Estas palabras (extraídas) del texto pueden ser útiles al hablar de violencia.
Emparéjalas con la definición correcta. Una vez más, ayúdate del contexto.

1 una agresión   2 apalear
3 un revuelo   4 contener la rabia
5 poner en ridículo   6 un puñetazo
7 una patada   8 una pelea

a Ataque a una persona con la intención de herirle, golpearle o causarle cualquier daño
b Lucha
c Provocar el que una persona sea motivo de risa o burla
d Golpe dado con el puño cerrado
e Golpe dado con el pie
f Controlar la furia
g Maltratar a alguien a base de golpes
h Agitación

B Lee el texto y responde las siguientes preguntas:

1 ¿Cuáles son los principales factores que llevan a conductas agresivas dentro de la escuela?
2 ¿Qué caso de agresión ocurrió en Melilla?
3 ¿Por qué se debe fomentar la autoestima del alumno?
4 ¿Cuáles cree Agustín Dosil que son las causas del aumento de la violencia en el ámbito escolar?
5 ¿Qué pueden hacer los padres para contribuir a prevenir la violencia?

C Escribe en unas 150 palabras cuáles crees que son las posibles causas de que haya violencia en los colegios y en la sociedad en general y qué pueden hacer los colegios y los padres para acabar con este tipo de problemas.

19 En el patio de la escuela

A Las cifras de estas estadísticas se han perdido. Escucha el CD y completa los datos que faltan.

Entre los **1**_____ y los **2**_____ años, el **3**_____ por ciento asegura que sufre agresiones de forma frecuente; el **4**_____ por ciento, algunas veces, y el **5**_____ por ciento se declara al margen. El patio de la escuela es el lugar donde se produce el **6**_____ por ciento de las agresiones y en edades más avanzadas las agresiones son fuera del colegio. **7**_____ de los agresores son chicos y **8**_____ chicas, todos ellos menores de **9**_____ años. En los tres últimos años se ha interpuesto sanciones sin expediente disciplinario en **10**_____ centros y en **11**_____ centros se ha impuesto alguna sanción previa incoación de expediente. En **12**_____ centros ha intervenido el juzgado. Los niños entre **13**_____ y **14**_____ años prefieren, como programa de televisión, dibujos animados violentos.

Un **15**_____ % de los alumnos comprende que en momentos de ira sus compañeros pinchen las ruedas de los coches de los profesores. Según un estudio reciente llevado a cabo por el psicólogo Manuel García Pérez. El **16**_____ % de los adolescentes españoles padece ansiedad y estrés, lo que se traduce en un factor de riesgo para el rendimiento escolar y en unos mayores «niveles de inquietud» en las aulas, con estallidos de ira o tristeza, descontrol de emociones, incremento de la violencia y no tolerancia a las frustraciones.

20 Que haya inmigrantes en clase tiene ventajas

Para Diego Triguero Acosta, un alumno de 15 años del Instituto de Griñón (Madrid), tener compañeros de otras nacionalidades no es nada exótico. Si en primaria se dio cuenta de que las aulas multiculturales – algo cada vez más frecuente – tenían sus "ventajas", en secundaria ha descubierto que también tienen repercusiones en la organización para los docentes. "Como siempre ha habido muchos marroquíes, terminaron por llevar una profesora especial para ellos. Los saca de clase dos horas al día y les hace los estudios más fáciles. También les enseña español, porque ella habla árabe. Si van bien, al final se pueden incorporar con nosotros normalmente", explica. Y añade que el trato con los docentes suele ser bueno: "¡Los profesores los tratan muy bien: hablan más despacio para que les entiendan y les explican las materias con paciencia!"

Sin embargo, reconoce que los conocimientos de los inmigrantes "son más bajos", aunque no siempre repercuta en el funcionamiento de la clase. "En lengua todavía se apañan porque están hablando y más o menos lo entienden, pero en matemáticas es otra cosa. Con las ecuaciones, por ejemplo, se volvían locos y no sabían por dónde pillarlas. Por eso, su profesora, que es quien luego les pone las notas, les da unos trabajos especiales para que hagan cuando estén con nosotros."

"Es mejor tener compañeros de todas las nacionalidades. Así conoces cosas de sus culturas. Ellos te aportan sus conocimientos y nosotros los nuestros", explica este joven, quien, además de compartir aulas con ellos, también los saca de marcha; sin embargo, la convivencia no siempre es idílica. "Creo que en primaria los compañeros les discriminan más, porque todos somos más pequeños, y se les hace alguna novatada. Como cuando en mi colegio ataron a un marroquí que acababa de llegar a una canasta." En secundaria, asegura, la crueldad se rebaja: "Hombre, claro que a veces hay peleas, pero no es porque sean inmigrantes. También me pueden pegar a mí si hay algún pique."

  Lee el texto y después identifica las frases que significan lo mismo que las siguientes:

1 Trajeron a otra docente porque había muchos alumnos de Marruecos.
2 Cuando hay un conflicto, me pueden apalear igualmente a mí que a uno de fuera.
3 Ella imparte también clases de castellano y conoce el idioma de Marruecos.
4 El nivel académico de los que vienen de fuera es menor.
5 Generalmente, hay una relación cordial entre los profesores y los inmigrantes.
6 Se establece un cambio intelectual entre las personas de otros países y los que somos de aquí.
7 El que en las aulas haya alumnos de muchos países es ya algo normal.

  Comenta con tu compañero:

1 ¿Has tenido alguna vez compañeros de otro país? ¿De dónde?
2 ¿Qué diferencias has encontrado en ellos/as respecto a tu país, cultura y costumbres?
3 ¿Qué dificultades crees que han encontrado para adaptarse?
4 ¿Has vivido alguna vez en otro país? ¿Cómo fue el proceso de adaptación?
5 ¿Crees que la inclusión de inmigrantes en las aulas ralentiza el progreso? ¿Por qué sí /no? Justifica tu opinión.

Grammar

DIRECT AND INDIRECT OBJECT PRONOUNS IN THE THIRD PERSON

Object pronouns stand in the place of a noun as the object of the verb and they can be *direct* or *indirect*, depending on how they are affected by the action of the verb. The noun that is replaced can be a person, thing or idea.

Remember that:

● Spanish personal pronouns agree in gender and number with the nouns that they replace

● Object pronouns are placed before a finite verb

● When used with the positive imperative, they are added to the end of the verb

● When used with the infinitive or gerund they are either:

   a) added to the end of the verb, or

   b) with several common verbs (e.g. *ir, querer, tener*) optionally placed before main verb

In the third person, when referring to **people**:

● the direct object pronoun **in the masculine** can be either *lo* or *le* (singular), or *los* or *les* (plural)

● the direct object pronoun **in the feminine** is *la* (singular) or *las* (plural)

● the indirect object pronoun, **masculine and feminine**, is *le* (singular) and *les* (plural)

*Los saca de clase dos horas al día y **les** hace los estudios más fáciles. También **les** enseña español.*	He takes them out of class for two hours a day and he makes their studies easier. He also teaches them Spanish (i.e. "teaches Spanish to them").
*La llevaba con él al monte y **le** enseñaba los nombres de las hierbas y los bichos.*	He took her with him to the woodlands and taught her (i.e. "taught to her") the names of the herbs and the animals.
*Con las ecuaciones, se volvían locos y no sabían por dónde pillar**las**.*	They were driven crazy by equations and didn't know how to grasp them.
*Da**le** los libros en seguida!*	Give him/her the books at once!
Les voy a llevar al instituto **OR** *Voy a llevar**les** al instituto.*	I'm going to take them to school.

For more information on direct and indirect object pronouns see Grammar Summary p264.

Ejercicios

1 Contesta las preguntas según el ejemplo:

Ejemplo: ¿Tienes los videos?   *Sí, los tengo.*

a) ¿Conoces a Jorge?

b) ¿Han terminado el nuevo colegio?

c) ¿Has visto la película?

d) ¿Tienes las pizzas?

e) ¿Has conocido a mis hermanos?

2 Cambia las palabras entre paréntesis al complemento indirecto, según el ejemplo:

Ejemplo: Di el dinero al jefe.   *Le di el dinero.*

a) Juan pagó el alquiler (al dueño).

b) El camarero contó la historia (a sus colegas).

c) Vamos a decir (a María y Carmen) que vengan.

d) Todos los domingos daba limosna (a la mendiga).

e) Voy a devolver el dinero (a mi amigo).

21 La escolarización de los gitanos

Ricardo Borrull, 45 años, gitano por los cuatro costados. Vive en un barrio obrero de Paterna (Valencia) y es maestro de matemáticas en primer ciclo de secundaria. Tiene tres hijas de 14, 12 y 10 años.

  A **Escucha el CD e indica si las siguientes oraciones son Verdaderas (V) o Falsas (F).**

1 Ricardo es el único de la familia que estudió.
2 En el instituto hubo momentos en que se sintió solo.
3 En casa se sentía integrado, pero no en la calle.
4 Ninguna de sus hijas ha estudiado.
5 Sus hijas se han sentido discriminadas en algunas ocasiones.
6 Lo que ocurre en la escuela es una versión, a menor escala, de lo que ocurre fuera.
7 Aunque lo disimulan, mucha gente tiene prejuicios sobre otras razas.
8 Ricardo piensa que los gitanos algún día perderán completamente su identidad.

   B **Ahora lee el siguiente texto y completa las frases que faltan mientras escuchas el CD. Comprueba que tus respuestas del ejercicio anterior eran correctas.**

Pregunta ¿Cómo es que estudió usted?

Respuesta Cuando las familias gitanas están asentadas durante muchos años en una localidad es más fácil que eso ocurra, adoptas préstamos de la sociedad mayoritaria como los estudios. **1**_____

P. ¿Cómo fue su experiencia como estudiante?

R. No viví la discriminación, pero siempre **2**_____ porque era el único en el instituto y en la escuela de magisterio y estaba dentro de una cultura que no era la mía.

P. ¿En casa vivía otra?

R. Sí, conservábamos las tradiciones gitanas. **3**_____, una especie de esquizofrenia. En la calle es otra cosa, ahí todos hemos sentido alguna vez la discriminación.

P. Sus hijas también estudian, ¿pueden ellas decir lo mismo de su colegio?

R. 4_____ a pesar de que sus comportamientos en clase son absolutamente correctos. Los chicos en la escuela a veces tienen esas actitudes discriminatorias, es el currículum oculto.

P. ¿Están sus colegas preparados para atender situaciones de multiculturalidad en la escuela?

R. Por supuesto, aunque entre los profesores también los hay racistas, **5**_____.

P. ¿Pero esa actitud se la guardarán para casa?

R. 6_____, pero cuando rascas un poco...

P. ¿Cree que cuando todos los gitanos estudien se perderá parte de sus costumbres?

R. Se irán desprendiendo cosas, aunque todavía conservamos muchas y la identidad se construye tomando como referencia al otro. Pero **7**_____.

C **Imagínate que eres un joven gitano. Es tu primer día en el instituto. Describe en 100–150 palabras cómo es tu nuevo lugar de estudios, cómo te sientes y cómo te tratan tus profesores y compañeros.**

Para terminar...

A Junto con tu compañero, haz una lista de cosas que se consideran de mala educación en tu país (compáralas con las que crees que lo son en los países hispanos). Comentad aquéllas que os molestan más. Puedes utilizar fórmulas como:

- Lo que no puedo soportar es la gente que... + indicativo
- Yo odio que la gente...+ subjuntivo
- Lo que queda fatal es + infinitivo
- Me parece de muy mala educación que la gente + subjuntivo

B Elige una de las siguientes frases y escribe en 200–250 palabras lo que quieren decir. Trata de ilustrar tus ideas con uno o más ejemplos de tus propias experiencias.

- "Lo que quieras para ti, házmelo a mí."

- "La educación es el pasaporte para tu futuro."
- "Lo que gastes en libros, lo recuperarás en sabiduría."

C Tras haber visto una película sobre la infancia en los tiempos de Franco (como *El espíritu de la colmena*, *El camino* o *Las bicicletas son para el verano*), escribe (200–250 palabras) tus impresiones sobre qué tipo de educación recibían los niños españoles de aquella época.

D Reúne información sobre Chile utilizando folletos, libros, agencias de viajes y/o Internet. Después haz un viaje imaginario a este país y describe aquellas personas, lugares y experiencias que más te han impresionado y explica por qué (300 palabras).

Los medios de comunicación

Entrando en materia...

En esta unidad hablaremos de la televisión, la radio y la publicidad en España. Analizaremos los programas de mayor audiencia de la televisión española, la nueva televisión digital, la publicidad y un nuevo estilo de radio en el que se funden el micrófono e Internet.

También, hablaremos sobre las Islas Canarias. Los puntos gramaticales que se tratarán son:

● Verbos reflexivos
● Usos del subjuntivo
● Expresiones temporales

Reflexiona:

Las imágenes y las ideas de los medios de comunicación nos influyen profundamente. ¿Cómo te influyen a ti los diferentes medios (la tele, la radio, los periódicos, Internet...)? ¿Pasas muchas horas delante de la tele? ¿Crees que esa 'caja tonta' te distrae de tus estudios? ¿Te gustan ciertos tipos de programas, como los concursos y los culebrones? ¿Deben los periodistas de televisión denunciar los males sociales, como perro guardián de nuestros valores? ¿Qué futuro tiene la televisión digital? La publicidad de los medios de comunicación, ¿debe ser controlada por el Gobierno? Finalmente, ¿cuál es el futuro de Internet con relación a los otros medios de comunicación?

La televisión y la educación

1 La televisión y la educación

El otro día escuché en la radio, mientras me afeitaba, a una maestra de dulce voz, sensata y tranquila, que advertía sobre cómo los niños llegan por la mañana a los colegios mal dormidos, desayunados a su capricho, con la cabeza a pájaros por toda la televisión que han visto la noche anterior (por eso se han acostado tarde), obsesionados con los concursos de televisión como Operación Triunfo, las series juveniles de la tele, los juegos de ordenador y otras distracciones que se les conceden en casa y les absorben el seso y, decía, venía a decir, que naturalmente, no hay modo de desactivar ese imaginario en las aulas, de centrarles en las ciencias naturales o en las matemáticas, de dotarles de un vigor o energía intelectual que malogran y corrompen en sus casas, y que, en fin, así no hay manera.

¿Ven demasiadas horas la tele?

Aquella maestra de dulce voz tenía razón en algo. La atmósfera permisiva, televisiva de muchas, muchísimas casas, es letal para los niños, para su formación. No pueden pasar de las series de dibujos al interés por el arte mudéjar.

A **Relaciona las palabras y expresiones de las dos columnas.**

1 mal dormidos	a completamente distraídos
2 desayunados a su capricho	b arruinar
3 con la cabeza a pájaros	c les seducen
4 les absorben el seso	d es imposible
5 imaginario	e concentrarse en
6 centrarse en	f forma de construir de los moriscos
7 malograr	g toman lo que quieren por la mañana
8 así no hay manera	h con sueño
9 atmósfera permisiva	i ambiente relajado
10 arte mudéjar	j fantasía

B **Lee el texto y elige las declaraciones más adecuadas. ¡Ojo! Sólo hay 4 frases correctas.**

1 Los niños tienen una dieta equilibrada.
2 Los niños se acuestan tarde por culpa de su maestra.
3 A los niños les gustan los juegos de ordenador.
4 Los niños están muy mimados en casa.
5 Los niños aprenden ciencias naturales y matemáticas gracias a la televisión.
6 La maestra se queja del ambiente de las casas de sus alumnos.
7 Los padres consienten a sus hijos.
8 Pokémon está interesado en el arte mudéjar.

C **Escribe unas breves notas sobre si crees que los niños ven mucha tele o no, si les impide centrarse en sus estudios, si es beneficiosa o perjudicial, si contiene demasiada violencia y sexo.**

D 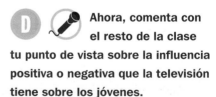 **Ahora, comenta con el resto de la clase tu punto de vista sobre la influencia positiva o negativa que la televisión tiene sobre los jóvenes.**

E **Escribe una carta (150 palabras) a una cadena de televisión quejándote de sus programas. Explica tus razones.**

2 Operación Triunfo

Operación Triunfo es el concurso que ha transformado la televisión en España. Ha batido records de audiencia que sólo estaban reservados para los partidos de fútbol. Todo el mundo habla del programa que se ha convertido en un fenómeno de masas. Pero ¿qué es Operación Triunfo?

La lucha por el éxito y la fama se retrata en esta superproducción musical de TVE y Gestmusic, dirigida por Tinet Rubira y presentada por Carlos Lozano, Jennifer Rope y Hugo de Campos.

Más de 5.000 personas se han presentado a los castings que Operación Triunfo ha convocado por España. De entre todas las personas que se han presentado a los castings se han seleccionado a los 24 finalistas de los cuales 16 ingresan durante 3 meses en la Academia y los 8 restantes quedan como reservas por si alguno abandona o es expulsado de la misma. Se trata de un Centro de Alto Rendimiento para cantantes situado en Barcelona y creado para mejorar el nivel técnico, artístico y profesional de sus alumnos. La Academia está dotada de la infraestructura y medios técnicos y humanos necesarios para lograr que cada alumno encuentre y desarrolle un estilo interpretativo propio. El plan de trabajo de la Academia cuenta con cinco áreas: actividad física (entrenamiento deportivo personalizado), enseñanzas técnicas (canto y expresión corporal), sesiones prácticas (ensayos para la Gala* de los lunes), actividades complementarias (seminarios y conferencias impartidos por artistas y profesionales), apoyo personal (claustro de profesores, psicólogos y médicos).

Durante los meses que dura esta formación artística, los jóvenes tienen que demostrar al público y a la industria sus progresos. Deben trabajar muy duro para preparar las actuaciones de las Galas que se retransmiten los lunes en TVE, donde los espectadores pueden seguir el desarrollo y la evolución artística de los participantes. Mientras que La 2 ofrece resúmenes con lo más destacado de las jornadas en la Academia.

*Gala: show

En lo referente a los métodos de eliminación, el jurado semanalmente elige a los cuatro alumnos de la Academia que no progresan adecuadamente. Durante la Gala uno de ellos es 'salvado' por los profesores y otro por sus propios compañeros. Entre los dos que quedan, el público decide quien abandona la Academia.

Tras los tres meses de formación en la Academia, el público elegirá a los tres finalistas, cuyas carreras profesionales serán promocionadas. De estos tres finalistas saldrá elegido el próximo representante de España en Eurovisión.

Este gran proyecto tiene como fin que los alumnos de la Academia ofrezcan lo mejor de sí mismos y afronten con interés, voluntad, sacrificio y trabajo su carrera hacia el éxito. Para ello contarán con la ayuda de 6 profesores, coordinados por la cantante Nina, que se encargarán de formar a los concursantes.

Unos finalistas de Operación Triunfo

A **Responde a estas preguntas. Intenta no copiar frases del texto sino responder con tus propias palabras.**

1 ¿Cuántos finalistas hay?
2 ¿Cuántos de los finalistas concursan?
3 ¿Qué pasa con los finalistas que no concursan?
4 ¿Para qué sirve la Academia?
5 ¿Qué secciones componen la Academia?
6 ¿Qué tienen que hacer los concursantes?
7 ¿Cómo se elimina a los concursantes?

8 ¿Qué tiene que hacer el ganador de Operación Triunfo?
9 ¿Cuál es el fin del programa?

B **Trabaja en pareja con tu compañero. ¿Por qué crees que tiene tanto éxito Operación Triunfo? ¿Lo consideras telebasura (televisión de muy baja calidad)?**

Grammar

REFLEXIVE VERBS

In sentences containing reflexive verbs the subject and the object of the verb are the same person. In Spanish reflexive verbs are always accompanied by a reflexive pronoun, *me, te, se* etc., as in *acostarse* ("to go to bed"), *tratarse de* ("to be a question of"), *presentarse* ("to turn up"), *aburrirse* ("to get bored"), *divertirse* ("to amuse oneself").

Los niños **se han acostado** *tarde.*	The children have gone to bed late.
Escuché la radio mientras **me afeitaba.**	I listened to the radio while I shaved.
Se trata *de un Centro de Alto Rendimiento.*	It's a High Perfomance Centre.
Más de 5.000 perdonas **se han presentado** *a los castings.*	More than 5000 people have turned up to the casting sessions.

Note that:

● When you translate a reflexive verb into English it frequently does not have a reflexive pronoun, or the reflexive pronoun is "understood", e.g. *acostarse* "to go to bed", *afeitarse* "to shave" (i.e. "to shave oneself"), *presentarse* "to turn up".

● A non-reflexive verb can become reflexive by adding the reflexive pronoun:

Non-reflexive		**Reflexive**	
lavar	to wash	*lavarse*	to wash oneself
entregar	to hand over	*entregarse*	to give oneself up
arreglar	to arrange	*arreglarse*	to get oneself ready

For more information on the reflexive see Grammar Summary p275.

Ejercicio

Rellena los espacios con una forma correcta del verbo entre paréntesis.

a) Los concursantes siempre_____ (sentarse) en el mismo lugar.
b) Entonces, ¿_____ (nosotros verse) a las diez?
c) Su padre _____ (despertarse) temprano en el verano.
d) No _____ (yo acordarse) nunca de los nombres de los finalistas.
e) ¡_____ (tú quitarse) el abrigo!

(3) Entrevista a Nina

Nina dirige la Academia de Operación Triunfo

A En la entrevista Nina, actriz y cantante de 36 años, utiliza varios verbos reflexivos. Menciona los cuatro ejemplos que se oyen. ¡Ten cuidado! No todos los pronombres que oigas son reflexivos.

B Vuelve a escuchar la entrevista y decide cuáles de estas frases son verdaderas, cuáles falsas y cuáles no se mencionan en el texto. Si son falsas, corrígelas.

1 El éxito está basado en una antigua fórmula: concurso y música.
2 Nina no ha tenido éxito como cantante.
3 Trabajan 10 horas diarias.
4 La función de Nina es mejorar su propia técnica respiratoria.
5 Nina también aprende de los concursantes.
6 Le encanta que los concursantes se vayan del programa porque así pueden compartir momentos únicos e irrepetibles.
7 Los concursantes que salen del programa ya tienen contratos con compañías discográficas.
8 Hay un gran compañerismo en la Academia.
9 Considera que se necesita una mayor disciplina.
10 Rosa no sabe cantar muy bien pero es muy trabajadora.
11 Nina va a sacar un nuevo disco.

(4) ¿Cuál es la clave del éxito de Operación Triunfo?

A Completa la siguiente carta que un lector ha mandado a la redacción de un periódico español explicando las razones del éxito de Operación Triunfo. Utiliza las palabras del recuadro.

mérito	todas	sociedad	simple	esfuerzo	groseras	talento	dedicación
señor	detractores	televidentes	vehículo	producir	fenómeno	recurrir
audiencia	adquiere	espectáculo	demostrado	basura	vergüenza	perdura	tenga

1_____ director:
El programa de TV "Operación Triunfo" tendrá sus defensores y sus 2_____ pero lo que no se le puede discutir es que ha sido el gran 3_____ televisivo de los últimos años, habiendo conseguido una 4_____, en su punto culminante, de más de quince millones de 5_____. Su mérito es apelar a todos los públicos con una fórmula 6_____ y eficaz que combina la competitividad, el buen 7_____, el suspense y la calidad. Creo que ha quedado perfectamente 8_____ que se pueden producir programas con

verdadero "gancho" sin 9_____ al sexo, la violencia o las vulgares y muchas veces 10_groseras_ "marujadas" a las que, desgraciadamente, nos tienen acostumbradas 11_____ las televisiones, tanto públicas como privadas con la 12_____ de sus ofertas.

Operación Triunfo es un poderoso 13_vehículo_ de transmisión de una serie de valores que han ido perdiendo peso en nuestra 14_sociedad_. Los finalistas se han ganado el cariño ciudadano gracias a su 15_talento_ innato, pero sobre todo a su

16_dedicación_ y voluntad de perfeccionamiento. En un mundo regido por estereotipos de 17_____ más que dudoso, la lección que imparte el programa 18_____ una relevancia considerable: que la verdadera fama, la que 19_____, es el fruto del 20_____ y la constancia. Alguien ha conseguido 21_____ un programa que perfectamente pueden ver juntos abuelos, padres, hijos y nietos sin que nadie 22_____ que sentir 23_____ ajena ni poner en serio peligro su formación.

Carlos Jiménez

B **Indica si las siguientes frases son verdaderas (V) o falsas (F).**

1 El programa es controvertido.
2 El programa es sólo para adultos.
3 Se pueden hacer buenos programas sin tener que ser vulgares.
4 Lo normal es que haya mucha telebasura.
5 La gente aprecia a los finalistas por su esfuerzo.
6 No da vergüenza verlo con los demás.

C **Ahora escribe tú una carta (200 palabras) al director del periódico expresando tu opinión sobre Operación Triunfo. ¿Qué te parecen este tipo de programas? Da tu opinión personal. Aquí tienes varios datos que te pueden servir de ayuda. Anímate y utiliza alguna de las expresiones del subjuntivo explicadas en el siguiente cuadro gramatical.**

Datos para escribir la carta:

● La industria discográfica salvó los muebles el año pasado gracias a Operación Triunfo.
● Los discos de "Operación Triunfo" ocupan los siete primeros puestos de la lista de ventas.
● La cadena pública ha obtenido 24 millones de euros.
● La última gala fue seguida por más de 9,5 millones de espectadores.
● Los nuevos ídolos de los jóvenes, y de los adultos.
● No da vergüenza decir que lo ves.
● El público se da cuenta de lo que cuesta triunfar.
● Demuestra que es posible triunfar en audiencias sin basarse exclusivamente en el componente morboso.

Grammar

USES OF THE SUBJUNCTIVE 1

When you are making value judgements you use expressions of the following kind:

● A mí me parece bien
● A mí me parece mal
● Vale la pena
● Merece la pena
● Más vale
● Sería mejor

● Hace falta
● Es normal
● Es lógico
● Es imprescindible
● Es importante
● Es necesario

These expressions may be followed by the infinitive when you do not specify who is going to carry out the action:

No vale la pena cambiar de canal porque todas las cadenas son igual de malas.	It's not worth changing channels because they are all equally bad.
Es importante mejorar la programación de la televisión.	It's important to improve TV programmes.
A mí me parece mal emitir este tipo de programas.	I think it is a bad idea to broadcast this type of programme.

When the subject of the subordinate clause is different from the person making the judgement these expressions are followed by *que* plus the subjunctive:

*A mí me parece mal que **existan** programas basados en el morbo.*	I think it is wrong that there are programmes based on unwholesome curiosity.
*No es necesario que ustedes **cambien** su programación.*	It's not necessary for you to change your programme schedule.
*No es normal que más de nueve millones de personas **vean** un programa de televisión.*	It's unusual for more than nine million people to watch one TV programme.

For more information on the subjunctive see Grammar Summary p271.

Al Descubierto

5 La compra de una Miss

Al Descubierto es un programa que intenta hacer periodismo denuncia. Intenta sacar a relucir temas oscuros de la vida española: cómo nos engañan los "adivinos" famosos y su tarot, la trata de blancas, la prostitución infantil, el tráfico de armas, etc. El primer programa y más sonado hasta el momento ha sido cómo comprar el título de Miss Alicante. Los protagonistas nos explican cómo realizaron el programa:

Gema García logró ser Miss Alicante sobornando al jurado.

A través de una empresa llamada Everlasting, tres periodistas movimos los hilos necesarios para conseguir que una redactora fuera nombrada Miss Alicante. Elegimos a Gema García por su altura y belleza. El único inconveniente era su edad. Para ser Miss España es necesario tener entre 18 y 24 años. Gema ya había superado la treintena. Afortunadamente, no existe ningún control para comprobar este requisito.

Avalados por nuestra tapadera de Everlasting, los reporteros Alfredo y Sandra sondearon a María Elena Dávalos, delegada de Miss Alicante, sobre la posibilidad de que Gema participase en su concurso. Elegimos a Dávalos porque en los últimos años los certámenes organizados por ella han estado rodeados de polémica.

Dávalos no puso ningún inconveniente a que Gema participara en Miss Alicante a pesar de no tener nada que ver con la provincia: "Haremos un chanchullo. Empadronamos a Gema en Alicante y al día siguiente la desempadronamos."

En una cita posterior, le preguntamos si es posible coronar a Gema como Miss Alicante a cambio de dinero. Con total tranquilidad, María Elena nos responde afirmativamente: "Yo no le puedo decir a nadie lo que tiene que votar, pero el jurado lo pongo yo. Tengo siete jurados, pero puedo ampliarlo hasta los miembros que quiera." María Elena nos dio la oportunidad de aportar otros ocho miembros al jurado que convertirían a nuestra redactora en Miss Alicante. Llevar a Gema a Miss España nos costaría 27.000€ en dinero negro.

El 2 de febrero de 2002, se celebró la elección de Miss Alicante. La hija de María Elena Dávalos, Elisa Gil y su socio, César, nos esperaban en el parking para que les entregásemos el dinero.

Mientras se realizaba esta transacción, Gema demostró que no es modelo, ni siquiera aficionada. Sus andares se asemejaban más a los de un futbolista que a los de una aspirante a miss.

Cuando finalizaron los desfiles, los dos sectores del jurado discutieron abiertamente. Ante la indignación de los que apostaban por Miss Villajoyosa, "nuestros" jurados impusieron a Gema. Cuando se le comunicó al público sólo la música acalló los silbidos del respetable.

A   Empareja las siguientes expresiones sacadas del texto con las definiciones más adecuadas.

1	mover los hilos	**a**	registrar en la lista de los habitantes de un pueblo o ciudad
2	la treintena	**b**	caminar por la pasarela
3	la tapadera	**c**	dinero obtenido ilegalmente
4	sondearon	**d**	controlar la situación
5	un chanchullo	**e**	el público
6	empadronar	**f**	indagaron, preguntaron
7	dinero negro	**g**	una candidata
8	socio	**h**	persona que se junta con otra para conseguir algún objetivo
9	aficionada	**i**	tener más de 30 años
10	una aspirante	**j**	creer que va a ganar
11	los desfiles	**k**	manejo, arreglo que no es completamente honesto
12	apostar por	**l**	no profesional
13	los silbidos	**m**	la empresa que sirvió para encubrir a los reporteros
14	el respetable	**n**	las protestas

B **Corrige los errores de las siguientes frases:**

1 Los periodistas optaron por Gema debido a su edad.
2 El programa eligió a Miss Alicante porque los concursos organizados por María Elena Dávalos nunca habían sido puestos en tela de juicio.
3 Los periodistas entregaron el dinero en el despacho de María Elena Dávalos.
4 Gracias a Dios Gema era modelo profesional.
5 El jurado eligió a Gema Miss España por unanimidad.

 C **Contesta las siguientes preguntas.**

1 ¿Cómo es posible que Gema participara en Miss Alicante si no vivía allí?
2 ¿Qué hace María Elena Dávalos para que Gema gane la votación?
3 ¿Cómo se hizo la transacción del dinero?
4 ¿Aceptó el público la decisión y aclamó a la ganadora?

D **¿Cómo crees que ha sido la experiencia de Gema? ¿Cómo te prepararías para ayudar al equipo de "Al Descubierto" si estuvieras en su lugar? ¿Qué pasaría si te hicieras amiga de las otras Misses, continuarías con la farsa o les dirías la verdad? ¿Cómo reaccionarías si te reconociera alguien? Trata estos temas con tus compañeros.**

 E **Ahora escribe unas 150 palabras con las conclusiones que hayas sacado del debate anterior.**

6 La periodista de Al Descubierto

Gema García Marcos, la periodista de Al Descubierto que llegó a ser coronada Miss Alicante, a golpe de euros, relata los meses de pesadilla que tuvo que vivir.

 A **Escucha las declaraciones de Gema y di si las siguientes oraciones son verdaderas o falsas:**

1 La comida era de buena calidad.
2 Gema estaba congelada.
3 Quería terminar el desfile cuanto antes.
4 Gema sonreía de oreja a oreja constantemente.
5 No importaba lo que pasara porque todo estaba decidido de antemano.
6 Gema simuló que estaba contenta.

 B **Escucha otra vez a Gema y contesta a las siguientes preguntas:**

1 ¿En qué época del año se realizó el concurso?
2 ¿Qué sensaciones le producía desfilar por la pasarela?
3 ¿Qué incidente tuvo con su vestido?
4 ¿Qué hizo cuando ganó Miss Alicante?
5 ¿Cómo reaccionó el público?
6 ¿Con quién se compara andando con tacones?

C **Imagínate que eres Miss Villajoyosa que quedó segunda detrás de Gema, o un amigo suyo. Escribe una carta de unas 100 palabras al director de Miss España quejándote sobre la decisión del jurado de Miss Alicante. Te serán útiles las expresiones en el siguiente cuadro gramatical. Recuerda que debes utilizar el subjuntivo detrás de cada una de ellas.**

Grammar

USES OF THE SUBJUNCTIVE 2
The subjunctive with expressions of emotion

The following expressions indicate sadness, surprise or annoyance. All of them are followed by the subjunctive.

SADNESS

¡Qué pena que		*¡Qué pena que Miss Villajoyosa no **haya** ganado!*
		What a pity that Miss Villajoyosa didn't win!
¡Qué lástima que		*¡Qué lástima que no **haya** justicia en este tipo de concursos!*
		What a shame that there is no justice in this kind of competition!
Es una pena que		*Es una pena que **tenga** que ser así.*
		It's a pity that it has to be this way.
Siento que	+ subjuntivo	*Siento que Miss Villajoyosa **fuera** la gran perdedora de este asunto.*
		I'm sorry that Miss Villajoyosa was the big loser in this matter.
¡Cómo lamento que		*¡Cómo lamento que esto no se **haya descubierto** antes!*
		How sorry I am that this was not discovered before!
¡Cómo siento que		*¡Cómo siento que esto **pueda** suceder!*
		How sorry I am that this can happen!

SURPRISE, AMAZEMENT

¡Qué raro que		*¡Qué raro que un pato mareado **gane** el concurso!*
		How surprising that such a clodhopper has won the competition!
¡Qué extraño que	+ subjuntivo	*¡Qué extraño que no **haya ganado** Miss Villajoyosa!*
		What a surprise that Miss Villajoyosa didn't win!
Es extraño que		*Es extraño que el público **abucheara** a la ganadora.*
		It's strange that the public booed the winner.

ANNOYANCE, DISPLEASURE

Estoy harto de que		*Estoy harta de que siempre **haya** sospechas en este tipo de certámenes de belleza.*
		I'm fed up with the suspicion that always surrounds this kind of beauty contest.
No soporto que	+ subjuntivo	*No soporto que alguien como María Elena Dávalos **pueda** jugar así con las ilusiones de unas niñas.*
		I can't bear it that someone like María Elena Dávalos is able to play around with the illusions of young girls.
Me molesta que		*Me molesta que todo el mundo **diga** que no debería haber ganado Gema y, sin embargo, ahí está con su corona.*
		I'm annoyed that everyone says that Gema should not have won and yet there she is with her crown.

For more information on the subjunctive see Grammar Summary p271.

Gente

7 Emilio Aragón

Emilio Aragón es el presentador de televisión más famoso de España

Detrás de la marea de series que inunda la televisión en España está la factoría que preside Emilio Aragón. Payaso, músico, actor, su carrera ha sido un paseo triunfal para él y para el Grupo Árbol, la compañía que él preside y que está valorada en más de 1.200 millones de euros.

En la génesis de esta empresa está Emilio Aragón, un habanero melómano, inquieto, piadoso y buen chico que vivió hasta los catorce años fuera de España. Comenzó medicina y quiso ser piloto. Pasó por el conservatorio. "No sabía qué hacer con mi vida. Probé de todo. Y al final, el entorno artístico te condiciona." Con 18 años comenzó a trabajar junto a los payasos de la tele: sus tíos Gaby y Fofó, y su padre, Miliki. Ésa fue la Universidad de Emilio Aragón: "Mi padre es muy exigente. Para él la profesión es una religión."

En 1983 estrenó su primer programa como guionista y protagonista: Ni en Vivo ni en Directo. Un programa con un humor tolerado para menores, canciones, un guión muy elaborado y protagonismo absoluto de Emilio Aragón. Baila, canta, actúa, hace de gancho para la cámara oculta. Ésas son las claves de su éxito, que ya en el lejano 1983 le supusieron una nominación para los Emmys. Si el circo fue su universidad, este programa fue su doctorado. Ya estaba preparado para la televisión privada.

En 1993 Vip Noche se convierte en el programa de entretenimiento de referencia en la televisión española, y Aragón, en el comunicador más solicitado. El invento estaba firmado por Valerio Lazarov: "¿Por qué triunfa Emilio? Para empezar, tiene la herencia de una familia dedicada a la comunicación. Segundo, es muy trabajador. Tercero, conecta bien con el público. Y tampoco olvide que en Vip hicimos todo lo posible para potenciar su estrellato. Pusimos a su disposición el mejor decorador, coreógrafo, realizadores."

Entre 1995 y 1999, Emilio Aragón hizo Médico de Familia. Una serie que llegaba a todos los públicos y que tuvo un 30% de audiencia. El Grupo Árbol había acertado y la empresa tuvo en 1996 2,4 millones de euros de beneficio. A partir de Médico de Familia, comenzaron a quitarles sus productos de las manos.

A Encuentra en el texto las palabras o expresiones que tienen el mismo sentido que las siguientes.

1 lugar para aprender música   3 presentador   5 quien prepara los bailes   7 compañía
2 que ama la música   4 legado   6 que los niños pueden verlo   8 nacido en La Habana

B Relaciona las frases de las dos columnas.

1 Vip Noche era un programa…   a que lanzó definitivamente a su empresa: El Grupo Árbol.
2 Ni en Vivo ni en Directo era un programa…   b no sabía qué hacer con su vida.
3 Miliki…   c era muy duro.
4 Su primer trabajo fue de…   d con humor blanco.
5 Al principio, Emilio Aragón…   e payaso.
6 Médico de Familia era un programa…   f de variedades.

C Contesta estas preguntas relacionadas con el texto sobre Emilio Aragón.

1 ¿Desde cuándo Emilio Aragón lleva trabajando en Televisión?

2 ¿Cuánto hace que empezó a trabajar en las televisiones privadas?

3 ¿Es verdad que hace seis años presentó Vip Noche?

4 ¿Durante cuántos años protagonizó Médico de Familia?

5 Hace ya varios años, ¿para qué premio fue nominado?

 D Comenta con tus compañeros:

● ¿Qué crees que se necesita para triunfar en la televisión? ¿El físico, la simpatía, etc.? Describid en pequeños grupos qué características debe tener una persona que quiera ser líder en audiencias televisivas.

● Ahora decidid entre todos quién es vuestro personaje de televisión preferido. Exponed vuestras razones explicando por qué preferís uno u otro presentador.

Grammar

HOW TO EXPRESS "FOR" WITH A PERIOD OF TIME

1 "for" referring to an action which began in the past and is / was still going on may be expressed in three ways:

a) *llevar* + gerund

Llevan 5 años viviendo en Oviedo. | They've been living in Oviedo for 5 years.

b) *Hace/Hacía que* + the present or the imperfect tense

Hace 6 meses que Asunción estudia inglés. | Asunción has been studying English for 6 months.

c) *Desde hace/hacía* + the present or the imperfect tense

Joaquín trabajaba con RTVE desde hacía 2 años. | Joaquín had been working for RTVE (Spanish TV) for 2 years.

2 "for" referring to the duration of a period of time is conveyed by *por* or *durante*. In this meaning *por* is often omitted.

a) *por*

Van a ir a Madrid por quince días. | They are going to Madrid for a fortnight.
Elisa se va a quedar (por) una semana con su amiga. | Elisa is going to stay with her friend for a week.

b) *durante* refers particularly to the time during which something happened.

Durante un año entero no pude trabajar. | I could not work for a whole year.

Note:

desde means "since", and refers back to the particular time when the action began in the past.

Hemos estado viendo la tele desde las 4.00 de la tarde. | We've been watching TV since 4 pm.

Ejercicio

Completa las frases siguientes con llevar, hace/hacía que, desde hace/hacía, desde, por o durante.

Emilio Aragón es payaso **1**_____ su infancia. **2**_____ 14 años viviendo en Cuba y Estados Unidos antes de ir a España. Trabajó **3**_____ unos años con su familia como payaso. Ahora está en España y **4**_____ aproximadamente 20 años hace programas de televisión, entre ellas Vip Noche. **5**_____ cuatro años hizo Médico de Familia, un programa de mucho éxito entre los telespectadores españoles.

8 Cita con Pilar

Pilar Socorro presenta
Cita con Pilar

Cita con Pilar es un programa de radio que se emite de lunes a viernes a la 1 de la madrugada (hora británica) por Radio Nacional de España, AM 585 o AM 855, y que se puede escuchar en el Reino Unido.

 A Escucha el CD y responde a estas preguntas sobre el programa de RNE *Cita con Pilar*.

1 ¿Por qué es novedoso el programa?
2 ¿Cómo participan los oyentes?
3 ¿Cuál es la dirección de Internet del programa?
4 Hay siete secciones en el programa. ¿Podrías citarlas?
5 ¿Cómo es la sección de humor?
6 ¿Por qué se sorprenden sus invitados?

9 Cita con Pilar: La radio más interactiva

La participación de los oyentes a través de la Red es la clave de "Cita con Pilar".

"Cuando empecé a recibir correos electrónicos en directo todo el mundo me miraba como si estuviera loca." Y es que mezclar de golpe Radio e Internet no dejaba de ser sorprendente hace tan sólo unos meses. La Red era el instrumento ideal para fomentar la interactividad con los oyentes.

Durante los primeros "experimentos", la presentadora utilizó una cuenta de correo gratuita con servicio de mensajería instantánea. "Funcionó muy bien, cuando comenzamos a hacer el programa ya sabíamos que la mezcla de los dos medios funcionaba", asegura Pilar Socorro.

Pero el correo electrónico no era suficiente y las cosas fueron avanzando. Bajo el lema 'La principal estrella eres tú', la emisora pública lanzó en septiembre de 1999 Cita con Pilar, un programa en el que los oyentes pueden participar en directo a través de una página web. Por medio de un chat, los seguidores del espacio radiofónico formulan sus preguntas a los invitados y realizan consultas a los expertos que se encuentran en el estudio.

"Ahora hemos conseguido tener lo que yo llamo 'ciber-guionistas'", dice Pilar, "aunque tengo preparadas las entrevistas, casi siempre me las 'meriendo' y son los oyentes los que realizan la mayoría de las preguntas". Para esta canaria "Internet es de gran ayuda para el periodista, nosotros sabemos un poco de todo, pero los admiradores lo saben todo de la persona a la que admiran". El chat es la vía elegida para poner en contacto a ídolos y fans.

En este aumento de la interactividad puede estar la clave. Según Pilar Socorro, "Internet va a potenciar a la Radio, ésta ha permanecido muchísimo tiempo bastante anclada, la Red ha abierto las fronteras". De momento, lo que sí que parece haberse roto es la barrera que separa al comunicador de su audiencia. Gracias al chat, la presentadora consigue tener una relación muy especial con su público.

Así, noche a noche, los oyentes de "Cita con Pilar" han ido conociéndose y formando un grupo sólido de adictos al programa y a Internet. "Yo paso lista en el chat y lo cuento en directo", afirma la periodista, "al final, los internautas que participan en las charlas acaban haciéndose 'famosos'".

Si algo ha conseguido esta apuesta radiofónica en su corta pero ascendente andadura a través de las ondas y la línea telefónica es "unir a las dos audiencias, la que interviene por teléfono y es incapaz de ponerse delante de un ordenador y la que lo hace a través de la Red".

La confidencialidad que ofrece Internet también influye en el desarrollo de "Cita con Pilar", sobretodo en las consultas a los expertos: Montse Osuna ('La bruja moderna'), Pilar Cristóbal (sexóloga) y John Galiatsatos (Internet). "Se nota sobretodo en las consultas a la sexóloga. Contar las cosas de viva voz corta un poco y puede que te reconozcan, pero si lo cuentas en un e-mail te identificas sólo si quieres", afirma Pilar.

Y es que el futuro, una vez más, parece estar en la Red. "Esto de momento es experimental", explica la periodista canaria, "pero dentro de poco todo el mundo va a hacer lo que hago yo". Si el vídeo no consiguió matar a la estrella de la radio en los 80, Internet tampoco lo hará en el futuro. El micrófono y el ordenador pueden ser buenos aliados.

A **Empareja las siguientes frases.**

1 El correo electrónico…
2 El usar otras identidades…
3 Los ciber-guionistas…
4 Internet no va a…
5 Antes del programa, era muy raro…
6 La radio…
7 El chat…
8 Los oyentes…
9 Internet ayuda a…

a hablan con sus ídolos.
b mezclar Internet y radio.
c aumentar la interactividad de la radio.
d no era todo lo interactivo que se quería.
e aumentó la interactividad.
f acaban haciendo las entrevistas.
g ayuda a tener confianza.
h acabar con la radio.
i no ha evolucionado mucho.

B **El programa *Cita con Pilar* tiene varias secciones en las que puedes participar: música, cine, Internet, relaciones personales, sexo o tarot. Escribe un e-mail (50 palabras) haciendo una consulta sobre tu cantante o actor favorito, un problema que tengas, pregunta sobre tu futuro, etc.**

Las Islas Canarias

El archipiélago canario está formado por siete islas de origen volcánico: La Palma, Hierro, Gomera, Tenerife, Gran Canaria, Fuerteventura y Lanzarote.

Población: 1.500.000 habitantes.

Situación: La Comunidad Autónoma canaria está situada en el Océano Atlántico al oeste de la costa saháraui.

Superficie: 7.447 Km²

Industrias principales: Turismo, pesca y cultivo del plátano.

Atracciones turísticas: Las playas. El Teide: la montaña más alta de España en la que se asienta uno de los mejores observatorios astronómicos que existe en el globo.

Historia: Las Islas Canarias fueron otorgadas por el Papa Clemente VI a Castilla en 1344. El Marinero francés Jean de Betancourt empezó la conquista de las islas en 1402 en nombre del rey de Castilla Enrique III. Portugal reclamó las islas pero en el tratado de 1479, las islas fueron reconocidas definitivamente como españolas. En 1490, se terminó la conquista definitiva. La población indígena de las islas, los guanches, de origen berebere, se extinguió. A partir de 1492 las Islas Canarias se convirtieron en el puente del tráfico comercial entre la Península y América.

Pilar Socorro es originaria de Canarias. Esta comunidad autónoma española tiene un clima extraordinario con un promedio de temperatura que oscila entre los 18,6ºC y los 24,6ºC. Esta bonanza climatológica ha dado a Canarias el sobrenombre de Islas Afortunadas. Sin embargo, en un recorrido de pocos kilómetros se puede pasar de una temperatura playera a un frío intenso donde la nieve es la protagonista.

Canarias ha dado a conocer al mundo platos típicos de su comida como el mojo, que presenta diversas variedades dependiendo de sus ingredientes y que suele acompañar a las papas o patatas. El otro producto típico de las Islas es el gofio, harina de maíz o trigo tostada que acompaña a algunos guisos isleños en lugar del pan.

Pero Canarias es famosa principalmente por el turismo. Durante todo el año debido a su clima y a sus privilegiadas playas, millares de europeos visitan las islas escapando del frío invierno. Entre todas esas maravillas que ofrece Canarias destaca el Carnaval que tiene lugar en febrero y en el que rivalizan en belleza las dos principales ciudades: Santa Cruz de Tenerife y Las Palmas de Gran Canarias.

El Teide es la montaña más alta de España

¿Cómo son las Islas Canarias?

A Haz una lista de palabras extraídas del recuadro relacionadas con los siguientes temas:

- Clima
- Ocio y diversión
- Comida
- Geografía

Canarias ofrece el mejor clima de toda España

B Une la primera parte de cada frase con la segunda parte que mejor corresponda.

1 La Comunidad canaria…   a la cumbre más elevada del país.
2 La temperatura media…   b la principal fuente de ingresos.
3 El mojo…   c son de origen volcánico.
4 Las Islas Canarias…   d tiene ocho islas.
5 El archipiélago…   e prefieren el sol de las islas.
6 La temperatura…   f es un archipiélago.
7 Un volcán es…   g tiene distintas formas.
8 El gofio…   h puede sufrir contrastes extremos
                                    dependiendo de dónde se esté.
9 El turismo es…   i va con ciertas comidas.
10 Sus visitantes…   j es apacible.

C Quieres que tus amigos vayan contigo a las Islas Canarias. Sin embargo, ellos quieren ir a Holanda. Escribe una carta a tus amigos (150 palabras) intentando convencerles para que vayan a las Islas Canarias. Utiliza el subjuntivo para expresar tu opinión y lo que crees que es mejor.

El Carnaval de Santa Cruz de Tenerife

El Carnaval de Tenerife es una de las fiestas más importantes en España. Cada año, todas las televisiones y radios envían a sus equipos a cubrir estas fiestas, destacando la Gala de Elección de la Reina que puede ser vista en toda España. Vamos a ver qué es lo que pasa en Los Carnavales tinerfeños.

a) _____

El carnaval tinerfeño empezó a celebrarse en el siglo XVIII cuando las familias pudientes de la isla invitaban a viajeros distinguidos a sus fiestas. La plebe también celebraba los carnavales, aunque las autoridades civiles y eclesiásticas no aprobaban estas diversiones.

b) _____

En la actualidad, electricistas, abogados, panaderos, médicos, funcionarios, conductores de guaguas (autobuses), amas de casa dejan de lado sus diferencias económicas y sociales para acudir a los ensayos de sus comparsas, murgas o rondallas (agrupaciones que participan en los festejos de carnaval) donde preparan las letras y la música que cada cual paseará por las calles o interpretará en los escenarios de los diferentes concursos en el tiempo del Carnaval.

La elección de la Reina es uno de los momentos de mayor belleza en el Carnaval

c) _____

El Carnaval chicharrero de Tenerife es un carnaval en la calle que ya no tiene nada que ver con las fiestas cortesanas de antaño. En la calle de España, corazón de la fiesta, llegan a congregarse unas 250.000 personas disfrazadas con los más variados trajes, brincando y bailando en un ambiente de jarana que resulta contagioso. El carnaval es espectáculo desde la misma Cabalgata, pasando por la Gala de Elección de la Reina o el Coso, hasta el Entierro de la Sardina.

d) _____

La Cabalgata es una gigantesca serpiente multicolor compuesta por decenas de miles de máscaras que recorre durante horas las principales calles de la ciudad. Las carrozas, murgas, rondallas y comparsas de todas las edades desfilan lentamente por la urbe adelantando lo que se avecina: el trepidante jolgorio que se apoderará de los ciudadanos durante unos cuantos días.

e) _____ _____

La Gala de Elección de la Reina es sin duda un espectáculo de belleza donde las candidatas a ser Reina de los Carnavales portan sus inigualables vestidos que suelen pesar unos cuantos kilos y son bastante difíciles de llevar.

f) _____

El Coso es el colofón del carnaval. Una suerte de segunda cabalgata que pone los pelos de punta a cualquier espectador. Es una avalancha de color, de ritmo y de alegría que dura horas y en el que cada grupo expone lo mejor de su ser: sus canciones, letras y músicas, sus vestimentas, su ingenio.

g) _____

El Entierro de la Sardina anuncia el fin de la fiesta. Millares de viudas y viudos rigurosamente vestidos de negro lloran desconsolados por la muerte del Carnaval y el comienzo de la cuaresma. Cuando la Sardina arde en llamas, se desata un clamor de dolor por su pérdida. Por la pérdida de una sardina que simboliza el espíritu del Carnaval.

 A **Lee el texto y pon los títulos a los párrafos.**

1 ¡Qué pena!
2 El desfile anunciador de la fiesta
3 A dar lo mejor
4 Los orígenes
5 Disfrutando fuera
6 La más guapa
7 Todos a una

 B **Contesta las siguientes preguntas.**

1 ¿Quién empezó a celebrar el Carnaval en el siglo XVIII?

2 ¿Por qué el pueblo tenía dificultades para celebrar los Carnavales en el siglo XVIII?
3 ¿Qué logran socialmente las diversas agrupaciones?
4 ¿Qué se hace en las agrupaciones?
5 ¿Cuál es el lugar principal donde se celebran los Carnavales?
6 ¿Cuál es la parte más importante del Carnaval?
7 ¿Qué pasa en la Cabalgata?
8 ¿Cómo son los vestidos de las candidatas a Reinas del Carnaval?
9 ¿Qué hacen las agrupaciones en el Coso?
10 ¿Cómo se viste la gente en el Entierro de la Sardina?
11 ¿Qué representa la Sardina?

C Escribe dos frases sobre cómo te sentirías en cada una de las siguientes situaciones.

1 Preparando el Carnaval con tu comparsa.

2 La Cabalgata.
3 La Gala de Elección de la Reina.
4 El Coso.
5 El Entierro de la Sardina.

12 La Isla de San Borondón

᨞ La isla imaginada ᨞

Probablemente es un curioso efecto óptico pero son constantes los testimonios que señalan haber avistado otra isla al noroeste de la Isla del Hierro. Cuando se firmó la paz de Évora (4 de junio de 1519) y la corona de Portugal cedió a la de Castilla su derecho a la conquista de las Canarias, se nombró entre ellas a la "Encubierta", que luego recibió el nombre de isla de San Borondón debido a la leyenda de dicho monje de origen escocés.

San Borondón supo que en el océano había ciertas islas extremadamente deliciosas y habitadas por infieles y, deseando promover la conversión de aquellas gentes, tomó la resolución de embarcarse hacia ellas junto con otro monje discípulo suyo. Después de haber navegado muchísimo tiempo, llegó el día de Pascua y pidieron a Dios la gracia de arribar a alguna tierra. El señor oyó los votos de sus siervos y dispuso que en medio del mar apareciese de repente una isla, donde desembarcaron.

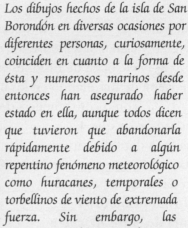

Los dibujos hechos de la isla de San Borondón en diversas ocasiones por diferentes personas, curiosamente, coinciden en cuanto a la forma de ésta y numerosos marinos desde entonces han asegurado haber estado en ella, aunque todos dicen que tuvieron que abandonarla rápidamente debido a algún repentino fenómeno meteorológico como huracanes, temporales o torbellinos de viento de extremada fuerza. Sin embargo, las numerosas expediciones que se han enviado para encontrar esta octava isla han sido infructuosas a lo largo de la historia. ¿Será que la Providencia no quiere revelar el lugar donde San Borondón se fue a predicar?

 A Busca en el texto el contrario de:

1 esporádicas
2 tomó
3 anteriormente
4 desagradables
5 antes
6 las mismas
7 discrepan
8 han negado
9 quedarse en ella
10 infrecuentes
11 han tenido éxito

3 Portugal cedió a Castilla…
4 La isla llamada Encubierta luego…
5 San Borondón era de…
6 San Borondón sabía que…
7 El día de Pascua, ante ellos…
8 Los dibujos de la Isla de San Borondón…
9 Los marinos que dicen haber desembarcado en la isla…
10 Las expediciones que se han enviado para encontrar la Isla…

 B 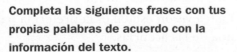 Completa las siguientes frases con tus propias palabras de acuerdo con la información del texto.

1 El fenómeno de la Isla se debe probablemente a. . .

2 Hay muchas personas que aseguran…

C Esta leyenda sobre la octava de las Islas Canarias es muy popular entre los canarios. ¿Podrías contarnos alguna leyenda que te sepas? Si no sabes alguna, seguro que eres capaz de inventarla. Escribe tu leyenda en español, utilizando 150 palabras.

La televisión digital en crisis

(13) La fusión de Vía Digital y Canal Satélite Digital

SATÉLITE CANAL DIGITAL

El acuerdo de **1**_____ anunciado entre Vía Digital y Canal Satélite Digital entra en la **2**_____ europea de fusiones en el sector que se viene desarrollando en los últimos **3**_____ como consecuencia de las grandes pérdidas por las que **4**_____ las televisiones digitales europeas. Vía Digital cuenta con **5**_____ de 800.000 abonados, según datos de la propia **6**_____ y el año pasado anunció unas **7**_____ de 162 millones de euros. Por su **8**_____ Canal Satélite Digital cuenta con más de 1,2 millones de abonados que la **9**_____ en el liderazgo de la televisión digital en España. Sin embargo, **10**_____ unas pérdidas brutas el año pasado de 24 millones de euros. Ambas **11**_____ debían además hacer frente no sólo a las grandes cifras que **12**_____ las retransmisiones deportivas sino también a los costes de los derechos **13**_____ de las **14**_____ productoras norteamericanas, fundamentalmente.

A **Completa el texto con las siguientes palabras.**

plataformas	tuvo
significaban	integración
meses	grandes
sitúan	cinematográficos
atraviesan	parte
pérdidas	más
compañía	dinámica

B **Responde a las siguientes preguntas.**

1 ¿De qué tipo es el acuerdo entre Canal Satélite Digital y Vía Digital?

2 ¿Cuál es la razón de este acuerdo?

3 ¿Cuántos abonados a televisiones digitales hay en España?

4 ¿Cuáles son los principales gastos que afrontan las televisiones digitales?

(14) La televisión digital en Europa

A **Escucha el CD con atención. ¿Cuáles de las siguientes palabras oyes?**

1	distante	7	compiten
2	frente	8	alrededor
3	abrió	9	dureza
4	instaba	10	contables
5	proceso	11	formada
6	tarjetas	12	dificultades

B **Escucha el CD y decide en qué país pasa cada una de las siguientes cosas, ¿Italia, Francia, Alemania, Reino Unido?**

1 Una de las cadenas ha tenido que cerrar.

2 Una cadena tiene el doble de abonados que la otra.

3 Una de las cadenas no desea seguir emitiendo en el país.

4 El principal accionista de la cadena tiene problemas financieros.

5 Las cadenas usan un mismo descodificador.

6 La televisión estatal es la preferida para obtener una de las licencias.

7 Tiene mucha competencia de canales que emiten en abierto.

8 Las plataformas digitales quieren unirse pero tienen problemas legales.

15 Quiero TV

Quiero TV: Un fracaso antes de empezar

Medio centenar de trabajadores de Quiero TV, se encerraron en la tarde del lunes sin incidentes al término de su jornada laboral en el hall de la sede de la empresa en Tres Cantos (Madrid) con carácter indefinido para pedir una mejora de las condiciones del Expediente de Regulación de Empleo (ERE)[1].

Los empleados de la compañía, que puso en marcha la primera televisión digital terrestre en España, solicitan una mejora de las condiciones del ERE con una remuneración económica muy superior a la propuesta por la dirección de la empresa – 37.5 días por año – ya que consideran que es "un insulto a la integridad, esfuerzo y dedicación que los trabajadores han puesto en un proyecto que era con vistas a 10 años y que a los dos fue aniquilado".

La empresa Quiero TV devolvió en abril de 2002 al Gobierno su licencia de televisión al considerar inviable económicamente la continuación de la explotación de la concesión de su servicio público de televisión digital terrestre nacional.

[1] Un Expediente de Regulación de Empleo es el proceso legal que una empresa tiene que seguir para despedir a un colectivo de trabajadores. Este proceso requiere que se pague a los trabajadores una suma equivalente al trabajo realizado durante ciertos días por cada año que han trabajado en la empresa.

A **Busca en el texto expresiones o palabras parecidas a las siguientes.**

1 sucesos
2 horas de trabajo
3 indeterminado
4 comenzó
5 piden
6 retribución
7 creen
8 ultraje
9 perspectivas
10 arruinado

B **Debate con tus compañeros cuál crees que es la situación actual de las televisiones digitales, cuáles son sus problemas y cuáles sus soluciones. Utiliza alguno de los siguientes verbos para dar tu opinión.**

Los trabajadores de RTVE también protestan por sus derechos.

Grammar

USES OF THE SUBJUNCTIVE 3
Verbs of thinking used in the negative

Verbs of "mental activity", such as *creer, pensar, considerar,* are followed by the *que* plus indicative when used affirmatively. When they are in the **negative**, however, the subjunctive must be used in a following subordinate clause.

- **Creo** *que la televisión digital* **es** *un gran avance.* — I think that digital television is a great advance.
  No creo *que la televisión digital* **sea** *un gran avance.* — I don't think that digital televison is a great advance.

- **Pienso** *que el coste aumentará* — I think that the cost will go up.
  No pienso *que el coste aumente* — I don't think that the cost will go up.

- **Considero** *que la televisión digital* **tendrá** *muchos problemas.* — I think that digital television will have many problems.
  No considero *que la televisión digital* **tenga** *muchos problemas.* — I don't think that digital television has many problems.

For more information on the subjunctive see Grammar Summary p271.

La publicidad

16 La publicidad: la ley antialcohol

El anteproyecto de ley de prevención del consumo de alcohol que ha elaborado el Gobierno prohíbe o limita sustancialmente la difusión de publicidad en los medios de comunicación tanto audiovisuales como escritos. Los publicitarios creen exagerada dicha ley.

Representantes de 16 asociaciones de comunicación comercial y editores de revistas calificaron ayer de "totalmente desproporcionadas, incoherentes e ineficaces" las prohibiciones y limitaciones en materia de publicidad incluidas en el proyecto de ley de prevención del consumo de alcohol. En un manifiesto conjunto, rechazaron cualquier restricción a la publicidad de bebidas alcohólicas, porque "menoscaba los derechos constitucionales a la libertad de empresa y de expresión".

Según Alberto Velasco, representante de la AEA (Asociación Española de Anunciantes), las limitaciones que establece la futura norma española son "inexplicablemente superiores" a las que recogen otras legislaciones europeas. "El gobierno no se ha dado cuenta de que la publicidad que se quiere vetar llegará a través de Internet o de otros medios audiovisuales y escritos", advirtió.

El borrador no sólo prohíbe todo tipo de publicidad de bebidas alcohólicas en publicaciones dedicadas a niños y jóvenes, sino que establece que en el resto de la prensa escrita no podrán colocarse esos anuncios ni en cubiertas, portadas, contraportadas, separatas, encartes y secciones juveniles. Tampoco podrán superar el 25% de una página ni el 15% del espacio total que la publicación dedique a publicidad.

Los anunciantes consideran que la autorregulación es suficiente y que el mercado de bebidas alcohólicas está "maduro". "El consumo decrece en España y en la mayoría de los países no se ha constatado que la publicidad lo aumente", advirtieron.

A Busca en el texto las palabras que quieren decir lo contrario de las siguientes palabras o expresiones.

1 la menor parte
2 lógicos

3 abstinencia
4 inferiores
5 deberes
6 verde
7 disminuya

B En parejas elegid uno de los siguientes anuncios sobre bebidas alcohólicas. Uno de vosotros defiende la postura del gobierno a favor de la ley antialcohol y la prohibición de este tipo de anuncios y el otro defiende la postura de la AEA que está en contra de dicha ley.

 C Ahora haced un resumen de unas 150 palabras explicando vuestras opiniones y conclusiones.

Para terminar…

 A Elige una de las Islas Canarias. Recoge datos, fotos, gráficos, etc. de Internet y crea un pequeño folleto sobre la isla.

 B Reparte los folletos que has elaborado entre los compañeros de clase y haz una presentación de unos cinco minutos.

C Escribe un ensayo de unas 250 palabras sobre alguno de los programas de televisión o de radio que más te gusten. Explica en qué consiste, cuáles son los puntos fuertes y débiles del programa, qué cambiarías para mejorarlo, etc.

¡Protejamos nuestro entorno!

Entrando en materia...

El tema de esta unidad es para muchos el de mayor envergadura de nuestra época. 'Medio ambiente' significa todo lo que nos rodea: los bosques, los ríos, las playas, los animales, los espacios verdes, las ciudades, la atmósfera. Estos aspectos de nuestro entorno nos encantan, nos sostienen y nos estimulan: hay que protegerlos de los abusos de la humanidad. En esto estamos todos de acuerdo. Los países más avanzados, algunas organizaciones como Greenpeace y los partidos verdes siguen proponiendo medidas para la mejor protección del medio ambiente.

Vamos a investigar lo bueno y lo malo de este tema, las amenazas así como las esperanzas. En esta unidad trataremos de la Comunidad de Andalucía, centrándonos en el medio ambiente de esta histórica región del sur de España.

Los puntos gramaticales que se tratarán son:

- el condicional
- los nombres femeninos con artículo masculino
- el imperfecto del subjuntivo
- los porcentajes, las fracciones y los números superiores a mil

Reflexiona:

¿Cuáles son los mayores problemas medioambientales hoy en día? ¿Es necesario actuar a nivel internacional para solucionarlos? ¿Qué podemos hacer en nuestro pueblo/nuestra ciudad/en el campo? ¿Son mayores los problemas de medio ambiente en el campo o en la ciudad? ¿Es importante que exista el movimiento verde? ¿Por qué (no)? Las especies amenazadas, ¿cómo protegerlas? ¿Qué hacemos con los residuos nocivos?

Temas medioambientales

1 Medidas medioambientales en el aeropuerto de Barcelona

Para comenzar, lee esta publicidad del Aeropuerto de Barcelona, El Prat, sobre siete aspectos importantes del medio ambiente:

RESIDUOS

Mediante su correcta gestión, conseguir por este orden:
1° reducir
2° reutilizar
3° reciclar

AGUA

Reducir su consumo. Controlar su vertido y prevenir la contaminación de sus aguas.

ENERGÍA

Promover el ahorro energético y estudiar el uso y viabilidad de energías alternativas renovables.

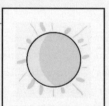

RUIDOS

Estudiar los niveles de ruido mediante un Sistema de Monitorización con el fin de proponer medidas de alternación.

SUELO

Controlar la calidad del suelo y aguas subterráneas. Recuperar las zonas con suelos degradados.

AIRE

Reducir las emisiones contaminantes de focos fijos (calderas…) y móviles (vehículos…).

ECOSISTEMAS

Controlar la avifauna de forma natural con un servicio de halconeros expertos.

A **¿A qué sección de las de arriba se refieren las declaraciones siguientes?**

Ejemplo: *Reducir la polución acuática*	*Agua*
1 Hacer que se disminuya la basura	
2 Prevenir la contaminacion de la tierra	
3 Controlar los pájaros	
4 Reducir la contaminacion acústica	
5 Buscar otras formas energéticas	
6 Mejorar la calidad atmosférica	

B **Comenta con un compañero:**

1 ¿Por qué es tan importante que un aeropuerto se encargue de mejorar su entorno?

2 El tema medioambiental de los siete aspectos del folleto que te parece más importante (Residuos, Aire etc.). Sobre todo reflexiona:

- por qué este aspecto es tan importante
- cuáles son las medidas que se deben tomar para mejorarlo

C   **Escribe una lista de las medidas que habéis decidido y explicadlas a los demás alumnos.**

2 El Gran Barajas

Los aeropuertos siempre suscitan polémica en cuanto al tema medioambiental. Abajo hay dos declaraciones sobre la ampliación de Barajas, el aeropuerto de Madrid. La primera, una carta escrita por una española que vive en Italia, está a favor de esta iniciativa; la segunda, un artículo de un representante de un grupo de presión, está rotundamente en contra.

  A Antes de leer los textos empareja las palabras siguientes con sus equivalentes en inglés.

1	natal	**a**	to support
2	envergadura	**b**	resolutely
3	apoyar	**c**	importance
4	paliar	**d**	dead calm
5	sin titubeos	**e**	native
6	piedra caliza	**f**	to bury
7	mastodóntico	**g**	fog
8	ubicado	**h**	limestone
9	calma chicha	**i**	situated
10	niebla	**j**	to divert
11	soterrar	**k**	colossal
12	desviar	**l**	to mitigate

A CARTA

Acabo de leer un artículo dedicado al nuevo Barajas, y quiero manifestar mi satisfacción al ver que mi ciudad natal sigue desarrollando proyectos de envergadura como éste, independientemente de quién esté en el Gobierno. Todos debemos apoyar este proyecto, sobre todo los madrileños (puedo entender, por supuesto, que algunos vecinos de localidades cercanas protesten por el ruido; en este caso, la Comunidad de Madrid debería intentar paliar dicha incomodidad ayudando de algún modo a los afectados).

Dicho esto, debemos apoyarlo sin titubeos: en primer lugar, porque supone riqueza y trabajo, y en segundo lugar, por la proyección internacional que conlleva. Se trata de hacer del aeropuerto lo mismo que ya se ha hecho con otros medios de transporte, y conseguir que una parte consistente del tráfico aéreo internacional pase por Madrid, haciendo de nuestra ciudad lo que es y debe seguir siendo: una gran capital europea, dinámica y con visión de futuro.

El proyecto del Gran Barajas me ha parecido espectacular, sencillo y funcional, acorde con el paisaje y entorno madrileños, y por las descripciones y fotografías se puede apreciar que gustará tanto como nuestra estación de Atocha. Adelante, entonces; estoy deseando llegar a casa y pisar el suelo de piedra caliza española del que habla el arquitecto Lamela.

Coral García. Italia

B ARTÍCULO

El pasado 13 de diciembre fue un día triste. Ese día, el Ministerio de Medio Ambiente, olvidándose de que debería ser el defensor natural de la calidad de vida de los ciudadanos, aprobó la declaración de impacto ambiental (DIA), dando vía libre a la nueva y mastodóntica ampliación del aeropuerto de Barajas.

La declaración de impacto ambiental nunca debió ser aprobada por la sencilla razón de que la ampliación del Gran Barajas nunca debió haber sido ni siquiera imaginada.

Ampliar aún más el aeropuerto es una monstruosidad. Barajas, reconocido por cualquier experto, es ya un aeropuerto urbano, mal ubicado, en una zona con frecuentes calmas chichas en verano, con innumerables nieblas en otoño-invierno, rodeado de montañas y, sobre todo, de ciudadanos. Soterrar una carretera, desviar un río, cambiar el aeropuerto de Torrejón, destrozar pueblos como Belvis y, sobre todo, aumentar los sufrimientos de 500.000 vecinos del entorno de Barajas, es algo aberrante en lo que ni siquiera debió llegar a pensarse.

Primero se debería pensar en gestionar bien el Barajas actual; una vez saturado, y si necesitásemos un segundo aeropuerto, perfecto, hagámoslo. Pero ¿por qué nos mienten diciendo que hacen falta ¡20 años! para construirlo?

Julián Moreno. Pijamas en acción

¿Quién lo dice? ¿Coral o Julián?

1 Barajas está situado muy cerca de la ciudad.

2 La polución acústica puede ser un problema.

3 La gente afectada necesita ayuda.

4 La ampliación es enorme.

5 Las condiciones climáticas son variables.

6 La ampliación va a mejorar la imagen internacional de Madrid.

7 El Gobierno ha aprobado el proyecto.

8 Debemos tomar muy en serio el impacto medioambiental del proyecto.

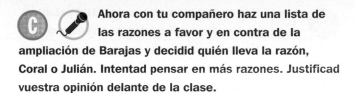 Ahora con tu compañero haz una lista de las razones a favor y en contra de la ampliación de Barajas y decidid quién lleva la razón, Coral o Julián. Intentad pensar en más razones. Justificad vuestra opinión delante de la clase.

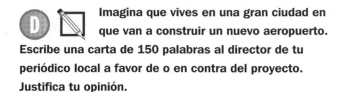 Imagina que vives en una gran ciudad en que van a construir un nuevo aeropuerto. Escribe una carta de 150 palabras al director de tu periódico local a favor de o en contra del proyecto. Justifica tu opinión.

Si quieres saber más sobre los aeropuertos españoles haz clic en: www.aena.es

3 Los verdes

En casi todos los países existen partidos políticos ecológicos, los llamados 'verdes'. Estos partidos parecen ofrecer una agenda política nueva, enfocada en el medio ambiente y tienen una unidad global que va más allá de las preocupaciones de los partidos políticos nacionales. En el Perú Alternativa Verde toma muy en serio tanto su papel nacional como la solidaridad internacional.

ALTERNATIVA VERDE nace como respuesta a la pasividad de los poderes públicos y los partidos tradicionales ante la crisis ecológica y la pobreza en el Perú.

■ Promovemos iniciativas en favor del medio ambiente, la paz, los derechos humanos, respeto a las minorías y una educación ecológica para todos, especialmente en la niñez y los jóvenes.

■ Trabajamos dentro y fuera de las instituciones para impulsar la necesaria transición hacia una sociedad no-violenta, ecológicamente sostenible y socialmente equitativa y solidaria.

■ Trabajamos por construir un mundo solidario donde todo ser humano pueda desarrollar sus potencialidades y luchamos por un mundo verde lleno de vida para todos los seres que habitamos la tierra y consideramos que ésta debe ser una tarea de todos, sin importar raza, credo, religión, edad, sexo, clase social, o lugar geográfico. Es por eso que continuamente convocamos a la unión de esfuerzos en la primordial tarea de salvar al Perú y al mundo de la destrucción ecológica.

■ El movimiento verde está muy influenciado por la ética de la cooperación y comprensión, la equidad de género.

■ Abogamos por la tolerancia y el derecho a la diferencia.

■ Defendemos la diversidad biológica de la tierra y la diversidad cultural, sexual y espiritual de la humanidad.

■ Estamos trabajando por un Perú sin contaminación para que nuestros recursos naturales sean utilizados racionalmente y avancemos como nación sin sacrificar nuestro futuro.

■ Queremos aire limpio, tierras sanas, agua pura, flora y fauna abundante y una vida mejor para todos los peruanos.

A **Haz un resumen en español (100 palabras) de las ideas principales de Alternativa Verde, mencionando los puntos siguientes:**

● las razones del nacimiento de Alternativa Verde
● el tipo de sociedad que favorece este partido
● sus ideales para los seres humanos
● lo que desea mejorar en Perú

B **Rellena los huecos en el texto siguiente con las palabras del cuadro.**

| planeta | nuevas | capa | injusto | suelos | herencia |
| genéticamente | tóxicos | salud | recursos |

Estamos iniciando el siglo XXI y qué hemos recibido como **1**_____: hambre y miseria en el **2**_____, deterioro de la biodiversidad, **3**_____ naturales agotados, cambio climático, agujero en la **4**_____ de ozono, arsenales nucleares, acumulación excesiva de residuos **5**_____ y desechos radiactivos, infertilidad en los **6**_____ agrícolas, desertización, contaminación, alimentos alterados **7**_____ que suponen una amenaza para la **8**_____ y el medio ambiente.

Todo ello es consecuencia de un uso irracional de las **9**_____ tecnologías y de un orden económico **10**_____ e insostenible.

Grammar

THE CONDITIONAL TENSE

The conditional tense ("should", "would" in English) is mainly used to describe events which would happen if certain conditions were met.

The conditional verb endings are *-ía, -ías, -ía, -íamos, -íais, -ían.*
"I would speak" is *hablar + ía = hablaría;* "you would eat" is *comer + ías = comerías* etc.

*A Coral le **encantaría** volver a Madrid para ver el nuevo aeropuerto.*

Coral would love to return to Madrid to see the new airport.

*Para Julián, primero se **debería** pensar bien en el Barajas actual.*

According to Julian, we first should think about Barajas as it is now.

Notes:

The conditional is also used:

● when expressing oneself politely

*¿Qué **prefirirías**, ver la televisión o ir de paseo?*

Which would you rather do, watch television or go for a walk?

● in "if-clauses" to describe events which could happen

***Sería** un escándalo si se detrozaran pueblos para construir un nuevo aeropuerto.*

It would be a scandal if towns were destroyed to build a new airport.

Irregular forms of the conditional

The same 12 verbs as for the future tense have an irregular form, *tener > tendría, poner > pondría, hacer > haría* etc.

For more information on the conditional see Grammar Summary p270.

Ejercicios

1 Contesta las preguntas siguientes utilizando el
condicional, según el modelo.

Ejemplo: No sé a quién votar.
Yo, en tu lugar, votaría a favor de los Verdes.

a) No sé si ir de vacaciones a Grecia o a Italia…
b) No sé si hacer el trabajo ahora o más tarde.
c) No sé qué regalo dar a mi novia, unos
chocolates o un ramo de flores.
d) No sé qué vestido ponerme, el rojo o el azul.
e) No sé si salir con Jaime o con Raúl.

2 Aquí tienes algunas declaraciones del Partido Verde.
Tienes que explicar a un amigo lo que harías si él se
hiciera miembro de tal partido. Hay que cambiar los
verbos al condicional, utilizando 'tú' donde sea
apropiado. Comienza: *'En el Grupo Verde*
trabajarías…'.

En el Grupo Verde trabajamos para corregir los
desequilibrios medioambientales del mundo. Nos
ponemos en contacto con otros grupos que tengan
ideas similares: escribimos a los gobiernos para
quejarnos de los abusos ecológicos, defendemos la
diversidad biológica y participamos en proyectos
colectivos. Abogamos por la tolerancia y el
derecho a la diferencia. ¡Nadie dirá que no nos
tomamos en serio la crisis del planeta!

Los árboles

4 ¡Recicla tu árbol de Navidad!

miles de árboles muertos, algunos ayuntamientos
organizan unos puntos de **6** _recogida_ especiales
donde los ciudadanos pueden llevar sus abetos
después de las fiestas. El pasado año por ejemplo,
en Barcelona se **7** _recogida_ _instalaron_ 205 de estos puntos
donde se recogieron 50.623 abetos. Posteriormente
estos árboles se **8** _recogida_ en 600 m³ de _convirtieron_
compost que se han utilizado en los **9** _espacios_
verdes de la ciudad. Si en tu ayuntamiento no se
realiza este servicio, pídeles información de cuál es
la manera más **10** _ecológica_ de deshacerte de él.

A Lee el artículo y rellena los espacios en
blanco con una de las palabras de la lista.

dañado *damaged* ecológica despilfarro *wasting* convirtieron *convert* basura
espacios raíces *roots* recogida *Cosecha harvest* árbol instalaron *install*

Si se ha decidido comprar un **1** _árbol_ de
Navidad, aunque sea con **2** _raíces_, cuando
las fiestas terminen lo más probable es que esté
3 _dañado_ irremediablemente. Como no se
pueden aprovechar para el año siguiente, todos
terminan en los contenedores de la **4** _basura_.
Conscientes del **5** _ecológica_ que suponen estos
despilfarro

B Une las palabras de la Lista A con las
palabras contrarias de la Lista B.

Lista A	Lista B
1 más b	**a** antes
2 irremediable e	**b** menos
3 consciente d	**c** campesino
4 comprar h	**d** insensible
5 terminar f	**e** curable
6 instalar g	**f** empezar
7 ciudadano c	**g** desmantelar
8 posteriormente a	**h** vender

Lee las frases de la Lista A y escoge las terminaciones más apropiadas de la Lista B, según el sentido del texto.

Lista A

1 La gente acostumbra a .c

2 En los contenedores de basura a

3 En muchos lugares las autoridades d

4 Los espacios verdes se han beneficiado e

5 Si quieres saber cómo reciclar tu árbol . b c
b

Lista B

a) es donde puedes echar tu abeto.

b) entérate a través de tu ayuntamiento.

c) utilizar el árbol de Navidad sólo una vez.

d) han establecido puntos de recogida de abetos.

e) del reciclaje de los árboles.

  Leídas horizontalmente, ¿cuál de las palabras siguientes no pertenece al grupo?

árbol	flor	montaña	arbusto
año	década	primavera	semana
Navidad	Reyes	Feria de Sevilla	Semana Santa
ciudadano	valenciano	murciano	barcelonés
abeto	roble	clavel	haya

  Copia y rellena el cuadro, siguiendo el ejemplo.

Sustantivo	Verbo	Adjetivo
muerte	*morir*	*muerto*
Siguiente	Seguir	siguiente
terminacion	terminar	terminal / terminado
Conciencia	Concienciar	consciente
fiesta	festejar	festivo
Utilidaz	utilizar	Util
Verdura		verde
información	Informar	informativo

 ⑤ **Los incendios de los bosques**

a Árboles que arden

Es triste, pero cierto. En España es tan fácil quemar un bosque como escapar la acción de la justicia con las manos oliendo a gasolina. En lo que va de año han ardido en nuestro país 61.500 hectáreas de superficie forestal, de ellas 10.400 en la primera semana de agosto. A juzgar por la tendencia de los primeros seis meses, la inmensa mayoría de estos incendios quedará impune.

Aunque no lo parezca, dado el escaso número de condenas que se dictan, incendiar un bosque es un delito de bastante gravedad. El Código Penal castiga con penas de uno a cinco años de cárcel a los incendiarios. Estas penas pueden llegar a los 20 años, si con el incendio se pone en peligro la vida de personas.

En cuanto a la prevención, según fuentes del Ministerio de Medio Ambiente, "se realizan cada año tres tipos de campañas dirigidas a la población: una divulgativa en radio prensa y televisión, destinada al público en general, otra campaña enfocada al medio rural para evitar las quemas agrícolas y de pastos, y por último, una campaña escolar".

b El monte en llamas

En años recientes ha vuelto a saltar la chispa en los montes españoles. La proliferación de incendios forestales en Galicia sugiere la existencia de tramas organizadas que atacan los bosques para especular con la madera o con los terrenos. Este problema también sacude a otras regiones españolas con la quema prohibida de rastrojos, los descuidos de la gente y el incremento de pirómanos, algunos de los cuales han sido cogidos con las manos en la masa cuando prendían fuego al monte.

c Cada vez hay menos bosques en peligro de incendio

Y es que ya hemos perdido la mitad de nuestros bosques. Buscar a los culpables es importante. Pero aplicar medidas que prevengan los incendios lo es más. Por eso en Greenpeace estamos presionando a la administración para que sigan políticas con criterios preventivos, para que aumenten los fondos dedicados a la recuperación del equilibrio ecológico de los bosques, para que se abandonen las repoblaciones con especies inadecuadas, etc. Por eso estamos luchando. Y por eso te pedimos que nos envíes este cupón y te hagas socio de Greenpeace. No necesitamos decirte lo urgente que es.

Nombre ....

Dirección ....

Población .... CP ......

  A Lee los tres textos, a, b y c, sobre los incendios de los bosques e indica en qué artículo aparecen las ideas siguientes.

1 Some criminals have been caught red-handed.
2 Punishment can vary from one to twenty years.
3 Prevention should be the priority.
4 People are burning down trees for commercial benefit.
5 Very few criminals have been caught.
6 We must re-plant the woods with the right kind of trees.
7 The politicians need to give more money to tackle the problem.
8 Burning stubble is also prohibited.
9 The government is attempting to make people aware of the problem.
10 Fewer and fewer trees are at risk.

B Inventa un anuncio en español que advierta a la gente de los peligros de los incendios del bosque, concentrándote en los puntos siguientes. Puedes utilizar las ideas de los tres textos, sin copiar frases enteras. ¡Ojo! Debes utilizar la forma del imperativo que corresponda a este tipo de lenguaje. El resumen del imperativo en la Unidad 3 y al final del libro te ayudará.

● las pérdidas que han sufrido los bosques en España
● la necesidad de tener cuidado con el fuego en el bosque
● la gravedad del delito de prender fuego al bosque

6 Un Ayuntamiento denunciado por arrancar árboles

El Ayuntamiento de Pozuelo, denunciado ante la fiscalía por arrancar 50 árboles de una zona verde

J.A.H., Madrid

Un grupo de vecinos de Pozuelo de Alarcón ha denunciado al Ayuntamiento, del PP*, por arrancar de cuajo alrededor de 50 árboles en una zona calificada como verde. La Fiscalía de Medio Ambiente de Madrid ha abierto diligencias y ordenado a la Guardia Civil que se desplace al lugar para verificar lo ocurrido. Los árboles fueron arrancados el pasado 15 de febrero por una máquina excavadora de la empresa Comsa ante la impotencia de los vecinos, que se acercaron para protestar. Manuel Tabernero, concejal de Medio Ambiente, explica que los árboles se han eliminado para crear en esa zona, situada en los aledaños de la avenida de Las Bellas Artes, un circuito de seguridad vial para escolares. El edil matiza que sólo se han arrancado unos 50 de los 170 ó 200 árboles que hay en ese paraje, que ocupa unos 10.000 metros cuadrados, y cuyas edades oscilaban entre 12 y 15 años. Tabernero subraya

que los ejemplares arrancados se hallan en la actualidad en el vivero municipal para ser trasplantados a otras zonas.

En su denuncia, los vecinos se quejan de la política "antizonas verdes" que, según ellos, está practicando el Ayuntamiento. "La política del alcalde", destacan, "es la apropiación de zonas verdes para otros usos, como ya ha ocurrido con las zonas deportivas colindantes con el mercado, política que ha dado lugar a sentencias condenatorias contra el Ayuntamiento, que éste incumple". El fallo judicial al que aluden los vecinos es una sentencia de la Sección Primera del Tribunal Superior de Justicia de Madrid dictada el 22 de septiembre, en la que ordena la "inmediata demolición" de tres edificios públicos ubicados en el parque El Pradillo. La sentencia ha sido recurrida.

*Partido Popular

  A Después de leer el texto contesta las preguntas siguientes. Utiliza tus propias palabras en la medida de lo posible.

1 ¿Por qué los vecinos denunciaron al Ayuntamiento?
2 ¿Qué tuvo que hacer la Guardia Civil?
3 ¿Qué pudieron hacer los vecinos para impedir que arrancaran los árboles?
4 ¿Cómo se beneficiará el pueblo tras haber arrancado los árboles?
5 ¿Qué van a hacer con los árboles que arrancan?
6 ¿Por qué creen los vecinos que el Ayuntamiento practica una política 'antizonas verdes'?
7 ¿Qué tenía el Ayuntamiento que hacer, según el tribunal?

7 Cala invadida

Ahora otra queja, esta vez en forma de una carta al periódico, de un Ayuntamiento que no hace caso de los vecinos.

Como ciudadana que quiere a su pueblo me veo en el deber de denunciar la barbarie ecológica que está sufriendo el Roquer de Torredembarra, concretamente la Cala dels Munts, uno de los espacios naturales más bellos de la zona. Donde antes había un bosque de pinos centenarios ahora se levantan unos monstruos de hormigón llamados apartamentos de alto standing. Es vergonzoso cómo el ayuntamiento ha hecho caso omiso de las quejas de los vecinos y grupos ecologistas permitiendo este sacrilegio. No tuvieron bastante con destruir parte del Roquer para construir el puerto deportivo, y ahora nos quitan uno de los espacios más preciados. Está claro que los que mandan no quieren a su pueblo, han sucumbido al atractivo del dinero, autorizando todo lo que las constructoras han querido. ¿Y nuestros derechos? ¿Acaso los ciudadanos no tenemos ni voz ni voto? Señor alcalde, está equivocado. Torredembarra está perdiendo todo su encanto, no necesita más bloques de cemento, sino zonas verdes.

María Moreno, Torredembarra

A   Después de leer la carta contesta las preguntas siguientes.

Según María Moreno:

1 ¿Qué pasó?
2 ¿Quién tiene la culpa?
3 ¿Por qué lo hizo?
4 ¿Cuál es la consecuencia del 'sacrilegio'?
5 ¿Qué hace falta en Torredembarra?

B   Imagina que en tu pueblo el Ayuntamiento ha propuesto arrancar unos árboles situados en una zona verde. Escribe una carta al periódico de tu pueblo, de 150 a 200 palabras, quejándote de esta propuesta. Sigue estos puntos:

● descripción de la propuesta
● por qué te opones a la propuesta
● las consecuencias de la propuesta si se aprueba.

¿Animales feroces?

8   Los lobos traspasan el Duero y se extienden hacia el sur de la Península

I.G. Mardones, Madrid

Que viene el lobo. Ha traspasado el Duero. Está en Guadalajara, a las puertas de Madrid. Pero no hay que asustarse por el aumento de la población de este mamífero depredador en España. Ni se comen a los niños, como relatan los cuentos infantiles, ni al ganado, salvo que paste sin control. Cuando el ganado se abandona, en el monte y no está custodiado, los lobos atacan porque las presas les quedan muy a mano.

Juan Carlos Blanco y Yolanda Cortés demuestran en su libro, *Ecología, censos, percepción y evolución del lobo en España, análisis de un conflicto*, que esta especie no sólo no está en recesión, sino que ha traspasado el Duero y el Sistema Central, donde se supone que aún sobreviven poblaciones residuales en Extremadura y Sierra Morena (Jaén, Córdoba), enfrentados a los cazadores. Actualmente calculan la existencia de 2.000 ejemplares, la mayor población de Europa, aunque resulta muy difícil contabilizarlos.

Mientras para algunos ecologistas urbanos es un animal fetiche rodeado de un halo romántico, quienes conviven con él lo contemplan desde una perspectiva pragmática. Para los ganaderos cs un riesgo que puede mitigarse, según Blanco, mediante el aseguramiento de las reses, el pastoreo vigilado y las compensaciones económicas que abonan las administraciones públicas. En la provincia de Guadalajara, por ejemplo, los ganaderos reciben 12 euros por cada oveja censada. En caso de pérdida del animal, se abona su valor a precio de mercado. Pese a ello, los ganaderos cántabros estiman que los lobos les causan pérdidas de 480 euros anuales por cabaña.

Blanco y Cortés recalcan que el lobo "llama a la exageración" y a veces se le confunde con perros asilvestrados o vagabundos. El lobo es un mamífero que vive en pequeñas manadas muy celosas de su territorio. Registra tasas de mortalidad y natalidad muy altas, lo que le permite recolonizarse y regenerarse fácilmente. Ambos especialistas sostienen que, en caso de tener que controlar su población, es indiferente que lo hagan guardas especializados o cazadores.

A   Encuentra las palabras en el texto que correspondan a las definiciones siguientes.

1 Cerca de
2 Las vacas, las ovejas, los cerdos etc.
3 Terreno de árboles y arbustos, sin cultivar
4 Víctimas
5 Disminuyendo
6 Gente que persigue a animales para atraparlos o matarlos
7 Llevar la cuenta
8 Objeto al que se atribuye un poder sobrenatural
9 Grupo de animales que viven juntos
10 No importa

B Contesta en inglés las preguntas siguientes.

1 When might a wolf attack cattle?
2 What evidence is there that the wolf population is growing in Spain?
3 What two views of the wolf are contrasted?

4 How can the cattle-breeders' worries about the danger to their animals be eased?
5 What do people often mistake wolves for?
6 What is the characteristic of the wolf-pack?
7 Why are wolves able to re-establish themselves easily?

9 El oso del Pirineo

A Escucha el CD e indica cuáles de las palabras siguientes oyes.

1	huellas	**7**	acercan
2	ella	**8**	acerquen
3	sembrar	**9**	podía
4	ciclo	**10**	podría
5	vieja	**11**	perjudique
6	oveja	**12**	perjudica

B Escucha el CD otra vez e indica cuáles de las declaraciones siguientas son correctas.

1 Lluis Carlos dice que ha visto
   a) un oso.
   b) dos osos.
   c) tres osos.

2 Víctor cree que
   a) los osos son agresivos.
   b) a los osos les gusta el peligro.
   c) los osos pueden atacar si tienen hambre.

3 Lluis Carlos asegura que
   a) los pastores tienen razón de quejarse de los osos.
   b) la UE ayuda a los pastores.
   c) los osos no se acercan a las ovejas.

4 Víctor opina que
   a) los osos no deben estar en libertad.
   b) se puede remediar el problema con ayuda financiera.
   c) a los pastores les encantan los osos.

5 Lluis Carlos cree que
   a) la creación de un consejo puede ayudar a resolver el problema.
   b) los osos son peligrosos.
   c) a la comunidad le gustan los osos.

6 Víctor cree que
   a) no es preciso tener a las ovejas mejor vigiladas.
   b) los guardias no podrían vigilar a los osos.
   c) hay que llegar a las decisiones democráticamente.

C ¿Se puede justificar la caza de los animales salvajes? Escribe 150 palabras sobre este tema.

Andalucía

Andalucía es una comunidad muy grande, con un tamaño mayor que algunos países europeos, como Bélgica o Dinamarca. Comprende 8 provincias: Almería, Cádiz, Córdoba, Granada, Huelva, Jaén, Málaga y Sevilla.

Córdoba
Huelva
Sevilla
Jaén
Granada
Cádiz
Málaga
Almería
Océano Atlántico
Mar Mediterráneo

Situación: Está situada al sur de España. Muchos describen Andalucía como 'puente entre Europa y Africa'; el Estrecho de Gibraltar separa los dos continentes.

Población: 7.300.000 habitantes (casi la quinta parte de la población de España).

Industrias principales: el turismo, la agricultura, la ganadería y la pesca.

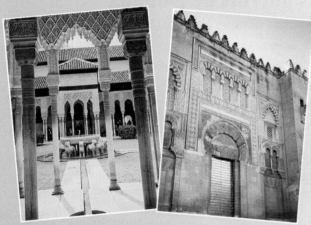

Turismo y cultura: Para el turista hay una gran diversidad de atracciones: la Costa del Sol, las montañas (la Sierra Morena, la Sierra Nevada); hay 23 parques naturales, incluyendo el Parque de Doñana, uno de los mayores de Europa. El patrimonio cultural es muy extenso y comprende muchos restos árabes, como el palacio de la Alhambra en Granada y la Mezquita en Córdoba. Algunos de los artistas españoles más destacados, como los pintores Velázquez y Murillo, el compositor Manuel de Falla y los poetas Góngora, García Lorca y Antonio Machado, eran de Andalucía. El baile flamenco se identifica con esta parte de España.

Historia: Andalucía tiene una historia muy larga. En tiempos antiguos los íberos y los fenicios vivieron allí, y esta región formó parte del imperio romano hasta el siglo V. En el siglo VIII, los árabes se apoderaron de la Península Ibérica y Andalucía llegó a ser una parte favorecida del imperio islámico por su paisaje y su clima. Siguieron ocho siglos de ocupación árabe en la que la ciudad de Córdoba (hasta el siglo XI), como califato, fue la ciudad más destacada. En 1492 los Reyes Católicos, Isabel de Castilla y Fernando de Aragón, conquistaron la provincia de Granada y terminó el dominio árabe. En tiempos modernos la región ha sido una de las más pobres de España, pero actualmente está creciendo mucho económicamente.

10 Baladilla de los tres ríos de Federico García Lorca

Lorca escribió muchos poemas sobre Andalucía, entre ellos algunas baladas líricas que evocan el paisaje de su región natal. En este poema Lorca celebra tres ríos, el Guadalquivir de Sevilla y dos ríos de la provincia de Granada: el Dauro y el Genil.

  Escucha el poema y con tu compañero:

1 Haced una lista de las diferencias entre los ríos.
2 Comentad la técnica que utiliza el poeta para caracterizar los ríos.
3 Comentad los efectos del ritmo y del sonido en el poema.
4 Intentad interpretar el sentido del poema.
5 Finalmente debatid con toda la clase lo que significa el poema.

11 Historia de un desastre ecológico

El Parque Nacional de Doñana es un espacio natural de gran extensión situado en el sureste de la provincia de Huelva. Doñana es uno de los espacios naturales más importantes de Europa. Allí se pueden observar unas 300 especies de aves: a causa de su situación, muy cercana a África, muchas aves migratorias escogen Doñana como lugar de invernada. Algunas especies amenazadas de extinción, como el lince ibérico y el águila imperial, se encuentran allí. Almonte es la capital del territorio y el pueblo de El Rocío, donde se celebra cada año la famosa romería en la Ermita de la Virgen, está cerca del Parque.

A finales de abril de 1998 ocurrió uno de los desastres ecológicos más grandes de la historia de España: la rotura de una presa de una mina de pirita virtió 5 millones de metros cúbicos de residuos tóxicos sobre el entorno del parque.

Los dos artículos que siguen cuentan lo que pasó en los dos primeros días del desastre.

a   Desastre ecológico a las puertas de Doñana

Gustavo Catalán Enviado especial, El Acebuche (Parque Nacional de Doñana)

Una catástrofe ecológica se cierne sobre Doñana y su entorno natural. Al menos cinco millones de metros cúbicos de residuos tóxicos se acercan al Parque Nacional por el cauce del río Guadiamar, que atraviesa de norte a sur esta Reserva de la Biosfera.

Es un agua negra, plagada de contaminantes. Proviene de unas minas situadas más arriba. Era el agua embalsada para su decantación, tras haber servido en la trituración y limpieza de pirita.

La balsa que contenía el agua, de un kilómetro de longitud por 500 metros de ancho, se rompió a las 3.30 horas de la madrugada. Su contenido, el equivalente al agua que consume Madrid en cinco días, llegó al cauce del Guadiamar en pocos segundos.

La marea negra, pues ése es el color que tiene, fluyó en tan sólo siete horas desde donde están las minas, en Aznalcóllar, hasta Aznalcázar, 10 kilómetros aguas abajo. La avenida de agua contaminada hizo que el nivel del río aumentase dos metros.

Desde el helicóptero es una escena dantesca. Los campos de colores vivos por la floración, o verdes de los brotes, de repente se han teñido de negro. Los plásticos han sido arrasados. Los frutales, con toda probabilidad, morirán. Miles de hectáreas del entorno de Doñana han sido castigadas por la polución de esas aguas plagadas de metales pesados.

A las 21.00 horas de ayer, la marea había entrado en el preparque de Doñana. Había perdido fuerza, porque el agua, en vez de fluir río abajo, anegaba los llanos de toda este área. Se calcula que avanza a un kilómetro por hora.

A   Lee el texto y da la información que falta.

1 Cantidad de residuos tóxicos de que se trata (en cifras)
2 Situación de la mina
3 Dónde estaba el agua antes de la rotura de la presa
4 Hora en que comenzó el desastre
5 Distancia entre la mina y el Parque
6 Cómo los residuos afectaron al río
7 Suerte probable de los frutales
8 Velocidad del agua contaminada

b   Doñana sufrirá graves daños aunque el vertido no entre en el Parque

Gustavo Catalán

Doñana no se ha salvado. Pese a los esfuerzos desplegados por el Parque Nacional para evitar que las aguas contaminadas entraran en la Reserva de la Biosfera – algo que hasta ahora se ha logrado –, los metales pesados diezmarán las especies, aflorarán con las aguas subterráneas y hasta llegarán a la playa de Doñana y la ribera del Guadalquivir.

El problema de tan dramático balance no será inmediato dentro del Parque Nacional. Sin embargo en el entorno, las consecuencias son ya terribles. Los cinco millones de metros cúbicos de

fango severamente contaminado que se vertieron desde las minas de Aznalcóllar, dejaron ayer un reguero de cadáveres de peces, anguilas y anfibios por cada ribera del río Guadiamar, que además se ha desbordado e inunda con su pestilente y venenosa agua sembrados y huertas de frutales.

Lo malo es que esos cadáveres y aquellos peces que aún no han muerto y andaban boqueando ayer en las someras aguas contaminadas, eran el más apetitoso bocado para una multitud de aves que no entienden de fronteras ni límites. Ayer mismo fueron a dormir a

sus posaderos con el estómago lleno de metales pesados. La muerte está asegurada... sólo depende de la cantidad que hayan ingerido.

Bandos de las oportunistas cigüeñas se dieron un atracón de caza fácil. Pero también avocetas, cigüeñuelas, espátulas, bueyeras, garzas... y así un sin fin de especies que hasta hace 48 horas eran cuidadas con un alto costo humano y económico.

B **Contesta las preguntas siguientes en inglés.**

1 How far is the polluted water likely to go, according to the article?
2 Why have the cultivated fields and fruit trees been affected?
3 Why were birds endangered?

Grammar

MASCULINE ARTICLES WITH FEMININE SINGULAR NOUNS

The masculine definite article **el** and the indefinite article **un** are used before feminine nouns in the singular which begin with stressed **a** or **ha**. These nouns remain feminine in gender. Many of these nouns are of two syllables.

Singular		Plural	
un agua negra	black water	*las* aguas contaminadas	polluted water
un área grande	a large area	todas *estas* áreas	all these areas
el ave	(the) bird	*las* aves	birds
el águila	(the) eagle	*las* águilas	eagles
el hacha	(the) axe	*las* hachas	axes

For more information on nouns see Grammar Summary p262.

⑫ El Parque Doñana en peligro

PRIMERA PARTE

A **Escucha el CD con atención y rellena los espacios con la información que nos proporciona la presentadora.**

Y en España continúa la preocupación por la situación **1**_____ el Parque Nacional de Doñana aunque las informaciones de hoy dicen que el Parque puede ser recuperado, **2**_____ que sufre ya su entorno. Al menos **3**_____ de los científicos, quienes creen posible descontaminar **4**_____. Por fin las administraciones **5**_____ han comenzado a coordinarse entre sí y **6**_____. Los pescadores de la zona **7**_____.

SEGUNDA PARTE

  B Contesta en español las preguntas siguientes.

1 ¿Por qué es tan urgente trasladar los lodos tóxicos?

2 ¿Dónde están los lodos que deben ser eliminados?

3 ¿Qué remedio proponen los científicos para que se recupere el Parque dentro de 5 años?

4 ¿Cómo se va a asegurar el Gobierno de que no se escape el vertido por segunda vez?

C Compara este reportaje del desastre con los del periódico. ¿Has aprendido algo nuevo? ¿Es este reportaje más optimista o más pesimista que los del periódico? ¿Por qué? Escribe 100 palabras.

D Eres el director del Parque de Doñana. Escribe una carta de 150 palabras a la ministra de Medio Ambiente, explicándole por qué Doñana no se ha salvado y pidiendo ayuda. Debes concentrarte en los puntos siguientes:

● los daños a las especies
● los daños al campo que rodea el Parque
● el coste de la recuperación
● los responsables del desastre

Puedes utilizar ideas y palabras de los textos, pero no debes copiar frases enteras.

13 En el Rocío las sevillanas se hacen oración

Otro aspecto del entorno andaluz es la fiesta religiosa. Al lado del Parque de Doñana está situado el pueblo de El Rocío. Allí se celebra cada año la fiesta de la Virgen, el Domingo de Pentecostés. Alrededor de un millón de romeros suelen ir al pueblo para adorar a la Virgen.

Con toda seguridad, es la romería más concurrida de España. En el Rocío, la devoción católica se desborda y el espíritu mariano se mezcla con la fiesta. El espectáculo atrae cada año a un mayor número de romeros. Creyentes, agnósticos y simples curiosos se dan cita en el albero del Rocío, formando remolinos de gentes que cantan, bailan y rezan ante las casas de las hermandades o bajo la gran concha de la puerta de entrada a la ermita. Como un animal migratorio, de los muchos que frecuentan las marismas del Guadalquivir, cada primavera más de un millón de personas recorren kilómetros de cañadas y carreteras para participar en la romería y en los actos religiosos en honor a la Señora, o la Blanca Paloma, como suelen llamar a la Virgen del Rocío. Para quien asista por primera vez a esta espectacular romería le parecerá, a primera vista, que las ganas de cantar, bailar, comer y beber desvirtúan el carácter religioso de la celebración. Pero es una sensación que sólo dura unas horas. Llegado el momento crucial se despejan las dudas.

Desde la recepción de las hermandades por los almonteños en la mañana del sábado de Pentecostés, hasta el definitivo paseo de la imagen de la Virgen por las calles del poblado en la madrugada del lunes, se derrochan las muestras de fervor religioso. La muchedumbre goza de todo tipo de placeres más o menos confesables, pero al mismo tiempo, se vuelca en los vítores a la Virgen del Rocío.

La escena se repite cada año: pelea por enarbolar el estandarte de su hermandad, el Simpecado; pugna por llevar en volandas el pesado cajón de madera forrado de plata en el que descansa la imagen mariana cubierta con su manto, su corona y su palio. La del Rocío es una romería itinerante. Los participantes acuden desde todas las comarcas andaluzas, así como desde las principales ciudades españolas. Comienzan la romería en sus localidades de origen, y viajan hacia Almonte festejando, cantando coplas a la Virgen y al santuario, a las marismas del Guadalquivir, mientras se acercan al arroyo de las Rocinas.

A Une las palabras españolas con las inglesas.

1 la romería
2 desbordarse
3 el/la creyente
4 la hermandad
5 las marismas
6 despejarse
7 el paseo
8 derrocharse
9 la muchedumbre
10 pelear
11 enarbolar
12 en volandas

a to clear up
b believer
c through the air
d to squander
e procession
f brotherhood
g pilgrimage
h to fight
i to hoist
j crowd
k marshes
l to overflow

B Corrige los errores en las frases siguientes.

1 En el Rocío se mezcla la fiesta con la adoración de Jesucristo.
2 Los romeros van a la iglesia del lugar para rezar y bailar.
3 En mayo más de un millón de personas salen de las marismas cercanas para participar en la fiesta.
4 La gente tiene más ganas de cantar y bailar que de rezar.
5 La gente de los montes recibe a las hermandades en la mañana del sábado de Pentecostés.
6 La imagen de la Virgen se lleva por las calles en un cajón de plata.
7 Al llegar a El Rocío los romeros empiezan la fiesta.

Problemas medioambientales

14 Huele mal, pero no contamina

Cuando el viento sopla del sudoeste, Pontevedra huele mal, huele a celulosa. Un fuerte olor, mezcla de repollo cuando se está cociendo y de lejía, impregna la bella ciudad gallega. Si uno mira hacia el suroeste podrá ver cómo el humo procedente de las gigantescas chimeneas de la factoría de Electroquímica del Noroeste se dirige hacia el casco urbano. Recorrer los diez kilómetros de autovía que une Pontevedra con Marín – donde se encuentra el complejo –, sin careta antigás, puede provocar fuertes vómitos.

Hace 11 años, alguien decidió poner fin a todo esto presentando una querella criminal contra Electroquímicas del Noroeste acusándola de la comisión de un delito ecológico. Los mismos 11 años que ha tardado el juez en tomar una decisión y encima ésta ha sido controvertida e impopular: ha archivado las diligencias. Para la Justicia, Elnosa no contamina. El comité de empresa*, muy celoso del mantenimiento de los puestos de trabajo, se ha puesto en contra de los partidos políticos de izquierda que se oponen a esta instalación, y a la Asociación para la Defensa de la Ría. La dirección de la empresa quiere que se archive definitivamente la causa. Y, mientras tanto, Pontevedra sigue oliendo mal cuando el viento sopla del sudoeste.

*comité de los obreros de la factoría

A Une las palabras españolas con las inglesas.

1 huele
2 repollo
3 casco urbano
4 careta
5 querella
6 controvertida
7 archivar
8 diligencias
9 celoso
10 mientras tanto

a to shelve
b proceedings
c meanwhile
d case
e cabbage
f smells
g jealous, protective
h mask
i controversial
j built-up area

B Termina las frases según el sentido del texto.

1 Elnosa está ubicada a 10 kilómetros de Pontevedra, ….
2 Cuando uno se acerca a Elnosa se vomita si …
3 Hace 11 años alguien acusó a Elnosa de …
4 El juez decidió …
5 Los obreros se opusieron a los políticos izquierdistas porque …

C No se ha hecho nada por solucionar este grave problema de la contaminación del ambiente. ¿Quién tiene la culpa: la factoría, el comité de la empresa o el juez? Escribe 150 palabras justificando tu opinión.

15   **El problema del agua**

El Plan Hidrológico Nacional, con unas inversiones de 6 millones de euros, incluye el trasvase del agua del Ebro hasta Almería. Esta infraestructura, que requería una conducción de casi 1.000 kilómetros, atravesará al menos 14 espacios protegidos, lo que ha desatado las protestas de grupos ecologistas y las de los aragoneses, que no están de acuerdo con el proyecto. En España hay un grave problema de recursos hídricos. Sin embargo, se despilfarra el 20 por 100 de toda el agua captada por fugas y averías en la red. Según un informe del Ministerio de Medio Ambiente, hay en nuestros ríos 60 puntos donde la calidad del agua es "inadmisible". Algunas cuencas, como las del Segura, Ter, Segre, Guadalquivir y Besos están muy contaminadas por vertidos industriales y agrícolas.

A **Lee el texto y contesta en inglés las preguntas siguientes.**

1 What is going to happen to the water from the Ebro, according the the National Water Plan?

2 Why have certain groups campaigned against this plan?

3 What two things lead to wastage of water?

4 Why are certain river basins polluted?

16 **Greenpeace**

Greenpeace denuncia que 66 campos de golf usarán agua del trasvase

La organización ecologista Greenpeace denunció ayer que 40 hectómetros cúbicos al año de agua del trasvase del Ebro previsto en el plan hidrológico nacional (PHN) se podrían usar para regar 66 nuevos campos de golf en el levante español. Greenpeace indicó que hay 21 campos abiertos en la Comunidad Valenciana y en Murcia, cifra que aumentará en los próximos años al ejecutarse los proyectos que prevén 34 campos en

Silvia Berbís, Tortosa

Murcia, 24 en Alicante, cinco en Valencia y tres en Castellón. Según Greenpeace, los planes para habilitar estas nuevas instalaciones, "rodeadas de complejos residenciales que duplicarán la población en muchos casos, destapan los verdaderos intereses ocultos tras el PHN: no existen cuencas deficitarias, sólo derroche de agua."

El Gobierno de Murcia ha reconocido la existencia de los 34 proyectos en esta comunidad, aunque rechaza que vayan a usar agua del Ebro para el riego. Las autoridades aseguran que los nuevos campos utilizarán aguas depuradas. Lo mismo ha indicado la Asociación de Campos de Golf de la Costa Blanca, tras admitir que en el litoral alicantino se construirán 24 instalaciones en la próxima década.

A   **Busca en el texto las palabras que correspondan a las siguientes definiciones:**

1 Paso de agua de un sitio a otro
2 Derramar agua por la tierra
3 Preparan por adelantado
4 Hacer aptas o capaces
5 Descubrir
6 Terreno hundido
7 Despilfarro
8 Costa

B   **Une las frases de la Lista A con las frases de la Lista B que correspondan. ¡Ojo! Sobran dos frases.**

Lista A

1 Greenpeace denunció
2 El número de campos de golf
3 Los nuevos campos
4 Las autoridades murcianas rechazan
5 Dentro de diez años

Lista B

a despilfarran el agua.
b la acusación de Greenpeace.
c habrá 24 nuevos campos de golf en la Costa Blanca.
d el uso del agua del Ebro para regar campos de golf.
e va disminuyendo.
f habrán cerrado 21 campos de golf.
g va creciendo.

17 El siniestro del petrolero Prestige

El fuel derramado por el petrolero griego Prestige, al hundirse en el océano Atlántico el pasado día 19, se encuentra ya a sólo 60 kilómetros de las costas españolas, donde crece la preocupación por la peligrosidad de algunos de los componentes químicos del vertido. La mancha de 11.000 toneladas de fuel vertida por el buque sigue su deriva en dirección nordeste, fragmentada. Han transcurrido siete días desde el accidente hasta su hundimiento y las incógnitas sobre las decisiones tomadas son muchas.

PRIMERA PARTE

 A Escucha el CD y pon los sucesos siguientes en el orden correcto según el texto.

1 El Gobierno intervino para ordenar que el petrolero se distanciara de la costa.
2 Se paró la acción de los equipos de rescate.
3 El petrolero se encontraba cerca de la costa.
4 Los remolcadores y el Gobierno estaban en conflicto.
5 El accidente ocurrió.
6 Llegaron los equipos de rescate.

SEGUNDA PARTE

B Haz un resumen en inglés de 120 palabras de la segunda parte del extracto, concentrándote en los puntos siguientes:

● the reasons for towing the tanker to a Spanish port
● the reasons why the Spanish Government rejected this solution
● what would happen if the tanker broke up
● why the captain was gaoled

Una solución moderna: el reciclaje

18 ¿Qué se puede hacer?

Un pequeño gasto tuyo aislado quizá no ayude mucho, pero unido al de otras personas tiene unas consecuencias inimaginables...

● Si en España se reciclaran 35.000 toneladas de papel, se salvarían 700.000 árboles.
● Si 100.000 personas no regasen en exceso el césped, se evitaría un gasto de 20 millones de litros de agua por semana.
● Si 100.000 personas reciclasen una tonelada de papel de oficina cada año, supondría un ahorro de 14 millones de petróleo.
● Si 100.000 pesonas reciclaran una lata diariamente, ahorrarían una cantidad de energía de entre 2,4 y 5,2 millones de litros de gasolina.
● Si 100.000 personas plantasen un árbol cada una este año, esta masa forestal podría absorber medio millón de kilos de CO_2 por año en el 2010.

Grammar

THE IMPERFECT SUBJUNCTIVE

The imperfect subjunctive is formed by adding the following endings to the stem of the third person plural of the preterite tense:

-ar verbs:	either	*-ara , -aras, -ara, áramos, -arais, -aran*
	or	*-ase, -ases, -ase, -ásemos, -aseis, -asen*
-er and *-ir* verbs:	either	*-iera, - ieras -iera, -iéramos, -ierais, -ieran*
	or	*-iese, -ieses, -iese, -iésemos, -iesies, -iesen*

The *-ara/-ase* and *-iera/-iese* endings are **interchangeable.**

Note that the verbs *ser, decir, traer,* and verbs ending in *-ucir* (*traducir, producir* etc.) add *-era,-ese* etc. *fuera/ese, dijera/ese, trajera/ese, tradujera/ese* etc.

● The imperfect subjunctive is frequently used for two types of conditions: those that are **unlikely to be fulfilled** and those that are **contrary to fact.**

For these kinds of conditions we use the **imperfect subjunctive** in the *if*-clause and the **conditional** in the main clause.

si + imperfect subjunctive	conditional
Si limpiáramos mejor las playas …	*atraeríamos a más turistas.*
If we cleaned the beaches better …	we'd attract more tourists.
Si fueras ecologista …	*te interesarías más en los temas globales.*
If you were an ecologist …	you'd be more interested in global issues.

● The imperfect subjunctive is used in the same circumstances as the present subjunctive, as described in Units 5 and 6.

*A los miembros del Partido verde no les gustaba que su presidente se **declarara** a favor de la destrucción del bosque.*

The members of the Green party didn't like their president supporting the destruction of the wood.

*Las autoridades no querían que la factoría química **vertiera** sus residuos en el río.*

The authorities did not want the factory to dump its waste products in the river.

For more information on the subjunctive see Grammar Summary p271.

Ejercicio

Rellena los espacios en blanco con la forma correcta de los verbos entre paréntesis.

a) Si 100.000 personas _____ (instalar) cabezales de "bajo consumo" en su ducha, _____ (dejar) de consumir 5.000 millones de litros cada año.

b) Si 100.000 personas _____ (aislar) bien térmicamente su vivienda, se _____ (dejar) de consumir 10 millones de petróleo.

c) Si 100.000 personas _____ (eliminar) sus nombres de los listados de las empresas de la publicidad directa, cada año _____ (poder) salvarse aproximadamente 150.000 árboles.

d) Si todas las personas _____ (elevar) el termostato del aire acondicionado sólo seis grados, se _____ (ahorrar) un consumo de 190.000 barriles de petróleo cada día.

e) Si los norteamericanos _____ (reducir) su ingestión de carne tan sólo un 10% el ahorro en cereales y soja _____ (poder) alimentar a 60 millones de personas.

⑲ El reciclaje

PRIMERA PARTE

  Escucha la primera parte de la grabación e identifica las palabras que correspondan a las siguientes:

1 restos	**6** esqueleto
2 separados	**7** despilfarrar
3 echados	**8** recipiente
4 desafío	**9** lugar descubierto
5 corteza	**10** petróleo

 Haz un resumen en inglés de la primera parte de la grabación, cubriendo los puntos siguientes. No debes utilizar más de 120 palabras.

- the main types of rubbish that are produced
- how much rubbish is produced by Spaniards annually
- where rubbish is deposited
- reasons given for recycling rubbish
- how successfully Spain recycles rubbish
- differences between Spain and the rest of Europe

SEGUNDA PARTE

 Ahora escucha la segunda parte de la grabación y contesta en español las preguntas siguientes.

1 ¿Qué hace esta planta?
2 ¿Cómo se distribuyen los desechos?
3 ¿Cómo se seleccionan los desechos?
4 ¿Para qué sirven los desechos orgánicos?

 Escucha otra vez las dos partes de la grabación. ¿A qué se refieren las cifras siguientes?

1	30%	**7**	14
2	12 millones	**8**	700 toneladas
3	20%	**9**	1,6%
4	600.000	**10**	7,4%
5	38 millones	**11**	11,6
6	44,5%	**12**	18%

Grammar

HOW TO WRITE PERCENTAGES, FRACTIONS AND NUMBERS OVER 1000 IN SPANISH

Percentages

- "per cent" is either *por cien* or *por ciento,* and is preceded by either *el* or *un*. Normally a singular verb is used with a percentage, but occasionally the plural is found.

El 32% (treinta y dos por ciento) de la basura es vertido cerca de los ríos.	32% of rubbish is dumped by rivers.
El 30% de estos vertidos no están controlados.	30% of this waste is uncontrolled.

- Note that in Spanish a comma is used for the decimal point: 44,5 por ciento = 44.5 per cent

Fractions

- "Half" is normally *la mitad*.

La mitad de la basura contiene desechos orgánios.	Half of the rubbish contains organic waste.

- the adjective *medio* is used for specific phrases: *medio millón*   half a million

  and for expressing time: *las tres y media*   half past three

- Fractions are expressed either by the use of the ordinal number by itself or by the addition of "parte" to the ordinal, preceded by the definite article.

tres cuartos de hora	three-quarters of an hour
un tercio de los votos	a third of the votes
la quinta parte de la población	a fifth of the population
La cuarta parte de la basura proviene de la industria.	A quarter of the rubbish comes from industry.

Numbers over 1000

- For figures of 1000 or more the English comma after the thousand is a full stop in Spanish.

  300.000 (Spanish) = 300,000 (English)

  Occasionally this applies to dates: in Spanish the year 2002 may also be written 2.002.

For more information on numbers see Grammar Summary p279.

Para terminar...

 En tu opinión, ¿cuáles serán los peligros medioambientales más importantes en el siglo XXI? Haz una lista de estos peligros y compara tu lista con la de tu compañero. Luego comenta con toda la clase dos peligros de ambas listas y propón remedios.

B **Haz un ensayo de unas 200 palabras sobre uno de los temas siguientes:**

1 ¿Qué medidas se pueden tomar para remediar el problema de la basura?

2 ¿Cómo podemos cuidar mejor nuestro medio ambiente? Comenta tres maneras de mejorar tu entorno.

3 "Las energías renovables, ¿auténtica alternativa a las formas de energía tradicionales?"

4 "Podemos hacer mucho por la naturaleza. Pero primero deberíamos cambiar nuestra actitud hacia ella." ¿Estás de acuerdo? Explica tu opinión.

5 José María Aznar definió a España como "una tierra de ecosistemas frágiles, a orillas de un mar amenazado". Explica esta declaración y coméntala.

¡Hasta arriba de trabajo!

Entrando en materia...

El tema de esta unidad trata del trabajo. Se tocarán numerosos aspectos relacionados con éste, como son los tipos de empleo, el acceso a un puesto laboral, las actitudes sindicales, la explotación infantil, el teletrabajo o la falta de profesionales y los efectos de la inmigración. Dedicaremos especial atención a la situación laboral de un país hispano: Bolivia. Los puntos gramaticales que se van a tratar serán los siguientes:

- el imperativo (2)
- el género de las profesiones en español
- introducción a las construcciones pasivas

Reflexiona:

¿Cómo crees que se disfruta más? ¿trabajando o estudiando? ¿Por qué? ¿Has trabajado alguna vez? ¿Qué tipo de trabajo te gustaría realizar cuando finalices tus estudios? ¿Por qué? ¿Crees que el mundo laboral es similar en todos los países? ¿Crees que los aspectos culturales influyen en el ambiente laboral? ¿Hay alguna forma de detener la explotación de mano de obra infantil? La globalización, el interés en la formación y las nuevas tecnologías están revolucionando el mundo del trabajo, aquí en España, y en muchos otros puntos del mundo...

En busca de empleo...

1 Los que ya tienen trabajo

"Me considero una persona tremendamente afortunada. Además de que disfruté haciendo mis estudios, hoy sé que lo mejor que he hecho en mi vida es seguir mi vocación. Me encanta estar con los enfermos y levantarme cada mañana sabiendo que mi trabajo me va a dar una inmensa satisfacción y va a reconfortar a personas que pasan por un momento difícil."

Enfermera, 27 años

"Trabajo para ganarme el pan, así de sencillo. En el supermercado donde trabajo no me regalan nada y yo te aseguro que no les voy a regalar mi vida. Simplemente cumplo. Tengo un marido y tres hijos, que se merecen más que nadie mi tiempo y mis energías, así que trabajo de 8 de la mañana a 2 de la tarde, ni un minuto más ni uno menos, y el resto de mi vida es para mí. Lo tengo muy claro."

Cajera, 28 años

"Poco a poco, me estoy dando cuenta de que mi trabajo me está arruinando la vida. Dedico más de dos tercios de mi vida a él y ni siquiera hago algo que me guste. No me entiendo con varias personas en el trabajo – incluido mi jefe –, me siento explotado y por las noches llego tan agotado a casa que no tengo fuerzas de disfrutar de mi familia o de brindarles el cariño que se merecen. Un desastre."

Ejecutivo, 32 años

"Desde que era pequeño siempre pensé que yo no tendría un jefe. Quería tener una idea brillante, montar mi propio negocio y ser autónomo. Si alguien iba a mandar, sería yo. Gracias a las nuevas tecnologías he conseguido cumplir mi sueño. Tengo una empresa de comercio por Internet. Elijo mi horario, organizo mis cuentas y no doy cuentas a nadie. Un lujazo."

Trabajador por cuenta propia, 30 años

Lee el texto y después relaciona los elementos de la columna izquierda con sus equivalentes en inglés.

1	tremendamente	**a**	to follow one's calling
2	seguir su vocación	**b**	to feel exploited
3	darse cuenta de algo	**c**	to earn one's living
4	no entenderse con alguien	**d**	I simply do my duty
5	sentirse explotado	**e**	to set up my own business
6	llegar agotado	**f**	to arrive exhausted
7	brindar cariño a alguien	**g**	terribly
8	ganarse el pan	**h**	I don't have to answer to anybody
9	no me regalan nada	**i**	a real luxury
10	simplemente cumplo	**j**	to give someone affection
11	lo tengo muy claro	**k**	not to get on well with someone
12	montar mi propio negocio	**l**	freelancer
13	no doy cuentas a nadie	**m**	to realise something
14	un lujazo	**n**	I am very clear about that
15	trabajador por cuenta propia	**o**	you have to earn every penny

B   **Lee de nuevo lo que opinan de su trabajo esas personas. Ahora indica quién crees que hace cada una de estas afirmaciones:**

1 Mi trabajo es sólo un medio para ganar dinero y le dedico el tiempo justo.
2 Tengo que rehacer mi vida urgentemente. Mi trabajo se está comiendo todo mi tiempo y energía.
3 Trabajar en algo que a uno le gusta y ayudando a los demás llena mucho.
4 La tecnología ha hecho posible el que yo sea dueño de mi vida y me sienta libre de figuras autoritarias.

(2) Buscar empleo entre conocidos y amigos

Hoy en día, conocer a gente en todo tipo de sectores resulta de gran utilidad, tanto en el ámbito laboral como en el particular. En el mundo profesional, estar bien relacionado es fundamental para encontrar o cambiar de trabajo, conseguir nuevos clientes, solucionar problemas. Las estadísticas demuestran que el 70% de los trabajos se encuentra a través de conocidos y que las ventas por medio de referencias tienen un 80% más éxito que las que se realizan "a puerta fría". El networking, definido como el establecimiento de contactos con otras personas y cuidado continuo de las relaciones sociales es, por tanto, un elemento esencial en nuestras vidas y como tal, debe cuidarse y fomentarse. Establecer una red de contactos extensa y fuerte puede convertirse en la herramienta de márketing más barata y eficaz, siempre y cuando sea utilizada apropiadamente. Los detractores del networking, por otro lado, se apresuran a afirmar que se trata de un instrumento cuyo único objetivo es alcanzar la meta deseada aprovechándose de las personas. Sin embargo, es todo lo contrario; se trata de una actitud, de una aproximación a la vida. Hay que tener presente que el networking es una vía de doble dirección que se sustenta en dar y recibir, en ayudar y ser ayudado. Si bien, la capacidad para relacionarse con otros es una cualidad propia del ser humano, unas personas la tienen más desarrollada que otras.

Lee el texto e indica si las siguientes afirmaciones son verdaderas (V) o falsas (F). Si son falsas, explica por qué.

1 El networking es una herramienta que resulta práctica tanto en el mundo del trabajo como en el de las relaciones personales.

2 Cuando se trata de buscar empleo, el networking no ayuda demasiado.

3 Sólo un 30% de las personas no encuentra trabajo por medio de gente conocida.

4 Resulta mucho más fructífero buscar trabajo por medio de alguna persona como referencia.

5 El networking es la capacidad natural de las personas para encontrar un empleo con facilidad.

6 Hay gente que piensa que el establecimiento de contactos es una forma de explotar a los conocidos y amigos.

7 Se podría decir que el networking es casi una filosofía de la vida.

8 Está muy bien buscar ayuda en otras personas, y especialmente sabiendo que nunca hay que dar nada a cambio.

Grammar

IMPERATIVE (2)

The formal imperative

Although the use of the informal imperative, *tú* and *vosotros,* is becoming increasingly common in semi-formal situations in Spain, in certain contexts the formal *usted/ustedes* imperative should be used.

Remember that:

● The formal imperative should be used when addressing people in authority, those who are older than yourself or those who you do not know, as when writing a job application or being interviewed

● The formal imperative forms, affirmative and negative, are taken from the third person (*usted/ustedes*) of the present subjunctive

● For affirmative commands pronouns are added to the imperative

● For negative commands pronouns precede the verb

Ponga(n) especial interés en recordar caras, nombres y cargos.	Take a special interest in remembering faces, names and positions.
Muéstre(n)se siempre predispuesto(s) a ayudar a los demás.	Always show yourself (yourselves) ready to help others.
No espere(n) devoluciones de favores.	Don't expect favours to be reciprocated.
No le importe(n) que digan que no.	Don't let it worry you if they say no.

For more information on the imperative see Grammar Summary p272.

Ejercicio

Cambia los siguientes ejemplos del imperativo informal al imperativo formal:

a) Habla en voz baja.

b) Cómelo.

c) Escríbeme cuando puedas.

d) Ven.

e) Dime.

f) No me digas.

g) Hazlo ahora mismo.

h) Vete en seguida.

i) Escuchad.

j) Callaos.

k) Llámame mañana.

l) No te levantes temprano.

3 Consejos para potenciar el networking

  A Escucha la siguiente grabación, localiza las formas del imperativo e insértalas en los huecos. Después escribe el infinitivo de cada uno de esos verbos. Los dos primeros están hechos a modo de ejemplo.

Aquí le ofrecemos un buen número de consejos que, a buen seguro, le ayudará a potenciar el *networking*:

- <u>Evite</u> la soledad. <u>Relaciónese</u> con la gente que le rodea; **1**_____ sociable y **2**_____ a dar y a recibir.
  Evitar/relacionarse
- No **3**_____ devoluciones de favores, ni **4**_____ las cosas pensando en lo que luego le reportarán.
- **5**_____ con buena fe y sin esperar nada a cambio.
- **6**_____ siempre predispuesto a ayudar a los demás.
- **7**_____ la vergüenza de promoverse, personal o profesionalmente ante los demás.
- **8**_____ por todas las personas nuevas que conozca. No **9**_____ en contarles su historia. Conviene, primeramente escuchar y ser amable.
- No le **10**_____ que le digan que no. Si sabe aceptarlo, puede ser una buena oportunidad para mejorar las relaciones con estas personas.
- **11**_____ simpático. La antipatía, la brusquedad y la crispación sólo generan rechazo.
- **12**_____ bien lo que quiere. **13**_____ objetivos y **14**_____ ayuda únicamente cuando la necesite.
- **15**_____ a presentarse de forma correcta, personal y profesionalmente.
- No **16**_____ ante los grupos. **17**_____ involucrarse en ellos y **18**_____ preguntas para generar conversaciones.
- **19**_____ especial interés en recordar caras, nombres y cargos. A mucha gente le molesta que no se les reconozca.

   B Escucha la segunda parte de la grabación e identifica las expresiones que tengan el mismo sentido que las siguientes:

1 persona que tiene invitados
2 tenga a mano
3 entregarlas
4 dé las gracias
5 obsequios
6 elabore
7 en el plano laboral
8 de muchos tipos
9 trate de retener
10 como algo pequeño y manejable

  C ¿Has trabajado alguna vez? Si es así, cuenta cómo encontraste el puesto y tus impresiones respecto al mundo laboral comparado con el ambiente escolar o familiar que ya conocías. Escribe 200 palabras.

Si nunca has trabajado, explica qué métodos utilizarías para buscar tu primer empleo y menciona cuál de éstos crees que les ha dado mejor resultado a las personas que te rodean y que ya cuentan con su propio puesto. Escribe 200 palabras.

4 Los emprendedores

Un corte de pelo sentado en una moto

Llevar a un niño a la peluquería para que le corten el pelo va a dejar de ser para muchos de ellos una lucha. Tres madrileños han montado una peluquería infantil, en la que los niños pueden cortarse el pelo sentados en una moto, mientras ven una película o juegan con una videoconsola. Que un niño admita que le corten el pelo y que esto no suponga una odisea para sus padres ya es posible. Elena Velasco, Raúl García y Antonio Romero, tres amigos de toda la vida, han montado *Jo, ¡qué corte!*, la primera peluquería infantil de España. Por 8,5 euros, los niños pueden cortarse el pelo sentados en una moto Vespa o en un car, mientras juegan con una consola

Dreamcast, ven una película o leen un cómic. Tienen quince juegos de videoconsola y más de cuarenta películas infantiles – como Babe, el cerdito valiente – o de dibujos animados – casi todas las de Walt Disney. "El único problema que pueden tener los padres es que, como ocurre en muchas ocasiones, los niños no se quieran ir de la peluquería. Si fuera un poco más grande, montaríamos también una guardería donde los padres pudieran dejar a sus hijos mientras se van a hacer otras cosas", explica Velasco. "Las madres están tranquilas porque saben que tenemos mucha experiencia con niños y no importa que lloren. Además, nuestras empleadas saben lo que les gusta a los niños. El corte de Harry Potter es el más solicitado". Los tres emprendedores tienen otros empleos y no trabajan en la peluquería, donde hay dos peluqueras profesionales. Hace un año invirtieron 36.000 euros y esperan obtener beneficios dentro de dos. "Llevábamos tiempo pensando en montar un negocio y no se nos ocurría nada. Viajando nos dimos cuenta de que estas peluquerías eran algo bastante común en países como Estados Unidos, Inglaterra, Argentina o Colombia. Pensamos entonces que los niños también se cortaban el pelo y que en España no existían negocios de este tipo", comenta Velasco.

A **Lee el texto y escribe tras la definición de abajo la palabra subrayada que le corresponda.**

1 Experiencia que presenta grandes obstáculos o dificultades.

2 Iniciar una actividad en la que un fin clave es obtener ganancias.

3 Establecimiento donde se cuida a niños pequeños durante unas horas, generalmente debido a la ausencia de los padres.

4 Personas con iniciativa y poder de decisión para lanzarse a montar un negocio o realizar alguna actividad novedosa.

5 Pedido / Que tiene éxito.

B **Lee el texto y luego completa los huecos de este resumen con las palabras del recuadro.**

---

favorito   peluquería   película   marchar   trabajan
negocio   pequeños   madrileños   moto   pelo

Jo, ¡qué corte! es una **1**_____ especialmente dedicada a los más **2**_____ y que han montado tres **3**_____. Mientras les cortan el **4**_____, los niños pueden ver una **5**_____ infantil o montarse en una **6**_____. Uno de los inconvenientes es que a veces no se quieren **7**_____. El corte **8**_____ de los niños es el de Harry Potter. Los emprendedores no **9**_____ en la propia peluquería. Su fuente de inspiración para montar este **10**_____ fueron sus viajes a otros países.

C **Comenta con tu compañero:**

- ¿Has trabajado alguna vez? ¿Cómo conseguiste el empleo? Cuenta tu experiencia a tu compañero.

- ¿A qué te gustaría dedicarte cuando acabes tus estudios? ¿Por qué?

- ¿Crees que el relacionarte con amigos y conocidos puede ayudar a la hora de encontrar trabajo? Da algún ejemplo.

- ¿Alguna vez has pensado en abrir tu propio negocio? ¿Conoces a alguien que lo haya hecho? ¿Le fue bien?

- ¿Qué ventajas y desventajas crees que puede tener el trabajar por cuenta propia?

D **Traduce el siguiente texto al español:**

I've always dreamt of having my own business, but I don't think I'll ever do it. Over the years, I've thought of a few different ideas though I'm never convinced that any of them will really catch on – I'm simply looking for a roaring success. That's what happens when you're too ambitious, too hard on yourself or you're one of those all-or-nothing types. I suppose a person who wants to start his own business has to be a bit of an adventurer and have a "get-up-and-go" attitude – and I'm not sure I'm one of those as I am terribly scared of taking risks. Besides, I feel very ashamed when things don't go according to plan, and organisation isn't my strong point!

5 El difícil acceso a profesiones de altura

La expectativa real de acceder a un puesto de trabajo fijo y un sueldo base que supera los 42.000 euros anuales son algunos de los atractivos para convertirse en controlador. Cada año, Aena (Aeropuertos Españoles y Navegación Aérea) realiza una convocatoria para la selección de controladores aéreos. Para acceder a estas pruebas hay que tener entre 21 y 28 años, dominar el idioma inglés y poseer un título universitario oficial de diplomado o superar el primer ciclo de una carrera universitaria de grado superior. Las pruebas se componen de un test psicotécnico – que mide habilidades como la agilidad mental, la atención, el autocontrol o la resistencia a la fatiga –, una prueba de inglés y una entrevista con un psicólogo. Los candidatos que pasan estas pruebas – en la última convocatoria de julio de 2001 aprobaron 265 de 6.674 presentados – reciben un curso en Senasa (Sociedad para las Enseñanza Aeronáuticas Civiles S.A.) de 18 meses y remunerado con una beca, que oscila entre los noventa y cuatrocientos euros mensuales. El noventa por ciento de los candidatos

supera este programa formativo y accede a un puesto fijo de controlador en Aena. Santiago Molina, licenciado en Matemáticas, fue uno de los 210 candidatos que superó las pruebas de acceso a controlador aéreo en la convocatoria de marzo de 2000, a la que se presentaron 7.067 personas. En la actualidad está realizando el curso de Senasa. "Para las pruebas psicotécnicas no tiene mucho sentido estudiar, ya que se miden habilidades, pero ahora sí. Las clases son de cinco o seis horas diarias, pero algunas veces estamos doce horas", explica. Molina se presentó al examen de Aena dos veces: "La primera no superé la entrevista con el psicólogo", dice.

A **Lee el texto y responde a las siguientes preguntas:**

1 ¿Qué factores animan a la gente a presentarse a los exámenes de controlador aéreo?

2 ¿Cuáles son los requisitos para poder tomar parte en estos exámenes?

3 ¿En qué consiste el examen?

4 ¿Qué pasa con aquellas personas que superan las pruebas? ¿Reciben algún tipo de sueldo?

5 ¿Quién es Santiago Molina?

6 ¿Por qué no obtuvo la plaza en su primer intento?

Sectores discriminados ...

6 Lavamos viejitos por cuatro euros la hora

A Escucha lo que nos cuenta Adriana López, de 36 años y natural de Manizales (Colombia), sobre su experiencia laboral en España.

Después enlaza los elementos de las dos columnas para formar frases completas. Hay tres elementos de la columna derecha que no vas a necesitar.

1 La señora de la casa donde trabaja	**a** reunió fuerzas y aceptó el puesto.
2 Siempre le ponían dificultades	**b** gracias a la ayuda de una amiga.
3 Habló con su marido	**c** con una enfermedad de gravedad.
4 Dado el poco prometedor panorama laboral,	**d** quería cumplir con su promesa a Doña Pepita.
5 Las primeras semanas	**e** se ha encariñado mucho con Florinda.
6 A pesar de lo mal que lo pasaba	**f** es afectuosa con Adriana.
7 Ahora las cosas han cambiado y	**g** a la hora de encontrar una ocupación.
	h más de doce semanas sin empleo.
	i fueron tremendamente duras.
	j de sus impresiones respecto al nuevo trabajo.

B **Comenta con tus compañeros:**

● ¿Hay muchas personas extranjeras en tu país? ¿De dónde?
● ¿Sabes si tienen las mismas oportunidades laborales que los autóctonos? ¿Por qué sí / no?
● ¿Hay algún tipo de empleo concreto que parezca estar asignado a los inmigrantes? ¿Cuál?
● ¿Conoces de cerca la experiencia de alguna persona que haya venido de fuera a buscar trabajo a tu país? Relata tu experiencia a tus compañeros.
● ¿Crees que los inmigrantes deberían tener las mismas oportunidades laborales que los originarios del país?
● ¿Cómo crees que la toma de puestos laborales por inmigrantes afecta la economía de un país?

7 El empleo protegido

En España, el empleo protegido, concretado en centros especiales de empleo, da trabajo actualmente a más de 30.000 discapacitados. Para las personas con discapacidad, el empleo es un bien valioso que hay que promover y preservar. El empleo en todas sus fórmulas, incluidas las del trabajo protegido. Éste está reconocido e impulsado por las Naciones Unidas, la OIT, la UE, el Consejo de Europa y todos los estados miembros y por el movimiento asociativo de personas con discapacidad en España y en el mundo. Los estados no sólo han de admitir el trabajo protegido, sino que, en virtud del derecho internacional, han de promoverlo y ampararlo. Los discapacitados sufren tasas de desempleo superiores en dos o tres veces a las de la población en general, y tasas de participación en el mercado de trabajo, inferiores a la media. El incumplimiento de la ley de integración social del minusválido, ley que reserva una cuota del 3% de trabajadores con discapacidad en las plantillas por parte de las administraciones y empresas, hace que los discapacitados no disfruten del derecho de acceder a un trabajo como otra persona más. Sus problemas de trabajo no son los centros especiales de empleo, que son mejorables, sino los prejuicios que aún pesan sobre la potencialidad laboral de estas personas, y en la inadecuación de un sistema educativo que lleva a que sólo el 3% de los discapacitados españoles tenga título superior. Los centros especiales de empleo son una fórmula válida de integración laboral. Trabajamos para que el 9% de los ciudadanos españoles, y en concreto de Catalunya, deje de ser ciudadanos de segunda y participe plenamente en la comunidad.

Pedro Serra, Presidente del Comité Catalán de Representantes de Minusválidos. Barcelona.

A Lee el texto y localiza las expresiones que tengan el mismo sentido que las siguientes:

1 por debajo de las estadísticas generales
2 habitantes de una ciudad que son tratados con discriminación
3 personas que sufren algún tipo de carencia mental o de movimiento físico
4 protegerlo
5 completamente
6 de acuerdo con
7 ideas preconcebidas
8 conjunto de trabajadores de un establecimiento u oficina

B Contesta las siguientes preguntas:

1 ¿Qué representa la cifra 30.000?
2 ¿Qué reconocen e impulsan las Naciones Unidas, la OIT, la UE, el Consejo de Europa y todos los estados miembros?
3 ¿Qué establece el derecho internacional?
4 ¿Qué representa la cifra 3% mencionada la primera vez?
5 ¿Qué representa la cifra 3% mencionada la segunda vez?

8 Día Mundial contra el Trabajo Infantil

El Trabajo Infantil

De los alrededor de 250 millones de niños que trabajan en el mundo, 170 millones – el 70 por ciento – lo hacen en la agricultura en unas condiciones penosas y peligrosas. "Los niños que trabajan en la agricultura exceden considerablemente a los que elaboran carpetas y cosen balones de fútbol, que reciben la mayor atención de los medios de comunicación", afirmó la directora del área de defensa de los derechos del niño de una organización americana.

Los niños agricultores trabajan a menudo largas horas bajo el sol, llevan pesadas cargas, sufren heridas provocadas por las herramientas agrícolas y corren graves riesgos para su salud a causa de la exposición a los pesticidas. La organización ha investigado las condiciones de trabajo de los niños en la industria del algodón de Egipto, en el sector bananero de Ecuador, en las tareas agrícolas en India y en la agricultura comercial de Estados Unidos, y ha comprobado que, pese a sus grandes diferencias, la explotación diaria de los niños en el sector agrícola y los riesgos que corren en estos países son "sorprendentemente similares".

En estos países, los niños no sólo ganan menos que los adultos por los mismos trabajos, sino que frecuentemente obtienen salarios muy inferiores al mínimo legal. Los informes revelan que los niños suelen empezar a trabajar a los ocho o diez años de edad y normalmente dedican a estas actividades once

o doce horas diarias, por lo general desde antes del amanecer. Los niños indios pueden llegar a trabajar hasta 16 ó 17 horas diarias.

La exposición a pesticidas supone una gran amenaza para los niños agricultores. A menudo, incluso se les hace trabajar en los campos al mismo tiempo que se rocían los pesticidas. Como consecuencia de ello, sufren dolores de cabeza, mareos, sarpullidos, náuseas y vómitos. A largo plazo, estas condiciones de trabajo pueden derivar en cáncer, daños cerebrales, defectos en el nacimiento de sus hijos y esterilidad.

Los niños agricultores sufren los mayores porcentajes de heridas sufridas en el trabajo a causa del manejo de herramientas cortantes y equipamientos pesados. Se ha señalado también los efectos negativos que para la educación de los niños suponen las largas jornadas laborales. En Ecuador, la mayoría de los trabajadores bananeros menores de edad dejan la escuela a los 15 años. En Estados Unidos, sólo el 55 por ciento de los niños de las granjas termina sus estudios. En India, muchos de los niños que ayudan en el campo no reciben ninguna educación.

Lee el texto e indica si las siguientes oraciones son verdaderas (V) o falsas (F). Si son falsas, explica por qué.

1 Hay 170 millones de niños que trabajan en el mundo.

2 Los niños que trabajan en la agricultura reciben mucha atención de los medios de comunicación.

3 La salud de estos niños trabajadores se ha visto gravemente afectada.

4 Las condiciones de trabajo en los distintos países son igualmente malas.

5 Al menos, estos niños siempre reciben el salario mínimo legal.

6 Los pesticidas representan un gran peligro para la salud de estos niños.

7 Las largas jornadas laborales no afectan mucho su educación.

8 En algunos países, como India, los niños no reciben formación alguna.

B **Copia y rellena la tabla de abajo con información extraída del texto respecto a Egipto, Ecuador, EE.UU e India (en qué sectores industriales se han investigado las condiciones de trabajo de los niños en cada país y lo que ocurre en ellos respecto a su educación).**

	Egipto	Ecuador	India	E.E.UU.
Tipo de industria				
Educación				

C **Comenta con tu compañero qué posibles soluciones ves respecto a la explotación de niños en el mundo y la carencia de educación durante la infancia y adolescencia. Haz una lista de sugerencias para luego compartirlas con el resto de la clase.**

D **Imagina que has realizado un viaje a Bolivia y has contemplado numerosas escenas similares a éstas. Escribe una carta a Don Arturo Diego de Charcas, Presidente de "La Razón", un periódico boliviano. Explica las razones por las que este tipo de imágenes te han indignado y sugiere posibles soluciones a la explotación infantil.**

9 Trabajo voluntario en una ONG

A   **Escucha atentamente el CD y luego escribe un resumen en inglés de 100 palabras. Concéntrate en los puntos siguientes:**

- la diversidad del trabajo
- los beneficios de la experiencia auténtica
- el perfil del voluntario

Bolivia

Situación: Bolivia está ubicada prácticamente en el corazón de Sudamérica. Limita al oeste con Chile y Perú, al norte y este con Brasil y al sur con Argentina y Paraguay.

Superficie: 1.098.581 km²

Población: 8.000.000 habitantes

Lengua: Castellano, quechua, aymará y tupi guaraní

Moneda: Peso boliviano

Industrias principales: (industria agrícola) algodón, soja, coca, café, azúcar (industria minera) plomo, cinc, azufre, estaño, gas natural, petróleo

Atracciones turísticas: Este país combina con gran armonía su belleza natural con su pasado colonial. Conserva vestigios de la civilización inca, huellas de dinosaurios, el kilométrico Salar de Uyuni, las famosas minas de Potosí, los imponentes picos de la Cordillera de los Andes, la selva de las zonas amazónicas, el inmenso Lago Titicaca, sin olvidarnos de sus gentes – gran parte de pura sangre indígena – que son fervientes defensores de su cultura, pero saben abrirse al visitante con gesto entre abierto y sumiso.

Administración: La Capital es la ciudad de Sucre y la Sede de Gobierno es La Paz. La República está dividida en nueve departamentos y éstos se dividen a su vez en provincias (99) y éstas en cantones.

Historia: Diversos pueblos de distinta procedencia, se localizaron en las terrazas andinas, junto al lago Titicaca, donde surgió la ciudad de Tiahuánaco. Después se dieron las invasiones de los pueblos incas que dominaron el territorio boliviano y lo unieron a su imperio. En estas condiciones se encontraba Bolivia

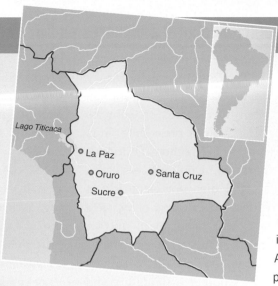

Lago Titicaca
La Paz
Oruro   Santa Cruz
Sucre

cuando llegaron los conquistadores españoles. La servidumbre del indio pasó a ser absoluta. En el siglo XVI comenzaron las rebeliones de las masas indígenas. La independencia del Alto Perú fue proclamada el 6 de agosto de 1825. En homenaje a sus libertadores, el Alto Perú fue llamado República de Bolívar (que poco después adoptó la actual denominación), y la capital fue llamada Sucre. Bolívar dictó en 1826 la primera constitución del país, y Sucre fue designado presidente constitucional hasta 1828. La llamada Guerra del Pacífico (1879–80) enfrentó a los invasores chilenos con Bolivia y el Perú. A raíz de este conflicto, Bolivia perdió su acceso libre y soberano al Océano Pacífico. Tras otras sangrientas luchas con Brasil y Paraguay, perdiendo también parte de su territorio, y tras varios gobiernos inestables y la dictadura de Banzer (1971–78), Bolivia es hoy un país democrático y de los más estables políticamente de América Latina.

10 Crece la explotación laboral a menores en Bolivia

Aproximadamente 650.000 niños menores y adolescentes soportan la explotación laboral en Bolivia porque necesitan de recursos económicos para sobrevivir, manifestó ayer el presidente de la Asamblea Permanente de Derechos Humanos (APDH), Waldo Albarracín. Dijo que esa cifra representa poco menos del diez por ciento de la población total de Bolivia, que alcanza a los siete millones de habitantes. Albarracín anotó que en varias ciudades bolivianas menores de cinco años viven y a veces duermen en la calle y se ven obligados a trabajar en cualquier actividad, como lavar vehículos o lustrar calzados, para ganar algún dinero que les permita costear su alimentación. Manifestó que organismos gubernamentales y privados realizaron estudios sobre los menores en la calle y establecieron que sufren graves peligros, como violaciones, abusos, explotación y hasta son detenidos y golpeados por la policía. Agregó que otros niños menores de doce años se constituyen en la principal fuente de manutención, no solamente propia, sino de sus abuelos, hermanos y hasta padres que no tienen una fuente laboral fija. Albarracín expresó que, contrariamente a lo que sucede con los mayores de edad trabajadores, estos niños no pueden acceder ni a la seguridad social y sanitaria por su edad. Para protestar por esta situación llegó a Bolivia esta semana una delegación de la organización denominada Marcha Global, apoyada por la Defensa del Niño Internacional (DNI), que promovió ayer movilizaciones en la ciudad de Cochabamba y en Oruro – y mañana lo hará en La Paz – con la presencia de por lo menos 15.000 niños. El representante de DNI en Bolivia, Jorge Vila afirmó hoy que las marchas son para denunciar al mundo la explotación en la que viven los niños latinoamericanos, y particularmente bolivianos, y sensibilizar a las autoridades y empresarios para que adopten medidas en su favor. Estamos conscientes de que los niños tienen necesidad de trabajar, pero no podemos aceptar que deben hacerlo en condiciones de sobre explotación, dijo.

A   **Lee el texto y luego encuentra las cinco frases que hay correctas.**

1 Los niños bolivianos trabajan para saciar las necesidades básicas.

2 Estos 650.000 niños menores y adolescentes son más de una décima parte de la población boliviana.

3 Por suerte, los bebés y niños hasta cuatro años nunca pasan la noche fuera.

4 Limpiar coches o sacar brillo a los zapatos son tareas muy comunes entre los niños bolivianos.

5 Los organismos gubernamentales y privados no se molestan en investigar qué ocurre en las calles.

6 En ocasiones, son las propias figuras oficiales las que maltratan a estos niños.

7 Estos pequeños no sólo luchan por sobrevivir ellos mismos, sino que también mantienen a miembros de su familia.

8 Otra de las desgracias de estos niños es que no tienen posibilidad de recibir ningún tipo de ayuda social.

9 Ningún organismo se preocupa por la precaria situación de estos niños.

TRATAMIENTO DE "VOS"

Esta forma de tratamiento era muy general antiguamente en España como fórmula respetuosa, frente a "tú" que se usaba con personas de poca edad o baja condición. Hoy en día en el habla popular de gran parte de la América hispana "vos" sustituye al pronombre *tú* (segunda persona del singular) como tratamiento de confianza. Los países que "vosean" incluyen: Argentina, Bolivia, Colombia (zonas paisa y caleña), Costa Rica, Ecuador, El Salvador, Honduras, Guatemala, Nicaragua, Paraguay, Uruguay y Venezuela (Maracaibo). En Latinoamérica, al pluralizar "vos", ilógicamente se usa *ustedes*.

La mujer en el mundo del trabajo

11 Hacia dónde van las españolas

La imagen acuñada de una mujer sólida, compacta, heredada del feminismo de la igualdad, se hace trizas cuando nos acercamos a la mujer real. Lo revelan los nuevos estudios de mercado y la experiencia de las mujeres que llevan tiempo trabajando y atendiendo las necesidades de otras mujeres desde la consulta del psicólogo, el médico, el gimnasio, la moda o la asistenta social. "Fuertes por fuera y frágiles por dentro". Éste es el retrato robot que nos ofrecen de la mujer de nuestros días. "Las mujeres, después de años de luchar por hacernos con un lugar en el mundo, nos estamos parando a reflexionar sobre lo que queremos conseguir y cómo", dice Isabel Yanguas, de 59 años, una de las primeras mujeres que rompió el famoso techo de cristal en nuestro país, como vicepresidenta de Tapsa, una multinacional de la publicidad donde ha trabajado 15 años, y miembro de la Federación Española de Empresarias y Directivas (Fedepe). "En mi época era tan urgente conseguir unos derechos básicos y primarios, que lo prioritario era crear las condiciones para acceder a la universidad o cambiar leyes discriminatorias. Una vez superada esa etapa, la mujer se enfrenta ahora al dilema de cómo compaginar la vida profesional y la personal. Pero eso es algo que ya no puede resolver sola, sino con la implicación de los hombres, es una tarea que atañe a la sociedad entera."

La doble dedicación, trabajo y vida familiar, se vive como un conflicto irresuelto por las mujeres de toda edad y condición, sean asistentas domésticas a tiempo parcial o ejecutivas de postín. La mayor presión y competitividad laboral – "no conozco empresa donde se trabaje menos de 10 ó 12 horas", dice Yanguas –, junto con unos hombres que son los menos dispuestos a participar en las tareas domésticas de Europa, hacen de las españolas las más estresadas del continente según numerosos estudios. Ello explicaría por qué las españolas son las más reacias de la Unión Europea a tener hijos, con una tasa de natalidad del 1,15% por mujer. "En un estudio que hicimos en 1998 entre las trabajadoras del metal, encontramos que desde las obreras manuales a las ingenieras con cargos de responsabilidad, su principal preocupación era quedarse embarazadas y perder el empleo. La flexibilidad laboral y el empleo precario han aumentado este problema. Incluso las que tienen un contrato estable se encuentran con que, tras una baja maternal, a menudo las presionan desde la dirección para que abandonen, ya sea poniéndoles horarios incompatibles con el cuidado de los hijos o trasladándolas de lugar", cuenta Cecilia Castaño, catedrática de Economía Aplicada de la Universidad Complutense de Madrid.

El embarazo es visto como la causa principal de las bajas cifras de ocupación femenina – el 37% frente al 55% de los hombres –, así como de la discriminación salarial: las españolas ganan un 26% menos que el hombre, lo que hace de su nivel de salarios uno de los más bajos de Europa. "La sociedad debe asumir la atención a los niños, con leyes que protejan la baja maternal y servicios sociales como guarderías gratuitas, asistencia en el hogar, atención a los familiares mayores, como se ha hecho en Suecia, al darse cuenta de que era la única forma de combatir la caída de la natalidad y el envejecimiento de la población", dice Castaño, haciéndose eco de una reivindicación presente en la mayoría de foros sobre la mujer.

A Lee el texto y busca en la columna de la derecha una expresión que tenga el mismo sentido que cada elemento de la izquierda.

1	hacerse trizas	a	vulnerables en su interior
2	frágiles por dentro	b	que es responsabilidad de
3	pararse a reflexionar	c	combinar con armonía
4	compaginar	d	implica riqueza o distinción
5	atañer a	e	que se resiste a
6	de postín	f	tomar una pausa y examinar una situación
7	reacio a	g	hacerse responsable de
8	discriminación salarial	h	desmoronarse
9	asumir	i	no asistencia al trabajo por un período de tiempo, a causa de un embarazo
10	baja maternal	j	sueldo inferior al justo tomando como arma el sexo, la raza, la edad …

B Observa esta gráfica y escribe siete conclusiones más que puedas deducir de ésta, aparte de los tres ejemplos aquí proporcionados:

- El porcentaje general de varones trabajando es mayor que el de las mujeres.
- Las personas mayores de 70 años apenas trabajan, sea cual sea su sexo.
- Los menores de 19 años que trabajan representan poco más de un cuarto de la población.

TASAS DE OCUPACIÓN, POR SEXO Y EDAD 2002		
	Ambos sexos	Mujeres	Hombres
TOTAL	**54,31**	**42,05**	**67,29**
de 16 a 19	26.80	19,77	33,49
de 20 a 24	62,39	57,32	67,24
de 25 a 29	82,93	76,38	89,23
de 30 a 34	82,75	70,37	94,69
de 35 a 39	80,42	65,77	94,80
de 40 a 44	78,41	62,55	94,25
de 45 a 49	75,08	58,44	91,90
de 50 a 54	65,43	43,66	87,68
de 55 a 59	52,08	30,22	74,99
de 60 a 64	31,41	17,08	47,02
de 65 a 69	3,73	2,40	5,28
de 70 y más	0,53	0,30	0,86

C Tras leer el artículo comenta con tu compañero:

- Situación de la mujer en tu país – da tus propias impresiones en función de las mujeres que te rodean (tu madre, hermanas, novia, amigas...)
- Aspectos de las mujeres que crees que son diferentes en otros países: quizá lo que has aprendido leyendo, lo que has visto si has viajado al extranjero o sabes por amigos que no son británicos.

- ¿Por qué crees que las mujeres españolas son reacias a tener hijos? ¿Crees que ha sido siempre así? ¿Qué ha cambiado?
- ¿Piensas que las mujeres latinoamericanas son también reacias a tener hijos? ¿Por qué crees que sí o no?
- ¿Crees que en tu país las mujeres se oponen menos a la idea de ser madres? ¿Por qué crees que es así?
- ¿Cómo puede la sociedad apoyar a la mujer madre y trabajadora?

Traduce el siguiente texto al español:

The birth rate in Spain has gone down over the last few years and is now the lowest in Europe, if not the world. There are several factors that have led to the present situation. A high percentage of Spanish women go to university and have professional and intellectual interests. Nowadays women are becoming a more and more significant part of the world of work. Young people marry late and stay living with their parents until their late twenties or even thirties; this means that the amount of time a young woman devotes to family life and having children is less. Young people in Spain have perhaps become too individualistic and eager to have every comfort, which means that quality of life is often preferred to a large family.

⑫ Habla una mujer

  Escucha el CD e indica si las siguientes afirmaciones son verdaderas (V) o falsas (F).

1 Cada vez más mujeres tienen una educación y un trabajo.
2 Las cargas domésticas se reparten equitativamente.
3 El hombre dedica al trabajo del hogar mucho menos tiempo que la mujer.
4 Los sueldos de los hombres son más elevados que los de las mujeres.
5 España cuenta con muy pocas ayudas a la familia comparada con la UE.
6 La mujer de ahora quiere ser exactamente igual que la de antes.
7 Hoy en día, una familia puede sobrevivir fácilmente con un único sueldo.
8 Las mujeres pasan por todo, pero no saben hasta cuándo.

Grammar

GENDER OF PROFESSIONS

In the past most professions were of masculine gender, whether the person was a man or woman. Thus *el médico* was used for either a male or a female doctor. In some cases differentiation between a male and female was by the article: *el/la ministro* was the normal way of referring to "the minister". In some cases feminine forms have been established, e.g. *el profesor/la profesora*, or there is a separate, clearly differentiated feminine form, as in *el actor/la actriz*.

In Spain this situation is changing, largely as a result of the improved status of women, and feminine versions of words for which there was once only a masculine form are increasingly acceptable. In Latin America feminine forms, e.g. *la médica,* are more usual. The following are examples of words that have been subject to change in recent times:

el abogado	*la abogada*	lawyer
el médico	*la médica*	doctor
el ingeniero	*la ingeniera*	engineer
el jefe	*la jefa*	boss
el ministro	*la ministra*	minister

Trabajos de todo tipo ...

13 Guardia civil, un trabajo mal pagado

 A **Lee el texto y completa los huecos con las palabras del recuadro:**

aviso	dirección	detrás	altos	rescate	bomberos	respuesta
	centralita	guardia civil	rural	modestísima	sitios	suceso	enfermo

Hay cuarteles de la Guardia Civil que ya no cierran por la noche. A cambio de una **1**____ cantidad de dinero, un guardia acepta que cada llamada a la **2**____ se desvíe a su teléfono móvil para que la **3**____ a cualquier requerimiento pueda ser rápida. Y **4**____ de esa llamada puede estar un **5**____ grave o un asunto menor. Puede ser, como ha ocurrido, que un joven reclame a la **6**____ que le ayuden a convencer a su padre **7**____ de que tome unos medicamentos. Puede ser cualquier otra cosa, desde un **8**____ hasta un incendio, porque la Guardia Civil en la España **9**____ está para todo. Con iniciativas como ésta, la **10**____ general se ha propuesto mantener unos niveles **11**____ de respuesta a cualquier requerimiento. "En **12**____ como Las Rozas y Majadahonda nuestra media de respuesta a un **13**____ es de siete minutos, superior a la de los **14**____ o la Policía Local".

 B **Ahora sustituye las palabras subrayadas por una de las palabras o frases del recuadro de abajo. Haz los cambios que sean necesarios una vez que sustituyas las palabras del texto de origen.**

cambios	interesantes	iban	valor	cogían	conducen	alcanzarles
	volvían	afueras	responsable	reducir	llevado a cabo	a base de	remunerado

En esas localidades del <u>extrarradio</u> de Madrid se pusieron en marcha algunas <u>innovaciones</u> que ahora se han extendido a otras poblaciones, dado que se ha conseguido <u>bajar</u> los índices de delincuencia. Allí han vivido fenómenos <u>curiosos</u>. Por ejemplo, grupos de colombianos que <u>acudían a robar en chalés</u> desde Madrid en el tren de cercanías. <u>Tomaban</u> el tren, robaban en urbanizaciones cerca de la estación y luego <u>regresaban</u> a la capital en tren. Otro fenómeno: el alucinaje (atracar un comercio atravesando un coche en los escaparates) <u>protagonizado</u> por menores a los mandos de BMW o de Audi. "Sólo utilizan esos modelos, pero los <u>manejan</u> muy bien. Y es muy difícil para nosotros <u>capturarlos</u> con un Megane" "No me duele reconocer el <u>mérito</u> que tienen estos hombres", confiesa el senador socialista Juan Barranco, <u>encargado</u> ahora de temas de seguridad en el PSOE, "todo <u>a costa de</u> un esfuerzo donde no cuentan las horas y que no está bien <u>pagado</u>. Porque un guardia civil cobra 193 euros menos que un policía nacional, 542 euros menos que un *ertzaina*, 434 euros menos que un *mosso d´Esquadra* y 428 euros menos que un policía local en Madrid".

14 Operadora en empresa de seguros

Tengo una amiga que trabaja en una conocida empresa de seguros. Su trabajo consiste en prestar asistencia telefónica a aquellas personas que tienen una póliza de seguros con ellos y sufren una avería en su vehículo o un accidente. El cliente ha de proporcionar sus datos, los de su vehículo y los de cualquier otro vehículo o persona involucrados en el siniestro. La operadora se encargará de que todo vuelva a la normalidad a la mayor brevedad posible. Para ello, se pondrá en contacto con una empresa de grúas que retirará los vehículos, con un hotel de la zona que les proporcionará alojamiento y con un centro de hospitalización, si fuera necesario. En algunos casos, también se ha de hacer la reserva de un medio de transporte adecuado para efectuar el regreso de los ocupantes a su domicilio o lugar de vacaciones.

Este tipo de trabajo es muy intenso y estresante en el sentido de que a menudo hay que enfrentarse a las distintas reacciones de las personas ante situaciones desfavorables: algunos gritan, otros lloran, otros se enfadan... y tú has de mantener la calma y la paciencia y no abandonar nunca tu tono tranquilizador y cordial. Los problemas de faringe y de espalda son frecuentes en este sector de trabajadores que pueden llegar a pasar hasta siete horas seguidas en su cabina, con su ordenador y sus auriculares, sin gozar de ninguna forma de descanso. Cuentan con la ventaja de que una vez que finalizan su jornada pueden desconectar completamente de su dedicación laboral. Además, el ambiente de trabajo es por lo general muy jovial y distendido.

A 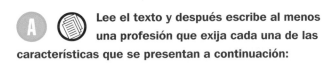 **Lee el texto y después escribe al menos una profesión que exija cada una de las características que se presentan a continuación:**

- trabajo intenso
- trabajo estresante
- uno tiene que enfrentarse a las distintas reacciones de las personas

- hay que mantener la calma
- hay que tener paciencia
- se necesita un tono tranquilizador y cordial
- puede provocar problemas de faringe
- puede provocar problemas de espalda
- al finalizar la jornada se puede desconectar del trabajo
- ambiente jovial y distendido

B Ahora elige una de las ocupaciones que hayas propuesto en el ejercicio anterior y describe en primera persona cómo crees que sería un día de trabajo de una persona que tuviera esa profesión. (250 palabras)

Ejemplos:

1 Yo trabajo como psicóloga en una prisión. Me levanto temprano para empezar a las 8:30 de la mañana. He de llevar un vestuario más bien formal y ante todo discreto. Al llegar a la prisión, tengo que identificarme por motivos de seguridad…

2 Soy bombero y trabajo por turnos ya que siempre tiene que haber un número determinado de personal en el Cuerpo de Bomberos. Hay días en que se pasa el turno sin hacer nada en absoluto, si no hay llamadas o emergencias, pero es fundamental estar allí…

15 De cajera en un supermercado

Me llamo Rocío y soy estudiante. Dedico mis ratos libres y los fines de semana a trabajar de cajera en un supermercado. Es una buena manera de ganarme un dinero y poder permitirme algunos caprichos. Todavía vivo con mis padres y no me gusta pedirles dinero absolutamente para todo. El trabajo es bastante intenso, pero no excesivamente cansado. Hay que prestar mucha atención, pues al final del día hay que hacer caja y tienen que salir las cuentas. En este tipo de empleo, hay que tener respeto al dinero; son muchos los billetes y las tarjetas de crédito que pasan por tus manos y todo ha de estar justificado. Se trata con muchos tipos de gente y, con el tiempo, es fácil llegar a discernir quién es el maleducado, el tramposo o el honesto, y uno ha de estar siempre alerta. Se aprecia mucho el que la gente sea educada, te salude, agradezca tus gestos de ayuda y te trate con respeto, tengas la profesión que tengas. Eso es algo que he aprendido de mi experiencia como cajera y ahora siempre trato de no ignorar el trabajo de la señora de la limpieza, del vendedor ambulante o del conductor de autobús. Como a mí me ocurre, seguro que no les pasa desapercibido el que sus clientes les saluden o les brinden una sonrisa.

A Lee el texto y completa los huecos:

Además de estudiar, Rocío **1**_____ de cajera en un supermercado. Lo que **2**_____ se lo gasta en lo que le apetece y se complace en no **3**_____ nada a su familia. Es muy importante que al **4**_____ la jornada, todos los cálculos cuadren. Hay que estar muy **5**_____ porque se manejan grandes cantidades de dinero. Los **6**_____ pueden pagar en efectivo o con **7**_____. Hay gente que se comporta de una forma **8**_____ o que trata de engañarte, pero también hay gente leal. En cualquier profesión se ha de tener **9**_____ por los demás, una valiosa **10**_____ que he aprendido mientras cobraba en el supermercado.…

16 En las cabinas de peaje

A Escucha la experiencia laboral de esta peajera y localiza las palabras que tienen el mismo sentido que estas:

1 me ha llegado por herencia
2 situado
3 sorprendente
4 hacer frente
5 no me angustia
6 los atascos
7 intervalos de tiempo entre los quehaceres regulares
8 pequeñas piezas de un juego
9 lo que es difícil frenar
10 a mí no me entra ansiedad en los espacios pequeños
11 repercusiones
12 me encontré

B Ahora escucha de nuevo lo que nos cuenta Laura sobre su experiencia como peajera y rellena la tabla:

Empleo del padre	
Consejo de su padre	
Dimensiones de la cabina	
Aspectos negativos de su trabajo	
Valor del dinero	
Manía de Laura	
Fobia de su padre	
Ventajas de este trabajo	
Zulos	
Personaje famoso a quien cobró	

17 Opositar: una inversión de futuro

OPOSICIÓN:

Procedimiento – tradicionalmente utilizado en España – para elegir o designar las personas que han de ocupar empleos, particularmente del Estado, y que consiste en que los aspirantes muestren su competencia por medio de exámenes realizados ante un tribunal que, en función de los resultados, elige quién ha de ocupar la plaza o plazas en cuestión. Se trata de puestos como, por ejemplo, para el cuerpo de correos o para una cátedra en la universidad.

Horas de estudio, de academia o la ayuda de un preparador conforman el día a día de un opositor. Tiempo y dinero es la inversión que cada año realizan los miles de candidatos, titulados en su mayoría, para conseguir el acceso a un empleo de por vida. Algunos abandonan a medio camino y se decantan por otra vía laboral.

Arturo Torrijos tiene muy clara su intención de convertirse en juez y, por ahora, no contempla la posibilidad de buscar otro empleo. En 1998 acabó la carrera de Derecho y el pasado mes de enero se presentó por tercera vez al cuerpo de Judicatura. "Hago la oposición porque me gusta. Podría haber escogido otra, como Notaría, en la que además se gana más dinero, pero no quise", explica. Torrijos dedica entre diez y doce horas al estudio y dispone de un preparador al que canta los temas – estos exámenes son orales –. Otros opositores no pueden aguantar este ritmo de estudio. Es el caso de una joven, que entre 1995 y 2000 estuvo opositando a Abogado del Estado. Se presentó dos veces – las convocatorias son bianuales – y no

superó el examen. Explica que decidió abandonar porque "no tenía vida. Ahora me dedico a los negocios". Añade que este tipo de oposiciones suele ser vocacional y que los candidatos a inspectores de Hacienda, abogados del Estado o juez toman la decisión en el quinto año de carrera: "El acceso a estos cuerpos requiere estudiar nada más acabar la licenciatura para no perder el ritmo", asegura.

Para conseguir esa constancia los opositores del Grupo A recurren a preparadores. Estos profesores particulares suelen ser funcionarios que ejercen la categoría que imparten, o profesores expertos en la materia que hacen un seguimiento del estudio del opositor a diario y actualizan los contenidos del programa. Torrijos, que paga a su preparador 115 euros al mes, cree que ésta es la mejor manera de prepararse. El precio de los programas que imparten las academias varía en función del cuerpo y categoría. Por ejemplo, en Adams oscila entre los 50 y 120 euros/mes de la formación presencial; a distancia, entre 440 y 690 euros por el curso completo, y a través de Internet, entre 130 y 540 euros por todo el curso. De las Heras, de CEF, establece un coste medio de 170 euros mensuales para preparar una oposición del Grupo A y unos 120 euros al mes para las del Grupo B.

En cuanto al tiempo que se invierte en el estudio de una oposición, no todas requieren el mismo esfuerzo. Para Adams, el período para superar un proceso selectivo depende del contenido del programa, del número de temas, el tipo de exámenes – test, de desarrollo, práctico o exámenes orales –, el sistema de selección, la constancia y el método de preparación.

A Lee el texto y localiza el equivalente de las siguientes expresiones:

1 empleados que están al servicio de la administración pública y que han accedido a su puesto, que es permanente, por medio de una oposición

2 persona que está preparando o realizando pruebas que llevará a cabo ante un tribunal para acceder a un puesto concreto

3 eligen

4 hacen uso de la ayuda de

5 ofrecen

6 hacerse funcionario encargado de administrar justicia

7 grado obtenido en una universidad tras cuatro, cinco o seis años de estudio, según las carreras

8 clases en las que el alumno acude a un establecimiento concreto y tiene un profesor con el que trata "cara a cara"

9 anuncios por los que se da cita a las personas que quieren tomar parte en un concurso, competición u oposición

10 deciden no continuar una vez que han empezado

11 persona que se encarga de orientar y alentar a los opositores

12 un puesto de trabajo permanente

13 da la lección de forma oral

14 tolerar el invertir tantas horas en preparar el examen

15 ser capaz de mantener el hábito de estudio que se tenía en la universidad

16 organismo constituido por los jueces de un país

B Lee el texto y ordena las siguientes frases para obtener un resumen de éste.

1 Hay muchos factores que influyen en el tiempo y esfuerzo que cada persona ha de invertir hasta superar estas duras pruebas.

2 Algunos opositores intentan superar los exámenes, pero se rinden tras un tiempo.

3 Los opositores son personas que dedican una gran parte de sus esfuerzos intelectuales y recursos económicos para obtener un cargo laboral permanente.

4 Hay gente que está muy convencida de que opositar es la mejor opción y no se plantea otra.

5 Otros invierten bastante dinero en pagar a profesores o a academias que les preparan.

6 Muchos opositores cuentan con una persona que les ayude y a quienes presentan el contenido de la oposición de forma regular.

---

⑱ Vigilancia con cámaras

Ahora bien, el trabajo en casa podría dar lugar a 'ciertos abusos' por parte del teletrabajador o del empresario que patronal y sindicatos quieren evitar. "Somos conscientes de que el cupo de horas tradicional que se cumple en el lugar de trabajo podría ser vulnerado por el empleado, tanto por exceso como por defecto", explicaron fuentes de CES (Consejo Económico y Social). Por ello, cámaras de vigilancia podrán ahora ser instaladas por el empresario en el ámbito de trabajo. Además, se podrán llevar a cabo visitas regulares, previo aviso, que permitan controlar la actividad del empleado. Si bien será obligación del empresario establecer las medidas pertinentes para proteger los datos profesionales con los que el empleado trabaja, será responsabilidad de este último la correcta utilización de los mismos, con el fin de evitar riesgos sobre la privacidad de la empresa. La medida se extiende al buen uso de Internet, cuya utilización deberá limitarse estrictamente a contenidos profesionales, sin difundir contenidos ilícitos a través de la Red. Asimismo, los derechos colectivos del teletrabajador habrán de ser respetados por el empresario. El teletrabajador podrá hacer uso de ellos de igual forma que los trabajadores en los locales de la empresa, siendo obligatorio para el empresario garantizar el acceso a la información sobre la elegibilidad de los representantes en las elecciones para las instancias representativas de los trabajadores.

A Tras leer el texto, comenta con tu compañero qué te parece la idea del teletrabajo.

- ¿Te gustaría ser teletrabajador? ¿Por qué sí? ¿Por qué no?
- ¿Para qué tipo de trabajos crees que es útil esta modalidad?
- ¿Estás de acuerdo con la idea de poner cámaras de vigilancia?
- Ahora elaborad una lista de ventajas y desventajas del teletrabajo y luego exponed vuestras ideas al resto de la clase.

Grammar

THE PASSIVE VOICE

The following is an active sentence: *El Real Madrid ganó la Copa de Europa.*

This idea can also be expressed as a passive sentence: *La Copa de Europa fue ganada por el Real Madrid.*

Passive and active sentences have the same meaning but the structure of the sentence is different. The subject of the active sentence (El Real Madrid) becomes the *agent* of the passive sentence, and is preceded by the preposition *por*. The object of the active sentence (la Copa de Europa) becomes the subject of the passive sentence.

Notes:

1 Verbs which take a direct object (transitive verbs) can be used either actively or passively.

2 The verb *ser*, followed by the past participle of the verb, is used to form passive sentences.

3 The past participle after *ser* agrees in number and gender with the subject of the sentence.

4 Where there is an agent it is preceded by the preposition *por*; the agent in a passive sentence may, however, be "understood".

La oficina fue cerrada con llave por el jefe a las 7.00 de la tarde.

The office was locked up by the boss at 7.00 pm.

Las armas han sido destruidas.

The arms have been destroyed (i.e. by an agent, like the government, the army etc.).

For more information on the passive see Grammar Summary p275.

Ejercicio

Cambia las frases siguientes de la voz activa a la voz pasiva.

a) El joven consiguió el empleo.

b) El arquitecto americano diseñó los nuevos edificios.

c) El mecánico reparará el coche en seguida.

d) Dos empresas multinacionales construyen el nuevo tren de alta velocidad.

e) Los dos grandes bancos españoles emplean a miles de trabajadores.

 19 ## El modelaje ayuda a pagar mis estudios

  A Escucha la entrevista con esta modelo boliviana y después escribe sus respuestas en tus propias palabras.

Pregunta

1 ¿Qué significó para vos ser Elite Model?

2 ¿Qué experiencia te quedó del certamen internacional?

3 ¿Qué le aconsejas a las candidatas de este año?

4 ¿Y ya aprendiste inglés?

5 ¿Qué trabajos importantes has hecho?

6 ¿El modelaje te da dinero?

7 ¿Qué no harías nunca en el modelaje?

8 ¿Tenés miedo?

9 ¿Cuáles son tus metas?

B Imagina que quieres pasar este verano en Bolivia y trabajar allí un par de meses. Has visto tres anuncios de empleos temporales en el periódico y has de elegir una de las vacantes. Haz tu elección y luego explica las razones – en función de tu formación, experiencia y personalidad – por las que has decidido hacer un trabajo u otro. Escribe unas 200 palabras.

SECRETARIA BILINGÜE

Empresa multinacional de gran prestigio busca secretaria joven y dinámica, con inglés y español, para su departamento comercial. Imprescindible buen trato telefónico e informática a nivel de usuario. Envíe su CV a Leonor Valverde:

lvalverde@multi.bo

TRADUCTOR PARA ONG

Organización benéfica reconocida mundialmente busca un traductor (español– inglés), preferiblemente con experiencia en el sector. Idealmente, estudiante de idiomas con buenos conocimientos de informática e interés en el tercer mundo. Envíe su CV a:

term@ong.bo

OPERADOR TURÍSTICO

Agencia de viajes boliviana busca operador turístico para recibir a los turistas británicos que visitan nuestro país. Se requiere fluidez en inglés, francés y español. Excelente presencia y buen trato con el cliente. Póngase en contacto con Rubén:

rperez@oper.bo

Ahora vas a enviar tu CV a Bolivia para solicitar ese puesto y necesitas escribir una carta de presentación. Destaca aquellos aspectos que te hagan resaltar como un candidato idóneo. Puedes comenzar la carta con expresiones como *Muy Señor Mío o Estimado Sr. X* y para terminar puedes emplear *Le saluda atentamente o Reciba un cordial saludo.*

Para terminar...

A Busca un anuncio de trabajo en un periódico español o latinoamericano (puedes hacer uso de Internet para encontrarlo). Dáselo a tu compañero y dile que el próximo día le vas a entrevistar para ese puesto (has de preparar unas preguntas en función de la información que aparezca en el anuncio). Él también te entregará un anuncio y tú serás igualmente entrevistado.

B Piensa en un puesto laboral que piensas que jamás ocuparías. Por ejemplo, si tienes pánico a las alturas es improbable que decidas hacerte piloto o si te aterroriza la sangre, seguramente no tendrás interés en ser médico o enfermero. Imagina que tienes una pesadilla y sueñas que estás realizando precisamente ese trabajo que siempre pensaste que no serías capaz de hacer. Relata tu supuesta experiencia en 200 palabras.

UNIDAD 9

I + D

Entrando en materia...

En esta unidad vamos a hablar del fascinante mundo de I + D (Investigación y Desarrollo). Analizaremos los últimos avances tecnológicos y científicos que afectan a nuestras vidas. Hablaremos sobre una de las regiones más desconocidas de España: Castilla La Mancha.

Los puntos gramaticales que se tratarán son:

● el gerundio (1)
● los auxiliares modales
● *por* y *para*

Reflexiona:

La influencia de la tecnología en nuestras vidas es enorme. El cambio social experimentado en España y en el mundo desde la segunda mitad del siglo XX se debe fundamentalmente a los nuevos descubrimientos tecnológicos. ¿Cómo crees que te influye a ti la tecnología? ¿Tu ocio depende de la tecnología? ¿Por qué? ¿Cuál es la relación entre la salud y la tecnología? ¿Cuáles son los posibles problemas y ventajas de la clonación? ¿Estás a favor de clonar animales o personas? ¿Es Internet el motor de la globalización? Uno de los principales problemas a los que nos enfrentamos es la falta de energía: ¿crees que las energías renovables son una alternativa al uso del petróleo o de la energía nuclear?

Los avances tecnológicos

1 La Ciudad de las Artes y las Ciencias

La Ciudad de las Artes y las Ciencias está en Valencia

A primera vista es fascinante y tiene algo de otro mundo, aunque el tráfico y las viviendas de los alrededores le sitúen decididamente en éste. La Ciudad de las Artes y las Ciencias de Valencia está compuesta por cinco conjuntos:

L'Hemisfèric es un edificio con forma de ojo que tiene unos mecanismos hidráulicos que abren y cierran sus párpados y que permiten regular la luz y la temperatura del interior. El espacio de inmersión audiovisual aporta sensaciones nuevas y de gran realismo en el espectáculo de viajes a los barrios galácticos o a los astros que proyecta el planetario en un estilo divulgativo con ayuda de una puntera tecnología de la imagen. Sobre una pantalla cóncava de 900m. se pueden ver tres grandes espectáculos audiovisuales. El Cine Imax, cuya pantalla hemisférica desborda el campo de visión del ojo humano, te envuelve en las imágenes; y el láser Omniscan barre toda la cúpula de proyección.

El Museo de la Ciencia Príncipe Felipe se asemeja a la caja torácica de un galgo. Este edificio es una enorme estructura nerviosa de tirantes blancos de cemento y cristal que también es atractivo por dentro. Hay luz y un sol valenciano por todas partes y nada de muros. Es el museo más visitado de España y desde noviembre de 2000, en que se abrió, ha recibido a 6 millones de visitantes. A la entrada, las siluetas de varios científicos que sugieren cosas como: "¡Quien se atreverá a poner límites al ingenio humano!" (Galileo) o "Si no puedes explicar a todo el mundo lo que has hecho, tu trabajo ha sido en vano"

(Schroedinger). En la planta baja se encuentra el Péndulo de Foucault, que demuestra cómo la Tierra gira.

L'Oceanogràfic tiene algo de todos los mares y lo más notable de su flora y fauna. Leones marinos, anémonas y tiburones se están aclimatando en las grandes torres submarinas que encierran los distintos ecosistemas. Un túnel acrílico de 70m. de longitud y espectaculares acuarios panorámicos crearán el escenario de alta mar.

Al otro extremo está el Palacio de las Artes. Será el foro de la creación escénica ya que, a partir de la temporada 2004-2005, se espera que entre en el circuito de los grandes espectáculos internacionales de ópera, música y teatro.

Un largo paseo ajardinado con esculturas bajo una bóveda, L'Umbracle, completa este conjunto blanco y mediterráneo donde uno se puede tomar un respiro agradable y estirar las piernas.

A   **Lee el texto y escoge del recuadro en qué zona de la Ciudad de las Artes y las Ciencias pasa cada una de las siguientes cosas.**

L'Hemisfèric   Museo de la Ciencia   L'Oceanogràfic
    Palacio de las Artes   L'Umbracle

---

1 Aquí vendrán los mejores.

2 Se parece a unos huesos.

3 Las plantas y los animales son la atracción.

4 Se puede ver el movimiento de las estrellas en su interior.

5 Míralo desde un tubo.

6 Tiene pocas paredes.

7 Un sitio para relajarse.

8 Permite cambiar las condiciones climáticas del interior.

9 Se prueba el movimiento de rotación terrestre.

10 Tiene forma de globo ocular

En el Museo de la Ciencia Príncipe Felipe se puede encontrar la frase de Galileo: *¡Quién se atreverá a poner límites al ingenio humano!*, que nos va a servir para introducir el tema de la unidad. Comentad entre toda la clase esta frase y decidid qué o quién puede poner límites al ingenio humano y hasta dónde creéis que va a llegar el ingenio humano: ¿Hay límites? Los siguientes puntos te pueden ayudar.

- clonación humana
- viajes a otros astros
- alimentación por medio de píldoras
- futuro de la informática

2 Dragon Khan: La tecnología al servicio de la diversión

En España, no sólo en la Ciudad de las Artes y las Ciencias se puede disfrutar de los avances tecnológicos. La tecnología está también presente en los parques temáticos como Port Aventura, Terra Mítica, Warner Bros Movie World o Isla Mágica entre otros, donde todas sus atracciones están basadas en la alta tecnología.

Tipo:	Acero
Fabricante:	Bolliger & Mabillard, Suiza
Localización:	Port Aventura – Salou – Cataluña
Trenes:	3 con 4 asientos por coche y 7 coches por tren (Total 28)
Abierto desde:	1995
Tematización:	China
Inversiones:	8
Altura:	45 metros
Longitud:	1.265 metros
Velocidad máxima:	110 km/h
Duración:	3 minutos
Precio:	14.84 millones de euros

Esta obra maestra de Bolliger & Mabillard, se encuentra situada en el Parque de Atracciones Port Aventura en Salou. Está basada en un antiguo mito chino sobre un Dragón.

Esta montaña rusa es tan espectacularmente alta y grande, que puede ser observada desde prácticamente cualquier punto del parque y desde fuera de él. Con ella, la empresa suiza Bolliger & Mabillard, sentó las bases de su liderazgo en el mercado de las montañas rusas, siendo éste su tercer proyecto, después de Iron Wolf y Kumba, y el 1º en Europa.

Esta maravilla de la técnica, comparte el récord de inversiones junto con Monte Macaya, en Brasil. Se puede decir que incluye todos los elementos más comunes que se puede encontrar en un diseño de B&M: 2 rizos o loopings; 2 interlocking corkscrews o tirabuzones entrelazados; 1 twist loop o rizo torcido; 1 zero G roll o sacacorchos; y 1 cobra roll (2 inversiones).

Dragon Khan es una de las mejores montañas rusas del mundo

 A Contesta las siguientes preguntas relacionadas con el texto.

1. ¿Cuánta gente puede montar a la vez en Dragon Khan?
2. ¿Cuántas vueltas da?
3. Cómo se describe Dragon Khan en el texto?
4. ¿Qué consiguió la empresa B&M con Dragon Khan?
5. ¿Qué características tienen las montañas construidas por B&M?

3 Recorrido de Dragon Khan

Una vez en el andén y tras esperar unos minutos, las puertas automáticas se abren permitiendo la entrada de nuevos pasajeros hambrientos de emociones fuertes. Una vez comprobados todos los anclajes, el tren es despachado y sale de la estación. Nada más abandonar la estación, hay una curva inclinada a la derecha en la cual el tren coge velocidad suficiente para engancharse a la cadena, que tirará de él hasta los más de 40 metros de altura que tiene esta montaña rusa.

Una vez arriba, el tren se desliza por una pequeña pendiente y gira ligeramente a la derecha enfilando la 1ª bajada. Este es uno de los momentos más "intensos" del recorrido, en el que sientes un increíble cosquilleo en el estómago. Tras la 1ª bajada y viajando a más de 100 km/h, se traza el primer rizo. En la cumbre de dicha inversión, hay un instante en que tu peso "disminuye" y tienes la sensación de "volar".

En el "Zero G Roll" se consigue que las fuerzas "G" positiva y negativa se equilibren lo que te hace "flotar". Para hacerse una idea, en menos de 5 segundos pasas de estar en posición normal, a estar boca-abajo y de nuevo normal, rotando el tren sobre su propio eje y con él, los pasajeros. Tras el Zero G Roll, desciendes y trazas la figura que suele llamar más la atención de todo el recorrido, el Cobra Roll, también una de las inversiones más intensas. Al igual que en la anterior tiene unas fuerzas laterales importantes y en este caso, te pones cabeza-abajo 2 veces en unos 10 segundos.

Los 2 últimos tirabuzones, a pesar de tomarse a una velocidad no excesivamente alta, resultan bastante desagradables y consiguen desorientarte por completo.

Finalmente, tras la última inversión, giras 180° grados a la izquierda y "chocas" con los frenos neumáticos que detienen el tren. Aquí acaba el viaje de, probablemente, una de las 10 mejores montañas rusas del mundo.

 A Encuentra en el texto las palabras que tienen el mismo sentido que las siguientes.

1 amarre	**4** fluye	**7** girando	**10** dirigiéndose hacia
2 enviado	**5** cuesta	**8** hormigueo	**11** al revés
3 sujetarse	**6** pico	**9** bajas	**12** paran

 B Relaciona las frases de las dos columnas.

1 En el primer rizo	**a** no sabes dónde te encuentras
2 En el giro más conocido	**b** el tren gira sobre sí
3 Los pasajeros desean	**c** una sensación fuerte en la tripa
4 Casi al final	**d** das dos vueltas
5 En un instante	**e** sientes que no pesas nada
6 Tras la primera bajada sientes	**f** pasar un rato intenso

 C En el texto se describen emociones fuertes. Escribe unas 150 palabras describiendo tus experiencias en un parque temático, inventado o real.

Grammar

THE GERUND (1)

The Spanish gerund describes actions that take place at the same time as the action of the main verb. The gerund normally acts as an **adverb**, giving more information about the action of the verb.

- The gerund is formed by the addition of *-ando* to the stem of *-ar* verbs and *-iendo* to the stem of *-er* and *-ir* verbs, and it is **invariable.**

  mirar > mirando   *comer > comiendo*   *escribir > escribiendo*

- The gerund emphasises the **duration** of a verbal action.

*Tras la 1ª bajada y **viajando** a más de 100 kmh, se traza el primer rizo.*

After the first descent and **travelling** at more than 100 kmh, you go through the first loop.

- It is very important not to confuse the gerund with the English present participle, ending in *-ing*. The *-ing* form is used after prepositions in English; the gerund is **never** used after prepositions in Spanish. The following example shows this difference.

*Tras **esperar** unos minutos, las puertas automáticas se abren, **permitiendo** la entrada de nuevos pasajeros.*

After **waiting** for a few minutes, the automatic doors open, **allowing** new passengers in.

(Note that in the phrase '*Tras esperar unos minutos*' the infinitive must be used after the preposition.)

For more information on the gerund see the Grammar Summary p276.

Ejercicio

Rellena los espacios escogiendo la forma correcta del verbo entre paréntesis.

a) Su amigo entró en el bar mientras estaba _____ (leer) la revista Informática Hoy.

b) Dos mendigos se nos acercaron, _____ (pedir) limosna.

c) Finalmente decidieron marcharse, _____ (maldecir) su mala suerte.

d) En Valencia llevan mucho tiempo _____ (construir) la nueva Ciudad de las Artes y las Ciencias.

e) Una vez _____ (ser) niño, fui a la exposición de Sevilla.

---

④ **¿Son peligrosas para la salud las nuevas montañas rusas?**

Sin embargo, las montañas rusas no son sólo diversión. Escucha este CD sobre los problemas que pueden causar a la salud.

  Escucha la siguiente noticia y decide si las siguientes oraciones son verdaderas (V) o falsas (F) o si no se mencionan (NM).

1 La sensación causada en el estómago es debida a un fuerte estrés.

2 Alguna de las montañas rusas sobrepasa los límites de seguridad.

3 Uno de los peligros es el número de giros.

4 Se pueden alcanzar fuerzas gravitatorias de hasta casi 6G.

5 Los giros bruscos y la velocidad pueden causar encefalopatías.

6 Más de la mitad de las muertes se ha producido en las montañas rusas.

Los avances científicos

5 Los órganos artificiales

 A En pequeños grupos intentad responder a las siguientes preguntas. Si no sabéis las respuestas inventáoslas.

- ¿Qué creéis que son las máquinas de arriba?

- ¿Para qué sirven?

Ahora lee este artículo y comprueba tus respuestas.

Las máquinas de nuestra vida

En el Mago de Oz, Dorotea se topa con un espantapájaros descerebrado y un leñador de hojalata sin corazón. Ambos personajes deciden acompañar a la joven a la Ciudad Esmeralda con la esperanza de que el mago les conceda unos sesos y un corazón. Este anhelo es hoy compartido por muchos miles de pacientes con graves dolencias cardíacas, hígados dañados o riñones deteriorados entre otras enfermedades.

Espoleados por la escasez y la limitación de donantes de órganos para trasplantes, los bioingenieros, los biólogos celulares y los genetistas han aunado su talento para diseñar piezas corporales de reemplazo completamente artificiales. En realidad, la idea de restituir órganos y tejidos es tan vieja como la medicina.

La ciencia de la biónica se encarga de analizar el funcionamiento real de los sistemas vivos para, una vez descubiertos, materializarlos en aparatos. Los avances biomédicos y tecnológicos cosechados en las últimas décadas hacen que el hombre biónico o cibernético abandone la ciencia-ficción para caminar por nuestras calles: sordos que oyen gracias a un implante coclear, ciegos que ven imágenes generadas por una retina artificial, diabéticos que reciben su dosis de insulina mediante una bomba implantada, enfermos de Parkinson con neuroestimuladores insertados que anulan sus temblores, etc.

Pero lo mejor está aún por llegar. Por ejemplo, para tratar a los pacientes con las lesiones hepáticas irreversibles, los científicos están probando a nivel clínico un hígado bioartificial. Éste se compone de millones de células hepáticas que, alimentadas en un biorreactor, suplen algunas de las funciones vitales del hígado. Entretanto, algunas compañías trabajan en el desarrollo de sangre sintética a partir de hemoglobinas humanas y bovinas modificadas genéticamente. Otros bioingenios andan enfrascados en la fabricación de tejidos de repuesto, desde tendones hasta huesos y vejigas. Las células que los constituyen son obligadas a multiplicarse en una especie de andamiaje tridimensional que se degrada tras el implante.

B **Empareja las siguientes palabras con sus equivalentes en inglés.**

1 espantapájaros
2 tejidos
3 hojalata
4 sesos
5 vejiga
6 dolencias cardíacas
7 hígado
8 riñones
9 bomba
10 huesos
11 restituir

a liver
b tinplate
c brain
d pump
e restore
f tissues
g bones
h bladder
i scarecrow
j heart complaint
k kidneys

3 espolear
4 lesiones hepáticas
5 suplir
6 andar enfrascado
7 repuesto
8 escasez
9 anhelo
10 andamiaje
11 degradar

c estar entretenido
d carencia, falta
e degenerar
f el que corta los árboles
g daños producidos en el hígado
h deseo, afán
i sustitución, recambio
j armazón, soporte
k animar, incitar

C   **Empareja estas palabras con sus equivalentes en español.**

1 leñador
2 aparatos

a reemplazar
b ingenio, artefacto

D **La pregunta que está en el aire es si veremos entre nosotros a Darth Vader o a Robocop en un futuro no muy lejano, si podremos vivir con máquinas que sustituyan a parte o a la totalidad de nuestros órganos vitales. Escribe unas 150 palabras expresando tu punto de vista.**

6 La clonación terapéutica

En diciembre de 2000, el Reino Unido se convertía en el primer país en dar luz verde a la clonación terapéutica de embriones menores de 14 días para obtener células madre. En España, por el contrario, el Gobierno ha dejado claro su rechazo a potenciar la producción de células madre de origen embrionario. El Congreso recomienda al Gobierno que fomente la investigación sólo con células adultas, una opción que no daña la vida, pero que ofrece menos posibilidades de éxito médico.

La clonación reproductiva – que crea seres idénticos – está manifiestamente rechazada. Pero hay recelos en cuanto a la llamada clonación terapéutica, que no pretende clonar humanos sino generar embriones con fines médicos. Una vía de investigación con fuertes repercusiones éticas y morales al implicar la destrucción de embriones susceptibles de desarrollarse como seres humanos. Se han levantado numerosas voces a favor y en contra del uso de células madres extraídas de embriones humanos:

Pere Puigdomènech, Profesor de Investigación del CSIC*, afirma que tomar

decisiones muy tajantes en temas que están en perpetua evolución, están destinadas a su pronta revisión. Sobre todo, habría que evitar prohibiciones prematuras que pueden convertirse en limitaciones sin sentido.

Monseñor Rouco Varela asegura que dentro de la Iglesia se parte de algunos principios. El primero: el respeto que se debe a todo ser humano desde que lo es, un respeto completo y total. Los datos científicos dicen que efectivamente eso se produce con la concepción. El código genético queda definitivamente establecido. Segundo dato: todo ser humano tiene derechos propios y nadie puede condicionarlos, ni siquiera sus padres. El niño no es un objeto, es una persona, un ser humano y tiene su raíz, vocación personal y hay que respetarla. El padre no tiene derecho a producir un hijo como él quiere, como le va a gustar o como le va a dejar de gustar.

Margarita Salas, profesora de investigación del Centro de Biología Molecular Severo Ochoa, aboga por que el Gobierno impulse la regulación de la clonación terapéutica, ya que, de lo contrario España se quedará atrás en esta materia. En su opinión,

resulta lícito emplear al servicio de la ciencia embriones congelados, fruto de procesos de fecundación in vitro, que han permanecido guardados durante más de cinco años.

La nueva plataforma Hay Alternativas, que agrupa a 808 científicos y a más de 8.000 ciudadanos se declara en contra de la investigación con células madre extraídas de embriones y pretende potenciar el uso de células madre extraídas de tejidos adultos y de células procedentes del cordón umbilical.

La catedrática de Bioquímica de la Universidad Francisco de Vitoria, Mónica López Barahona, subrayó que es necesario considerar al embrión como un «individuo de la especie humana». Tampoco la llamada clonación terapéutica – crear un embrión con fines científicos – sería aceptable para esta experta porque supone «generar a alguien con el único fin de destruirlo siete días después». Para la catedrática, es una «concepción utilitarista de la ciencia» y «violar la capacidad de elección del individuo».

Centro Superior de Investigaciones Científicas

¿Quién lo dice? Lee el texto y escoge los nombres del recuadro. Una de las opiniones es compartida por dos personas.

Pere Puigdomènech   Monseñor Rouco Varela

Margarita Salas   Mónica López Barahona

Plataforma Hay Alternativas

---

1 Hay que dejar de lado la investigación con embriones y utilizar células adultas.
2 Una persona lo es tras su fecundación.
3 Las prohibiciones a priori son absurdas.
4 No es inmoral usar células fecundadas que han sido congeladas.
5 Los demás no pueden decidir sobre la vida de un embrión.
6 No es conveniente tomar medidas categóricas.

7 Si no se autoriza el uso de embriones con fines terapéuticos, España perderá el tren de la investigación.
8 La clonación terapéutica es matar a una persona con fines científicos.

B **Vuelve a leer las opiniones anteriores y decide con cuáles estás más de acuerdo.** En parejas discutid vuestros puntos de vista y luego expresad vuestras opiniones a toda la clase.

C **Escribe un e-mail de unas 100 palabras a tu profesor exponiendo las opiniones de tus compañeros que más te hayan llamado la atención.**

7 Energías alternativas

La tecnología necesita de algo tan esencial como la energía. No podemos vivir sin ella pese a ser una fuente de contaminación. Sin embargo, existen alternativas energéticas que no contaminan. ¿Es esta nuestra esperanza?

Pese al enorme crecimiento de la energía de origen eólico en España, el peso de las energías renovables en el conjunto de la electricidad apenas ha crecido. El año pasado, la energía de origen renovable, significó un 4,3% del total. El incremento del 2000 fue con respecto al año pasado de tan sólo tres centésimas.

Y sin embargo, la energía eólica puso a producir cientos de molinos de viento el año pasado con un total de 1.000 megavatios (Mw) de potencia. Con este enorme incremento, España se ha convertido en el segundo país del mundo por detrás de Alemania (6.113 Mw), en producción eólica. Hoy se producen en España 2.500 Mw. eólicos, lo que viene a significar la potencia de dos grandes centrales nucleares.

Pese a estas esperanzadoras cifras, la Asociación de Productores de Energías Renovables (APPA) asegura que el fuerte incremento de la demanda de electricidad, casi un 6% más que el año pasado, hace que las energías renovables sigan sin tener peso en el conjunto de la generación eléctrica. «Alcanzar las cuotas del 12% que se ha marcado la UE para el año 2010, será imposible con la actual tendencia», aseguró el secretario de APPA, Manuel de Delás.

Desde APPA se apunta como única solución para cumplir estos objetivos comunitarios que «se adopten medidas de apoyo adicionales a las ya existentes, sobre todo potenciar campañas de ahorro y eficiencia energética en la industria y los hogares españoles.

De Delás mostró cautela ante el crecimiento de la energía eólica en los próximos años: «Las altas cifras de crecimiento de los últimos años serán imposibles de mantener». Además, aseguró que los promotores de parques eólicos se encuentran con una montaña de problemas burocráticos insalvables y un aumento de oposición a los molinos entre los grupos ecologistas locales.

A ¿A qué se refieren las cifras siguientes?

1 4,3%   4 6.113Mw   7 12%
2 3 centésimas 5 2.500 Mw
3 1.000 Mw   6 6%

B Rellena los huecos para completar las siguientes frases y modifica las formas verbales apropiadamente. ¡Cuidado! Hay palabras que no vas a utilizar.

ecologistas energético productor turbinas
engancharla se ha estancado equivalente
burocráticos objetivos térmica centrales rentable
oposición parques crecido potenciar adicionales

1 El porcentaje de las energías renovables en el total de la producción eléctrica _____.

2 España es el segundo _____ de energía eólica.

3 La producción eólica en España es _____ a la de dos _____ nucleares.

4 La demanda eléctrica ha _____ fuertemente.

5 Para alcanzar los _____ de la UE hay que adoptar medidas _____.

6 Hay que _____ el ahorro _____.

7 Los promotores de _____ eólicos se encuentran con problemas _____.

8 Hay _____ a los molinos entre los grupos.

C Expresa tu opinión (150 palabras) explicando cuáles son las ventajas, las dificultades y los inconvenientes de la energía eólica.

Castilla-La Mancha

Superficie: 79.225 km²

Población: 1.712.518 habitantes

Densidad de población: 21,6 habitantes / km², la menor densidad de población en España.

Capital: Toledo

Provincias: Albacete, Ciudad Real, Cuenca, Guadalajara y Toledo.

Economía: La zona castellano-manchega que se ha ido constituyendo en un área periférica de la conurbación madrileña tiene una economía que se caracteriza por el predominio del sector servicios. En el resto de Castilla-La Mancha, la minería, la industria tradicional de la cerámica, los cultivos y la ganadería son muy importantes.

Historia reciente: En octubre de 1978 Castilla-La Mancha se constituyó provisionalmente en comunidad autónoma, integrando las provincias de Castilla la Nueva (a excepción de Madrid, que se erigió en comunidad autónoma uniprovincial) y la provincia de Albacete. En agosto de 1982 se aprobó el Estatuto de Autonomía de la comunidad y un mes después se constituyó la primera junta de Castilla-La Mancha. En mayo de 1983 se celebraron las primeras elecciones al parlamento regional.

Arte: El arte musulmán de la zona alcanzó su mayor plenitud en Toledo (parte de la muralla, baños, mezquitas y numerosos edificios civiles) y su influencia se aprecia, con posterioridad, en los estilos mudéjar, Isabel y Cisneros y en la decoración plateresca y barroca. La arquitectura religiosa medieval tiene sus puntales en las catedrales de Sigüenza (románico-gótica), Cuenca (gótica) y Toledo (gótica), en la decoración de las cuales intervinieron importantes escuelas escultóricas y pictóricas; las construcciones más importantes del estilo Isabel son obra de Juan Guas (San Juan de los Reyes, en Toledo, y el palacio del Infantado, en Guadalajara). Los ejemplos más notables de escultura gótica son el sepulcro del Doncel de Sigüenza y el de don Álvaro de Luna y su esposa, de S. de Almonacid (Toledo).

Don Quijote de La Mancha: Novela de Miguel de Cervantes Saavedra que tiene lugar principalmente en esta región. Se trata sin duda de la obra más importante de la literatura española de todos los tiempos y acaso una de las más brillantes de la historia de la literatura universal. Narra la epopeya de un hidalgo caballero cuya afición a las novelas de caballerías lo vuelve totalmente loco. En su locura se hace acompañar por Sancho Panza, un campesino convertido en su escudero y que ejercerá de contrapeso fundamental de toda la historia. Un juego entre la locura y la realidad se desata a lo largo de esta obra genial, intercambiándose al final los papeles entre el amo, que en el momento de la muerte recupera la razón, y el criado, que ha adquirido al final parte de la locura del hidalgo.

8 La mayor instalación eólica del mundo ubicada en Higueruela

A **Lee este artículo y rellena los huecos con las siguientes palabras.**

inversión cambiado torre parque cerca eléctrica
excesivamente incluso provincia producción
corazón unidos ahora visto

Como hemos **1**_____, España es el segundo país del mundo en producción de energía **2**_____ por medio de aerogeneradores. Sin embargo, en Higueruela, **3**_____ de Albacete, está instalado el mayor **4**_____ eólico del mundo.

Consta de cinco parques **5**_____ entre sí, con un total de 244 aerogeneradores de 600 kilovatios, que totalizan una **6**_____ de 146 megavatios.

El proyecto ha sido diseñado por Energías Eólicas Europeas, con una **7**_____ de 102 millones de euros. Esta empresa de origen navarro eligió Higueruela por sus vientos medios no **8**_____ intensos.

Nuestra sierra ha **9**_____, es distinta con la instalación de este parque. La primera **10**_____ que vimos instalada, en la subida de la Calicata, nos encogió un poco el **11**_____, Higueruela tendría a partir de **12**_____ otra historia, otra vista, otro mundo. Con el tiempo nos hemos acostumbrado a vivir tan **13**_____ de estos gigantes de 50 metros de alto. **14**_____ parece que nos gusta este nuevo paisaje de nuestro pueblo.

La comunicación electrónica

9 Los ordenadores

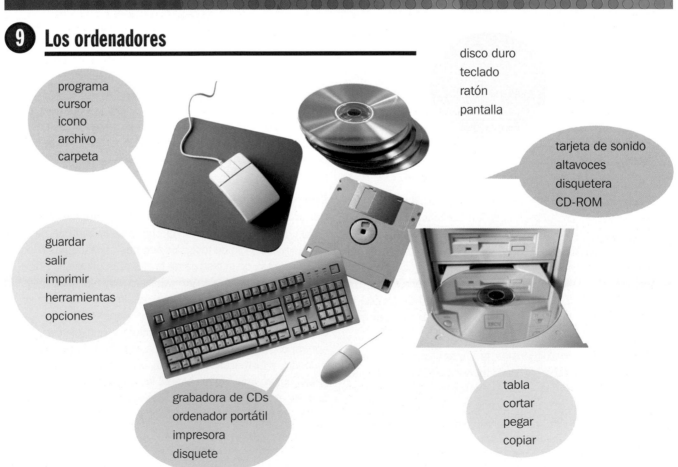

programa
cursor
icono
archivo
carpeta

disco duro
teclado
ratón
pantalla

tarjeta de sonido
altavoces
disquetera
CD-ROM

guardar
salir
imprimir
herramientas
opciones

grabadora de CDs
ordenador portátil
impresora
disquete

tabla
cortar
pegar
copiar

@   terra   .es   www.   / yahoo   .com

correo electrónico	hipervínculo	bandeja de salida
arroba	punto	elementos enviados
navegador	bandeja de entrada	adjuntar documento

A ¿Sabes el significado de estas palabras? Trabaja con tu compañero e intenta descubrir su significado. No las busques en el diccionario.

B Pregunta al resto de tus compañeros si saben las palabras que tú no conoces.

10 El lenguaje de Internet

A Escucha a Mario y a Lucía hablar sobre el lenguaje de Internet y responde a las siguientes preguntas.

1 ¿Qué le pasa al mensaje que le han enviado a Mario?

2 ¿Por qué se queja Lucía de la gente que escribe correos electrónicos?

3 ¿Qué utilizan los que escriben correos electrónicos que no le gusta a Lucía?

4 ¿Qué dos palabras detesta Mario? ¿Qué significan estas dos palabras?

5 ¿Por qué cree Lucía que tenemos poca fe en el castellano?

B Elige uno de estos puntos de vista y debate con tu compañero.

● Crees que hay que proteger el idioma y que todas las abreviaciones, los anglicismos, los simbolitos, etc. son un peligro para el español que ya tiene palabras propias para definir los nuevos conceptos técnicos.

● Crees que todas las nuevas formas que se introducen en el idioma lo mejoran y que según se introducen avances tecnológicos se debe actualizar el español para enriquecerlo.

11 De compras sin salir de casa

Internet, además de servir para escribir un e-mail a tu profesor, también sirve para muchas otras cosas: buscar información, jugar con tus amigos, ver la página de tu equipo favorito... Lee el siguiente artículo sobre una de las prácticas que están más de moda en Internet: comprar.

Internet se ha convertido en una herramienta más para la creación de riqueza en el mundo, y el comercio electrónico es su buque insignia. Ya son muchas las grandes empresas que se dan de bofetadas en todo el mundo por controlar la red. El pastel es más que suculento. En las pasadas Navidades se realizaron transacciones online por valor de 3.606 millones de euros.

Lo que más se compra es software (35%), libros (32%) y música (16%). En los supermercados virtuales destacan, en primer lugar, las ventas de bebidas, los productos lácteos, la carne y en último lugar las frutas y hortalizas.

La rapidez, mejores precios y una mayor información sobre el producto hacen que los compradores prefieran la vía online. Adquirir un artículo desde casa sin tener que ir a la tienda es muy cómodo. Por otro lado, permite acceder a una amplia gama de productos que, seguramente, no encontraría en una misma tienda. Con todo, mucha gente, todavía sigue sintiendo recelos a la hora de escribir el número de la tarjeta de crédito en una página web. Quizás ésa sea la clave para muchos. Según los datos de la Asociación de Usuarios de Internet, es una opinión que comparte dos tercios de los internautas españoles.

Sin embargo, la seguridad de nuestra cuenta bancaria no debe preocuparnos, según Santiago Cavanillas, catedrático de Derecho Civil de la Universidad de las Islas Baleares, para quien "este temor está injustificado porque la captación de números de tarjetas, puede realizarse más fácilmente off line, en otras actividades de la vida cotidiana y en los cargos que no vayan acompañados de un justificante".

Carmen Peiró, coordinadora de la publicación En.red.ando es aún más tajante cuando asegura que la falta de seguridad es un gran factor psicológico. "A los hackers les interesa más la información que se mueve por el Pentágono o el FBI, antes que un puñado de Visas de posibles compradores virtuales".

A En el texto aparecen las siguientes palabras o expresiones. Tradúcelas al inglés.

1 herramienta
2 buque insignia
3 se dan de bofetadas
4 suculento
5 amplia gama
6 recelos

7 la clave
8 temor injustificado
9 captación
10 vida cotidiana
11 cargos
12 justificante

3 ¿Cuáles son las ventajas de comprar "online"?
4 ¿Cuál es el principal problema del comercio electrónico?
5 ¿Por qué cree Santiago Cavanillas que el temor a dar los detalles de las tarjetas de crédito es injustificado?
6 ¿Qué opina Carmen Peiró sobre los "hackers"?

 B Responde en español a las siguientes preguntas.

1 ¿Cuál es el segundo producto favorito de la red?
2 ¿Qué es lo que más se compra en los supermercados virtuales?

 C Ahora ponte en lugar de un consumidor. ¿Qué comprarías en Internet? ¿Qué cosas nunca comprarías en la red? ¿Te importaría dar tus datos a una empresa virtual? ¿Crees que tanto las opiniones de Santiago Cavanillas como la de Carmen Peiró reflejan la realidad? Debate estas preguntas con tus compañeros y escribe un "emilio", o correo electrónico, exponiendo tus opiniones.

⑫ "Hackers" de guante blanco

Internet se relaciona siempre con personas malvadas, ladrones y todo tipo de criminales. Entre ellos están los tan temidos "hackers". Pero, ¿es todo el mundo de la misma calaña?

1_____

La proliferación de especialistas en piratería informática, los llamados hackers, es una de las mayores preocupaciones de las empresas. Una empresa de seguridad informática, S21SEC va a colaborar con estudiantes universitarios de Mataró.

2_____

Durante unos meses, unos 25 estudiantes de la Universitat Politècnica de Mataró (UPM) se convertirán en hackers éticos, terminología que se aplica a los piratas informáticos que no tienen intención de perjudicar la seguridad de la empresa. Su participación en un concurso les llevará a detectar las deficiencias en la seguridad de los sistemas previamente manipulados.

3_____

La idea del concurso de seguridad informática, restringido a los estudiantes del centro, surge ante la necesidad de potenciar el estudio de las técnicas para mejorar el sistema de seguridad. Lo que a priori podría parecer una herramienta para fomentar la piratería informática queda descartada por el propio centro, tal como asegura Léonard Janer: «potenciamos la seguridad de los sistemas a través de las técnicas de hacker ético, nunca para entrar en los sistemas de forma desleal».

4_____

El concurso se divide en cuatro niveles de dificultad que deben superar paulatinamente los participantes. Como detalla el director, los concursantes se enfrentan a unas máquinas desconociendo el sistema operativo de funcionamiento que también puede variar en cuestión de horas, sólo conocen que pueden acceder a través de Internet y recopilar una serie de informaciones. No disponen de los códigos de acceso por lo que deben buscar y encontrar «puertas traseras».

5_____

Para demostrar que han localizado un agujero en la seguridad deberán ejecutar un programa detallando cómo han accedido al destino fijado.

6_____

Los niveles de dificultad van acordes con las grietas de seguridad incorporadas previamente por el jurado especializado que, a su vez, también valora la velocidad de entrada y la documentación adjuntada.

7_____

Los concursantes deberán sortear los impedimentos introducidos, tales como puertas de entrada falsas que les pueden retrasar el proceso de investigación durante horas. Previamente monitorizado el programa base, los componentes del jurado podrán detectar el momento y la forma de los ataques ficticios.

8_____

El ganador del concurso será aquél que pueda superar el último sistema en el que se ha establecido un porcentaje de seguridad 9 sobre la tabla del 0 al 10. El mejor hacker ético no se irá con las manos vacías. Recibirá como premio un reproductor MP3 y una Palm Pilot.

A Pon los títulos a los siguientes párrafos.

- No hay fines alevosos
- La prueba del "delito"
- Las empresas de seguridad toman medidas
- Los premios
- ¿De qué va el concurso?
- ¿Estudiantes o hackers de guante blanco?
- Cada vez más chungo
- Las trampas

B Contesta por escrito (150 palabras) a las siguientes preguntas dando tu propia opinión.

¿Crees que los hackers son una amenaza o unos "chicos traviesos"? ¿Te parece bien que se enseñe en las universidades trucos que pueden luego ser utilizados para entrar en páginas web sin autorización, aunque no haya fines alevosos?

Grammar

MODAL VERBS

A modal verb is a special kind of auxiliary verb which affects the meaning of the verb which follows. These meanings are mainly related to obligation, possibility and permission.

- **obligation** is expressed by a variety of verbs notably *deber*, *tener que* and *hay que*. These verbs are to some extent interchangeable.

*El concurso se divide en cuatro niveles de dificultad que **deben** superar paulatinamente los participantes.*	The competition is divided into four levels of difficulty which the participants **have to/must** overcome gradually.

hay que is used for obligations expressed impersonally in the third person singular only.

***Hay que** buscar los agujeros en el sistema de seguridad para mejorarlo.*	You have to look for flaws in the security system in order to improve it.

- **possibility** and **permission** are expressed by *poder*.

*Lo que a priori **podría** parecer una herramienta para fomentar la piratería informática …*	What a priori **could** (i.e. "would be able to") seem to be a tool to encourage computer piracy…

Ejercicio

Escribe cinco frases describiendo lo que los 'hackers de guante blanco' deben hacer y otras cinco describiendo lo que pueden hacer, según el artículo. Utiliza una variedad de tiempos del verbo.

13 El correo electrónico basura

El volumen de correo electrónico basura se ha triplicado en los últimos nueve meses convirtiéndose en un incordio imparable ya que, paradójicamente, cuanto más se hace por frenarlo, más crece. *Pierda peso. Consiga créditos a bajo interés. Compre Viagra. Reduzca su hipoteca. Hágase millonario. Estudie desde casa* … Saturados con centenares de mensajes electrónicos de esta guisa, las bandejas de correo amenazan con volver locos a sus titulares, quienes han de sortear entre las toneladas de basura para rescatar los correos electrónicos procedentes de colegas o amigos.

Las empresas españolas siguen la tendencia generalizada en Europa de utilizar cada vez más el correo electrónico con fines publicitarios provocando un aumento de la presión promocional sobre los internautas. En España el promedio de correos electrónicos recibidos por los internautas en un mes es de 42,5% de los que el 20,3% son correos promocionales. El 78% de los usuarios de la red en España recibe al menos un correo basura cada mes, lo que significa que alrededor de un millón y medio de internautas españoles reciben a través del ordenador publicidad no solicitada expresamente.

El artículo 20 de la Ley de Servicios de la Sociedad de la Información y de Comercio Electrónico prohíbe "el envío de comunicaciones publicitarias o promocionales por correo electrónico u otro medio de comunicación electrónica equivalente que previamente no hubieran sido solicitadas o expresamente autorizadas por los destinatarios de las mismas".

Verónica Sagnier, directora general de la Asociación Española de Comercio Electrónico, considera estas medidas excesivas. "Internet es un medio de comunicación más y no se le debe discriminar ni tratar como un canal aparte. Consideramos que esta prohibición es abusiva y sesgada, y no comprendemos por qué no se puede enviar publicidad a los correos electrónicos si los datos se han obtenido de unas fuentes de acceso público, como las guías telefónicas, cuando por este método sí esta permitido mandar publicidad por correo o captar clientes a través del teléfono".

  A **Busca en el texto lo contrario de:**

1 incremente	**4** amenidad	**7** disminución	**10** como mucho
2 recta	**5** desigual	**8** acelerarlo	**11** carecidos
3 remitente	**6** moderada	**9** escasas	**12** prohibido

  B **Une la primera parte de cada frase con la segunda parte que mejor corresponda.**

1 Más de tres cuartos de internautas …

2 Según V. Sagnier …

3 La cantidad de correos no deseados …

4 V. Sagnier …

5 Las compañías españolas …

6 Está autorizado …

7 Está prohibido …

8 Es difícil …

a el envío de correos no solicitados

b encontrar los mensajes deseados

c usan más la publicidad electrónica

d llamar por teléfono para anunciar productos

e reciben emilios publicitarios

f es directora de una asociación comercial

g la publicidad electrónica es igual al buzoneo

h es más de tres veces que hace unos meses

C Sugiere en una carta a un periódico (150 palabras) cuáles son las ventajas y los inconvenientes del uso del e-mail con fines publicitarios. ¿Cómo lo regularías? ¿Es lo mismo que las llamadas por teléfono o que el buzoneo? ¿Es bueno porque te informa de ofertas o es un incordio que bloquea tu cuenta de correo?

14 Navegar por Internet o enviar correos electrónicos es causa de despido

"He sido el cabeza de turco; empiezan por mí que soy el presidente del comité de empresa, como aviso a lo que puede pasar a los demás." Alfonso Guijarro, de 52 años, que trabajaba desde hace 38 años, en la multinacional NCR fue despedido por uso abusivo de Internet tras, sin él saberlo, haber sido controlado su ordenador por la empresa.

El uso de correo electrónico o navegar por Internet puede acabar por convertirse en razón para recibir el finiquito. La utilización inadecuada según los empresarios, de estas herramientas ha generado numerosos conflictos laborales. Muchos incluso han llegado a los tribunales que han de determinar cuál es el punto de equilibrio entre el respeto a la privacidad e intimidad de los trabajadores y el derecho de los empresarios a asegurar un correcto uso de las tecnologías.

Los primeros despidos se produjeron en 1998, cuando una empresa de Tarragona echó a dos trabajadores por enviar mensajes obscenos sobre una compañera.

 A Responde a estas preguntas relacionadas con el texto.

1 ¿Por qué cree Alfonso Guijarro que es el cabeza de turco en NCR?
2 ¿Por qué fue despedido?
3 ¿Cómo supo la empresa que usaba Internet de manera abusiva?
4 ¿Qué es el finiquito?
5 ¿Cuál es el equilibrio al que hay que llegar?
6 ¿Por qué se produjo el primer despido relacionado con Internet en España?

 B Escribe 150 palabras respondiendo a las siguientes preguntas. ¿Se debe respetar en todo momento el derecho a la intimidad y dejar que los empleados hagan lo que quieran o, por el contrario, un empresario puede investigar las actividades de sus empleados? ¿Cuál es tu opinión?

 C Ahora que ya tienes una opinión forjada, preséntala a tus compañeros.

Grammar

POR

The preposition *por* is used for cause, origin, and provenance. *Por* is the equivalent of "by", "through", "by means of", "on behalf of", "because of", "for".

● by (means of)

*Navegar **por** Internet* — Navigation on (i.e. by means of) the Internet

● on account of

*Alfonso Guijarro fue despedido **por** uso abusivo de Internet …* — Alfonso Guijarro was sacked **for** ("on account of") abuse of the Internet…

● because (of)

*Una empresa de Tarragona echó a dos trabajadores **por** enviar mensajes obscenos sobre una compañera …* — A company in Tarragona dismissed two employees **because** they sent obscene messages about a female colleague…

● "by" in passive constructions, followed by the agent

*… tras haber sido controlado su ordenador **por** la empresa.* — … after control of his computer had been taken **by** his company.

Note: *Por* must not be confused with *para*, which can also mean "for" in English.

See the next Grammar section in this unit for an account of *para*, and Grammar Summary p278.

⑮ Un debate a nivel mundial

  Escucha el CD y escoge del recuadro los países que proponen las soluciones de abajo.

GB	EEUU	Alemania	España

1 Los trabajadores deben aceptar que saben que les van a vigilar.
2 No se puede vigilar ningún tipo de comunicación según la ley.
3 Es el primer país en el que se despidió a alguien por este motivo.
4 La ley va contra la Convención Europea de Derechos Humanos.
5 El gobierno proporciona programas para proteger los datos.

6 La ley permite una vigilancia rutinaria siempre que se informe a los empleados.
7 Si alguien te vigila puede dar con sus huesos en la cárcel.
8 Sólo se necesita una sospecha para vigilar los e-mails.
9 Los empleados pueden denunciar a sus empresas si les vigilan sin ser avisados.
10 Los e-mails están a salvo y no pueden ser vistos.

B **Debate con tus compañeros. ¿Cuál es el país que tiene la mejor legislación según tu opinión? ¿Por qué?**

Los videojuegos

⑯ Nintendo Gamecube

La última de las consolas de nueva generación acaba de aterrizar en Europa. Tras el lanzamiento de Xbox y con la PlayStation 2 ya bien asentada, la oferta de ocio y entretenimiento se completa con la Gamecube de Nintendo. Puro juego, eso es lo que promete este cubo de reducidísimas dimensiones.

Se trata de la opción más barata dentro del mundillo de las consolas. Se preveía su lanzamiento a 249 €, pero la rebaja de precio de la Xbox de Microsoft para frenar sus malas ventas (de 479 a 299 €) ha provocado la reacción de Nintendo: Gamecube cuesta solamente 199 euros. Calidad a bajo precio: ésa es la principal oferta de Nintendo Gamecube.

Para el lanzamiento de la videoconsola, los responsables de Nintendo afirman que habrá aproximadamente 20 títulos disponibles. Además la consola portátil Game Boy Advance puede actuar como un mando de GameCube para los juegos preparados para ello. Los juegos para Gamecube se venderán a un precio aproximado de 60 euros. Nintendo espera que en el verano la cifra de juegos para Gamecube sea de 50 títulos.

Sus reducidas dimensiones. Con 11,5 cm. de alto, 15 de ancho y 16 cm. de fondo es, sin lugar a dudas, la consola más fácilmente transportable por el usuario. Un elemento éste bastante considerable hoy en día para los más "jugones". A esta portabilidad ayuda también el tamaño de los discos de juego. 8 cm. de diámetro y 1,5 gigabytes de capacidad, que además garantizan una gran velocidad de transferencia.

Nintendo ha conseguido crear un mando tremendamente funcional y adaptado a la ergonomía de las manos. El Pad de Gamecube dispone de cuatro botones principales, dos mandos analógicos, cuatro botones de dirección digital y tres botones extras en la parte superior del mismo accesibles a los dedos índices de cada mano. Un pad de lo más completo.

Sin embargo, Gamecube sirve única y exclusivamente para jugar. Olvídate de reproducir CD o MP3 y mucho menos DVD. Además, para muchos el precio de la consola no es algo tan importante si tenemos en cuenta que lo verdaderamente caro es el precio de los juegos. Ni los videojuegos para Xbox, ni los de PS2 ni los de Gamecube bajarán de los 50–60 euros de media; demasiado para algunos bolsillos.

Y luego está la duda de la cantidad y calidad de sus juegos. Los que hay hasta ahora son francamente buenos, pero los desarrolladores decidirán en un futuro si siguen apostando por tres plataformas diferentes o si centran sus esfuerzos en las que salgan victoriosas de esta auténtica "Guerra de las consolas".

A Busca las palabras que no conozcas en el diccionario y haz un resumen (100 palabras) del texto.

5 Es una consola que una vez instalada no se puede mover.
6 El pad de Gamecube es muy simple.
7 En Gamecube puedes ver películas de DVD
8 Los videojuegos van a ser muy baratos.
9 Los juegos que ya hay no son muy allá.

B Corrige los errores de las siguientes frases.

1 El Gamecube es un aparato bastante grande.
2 Gamecube es más caro que sus competidores.
3 Xbox ha tenido una gran aceptación.
4 En verano, la Gamecube tendrá unos 20 juegos disponibles.

C Ahora, comenta con el resto de la clase tu punto de vista sobre la influencia positiva o negativa que los videojuegos tienen sobre los jóvenes.

Grammar

PARA

para means "for", "in order to", in the sense of destination or purpose.

*La Gamecube sirve exclusivamente **para** jugar.*

Gamecube is exclusively **for** playing.

*Además, **para** muchos el precio de la consola no es algo tan importante.*

Moreover, **for** many people the price of the console is not so important.

*La rebaja de precio de la Xbox de Microsoft **para** frenar sus malas ventas ha provocado la reacción de Nintendo.*

The cut in the price of Microsoft Xbox **in order to** halt the decline in sales has caused Nintendo to react.

Para must not be confused with *por*, which can also mean "for" in English. Re-read the section on *por* in this unit and compare the uses of the two prepositions.

For more information on *para* see the Grammar Summary p278.

Ejercicio

Rellena los espacios en las frases siguientes con por o para.
a) Se inclinó _____ hablarle al oído.
b) –Hay alguien en la puerta que pregunta _____ ti.
c) _____ mí, la tecnología siempre ha sido un misterio total.
d) Ha venido a la oficina _____ que le diéramos las cartas.
e) Le han suspendido en Informática _____ haber estudiado poco.
f) Llegamos tarde al aeropuerto _____ culpa mía.
g) Todos trabajamos _____ dinero.
h) Estas flores son _____ vosotros.
i) Cuando viajas al sur de España normalmente pasas _____ Madrid.
j) Me echaron del colegio _____ indisciplina.

17 Mi hijo está enganchado a los videojuegos

Los niños de hoy son sedentarios, solitarios y están tecnologizados. La televisión y los videojuegos sustituyen en demasiadas ocasiones a los amigos con los que jugar. Según se desprende de un estudio europeo, los niños pasan demasiadas horas con los videojuegos o las consolas.

La obsesión por el juego provoca un cambio en la actitud del niño. Existen varios comportamientos que activan la señal de alarma: una reacción agresiva cuando se les prohíbe el juego, que utilice el tiempo del parque y de relacionarse con otros niños para divertirse con esa actividad, que evite o rechace otros juegos, o que ese entretenimiento obsesivo le impida centrarse en sus estudios. Ante esta situación se pueden adoptar las siguientes medidas:

➤ Reduce el tiempo dedicado a este juego pero no intentes prohibir totalmente su uso.

➤ Estimúlale hacia otras actividades que le resulten igualmente divertidas y, sobre todo, fomenta las relaciones con otros niños.

➤ Si hay signos de adicción acude a un especialista.

➤ Recuerda que el juego compartido es fundamental para su desarrollo y equilibrio emocional.

➤ Cuando está jugando con los demás, el niño se encuentra en su propia realidad; así expresa la idea que quiere dar a los demás de sí mismo, sus sentimientos y actitudes hacia el mundo.

A Traduce las siguientes palabras o expresiones del texto al inglés.

1 sedentarios
2 solitarios
3 pasan demasiadas horas
4 comportamientos
5 señal
6 divertirse con esa actividad
7 evite
8 rechace
9 le impida centrarse
10 medidas
11 sobre todo
12 fomenta
13 compartido
14 desarrollo
15 equilibrio
16 se encuentra en su propia realidad

B Responde a estas preguntas. Intenta no copiar frases del texto sino responder con tus propias palabras.

1 ¿Qué pasa si el niño parece tener adicción?
2 ¿Qué tipo de juegos debe practicar un niño?
3 ¿Cómo son los niños de hoy?
4 ¿Qué otros estímulos se le deben proponer a un niño?
5 ¿Qué se ha de hacer con el tiempo dedicado a los videojuegos?
6 ¿Qué le pasa al niño cuando juega con otros niños?

18 Los juegos de las consolas

A Escucha la entrevista y decide cuáles de estas frases son verdaderas (V), cuáles falsas (F) y cuáles no se mencionan (NM) en el texto. Si son falsas, corrígelas.

1 No importa qué videojuego se escoge.
2 El juego tiene que tener buenos gráficos.
3 El juego tiene que estimular la creatividad.
4 Hay que evitar los juegos violentos.
5 Los juegos violentos crean chicos violentos.
6 Los pequeños se decantan por los simuladores y juegos de naves.
7 Los padres sólo deben controlar las horas que los niños dedican a los videojuegos.
8 Los videojuegos restan creatividad debido a sus rígidas normas.

B Decide cuáles son las ventajas y las desventajas de las videoconsolas. ¿Cuáles crees que son las mejores y qué opiniones tienes de sus juegos? Escribe un artículo de unas 150 palabras.

El diseño industrial

19 De qué forma mejora nuestra vida el diseño industrial

Aparte de las videoconsolas, la tecnología también se ha introducido en nuestros hogares sin que nosotros nos hayamos dado mucha cuenta. Gran parte de esta situación se debe al diseño industrial.

¿Te apetece un zumo de naranja? Abre la nevera y coge un recipiente. Posiblemente lo asirás, de forma casi inconsciente, por la ranura que hay impresa en el cristal. Es un detalle muy práctico, pero en el que casi nadie se fija. De hecho, el primero que se dio cuenta fue un diseñador industrial, el español André Ricard creador de la botella Rania en 1967.

Todos nos topamos diariamente con sus obras de arte cotidiano, como el clásico interruptor Ibiza, grande y cuadrado, fácil de localizar en la oscuridad y de encender y apagar. Veinte años después de ser patentado, aún es apto para cualquier estancia y estilos decorativos muy diferentes. "Un buen diseño se distingue porque no llama la atención. Normalmente sólo te fijas en un interruptor cuando ha fallado o cuando estéticamente te resulta poco atractivo. ¿El mejor halago? Que pase tiempo y nadie se dé cuenta de que está ahí" afirma Ricard.

Por diseño industrial puede entenderse principalmente lo que tiene que ver con la adaptación de los productos, bienes o servicios a las necesidades de usuarios, clientes y consumidores. "Es la parte de la tecnología más próxima a la interacción del objeto con aquel a quien va destinado" asegura el diseñador Pedro Nueno. Una declaración que es puntualizada por Ricard: "Hay que evitar el exceso de diseño y centrarse en lo que realmente necesita una mejora". Así, el diseño industrial ha de conseguir que el producto se ajuste exactamente a las expectativas del usuario. Es el arte de lo cotidiano, el intermediario entre la industria y el consumidor, una disciplina capaz de domesticar las innovaciones técnicas para su uso diario.

En las últimas décadas el diseño industrial ha evolucionado de ser una mera respuesta a las necesidades prácticas de la sociedad – objetos tan simples como la fregona casi han eliminado una patología tan común en las mujeres españolas de hace medio siglo como la bursitis de rodilla – a convertirse en un valor cotidiano por el que se juzga la calidad de cualquier objeto. Son casos como el de los relojes Swatch, lanzados como un complemento de moda más que como instrumentos de medida del tiempo o, sistemas como el X-Press de Nokia, cuya utilidad es simplemente poder cambiar la carcasa del móvil por otras de colores diferentes.

A   **Relaciona las frases de las dos columnas.**

1 Es fácil encontrarse
2 Hay que concentrarse en
3 El diseño industrial es
4 Un buen diseño
5 El diseño industrial logra que
6 El mejor agasajo para un diseño industrial es que

a no destaca
b los productos se ajusten a las necesidades del usuario.
c sus clientes no noten que el objeto esté ahí
d la optimización de los productos existentes
e con ejemplos de diseño industrial
f una adaptación a las necesidades de los consumidores.

20 Entrevista a Manuel Jalón Corominas, diseñador industrial

Hasta los años cincuenta era costumbre fregar de rodillas. Jalón tuvo la idea de incorporar un palo a un haz de cabos de algodón que denominó mopa, facilitando mucho el trabajo. Es la patente española más reproducida en todo el mundo.

  Contesta las preguntas siguientes.

1 ¿Qué estudió Manuel Jalón Corominas?
2 ¿Por qué se puso a diseñar la fregona?
3 ¿Cuándo patentó la fregona?
4 ¿Qué consiguió socialmente la fregona?
5 ¿En qué se basó para el diseño?
6 ¿En qué consiste el verdadero trabajo del diseñador?
7 ¿Cuál es la condición más necesaria que tiene que tener un diseñador industrial?
8 ¿Ha recibido el Premio Príncipe de Asturias algún diseñador?

  Escucha el CD con atención. ¿Cuáles de las siguientes palabras oyes?

1	dedico	11	alguien
2	inútil	12	comprometerle
3	diseño	13	conseguir
4	rodillas	14	suficiente
5	patentó	15	sociedad
6	36.000.000 euros.	16	nunca
7	cubo	17	cultural
8	pie	18	activa
9	sencillo	19	humano
10	reducir		

   Piensa en algún objeto de tu entorno que crees que debería ser mejorado. ¿En qué lo mejorarías? ¿Cómo lo harías? Escribe tu idea de diseño industrial (100 palabras) y luego coméntala con toda la clase. Si tienes suerte, ¡paténtala!

Para terminar...

  Cuenta en 200 palabras cómo es un día de tu vida cotidiana y describe todos aquellos aspectos que se vean afectados por la tecnología.

- reservarlos por Internet y obtener un billete electrónico
- acudir a una agencia de viajes y reservarlo por métodos tradicionales

Imagina que tienes que reservar un vuelo para ir a Barcelona. Tienes dos opciones:

Comenta con tu compañero qué método utilizarías y por qué.

¿Somos todos iguales?

Entrando en materia...

Durante la historia de España se ha debatido frecuentemente el tema de los derechos humanos de los ciudadanos, desde el siglo dieciséis, con relación a los indios de los territorios latinoamericanos conquistados por los españoles, hasta nuestro siglo, en el que los derechos de la mujer, de los inmigrantes, de los niños, de los homosexuales, de los pobres, de los que están a punto de morir... siguen provocando sentimientos muy fuertes. En esta unidad vamos a tratar de México, concentrándonos en los derechos de los indios.

Los puntos gramaticales que se van a tratar son:

- la negación
- el gerundio (2)
- *lo, lo que y lo cual*

Reflexiona:

¿Cuáles son nuestros derechos fundamentales? ¿Por qué tenemos derechos, leyes y libertades? ¿Cuáles son los grupos que están más expuestos a ser discriminados? ¿Cuáles son los derechos de la gente marginada, como los inmigrantes y los gitanos? Los inmigrantes, ¿deberían tener el mismo derecho a trabajar que los ciudadanos nativos de un país? Las mujeres, ¿tienen ahora los mismos derechos que los hombres? ¿Son diferentes los derechos de los ciudadanos en los países más prósperos? ¿Qué papel tienen las instituciones supranacionales, como la Unión Europea, en cuanto a la discriminación?

Los derechos humanos a nivel europeo

1 La Unión Europea

Todo ciudadano debe tener derecho a vivir en la libertad y sin discriminación racista. A nivel nacional e internacional las instituciones y gobiernos suelen aprobar leyes que protejan al individuo y que impongan restricciones en la gente que viene de afuera, como la Ley de Extranjería en España. La Unión Europea, institución que toma muy en serio el tema de los derechos humanos, ha establecido una *Carta de los Derechos Fundamentales de la Unión Europea*, con capítulos sobre la dignidad, las libertades, la igualdad, la solidaridad, la ciudadanía y la justicia de los ciudadanos. El siguiente fragmento de una declaración de la Unión Europea muestra que los políticos se dan cuenta de la necesidad de hacer frente al problema de la discriminación. La UE afirma que el racismo es un mal que se debe erradicar de esta gran comunidad de 15 países y más de 300.000 millones de habitantes. España, que ingresó en la Comunidad Europea en 1986, y es uno de los estados más grandes de la UE, desempeña un papel importante en todas sus decisiones.

Los derechos humanos en la Unión Europea

Entre los valores comunes de la Unión se encuentra [...] el firme convencimiento de que la diversidad es una de las bases que han cimentado la construcción de la Unión Europea. Racismo, xenofobia e intolerancia son la antítesis del significado esencial de la Unión. Nuestra comprensión de los derechos humanos se centra en la defensa del principio fundamental de la no discriminación. Muy consciente de que racismo, xenofobia e intolerancia existen en sus propios Estados miembros, la UE se ha comprometido a combatir esos fenómenos tanto mediante las políticas nacionales de los 15 Estados miembros como a través de actuaciones de escala comunitaria.

El empeño de la UE en atajar el racismo y las formas conexas de intolerancia quedó plasmado en las numerosas actividades que emprendieron en todos los Estados miembros, Gobiernos y ONG* durante 1997, Año Europeo contra el Racismo. Su resultado más patente fue la creación del Observatorio Europeo contra el Racismo y la Xenofobia sito en Viena, cuyo mandato primordial es facilitar y analizar datos objetivos, fidedignos y homologables y mejores prácticas en materia de racismo, xenofobia y antisemitismo en los Estados miembros de la UE. El Centro ha establecido una red de información sobre racismo (RAXEN) que pueden utilizar ONG y especialistas.

*Organizaciones no gubernamentales

A Une las palabras españolas con las inglesas.

1 la antítesis	a to put a stop to	7 plasmado	g to undertake
2 comprometerse	b network	8 emprender	h opposite
3 mediante	c data	9 patente	i action
4 la actuación	d pledge	10 sito	j by means of
5 el empeño	e comparable	11 datos	k located
6 atajar	f to commit oneself	12 fidedigno	l obvious
		13 homologable	m reliable
		14 la red	n reflected

B **Encuentra en el texto las palabras que corresponden a las definiciones siguientes:**

1 actitud de desprecio hacia individuos de otras culturas o sociedades
2 hostilidad u odio hacia los extranjeros
3 conjunto de principios y reglas que aplican a las relaciones entre seres humanos en una sociedad civil
4 relacionada con la comunidad
5 cada uno de los países que pertenecen a la UE
6 enemistad contra todo lo relacionado con los judíos

C **Corrige los errores en las frases siguientes.**

1 La diversidad no es un valor imprescindible en la UE.
2 La UE es una institución que se basa en la intolerancia.
3 Afortunadamente, la UE se ha librado del racismo.
4 La xenofobia es un ideal que la UE persigue con fervor.
5 El Observatorio Europeo tiene como objetivo practicar racismo.
6 Se cerró el Centro que difunde datos antirracistas.

Los derechos de las mujeres

En España se estableció en 1983 el Instituto de la Mujer (**www.mtas.es/mujer/principal.htm**), que tiene como fin introducir la igualdad de sexo en todas las esferas de la vida española. Tiene especial interés en la incorporación de la mujer en el mundo laboral; España estaba muy atrasada en este aspecto bajo el régimen del dictador Franco, que murió en 1975.

2 Los supermercados Sánchez Romero y la discriminación

El artículo siguiente muestra que no ha desaparecido la discriminación en el empleo. El caso de una gran cadena de supermercados nos da un buen ejemplo de la discriminación en contra de cualquier persona que presente rasgos no deseables, sea mujer casada, o embarazada, o persona de otra raza.

Eva Suárez

Gregorio S. no tenía nada en contra de las personas que firmaron las solicitudes que él mismo tuvo que rechazar. Tampoco tenía nada en contra de su estado civil, social, físico, o acerca de su sexo, raza u opinión. Simplemente cumplía órdenes de sus superiores, afirma. Hasta que no pudo más. Hace ahora dos meses y medio, inició un procedimiento para abandonar su puesto de trabajo como auxiliar de selección de personal.

El día 24 de abril de 2002, presentó un informe en el Servicio de Mediación, Arbitraje y Conciliación de la Comunidad de Madrid (SMAC) pidiendo la exención de su contrato. Los motivos alegados: no aguantaba más en los supermercados Sánchez Romero porque le obligaban a rechazar las solicitudes de empleo de mujeres casadas, embarazadas o con hijos, y personas de procedencia árabe, piel negra u origen sudamericano.

Los únicos que se salvaban a la criba de esta importante cadena de supermercados eran aquellos candidatos extranjeros en los que «no se apreciase visiblemente la raza».

A   Lee el articulo e indica las 4 frases que sean correctas.

1 Gregorio tenía que firmar las solicitudes personalmente.
2 Gregorio tenía que obedecer lo que le mandaban sus jefes.
3 Gregorio quiere renunciar a su trabajo.
4 A Gregorio le encantaba trabajar con los supermercados Sánchez Romero.
5 El contrato de Gregorio había terminado.
6 Los supermercados Sánchez Romero no aceptaban las solicitudes de madres solteras.
7 Los supermercados Sánchez Romero recibían con mucho placer las solicitudes de gente de color.
8 Los extranjeros que no tenían rasgos obvios de su origen racial podían trabajar con la cadena.

Grammar

"DOUBLE NEGATIVES"

In Spanish a negative idea can be expressed by using either one or two negative words. The statements:

Nada sabía de sus derechos and *No sabía nada de sus derechos*

have the same meaning, which can also be expressed in two ways in English:

either **a)** He knew nothing about his rights.
or   **b)** He did not know anything about his rights.

A "double negative" is formed in Spanish when there are two or more negative words in a sentence, one of which comes before the verb (*No sabía nada de sus derechos*). In an English negative sentence, where two words or more are used, the first is negative ("not" in example (b)) and the second is affirmative ("anything' in example (b)).

Similarly:

Gregorio S. no tenía nada en contra de las personas que firmaron las solicitudes … Tampoco tenía nada en contra de su estado civil, social, físico …

Gregorio G. did not have anything against the people who signed the applications … He did not have anything against their civil, social or physical status either …

Note:
After the preposition *sin*, negative words like *nadie, nada, ninguno* also have to be translated by an affirmative word in English. If a verb follows *sin*, *no* is not used.

Encontraron la casa sin ninguna dificultad.
Estaba en la Ciudad de México sin conocer a nadie.

They found the house without any difficulty.
She was in Mexico City without knowing anyone.

For more information on negation see Grammar Summary on p276.

Ejercicios

1 Traduce al inglés:
a) La empresa no les ofrece empleo nunca si están casadas.
b) Los inmigrantes ilegales no tienen derecho a reunirse, ni asociarse, ni sindicarse.
c) Ningún ciudadano de la UE debería nunca practicar la discriminación racial.
d) Cruzaron la frontera sin que nadie se diera cuenta.
e) Mi padre no creía en nada.

2 Traduce al español:
a) I never tell her anything.
b) Nobody does anything to help the gypsies.
c) Without my saying anything they all began to depart.
d) Illegal immigrants have no rights to education or health care.
e) I didn't enjoy the meal either.

③ La mujer y la publicidad

La publicidad muestra a la mujer como un ser bello y no pensante cuya única función en el mundo es la de agradar al macho y embellecerse para él. Valgan como muestra los siguientes ejemplos, denunciados por el Observatorio de la Publicidad del Instituto de la Mujer.

Womens' Secret *[una tienda de ropa]*: "Puede que él tenga mil deseos, pero cuando te pongas el conjunto de ropa interior que Womens' Secret ha creado, el primer deseo del año serás tú."

Plaza y Janés *[una editorial]*: "Desayune con Einstein, suba al Everest a mediodía y acuéstese con Marilyn. Porque cualquier momento le será propicio para sumergirse en la Crónica del Siglo XX."

La historia se repite cada año. En vísperas de Navidad abundan los anuncios que utilizan la imagen de la mujer como simple objeto de deseo. Nokia: "Concédete un deseo estas navidades." Dicho texto aparece sobre la foto de una guapa joven rubia con gorro de Papá Noël y unos sugerentes labios rojos.

Esta clase de reclamos, insultantes para la inteligencia y los sentimientos de la mujer, podrían calificarse, incluso, como los más suaves. Hay otra publicidad que llega a invitar al hombre a tratar mal a la mujer. En este sentido, el anuncio del IWC *[una empresa que vende relojes]* es burdo e intolerable: "Este IWC de titanio es duro, especialmente con las mujeres. Sólo existe para hombres."

Desgraciadamente siempre hay una burrada que supera a la anterior. Hace varias semanas, la Confederación Española de Consumidores y Usuarios y el Instituto de la Mujer pidieron la retirada de una página publicitaria insertada en una revista especializada de ganadería, donde la empresa Mil Colinas promocionaba un toro semental que "liga con todas", y mostraba la fotografía del animal junto al cuerpo de una mujer negra desnuda. Machismo y racismo unidos. El colmo de la desfachetez. CAMBIO16 se puso en contacto con la compañía anunciante, que se negó a realizar declaraciones al respecto. Ante la polémica suscitada, el anuncio fue retirado.

A 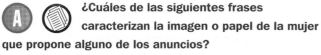 **¿Cuáles de las siguientes frases caracterizan la imagen o papel de la mujer que propone alguno de los anuncios?**

1 Un animal hecho para seducir
2 Una persona de mente abierta
3 Un ser que hay que tratar con mano dura
4 Una compañera agradable
5 Un objeto de deseo
6 Una persona poco inteligente
7 Un ser que carece de dignidad
8 Una persona superior

B **Haz un resumen del artículo en español, utilizando 150 palabras. Concéntrate en los puntos siguientes:**

● la imagen de la mujer según los anuncios
● el machismo y la publicidad
● el papel del Instituto de la Mujer

Un tabú llamado familia

Tres mujeres profesionales hablan de los problemas de la mujer que trabaja, especialmente la actitud del hombre, y cómo hacerse cargo de los niños.

   Escucha la primera entrevista. ¿Cuáles de las siguientes palabras oyes? Seis palabras son correctas.

1	renunciar	**7**	llevarán
2	denunciar	**8**	sean
3	apetecía	**9**	pediatra
4	jornada	**10**	escala
5	desecho	**11**	asistencia
6	siga	**12**	tasa

  Escucha la segunda entrevista. Termina las frases con las palabras del texto.

1 Los hombres usan a las mujeres …
2 A los de izquierda parece no importarles que tener hijos …
3 Y los de derechas vuelven a plantear el modelo de mujer-consorte, …
4 porque si te quejas te dicen …
5 Bueno, pues las mujeres …

 Escucha la tercera entrevista y encuentra las palabras que correspondan a las definiciones siguientes.

1 distribución
2 inhibidas
3 examinar
4 que no se encarga de algo como es debido
5 esencial
6 esposo o esposa

  Ahora escucha las tres entrevistas. ¿Quién lo dice?

Teresa	Carmen	Victoria

1 La mujer o el marido debe quedarse en casa algunos años para cuidar de los hijos.
2 Ni los sindicalistas ni los dueños asumen responsabilidad por sus familias.
3 Los hombres no suelen quedarse en casa para cuidar de un niño enfermo.
4 La situación de la mujer es aún peor si ella no tiene mucho dinero.
5 Los patrones suelen despedir a mujeres que están encintas.
6 El problema de cómo cuidar de los niños lo tiene que resolver la sociedad, y no la mujer.
7 Da asco que haya mujeres sometidas a la voluntad del marido.
8 Para mí, no hay más remedio que hacer un sacrificio personal por los niños.
9 Los hombres prefieren no hablar del problema de cómo repartir el trabajo doméstico.

5 **Clara Campoamor, la republicana que luchó por el voto de la mujer en España**

Fue, junto a Victoria Kent, la primera diputada española durante la República. Defensora de la igualdad de las mujeres consiguió su derecho al sufragio femenino.

PRIMERA PARTE

  Rellena los huecos con las palabras del cuadro:

barrio   abandonar   murió   llegó   cumplido
común   abuela   regresó   época   fueron
sueldo   periódico   permitía   sería
realmente   precaria

Todos conocen su nombre, pero ¿qué debemos **1**_____ a Clara Campoamor? Nació en Madrid, en el **2**_____ de Maravillas, hoy conocido como Malasaña, su padre trabajaba como empleado de un **3**_____ y su madre era modista. La **4**_____ era la portera del edificio, y la pareja **5**_____ desde Santander en una situación bastante **6**_____. Era el año 1888. A Clara le esperaba un destino bastante **7**_____ a la mayoría de las niñas de la **8**_____. Cuando su padre **9**_____, ella tenía 13 años y tuvo que **10**_____ los estudios para dedicarse a los trabajos manuales. Modista y dependienta de una tienda **11**_____ sus primeros oficios. Más tarde, **12**_____ auxiliar de telégrafos en Zaragoza y San Sebastián con un **13**_____ mínimo, pero que le **14**_____ vivir en una pensión. Poco tiempo después, **15**_____ a Madrid y fue secretaria del diario "La Tribuna". Clara había **16**_____ 26 años.

SEGUNDA PARTE

Sin embargo, el carácter inconformista de Clara, que ya percibía la situación de la mujer en la sociedad que le había tocado vivir, la llevó a retomar sus estudios y comenzó el bachillerato con 31 años. Empezó a participar en política y su visión de las cosas era tan moderna que ya planteaba un tema que hoy es motivo de debate: la legalización de las prostitutas, hecho con el que estaba en desacuerdo. Había cumplido los 36 años cuando terminó su carrera de Derecho y abrió su despacho en la plaza de Santa Ana, de Madrid. Poco quedaba de la sencilla muchacha que fue, pero su lucha por los derechos de las mujeres era una constante.

"El matrimonio convierte a la mujer en una menor al despojarla de su personalidad a cambio del amor legal", decía en sus conferencias sin ningún pudor, y, además, abogaba por el divorcio.

Junto a Victoria Kent fue elegida diputada por Madrid, donde pidió la igualdad civil en el matrimonio y la investigación de la paternidad en los casos en los que el hombre abandonaba a la mujer. Clara fue la primera mujer que intervino en el Parlamento, y se defendió de manera brillante. Su actividad fundamental fue la lucha por el voto femenino, tema que la llevó a enfrentarse con miembros de su propio partido y diferentes sectores progresistas.

La actitud vanguardista de Clara Campoamor la llevó a decir: "Dentro de mi partido sufrí arañazos y heridas, pero logré ver triunfante mi ideal. Todo lo doy por bien sufrido". La acusación de que la República había girado hacia la derecha gracias al voto femenino fueron algunas de las consecuencias de su lucha.

Francia, Suiza y Argentina, donde pasó 17 años, fueron el periplo de una generación mutilada por la guerra civil. Allí fue traductora, se vinculó con otras intelectuales españolas y redactó ensayos biográficos. Quiso morir en España, pero no lo logró. En 1972 terminó su vida, en el exilio, en Lausanne (Suiza).

  Contesta en inglés las preguntas siguientes:

1 Why did Clara begin to study again at the age of 31?

2 What did Clara think about the legalisation of prostitution?

3 How had Clara changed by the time she finished her studies?

4 What was Clara's view of women and marriage?

5 What steps did she take as an MP in the cause of women?

6 What problem did she have in her fight for the vote for women?

7 In what way was it thought that the women voters affected politics in Spain?

8 What did Clara do when she was living in exile?

Rellena los huecos en el primer párrafo del artículo siguiente con las palabras en el cuadro.

quienes	hasta	durante	desató	heridos	racista	recrudeció	carnicerías
han	extranjero	Interior	caerá	brutalidad	cometido	concentraciones	

Vecinos de El Ejido atacan a los inmigrantes y destrozan sus locales

Los disturbios se prolongaron toda la noche tras el asesinato de una joven a manos de un magrebí

T. CONSTENLA/A. TORREGROSA

La barbarie 1_____ se apoderó de El Ejido (Almería) este fin de semana 2_____ 24 horas. El asesinato de Encarnación López, de 26 años, el tercero 3_____ supuestamente por inmigrantes en dos semanas, 4_____ el odio y una ola de violencia sin precedentes que se ha cobrado 22 5_____. No hubo, sin embargo, detención alguna. Las 6_____ pacíficas del sábado derivaron por la noche en 7_____ xenófoba: decenas de vecinos arrasaron locales con sello 8_____, como una mezquita, locutorios telefónicos, 9_____ y restaurantes e incendiaron varios coches. El vandalismo duró 10_____ las cinco de la madrugada, y se 11_____ a lo largo de todo el domingo. Extranjeros, policías, políticos y periodistas 12_____ recibido amenazas y ataques. El ministro del 13_____ ha advertido de que el peso de la ley 14_____ sobre el presunto asesino y sobre 15_____ se toman la justicia por la mano.

La violencia xenófoba desatada en El Ejido la noche del sábado prosiguió durante todo el domingo, a tal punto que el Ministerio del Interior se vio en la necesidad de enviar anoche a 500 agentes de refuerzo procedentes de la Comunidad Valenciana y Murcia, que se unían a los 150 policías ya desplazados desde Málaga, Granada, Sevilla y Madrid y a una unidad de intervenciones de la Guardia Civil.

La vigilancia se concentra principalmente en los barrios de Santa María del Águila, donde vivía Encarnación López, de 26 años, apuñalada el sábado supuestamente por un joven marroquí, de 20 años, que venía recibiendo tratamiento psiquiátrico en el hospital almeriense de Torrecárdenas, y en Las Norias de Daza, donde reside el detenido. En este último barrio se concentraron los actos más graves de vandalismo.

Este fin de semana, en El Ejido, la vida de un inmigrante, y menos aún sus propiedades, no valía nada. Todo el odio, larvado durante años entre dos comunidades que se necesitan económicamente y que se rehúyen socialmente, estalló en una orgía vandálica que no respetó a nada ni nadie ajeno al propio pueblo. Una explosión de violencia espontánea, sin organización ni líderes. Lo más temible para la policía. "Estas movilizaciones son las más peligrosas", dijo un agente.

El alcalde, Juan Enciso (PP), incapaz de serenar los ánimos, pedía más policía para "controlar a personas que pueden infundir sospechas". "Somos la puerta de África y es imposible controlar a todas estas personas que entran ilegalmente", dijo.

  Lee los párrafos 2, 3, 4 y 5 del reportaje e indica cuáles de las declaraciones siguientes son correctas.

1 La violencia en El Ejido duró:
a) 3 días
b) 2 días
c) un día

2 De otras partes de España vinieron:
a) 650 policías
b) 150 policías
c) 500 policías

3 Según el artículo, el presunto asesino tenía:
a) parientes en Almería
b) problemas médicos
c) ideas xenófobas

4 Según el artículo, a partir de este momento, las propiedades de los inmigrantes tenían:
a) mucho valor
b) poco valor
c) un valor duradero

5 Las dos comunidades están:
a) totalmente separadas
b) separadas económicamente
c) separadas en su vida social

6 Los vecinos sólo se fiaban de:
a) la policía
b) los marroquíes
c) la gente habitual del pueblo

7 Juan Enciso echó la culpa a:
a) la policía
b) los "sin papeles"
c) los países africanos.

12 El Ejido: el conflicto de la inmigración

A **En la grabación, cuatro jóvenes dan su opinión sobre los conflictos en El Ejido. ¿Quién lo dice?**

Gonzalo   Armando   Luis   Daniel

1 Lo más importante es mejorar las condiciones sociales de los inmigrantes.

2 Es necesaria la inmigración porque la población se está reduciendo.

3 La legislación del Gobierno muestra que no entiende verdaderamente lo que pasa.

4 La situación actual es caótica.

5 La sociedad española es racista.

6 Falta concienciarse de la gravedad del problema.

7 Sólo una minoría es racista.

8 Los españoles son más racistas de lo que piensan.

9 La gente que vive en esta región no parece española.

Los derechos de los indios

13 Endesa choca con los indios en Chile

Familias pehuenches se niegan a abandonar sus tierras para que la empresa española construya una presa

Los mapuches –"hombres de la tierra", como se llaman a sí mismos los araucanos– libran en el Alto Biobío, el río más ancho de Chile, 640 kilómetros al sur de Santiago, la última batalla por el territorio de sus antepasados. El enemigo es la central hidroeléctrica Ralco, que inundará sus terrenos. Se trata de una inversión de 500 millones de dólares de la empresa Endesa España. Ralco, una presa de 155 metros de altura, con capacidad de embalsar 1.222 millones de metros cúbicos, inundará 3.395 hectáreas para satisfacer el 10% de las necesidades eléctricas de la zona central de Chile a partir del año 2002.

Los afectados son un grupo de 500 pehuenches – hombres del pehuén o araucaria, una conífera latinoamericana –, que integran el pueblo mapuche y habitan en las faldas de la cordillera de los Andes. Cerca de 600 hectáreas de su territorio, incluyendo sus viviendas y cementerios, quedarán bajo las aguas cuando Ralco comience a operar. Ocho de las familias se resisten a ser trasladadas a los nuevos terrenos que les ofrece Endesa, mientras 83 ya han aceptado ser reubicadas.

A los que se trasladan, Endesa les ofrece terrenos cercanos que, según tasadores independientes, valen 9,36 veces más que las tierras inundadas. Y a cambio de sus 636 hectáreas les ofrecen 21.337. Además, planes de asistencia agrícola, forestal y ganadera, un fondo de asistencia y viviendas con servicios básicos. En total la empresa gastará unos 20 millones de euros.

Pero la cultura de estas gentes se define por su relación con la tierra y la naturaleza. Y, al menos para los pehuenches que se resisten, no es lo mismo un terreno cualquiera que sus tierras ancestrales. Además, critican que el terreno de compensación no es de mejor calidad y, en una de las áreas, está cubierto la mayor parte del año, por entre 45 y 90 centímetros de nieve, lo que lo imposibilita para la ganadería y la agricultura.

"Nosotros no estamos disputando tierras ajenas, estamos defendiendo lo que nos dejaron nuestros antepasados. Es Endesa la que actúa ilegalmente y trata de apoderarse de lo ajeno. Estamos en nuestra tierra, y ni por un saco de oro me sacarán de ella. Sólo muerta", sostiene Nicolasa Quintreman, líder de quienes se resisten al traslado. "La tierra es una madre para nosotros", afirma José Antolín, cacique de una de las comunidades.

En una carta que entregaron a universitarios y ecologistas que se manifestaban en el Alto Biobio contra Ralco, los pehuenches partidarios de la represa replicaron: "Ustedes dicen que a nosotros nos engañan, pero no es verdad, nosotros sabemos lo que queremos. Nosotros queremos un futuro mejor y eso lo vamos a lograr con trabajo y las permutas de tierra que hemos arreglado con la Endesa".

Quienes resisten tienen, por ahora, en jaque al millonario proyecto: como el traslado es voluntario según la ley indígena, basta que una familia no lo acepte para que Endesa deba acudir a los tribunales y esperar una resolución judicial que dirima si tiene más peso la legislación que protege la tierra de los pueblos autóctonos, o la ley eléctrica, que permite expropiar terrenos por interés público.

Busca en el texto las frases españolas que correspondan a las siguientes inglesas.

1 are fighting the last battle
2 have agreed to re-location
3 according to independent evaluators
4 to seize what belongs to others
5 demonstrated
6 have put in jeopardy
7 to go to court
8 the native peoples

   Contesta las siguientes preguntas en español.

1 ¿Por qué están luchando los indios?
2 ¿Qué quiere Endesa que hagan las ocho familias?
3 ¿Por qué parece bien lo que ha ofrecido Endesa?

4 ¿Por qué las ocho familias rechazan el ofrecimiento?
5 Explica brevemente el punto de vista de Nicolasa Quintreman.
6 ¿Por qué muchos pehuenches han aceptado el traslado?
7 El último párrafo señala un posible conflicto legal. Explícalo.

   En esta disputa entre los indios y la multinacional, ¿quién lleva la razón? Comenta los dos puntos de vista con tu compañero. Luego escribe 150 palabras en español, en primera persona, apoyando el punto de vista de uno de los siguientes personajes:

● un representante de Endesa
● un indio que esté en contra del traslado
● un indio que esté a favor del traslado
● un consumidor de elecricidad chileno que vaya a beneficiarse de la nueva presa

Grammar

LO, LO QUE AND LO CUAL

lo

The neuter article *lo* followed by an adjective or a past participle is used to make an abstract noun, conveying the idea of "thing" in English.

*No es **lo** mismo un terreno cualquiera que sus tierras ancestrales.*	Any old piece of land is not the same thing as one's ancestral lands.
*Endesa trata de apoderarse de **lo** ajeno.*	Endesa is trying to seize what belongs to someone else.
***Lo** más inesperado fue que la mayoría de las familias se pusieron de acuerdo con Endesa.*	The most unexpected thing was that most of the families accepted Endesa's offer.

lo que and lo cual

lo que/ lo cual, meaning "what" or "which" is a neuter relative pronoun which refers back to a whole idea rather than to a specific noun.

*Estamos defendiendo **lo que** nos dejaron nuestros antepasados.*	We are defending what our ancestors left us.
*Según la ley indígena, el traslado es voluntario, **lo que/lo cual** ha hecho que Endesa acuda a los tribunales para buscar una solución.*	According to Indian law, the move is voluntary, which has forced Endesa go to court to seek a solution.

For more information see Grammar Summary on p266.

México

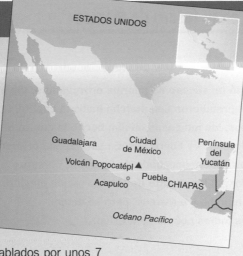

ESTADOS UNIDOS

Guadalajara Ciudad de México Península del Yucatán
Volcán Popocatépl ▲
Acapulco Puebla CHIAPAS

Océano Pacífico

Situación: México forma parte de América del Norte. Limita con Estados Unidos al norte y Guatemala y Belice al sur. Tiene mar al este, el Atlántico, y al oeste, el Pacífico.

Superficie: 1.972.547 km^2

Población: 100 millones de habitantes; de éstos, 22 millones viven en la Ciudad de México.

Lengua: predomina el español pero hay 50 dialectos de indígenas, hablados por unos 7 millones de personas.

Moneda: el peso

Industrias principales: agricultura (algodón, tomates, azúcar, café); ganadería; minería; textiles; petróleo; turismo.

Administración: México está dividida en 31 estados, más la capital, La Ciudad de México, que es un Distrito Federal.

Historia: En la época prehispánica México estaba ocupado por varias tribus indígenas, la mejor conocida de las cuales es la maya, que se encontraba en la península del Yucatán. Al llegar Hernán Cortés, el español que conquistó el país, en 1519 una tribu guerrera, los aztecas, dominaba México por fuerza militar desde su capital, Tenoctitlán. Después de la caída de Tenoctitlán este lugar llegó a ser la capital de México y el país se llamaba Nueva España. Siguió el período colonial hasta 1821, cuando los mexicanos ganaron su independencia y México se estableció como una República Federal.

En 1864 Maximiliano de Habsburgo fue nombrado emperador de México, firmó el Tratado de Miramar con Napoleón III de Francia, en el cual se dictaba la política que debía seguir su gobierno. En 1867 Maximiliano se veía desprotegido por Francia y quería renunciar al trono, pero los conservadores le convencían para que continuara en el poder. Fue atacado por los republicanos y finalmente fue tomado preso y fusilado en el cerro de las Campanas. Se restauró la República con Benito Juárez como presidente. En 1910, después del derrocamiento del Presidente Porfirio Díaz, comenzó la Revolución mexicana, una lucha sangrienta entre varias facciones que duró unos diez años. En 1929 se formó el primer partido político oficial, llamado Partido Nacional Revolucionario (actualmente Partido Revolucionario Institucional, PRI). El presidente Lázaro Cárdenas (1934–40) decretó la expropiación de las empresas petroleras y constituyó la Compañía Exportadora del Petróleo Nacional; también comenzó a tomar medidas para reducir el analfabetismo e inició una distribución más igualitaria de la tierra. Los años 90 fueron dominados por la lucha entre las autoridades mexicanas y los indios de Chiapas, que reclamaban un tratamiento mejor. El PRI había ganado todas las elecciones desde su comienzo hasta el año 2000, cuando fue derrotado por la Alianza por el Cambio, el partido del nuevo presidente, Vicente Fox.

Atracciones turísticas: La Ciudad de México, la mayor ciudad del mundo, tiene muchos atractivos, tanto antiguos como modernos; fue construida en el mismo sitio que Tenoctitlán, capital de la civilización azteca. En el centro de la ciudad está situada la Plaza de la Constitución, o el Zócalo, y a un lado el Palacio Nacional, que contiene los murales de la historia de México, pintada por Diego Rivera. Cerca de la Ciudad de México está situada Teotihuacán, una de las ciudades arqueológicas más importantes de Latinoamérica, y el volcán Popocatépetl (5.442 metros). Entre otras atracciones destacan la segunda ciudad de México, Guadalajara, menos contaminada que la capital, Yucatán, centro de la civilización antigua de los Mayas, y la región india de Chiapas, al sureste del país. Otras ciudades de interés son Puebla, bien conocida por su gastronomía, y Acapulco, centro de ocio, situada en la costa del sur.

14 Los indios piden sitio en el futuro de México

LOS INDIOS EN MÉXICO

En marzo de 2001, en México, ocurrió un suceso de enorme envergadura: los indios de Chiapas en el sureste del país emprendieron una marcha hacia la capital, la Ciudad de México. Durante siete años, los indígenas habían hecho la guerra al Gobierno mexicano a favor de sus derechos y libertades. En esta época el líder de los indios, el subcomandante Marcos, 'el encapuchado de Chiapas', comenzó negociaciones de paz con Vicente Fox, el Presidente de México recién elegido. El artículo que sigue se refiere a esta marcha y a Marcos, pero se ocupa mayoritariamente de la suerte de los indios pobres de México.

Tras siglos de marginación, la marcha de Marcos saca a luz la causa indígena. Un congreso ha debatido la situación

Los revolucionarios Emiliano Zapata y Miguel Hidalgo[1] levantaron en armas a parientes de los miles de indígenas reunidos este fin de semana en Nurio (Michoalcán) reclamando respeto y consideración constitucional. El subcomandante Marcos, el insurrecto contemporáneo, convocó de nuevo por la libre determinación de los diez millones de indígenas mexicanos, cuyos ancestros causaron un intenso debate durante la colonización española: ¿debían ser considerados bestias, recursos naturales o hijos de Dios?

Las dudas sobre la verdadera condición de los habitantes originarios de América Latina prosiguieron a mediados de los setenta, no sólo en México, sino en Bolivia, Ecuador o el altiplano andino. Una pareja de misioneros navarros cabalgaba por la cordillera sobre mulas, y a su paso los campesinos indígenas les observaban, masticando bolos de coca que abultaban los carrillos como flemones. " José María", preguntó a su compañero uno de los sacerdotes, "¿estos seres tendrán alma?"

Las desigualdades actuales

La desigualdad y el racismo continúan en el siglo XXI, y la burguesía déspota y paleta de los barrios residenciales de Ciudad de México, Cuernacvaca y Monterrey aún apalea a las domésticas indígenas con conclusiones de encomendero[2]: "Es que con estos indios no se puede, son como animales." Hacia las seis de la mañana, en las lomas de la capital, indias de 15 a 50 años lavan a diario los coches de los señores, corren a servirles el desayuno, hacen la comida y la cena, pasean el perro y aguantan las impertinencias de niños con tarjeta de crédito y móvil. Miles de empleados abandonan sin previo aviso, y entonces las señoras se enfadan. "Son unas maleducadas. No se puede confiar en esta gente."

La nueva ley

Tres millones y medio de indígenas casi o totalmente analfabetos sobreviven en la capital federal y zona metropolitana lavando platos o escaleras, atendiendo fritangas o burdeles, vendiendo artesanías en el Zócalo[3], haciendo el pino en los semáforos, o alimentando las calderas de la ciudad más poblada del mundo. Los 5.000 delegados asistentes al III Congreso Nacional de Nurio debatieron sobre este triste destino, sobre la prosperidad de la tierra, sobre urgencias y prioridades, ajenas muchas a la revolución social pretendida por Marcos. El asunto central fue el proyecto de ley que establece derechos y culturas de su universo. La caravana zapatista rumbo al Congreso de Ciudad de México exigió en el foro de Michoacán el cumplimiento de un proyecto cuyo trascendental contenido divide a diputados y senadores. "¡Nunca más un México sin nosotros!" reiteró allí el Ejército Zapatista de Liberación Nacional (EZLN).

El atraso de los indios

México afronta la rebelión de los más pobres, de las 57 etnias, amigas o adversarias del encapuchado de Chiapas, pero solidarias todas con la causa de la autonomía, y la dignidad enarbolada por los rebeldes de Chiapas. Las estadísticas sobre el número de etnias varían: desde las 57 aceptadas, hasta la suma de 62 con 92 lenguas diferentes. Su atraso es tan terrible como obligatoria la concentración de esfuerzos gubernamentales y sociales para reducirlo. Mientras la media nacional del alfabetismo, según datos oficiales, es del 10,46%, en las comunidades indígenas trepa hasta el 45%. El 75% de los indios mexicanos no acabó la primaria, el 83,6% de los niños muere por dolencias intestinales, el 60% está desnutrido y el 88,3% de las viviendas no tiene drenaje. México, con 100 millones de habitantes, registra un índice de pobreza del 43%.

[1] Dos héroes de la historia mexicana. Hidalgo se identifica con la lucha por la independencia del pueblo mexicano a comienzos del siglo XIX. Un siglo después, Zapata, como líder militar durante la Revolución mexicana, defendió los derechos de los campesinos; murió asesinado en 1919.
[2] en la época colonial, hombre que tenía indios a cambio de protegerlos
[3] plaza central de la Ciudad de México

A   Encuentra en el texto las palabras que tienen el mismo sentido que las siguientes:

1 indios	6 mejillas	11 que no sabe leer ni escribir
2 rebelde	7 sin educación	12 en dirección a
3 antepasados	8 soportan	13 de gran importancia
4 continuaron	9 dichos molestos	14 independencia
5 iba a caballo	10 se enojan	15 sube

B   Une la primera parte de cada frase con la segunda parte que mejor corresponda.

1 Los indios se reunieron en Nurio
2 El cura preguntó a su compañero
3 En los barrios de las grandes ciudades
4 Cuando los indios abandonan su empleo
5 Los indios que viven en la Ciudad de México
6 Todos los delegados sin excepción

a las señoras se quejan de su falta de educación.
b con el fin de pedir más trabajo para los indios.
c si era posible que esta gente tuviera alma.
d la gente de clase media trata a sus criadas indias con desprecio.
e apoyaban la rebelión de Chiapas con entusiasmo
f hacen trabajo de baja categoría.
g para pedir del Gobierno que les concediera más respeto.
h apoyaban el principio de la independencia de los indios.

C   Traduce al español el texto siguiente. En el texto sobre los derechos de los indios encontrarás algunas palabras y expresiones que puedes utilizar.

The Indian women who live in and around Mexico City are forced to do the jobs that nobody else wants: they have to wash the cars of the well-off, cook for them, serve breakfast to their spoilt children and walk the dog. It's not surprising that many walk out without giving notice and get a reputation for being untrustworthy. Now all this is going to improve: Marcos and his men, who have fought for the rights of the Indians in the jungle for seven years, are giving their dignity back to the Indians. They hope that the new bill will give them greater freedom and that, in future, their culture will be better respected by the majority in Mexico.

15 Marcos habla

Este texto ha sido sacado de una entrevista dada por el subcomandante Marcos, una figura carismática que dirige la lucha por sus derechos de rebelión de los zapatistas, los indios de Chiapas, en la selva del suroeste de México. Marcos siempre lleva un pañuelo amarrado al cuello y una gorra; tiene costumbre de fumar en pipa. Fue entrevistado por dos colombianos, el novelista Gabriel García Márquez y un periodista, Roberto Pombo.

PRIMERA PARTE

  Escucha el CD y contesta en español las preguntas siguientes:

1 Marcos da dos razones para llevar el radio. Explícalas. ¿Cuál es la verdadera?
2 ¿Por qué lleva Marcos el pañuelo rojo?
3 ¿Cuánto tiempo lleva la gorra?
4 Explica con tus propias palabras el significado de los dos relojes.
5 ¿Por que necesita Marcos tiempo para leer?

SEGUNDA PARTE

   Haz un resumen de la segunda parte de la grabación utilizando aproximadamente 100 palabras. Concéntrate en los puntos siguientes:

- el valor de la palabra para Marcos, y su manera de aprenderla
- su experiencia con la lengua de los indios
- los padres de Marcos
- la importancia de los libros en la infancia de Marcos
- el contraste entre la vida de provincias y la de la capital

Para terminar...

  Comenta con tu compañero el tema siguiente: ¿Es posible organizar legalmente la entrada de los inmigrantes que necesita la sociedad española? Quizás será necesario investigar más este tema en Internet, o refiriéndote a artículos de la prensa española.

No os olvidéis de incluir en vuestra discusión:

- por qué la sociedad española necesita a inmigrantes
- el impacto de la Ley de Extranjería
- la situación y los derechos de los ilegales

Después habrá un debate en clase sobre el tema.

  Te llamas Malouk y eres senegalés. Has viajado de Senegal a España pasando por Argelia y Marruecos hasta llegar finalmente a Andalucía. Viajaste con otros inmigrantes en una patera por el Estrecho de Gibraltar. Cuenta tu historia en primera persona, utilizando aproximadamente 250 palabras. Menciona:

- el viaje por el Sahara
- cómo conseguiste un sitio en la patera
- la acogida que recibiste en España
- lo que estás haciendo en España actualmente

  "La publicidad muestra a la mujer como un ser bello y no pensante cuya única función en el mundo es agradar al macho y embellecerse para él." ¿Estás de acuerdo?

Hacia un mundo global

Entrando en materia...

En esta unidad nos adentramos en el mundo de la política española con ETA y dos de los temas más polémicos de la política internacional: las relaciones con Marruecos y el problema de Gibraltar. Después se analizarán diversos temas de economía que se engarzarán con la globalización y se considerará cómo afecta este fenómeno a Argentina. Los puntos gramaticales que se tratarán son:

● demonstrativos
● ser y estar
● diminutivos
● adverbios
● ciento, mil y un millón

Reflexiona:

¿Cómo crees que afecta el terrorismo a las sociedades que lo sufren? ¿Por qué? ¿Consideras que los nacionalismos son un anacronismo del pasado o simplemente una reacción contra la globalización? ¿La globalización es un proceso positivo o negativo para la humanidad? ¿Por qué? Tras el ataque contra las Torres Gemelas en Nueva York, se percibe al mundo árabe como una amenaza. ¿Pueden ser las relaciones hispano-marroquíes una manera de solucionar dicho problema o, por el contrario, pueden agravarlo? ¿Existe alguna posibilidad de que España y el Reino Unido lleguen, por fin, a un acuerdo sobre Gibraltar o por el contrario es éste un problema sin solución? ¿Cómo es posible que países tan ricos como Argentina estén en una situación económica de ruina? ¿Cuáles crees que son los motivos? ...

El terrorismo en España

El principal problema con el que se encuentra España es la lacra terrorista de ETA. A principios del siglo XXI, este país arrastra todavía un problema heredado de la época franquista. A finales de los años 50 se empezaron a producir los primeros atentados. Aunque inicialmente los ataques se dirigían a entidades oficiales y miembros de los cuerpos y fuerzas de seguridad del Estado, son muchos los civiles muertos en atentados.

 ¡Basta Ya!

La falta de libertad y las presiones que sufren los vascos no nacionalistas dio lugar al nacimiento de la iniciativa ciudadana ¡Basta Ya!, a finales de 1999. Un grupo de personas, de muy diversa ideología, decidieron «oponerse activamente al terrorismo en cualquiera de sus formas, ayudar a las víctimas y defender el Estado de Derecho en el marco de la Constitución y el Estatuto de Autonomía». Con estos principios intentan movilizar a la sociedad, sin el ánimo de sustituir a los partidos políticos ni de competir con otros colectivos. Su intención es recuperar la calle y recordar a las instituciones cuáles son sus obligaciones. Lee la siguiente nota que escribió la asociación ¡Basta Ya! que describe la situación existente en el País Vasco.

 En la actualidad, muchos ciudadanos del País Vasco sufren la limitación de sus libertades más elementales:

No pueden decir lo que piensan o ejercer sus derechos sin asumir serios riesgos personales. La mayoría de estas personas no son nacionalistas y se han opuesto a las pretensiones de ETA: ésta es la causa principal de las agresiones que deben soportar. Muchas personas han sido asesinadas y otras han tenido que exiliarse; son centenares las que sufren amenazas y ataques en la calle, en sus puestos de trabajo y en sus propios domicilios. Lo que es peor, las víctimas de estos ataques intolerables tampoco encuentran en las instituciones vascas el necesario apoyo que éstas deben darles, mientras que los agresores disfrutan de una asombrosa impunidad. Muchos ciudadanos están desamparados, injusticia que no sólo limita su libertad personal, sino que deteriora la convivencia y los derechos elementales de todos los vascos. No resulta exagerado afirmar que ETA y sus cómplices pretenden erradicar toda disidencia recurriendo a medios inhumanos.

A 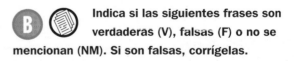 Las siguientes expresiones o palabras tienen que ver con la situación descrita por ¡Basta Ya! ¿Qué crees que significan? Debate con tus compañeros el significado de estas palabras tan comunes en el vocabulario de los españoles y acuerda con ellos una definición.

1 Estado de Derecho
2 Constitución
3 Estatuto de Autonomía
4 derechos elementales
5 ETA
6 amenazas
7 nacionalistas vascos
8 disidencia

B Indica si las siguientes frases son verdaderas (V), falsas (F) o no se mencionan (NM). Si son falsas, corrígelas.

1 La organización ¡Basta Ya! opera en toda Europa.
2 ¡Basta Ya! quiere que las instituciones cumplan con sus deberes.
3 La ideología no importa dentro del movimiento ¡Basta Ya!
4 Las víctimas se encuentran desamparadas.
5 Las amenazas sólo se producen en la calle.
6 Muchos vascos han tenido que irse a vivir a otras regiones de España.

C Haz un resumen en español (100 palabras) de las ideas principales del texto.

Grammar

DEMONSTRATIVE ADJECTIVES AND PRONOUNS

The demonstrative adjectives and pronouns are differentiated by the use of the written accent on the pronouns. Thus the adjective *este/esta/estos/estas* means "this", and the pronoun *éste/ésta/éstos/éstas* means "this (one)". The same differentiation occurs with *ese* and *ése*, *aquel* and *aquél* etc.

La mayoría de **estas** *personas no son nacionalistas y se han opuesto a las pretensiones de ETA; ésta es la causa principal de las agresiones que deben soportar.*	Most of these people are not nationalists and they have opposed ETA's aspirations; this is the main cause of the attacks that they have to put up with.

For more information on demonstratives see Grammar Summary, p265.

2 ETA

Los menores de 30 años no saben lo que es vivir sin la presencia de ETA, una organización terrorista que ha matado a más de 800 personas desde su fundación.

Su nacimiento, en 1959, despertó simpatías en algunos sectores antifranquistas, que en esos primeros años se resistían a calificar como terroristas a un grupo de jóvenes nacionalistas combativos contra la represión de la dictadura bajo la consigna de «País Vasco y Libertad». Hoy, en plena democracia, es ETA quien mantiene su dictadura, la dictadura del terror.

Un grupo de estudiantes radicales fundó Euskadi Ta Askatasuna (Tierra Vasca y Libertad) en Bilbao el 31 de julio de 1959. Una alternativa violenta a los postulados del PNV (Partido Nacionalista Vasco) con cuatro pilares básicos: la defensa del euskera (el idioma que se habla en el País Vasco), el etnicismo, el antiespañolismo y la independencia de los territorios que, según reivindican, pertenecen a Euskadi: Álava, Vizcaya, Guipúzcoa y Navarra (en España), Lapurdi, Baja Navarra y Zuberoa (en Francia).

La organización terrorista ETA, sin embargo, no está sola en su lucha violenta por la independencia de Euskal Herria. Diversos colectivos ciudadanos, con fines aparentemente legales, contribuyen a su financiación, constituyen canales de difusión de sus mensajes e ideología, sirven de apoyo a los presos de la banda, reclutan y adiestran nuevos activistas y actúan como interlocutores políticos.

Organizaciones como KAS, Segi o Gestoras Pro Amnistía, asociaciones juveniles como Jarrai y Haika, periódicos como Egin y Gara, sindicatos como LAB y partidos políticos con representación en el Parlamento Vasco como Herri Batasuna y Batasuna han sido considerados por los tribunales como pertenecientes al denominado entorno de ETA. Muchos de ellos han sido ilegalizados y sus miembros procesados y encarcelados.

A Encuentra en el texto las palabras o expresiones que tienen el mismo sentido que las siguientes.

1 aspecto
2 creación
3 conceptuar
4 peleones
5 eslogan
6 violentos
7 opción
8 protección
9 reclamar
10 alistan
11 prohibidas
12 enviados a prisión

  B Responde a estas preguntas relacionadas con el texto.

1 ¿Ha estado alguna vez la gente de acuerdo con ETA?
2 ¿Qué significan las siglas ETA?
3 ¿Qué reivindicaban en un principio?
4 ¿Cuántas personas han muerto hasta la fecha en actos terroristas?
5 ¿Qué regiones consideran los nacionalistas Euskadi?
6 ¿Cuál es el lado legal de la organización terrorista?
7 ¿En qué ayuda el entorno de ETA a la organización terrorista?
8 ¿Qué tipo de organizaciones componen el entorno de ETA?

3 Dos posturas encontradas

  A Escucha a Jon López representante de Batasuna y a Ignacio Echevarría del Partido Popular hablando sobre el problema que existe en el País Vasco (o Euskal Herria como dice Jon) y marca con una X a quién corresponde cada declaración.

	Jon	Ignacio
El problema del País Vasco es la falta de independencia.		
El problema del País Vasco son las víctimas del terrorismo.		
España y Francia imponen sus ideas a los ciudadanos del País Vasco.		
Es ETA quien impone sus ideas asesinando a los que estén en contra suya.		
Se niega al pueblo vasco el derecho fundamental de autodeterminación.		
El derecho fundamental que realmente se vulnera es el de la vida.		
La paz se debe construir una vez se admita el derecho a la independencia.		
La paz se logrará cuando los asesinos dejen de matar.		

  B ¿Está justificado usar la violencia para defender una causa política? ¿En qué casos podría estar justificada? ¿En qué casos no? Justifica tu respuesta ante tus compañeros.

C Ahora que conoces las opiniones de Jon e Ignacio y la situación que se vive en el País Vasco, escribe un ensayo (150 palabras) expresando cuál crees que es la situación en el País Vasco y cuáles crees que son las soluciones más apropiadas.

Política internacional

Si en la Política interna el problema terrorista es el de mayor envergadura para España, en la política exterior una de las mayores dificultades a las que se enfrenta España se centra en el área geográfica del Estrecho de Gibraltar donde dos son los problemas fundamentales: el contencioso que se mantiene con Marruecos y el que se sostiene con Gran Bretaña.

4 España-Marruecos: las razones del penúltimo conflicto

  Completa este texto con las siguientes palabras.

paso	registrada	periódicamente	tormenta	monarca
circunstancias	lograr	reaccionado	prensa	débil	sobre
disgusto	autodeterminación	mantener	ganar	libertad
cara	favorecidas	según	emigración	

Son más los intereses que unen que los que separan. Pero **1**, las relaciones oficiales entre Madrid y Rabat se ponen al rojo para demostrar que los segundos también existen. Y, de **2**, para que alguno de los dos gobiernos – normalmente el marroquí – pueda sacarles rédito por **3** de política interna.

Esta ha sido la razón de la penúltima crisis política **4** entre España y Marruecos el pasado mes de diciembre. El contencioso más serio guarda relación, **5** todos los indicios, con la visita del Rey Mohamed VI al Sahara Occidental en aquellas fechas para subrayar la reivindicación marroquí **6** ese territorio. Dadas las críticas aparecidas en la prensa española contra la tesis de Marruecos, **7** por el último tanteo negociador de la ONU proclive a descartar definitivamente el referéndum de **8**, Rabat decidió llamar a consultas a su embajador en Madrid y cancelar la cumbre hispano-marroquí.

La ex-colonia española sigue levantando ampollas en las relaciones bilaterales. Madrid intenta, oficialmente, **9** cierta neutralidad, pero la postura ampliamente favorable a las demandas de los saharauis por parte de la **10** española genera desconcierto en Rabat. El régimen alauí –

quizá por falta de experiencia – no termina de entender la **11** de expresión en España y cree descubrir una «mano negra» oficial detrás de los editoriales pro-saharauis.

Marruecos ha **12** también con irritación tras las declaraciones del ministro de Exteriores español, Josep Piqué, en las que se critica la negligencia policial marroquí en materia de **13** ilegal hacia España, la conocida tragedia de las «pateras», embarcaciones pequeñas que cruzan el Estrecho de Gibraltar llenas de emigrantes ilegales. Rabat echa en **14**, además, a España su presión en el seno de la UE para **15** un acuerdo de pesca más favorable a Madrid, y lee con **16** los comentarios habituales de los medios de opinión españoles sobre la lentitud de las reformas políticas que en su día prometió el joven **17**.

No son, en su mayor parte, contenciosos nuevos. Pero el nuevo régimen marroquí necesita **18** credibilidad y prestigio en el interior. Y habitualmente, cuando necesita flexionar los músculos utiliza a España como «sparring». Argelia es demasiado **19**, Francia es su espejo cultural, y Estados Unidos un imprescindible aliado militar de la Monarquía. Hay **20** en el estrecho, pero el pronóstico es bueno.

  B **Contesta en español con tus propias palabras las siguientes preguntas relacionadas con el texto.**

1 ¿Cuál ha sido la razón de la crisis política entre Madrid y Rabat?

2 ¿Por qué se canceló la cumbre hispano-marroquí?

3 ¿Qué postura mantiene el gobierno español con respecto al Sahara?

4 ¿Cuál es la postura de la prensa española con respecto al Sahara?

5 ¿Qué piensa Marruecos de la prensa española?

6 ¿Qué critica el Ministro de Asuntos Exteriores español a Marruecos?

7 ¿Qué critica Marruecos a España?

8 ¿Por qué Marruecos no mantiene conflictos con otros países?

  C **Escribe unas breves notas (100 palabras) describiendo cuáles son las dos posturas en las relaciones hispano-marroquíes.**

  D **Comenta estas posturas con tus compañeros.**

5 Gibraltar: La solución de la soberanía compartida

Por primera vez desde 1713, comienza a vislumbrarse una solución definitiva al contencioso que desde el Tratado de Utrecht enfrenta a España y el Reino Unido por la soberanía de Gibraltar. Tres siglos de desencuentros que ahora pueden cristalizar en una solución definitiva sobre la última colonia en suelo europeo.

En un sorpresivo mensaje a la Cámara de los Comunes, el ministro de Asuntos Exteriores británico, Jack Straw, anunció el pasado día 12 de julio de 2002 que Gran Bretaña está dispuesta a compartir la soberanía de Gibraltar con España. Entre gritos de protesta de la oposición, Straw señaló que ambos Gobiernos han acordado una serie de principios «entre ellos, compartir la soberanía». El portavoz de Exteriores del principal partido de oposición, el conservador Michael Ancram, calificó el anuncio de «lamentable» y acusó al Gobierno de querer forzar a los gibraltareños a abandonar su ciudadanía británica. Jack Straw aseguró a la Cámara que no estaba dispuesto a llegar a un acuerdo a «cualquier precio» y recalcó que el acuerdo sería sometido a un referéndum para que los propios gibraltareños decidan su futuro, pero señaló que el actual status quo era perjudicial tanto para Gran Bretaña como para los habitantes del peñón.

«Gibraltar no progresará mientras no se resuelva esta disputa. Los intereses de Gran Bretaña también se ven afectados porque entorpecen la alianza estratégica que estamos forjando con España para la reforma de Europa. El único modo de conseguir un futuro próspero y estable para Gibraltar es mediante un acuerdo exhaustivo y permanente. Esto significa conseguir un acuerdo en todos los temas con España, incluido el de la soberanía», señaló el canciller. Según el ministro laborista, se han logrado «significativos avances» en la primera fase de las discusiones para llegar a un acuerdo. «Tras 12 meses de negociaciones, estamos de acuerdo sobre las bases para un acuerdo duradero», dijo Straw.

El principal escollo, por no decir el único, a la hora de llegar a un acuerdo sólido se encuentra en la actitud de los líderes gibraltareños y, en especial, de Peter Caruana, ausente de las negociaciones. Los gibraltareños reclaman un derecho de veto que no aceptan ni Madrid ni Londres. Ante esta situación, el Ministro de Exteriores británico ha garantizado que habrá referéndum, pero nunca para tratar sobre autodeterminación: «El caso de Gibraltar es único porque el Reino Unido adquirió y mantiene la colonia en virtud de un tratado con el Reino de España. Y en ese tratado, el de Utrecht, está muy claro que si el Reino Unido renuncia a Gibraltar, España tiene preferencia para recuperarlo. Y no hay ninguna posibilidad de que Gibraltar sea independiente a no ser que España renuncie a sus derechos».

A **Une estas palabras sacadas del texto con sus equivalentes.**

1	contencioso	**a**	precisar, concretar, cuajar
2	cristalizar	**b**	repitió, insistió, reiteró
3	gritos	**c**	inventando, creando, concibiendo
4	lamentable	**d**	demandan, pretenden, solicitan
5	recalcó	**e**	terrible, horrible
6	perjudicial	**f**	polémica, discusión
7	entorpecen	**g**	obstaculizan, dificultan
8	forjando	**h**	chillidos, alaridos
9	escollo	**i**	obstáculo, dificultad
10	reclaman	**j**	nocivo, dañino, pernicioso

B   **Corrige los errores de las siguientes frases.**

1 No hay solución al problema de Gibraltar.
2 Gran Bretaña quiere devolver Gibraltar a España.
3 Hay unanimidad en la postura del Gobierno británico.
4 Jack Straw quiere conseguir un acuerdo con España como sea.

5 Los gibraltareños no tienen nada que decir en el acuerdo entre los dos países.
6 El acuerdo perjudicará a Gibraltar.
7 No se ha progresado mucho para llegar a un acuerdo.
8 Los gibraltareños tienen derecho a vetar los acuerdos hispano-británicos.

Grammar

SER AND ESTAR

In the article on Gibraltar the verbs *ser* and *estar* are used in several different ways.

● with adjectives

ser refers to characteristics thought to be intrinsic to a thing:

El caso de Gibraltar es único …   Gibraltar's case is unique …

while *estar* refers to things that are subject to change:

Jack Straw anunció que Gran Bretaña está dispuesta a compartir la soberanía de Gibraltar con España.

Jack Straw announced that Great Britain is ready to share the sovereignty of Gibraltar with Spain. [this is a change in policy, a new state of mind, and so not "intrinsic"]

● *ser* is used for the passive

Straw recalcó que el acuerdo sería sometido a un referéndum para que los propios gibraltareños decidan su futuro.

Straw stressed that the agreement would be put to a referendum so that the Gibraltarians themselves could decide their future.

● *estar* followed by the gerund is used with the continuous form of the verb:

… la alianza estratégica que estamos forjando con España para la reforma de Europa.

…the strategic alliance that we are building with Spain for the reform of Europe.

Note also the use by the writer of two alternatives for *estar*, used in the following sentences:

a) *verse*

Los intereses de Gran Bretaña también se ven … afectados.

Great Britain's interests are also affected …

b) *encontrarse*

El principal escollo…se encuentra en la actitud de los líderes gibraltareños …

The main stumbling-block… is in the attitude of the Gibraltarian leaders …

For a more information on *ser* and *estar* see Grammar Summary, p274.

Ejercicio

Rellena los espacios con *ser* o *estar*.

El futuro de la Unión Europea

a)_____ necesario y urgente que la Unión Europea b)_____ capaz de expresarse con una única voz. Hoy, aquello que construyen los europeos c)_____ en peligro. La propia unión económica y monetaria considera que las medidas indispensables para alcanzar la unión política no deben d)_____, una vez más, aplazadas. Tenemos que e)_____ dispuestos a hacer frente al desafío de la ampliación de la UE. Para Europa mañana podría f)_____ demasiado tarde.

6 ¿Qué opina la gente sobre Gibraltar?

A **Escucha a las siguientes personas hablando sobre el problema gibraltareño y** escoge del recuadro a quién corresponde cada declaración de abajo: **Patricio González, César Vidal, Charles Caruana, Ramón Tamames, Peter Caruana, Elery Surrey. Puedes emparejar cada personaje con más de una declaración.**

| Patricio González | César Vidal | Charles Caruana |
| Ramón Tamames | Peter Caruana | Elery Surrey |

1 Los ingleses consiguieron el peñón por medio de la piratería.
2 Queremos decidir nuestro futuro.
3 Estamos buscando una solución aparte del acuerdo hispano-británico.
4 Naciones Unidas declaró Gibraltar una colonia.
5 Las colonias son un absurdo en pleno siglo XXI.
6 La soberanía compartida es la solución más viable.
7 Nunca decidiremos en un referéndum que la soberanía sea compartida.
8 Queremos ser británicos.

9 Están siendo injustos con nosotros.
10 España no es consciente de lo que ocurre en Gibraltar.
11 Reclamamos la soberanía española del peñón.
12 El gobierno español no es capaz de explicar a los gibraltareños las ventajas de ser españoles.
13 Históricamente Gibraltar pertenece a España.

B **Recoge en tres columnas las posturas de los gibraltareños, españoles y británicos.**

C **Ahora que tenéis todos los datos, debatidlos en pequeños grupos defendiendo todas las posturas posibles.**

D **Haz un resumen escrito (100 palabras) de las conclusiones a las que hayáis llegado en vuestro grupo.**

Economía

7 Un día en euros

La entrada en funcionamiento del euro en España el 1 de enero de 2002 supuso un gran cambio en la vida de los españoles. Vamos a analizar cómo afectó la nueva moneda a los españolitos de a pie, siguiendo los pasos de una mujer que está acostumbrada a utilizar el euro. Después analizaremos cómo las empresas españolas se han abierto un huequecillo en el mundo.

Sale de casa y se dirige a comprar el periódico, como todos los días. Le entrega al quiosquero una moneda de dos euros con intención de examinar su honradez. Él, inexperto aún, le devuelve el cambio de un euro.

Ella:	"¿No vale 0,9 euros? – Ya me quería timar – ".
El quiosquero:	" Uy, es verdad. ¡Si es una moneda de 2 euros! No me había dado cuenta. Perdona, es la falta de costumbre".

8:00

En el bar de siempre pide el desayuno. Con actitud escéptica se adelanta al camarero con la cuenta, por si las moscas …

Ella:	"1,8 euros el café con churros, ¿no?".
Camarero:	"Y la voluntad –¡a ver si no me endosa los céntimos! porque ahora toda la morralla se suelta de propina –".

8:20

Entra en el metro contrariada por el cambio de moneda y en la máquina expendedora de billetes un atractivo viajero le lanza un SOS. Más animada se dirige al trabajo.

Él:	"Perdona, ¿me puedes echar una mano? No me aclaro con los céntimos".
Ella:	"El bono de 10 viajes son 4,57 euros –¡qué interesante, me empieza a gustar esto del euro! –".

8:40

Ha quedado a la hora del almuerzo –horario europeo– para tomar un sándwich con una amiga.

Amiga:	"¡Qué asco!, toda la carta en euros. Yo es que no me acostumbro, chica".
Ella:	"Pero si es facilísimo, conoces gente …y además suena como muy barato. Fíjate, aquí el menú del día sólo cuesta 8 euros".

13.30

Tras la comida, ella regresa al trabajo y en una zona poco transitada la asaltan. Los cacos aprovechan cualquier situación.

Ladrón: "Dame todos los euros que tengas!"
Ella: "Sólo tengo 3.000 ptas., no me las quites que son de recuerdo!"
Ladrón: "Trae para acá esos 18 euros, que ya me encargo yo de cambiar las pesetas por euros".

15:00

Sale pitando del trabajo. Hay que recoger a los niños, ya han acabado las clases de karate y baile.

Ella: "Hola, chicos ¿Habéis merendado?"
Niños: "No teníamos suficiente para el bocata, mamá. Costaba 3 euros y nos has dado sólo 2. Estamos muertos de hambre".

18:30

En el súper de la esquina de casa, ella hace la compra de última hora.

Tendero: "… más 0,5 de la barra, suman un total de 8 euros".
Ella: "¡Vaya palo!, naranjas, leche, aceite y todavía me faltan 1,8 euros más de las aspirinas. 10 euros no dan para nada. Esto es una ruina. Claro que lo mismo dan pesetas o euros, el problema son los precios"

19:15

Los niños acostados, la canguro frente a la tele y ella y su marido dispuestos para ir al cine.

Ella: "Prepara los 4,81 euros de cada entrada y los 18 de la cenita, cariño".
Marido: "¿Sólo? ¿Tu estás segura de que nos bastará con tan poco dinero?"

22:00

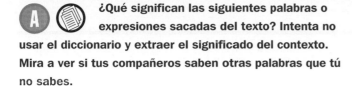

A ¿Qué significan las siguientes palabras o expresiones sacadas del texto? Intenta no usar el diccionario y extraer el significado del contexto. Mira a ver si tus compañeros saben otras palabras que tú no sabes.

1 quiosquero	11 menú del día
2 honradez	12 zona poco transitada
3 timar	13 cacos
4 por si las moscas	14 sale pitando
5 la voluntad	15 bocata
6 endosa	16 súper
7 morralla	17 barra
8 máquina expendedora	18 ¡vaya palo!
9 bono	19 la canguro
10 ¡qué asco!	20 dispuestos

B Haz una lista con las ventajas y desventajas que crees que tendría la entrada del Reino Unido en el euro y debate con tus compañeros tu punto de vista.

C Recoge los puntos de vista de tus compañeros y el tuyo propio y escribe una carta (200 palabras) al director de tu periódico local exponiendo vuestra opinión sobre este tema.

Grammar

DIMINUTIVES

Spanish speakers use diminutives with great frequency, especially in popular speech. They are not only used to indicate smallness: a diminutive may indeed not refer to smallness at all, but to the emotional attitude of the speaker, especially a feeling of affection. The particular value given to the word in its diminutive form is not always translatable.

● The most common suffixes are *-ito* and *-illo*

español	Spaniard	>	*españolito*	Spaniard in the street
pobre	poor person	>	*pobrecillo*	poor (old) fellow

● Note that the diminutive ending sometimes necessitates a change of spelling in the word in order to preserve the sound.

hueco	gap	>	*huequecillo*	little gap
chico	boy	>	*chiquillo*	little boy

● the letter *c* is inserted before the suffix for words of more than one syllable ending in *-n* , *-r* or *-é*.

mujer	woman	>	*mujercita*	little woman
joven	young person	>	*jovencito*	youngster
café	coffee	>	*cafecito*	black coffee (Lat. Am.)

● *-ec-* is inserted before the suffix in words of one syllable.

pan	bread	>	*panecillo*	roll

Ejercicio

¿Cuál es el diminutivo de las palabras siguientes?

a) flor	**b)** coche	**c)** cucharada	**d)** chica	**e)** libro
f) ladrón	**g)** voz	**h)** rato	**i)** corazón	**j)** hombre

8 Laura y Montse hablan del euro

Escucha a Laura y a Montse hablando de cómo ha afectado el euro a sus vidas.

Decide si las siguientes frases son verdaderas o falsas.

1 Laura va a sacar euros.
2 Todo se ha encarecido desde que Laura usa el euro.
3 Antes del euro a Montse le sobraba dinero.
4 El padre de Montse ahora necesita más dinero para comprar las mismas cosas.
5 Las personas mayores ya están familiarizadas con el euro.
6 Las cajeras se aprovechan de las personas mayores.
7 Laura no utiliza euros para nada.
8 Laura prefiere no pensar en los precios.
9 Montse cree que el euro tiene alguna ventaja.
10 Montse no podrá utilizar el euro en su viaje.

9 La influencia del euro en los españoles

El CIS (Centro de Investigaciones Sociológicas) ha realizado una encuesta entre la población española para valorar la reacción de la ciudadanía tras la entrada en vigor del euro en enero de 2002. Aquí os presentamos algunos datos de dicha encuesta.

¿Es Ud. capaz de saber lo que valen las cosas en euros igual que lo sabía en pesetas?

Sí, igual que si estuviesen en pesetas	20,8 %
Puede saberlo, pero tiene algunas dificultades	50,6
Le resulta bastante difícil saberlo	23,0
Le resulta imposible saberlo	5,5
N.C.	0,1

¿Cree Ud. que con el euro, los precios …?

han subido	77,2 %
son los mismos	20,1
han bajado	0,0
N.S.	2,4
N.C.	0,3

¿Utiliza Ud. normalmente algún tipo de calculadora para traducir los precios de las cosas desde euros a pesetas?

Sí	49,7 %
No	50,2
N.C.	0,1

¿Cree Ud. que el euro será muy beneficioso, beneficioso, ni beneficioso ni perjudicial, perjudicial o muy perjudicial para España?

Muy beneficioso	5,7 %
Beneficioso	48,1
Ni beneficioso ni perjudicial	21,0
Perjudicial	7,4
Muy perjudicial	0,6
N.S.	16,8
N.C.	0,4

¿Se siente Ud. más cómodo, igual o menos cómodo con el euro como moneda, comparando con la comodidad que sentía antes con la peseta?

Más cómodo que con la peseta	10,0%
Igual de cómodo que con la peseta	38,8
Menos cómodo que con la peseta	50,8
N.C.	0,5

N.C. – No contesta
N.S. – No sabe

A **Indica si, según el texto, las siguientes frases son verdaderas (V), falsas (F) o no se mencionan (NM). Si son falsas, corrígelas.**

1 Los españoles tienen algunos problemas para saber lo que cuestan las cosas en euros.

2 Más de la mitad de los encuestados utilizan calculadoras para convertir los nuevos precios a pesetas.

3 Los españoles creen que el euro les ha mejorado su calidad de vida.

4 Todo está más caro desde enero.

5 El euro es más estable que la peseta.

6 España mejorará en el futuro gracias al euro.

B **Una vez que conozcas cuáles eran las ventajas y las desventajas de la entrada en circulación del euro y que hayas recogido todos los datos de la encuesta del CIS y de las opiniones de Laura y Montse, escribe un informe (150 palabras) exponiendo cómo crees que ha afectado la entrada de España en el euro a los españoles.**

La globalización

10 Las empresas españolas en el extranjero

Se ha producido un gran cambio en el sistema empresarial español. Las empresas españolas se han decidido a dar el importante paso de abrir fronteras e instalarse en otros países, fundamentalmente en la UE y en Latinoamérica.

De Valdepeñas a China. Ese largo viaje ha hecho Bodegas Félix Solis, una de las medianas empresas españolas que se han decidido hace escasamente un año por la internacionalización, un fenómeno que va calando poco a poco en el tejido empresarial de este país. Por primera vez en varias décadas, las inversiones españolas directas en el exterior superaron en 1997 a las inversiones de los extranjeros en España, y alcanzaron la cifra récord de casi 2 billones de pesetas.

Los empresarios parece que han perdido complejos y muchos de ellos, después de asomarse al exterior, se instalan en él. Unos como Bodegas Solís, en busca de mercados con volumen, otros en busca de costes baratos.

"Hace cinco años", dice Miguel Ros, director de la empresa riojana Barpimo, "en el avión a Chile íbamos cuatro gatos y ahora es muy difícil encontrar billete". Barpimo, fabricante de pinturas y barnices, es otro ejemplo del arranque que las empresas medianas-grandes están teniendo para instalarse en otros mercados. Hoy, las ventas en el exterior suponen el 32% de la facturación total y han sido el salvavidas de una empresa familiar de tipo medio que tenía una dimensión crítica para sobrevivir en un mercado sin fronteras. Además de varias filiales y plantas productivas de distribución en distintos países, Barpimo está analizando con otras dos empresas instalarse en China.

Allí se encontrará con otras empresas españolas que han seguido un camino sin duda abierto por las grandes compañías como Nutrexpa, Mango, Zara, Alsa o Chupa Chups, por ejemplo. Esas y otras multinacionales españolas, como Repsol, Endesa, Iberdrola, Campofrío o Telefónica, están teniendo efecto de arrastre sobre empresas más pequeñas que tratan de convertirse en "multinacionales de bolsillo". La presencia de los grandes bancos (SCH y BBVA) en zonas como Latinoamérica ha servido también de catalizador y ha allanado el camino. Casi un tercio de la inversión directa española en el exterior lo fue en el sector financiero y de seguros.

Para Francisco Valera, Director Técnico del Instituto de Empresa Familiar (IEF), las empresas salen fuera "porque no tienen más remedio". Es para muchas la única forma de poder seguir creciendo dada la madurez del mercado español. Pero además, se están dando una serie de circunstancias que favorecen el proceso. La estabilidad en el tipo de cambio con la llegada del euro ha dado confianza y la bajada de tipos de interés ha dado un importantísimo margen financiero a las empresas para poder acometer nuevos proyectos. Por su parte, el cambio generacional en las empresas ha supuesto un importante giro tanto en formación, como en mentalidad y gestión.

Encuentra en el texto las palabras o expresiones que tienen el mismo sentido que las siguientes.

1 apenas	5 ventas	9 posicionamiento	13 cambio
2 entramado	6 tamaño	10 solución	14 concepción
3 se sitúan	7 vía	11 continuar	
4 pocas personas	8 evidentemente	12 intentar	

  Relaciona las frases de las dos columnas.

1 Las compañías españolas …
2 Las inversiones en el extranjero …
3 Unas empresas buscan mayores mercados …
4 Hay un mayor número …
5 Las grandes compañías …
6 Los bancos …
7 Si las empresas quieren seguir creciendo …
8 El euro …
9 Los nuevos empresarios …

a empiezan ahora a salir fuera.
b ha permitido a las empresas tener una mayor confianza.
c mientras otras buscan una reducción de costes.
d han allanado el camino a las pequeñas y medianas empresas.
e tienen otra forma de pensar y una mayor preparación.
f no les queda más remedio que invertir fuera.
g son los que más invierten en el exterior.
h son superiores a las de otros países en España.
i de empresarios que viajan fuera de España.

11 Álvaro Cuervo habla de las empresas españolas en América Latina

  Escucha el CD con atención. ¿Cuáles de las siguientes palabras oyes? Pon una cruz en las que oigas.

1 llegar	
2 implantarse	
3 acertó	
4 veces	
5 trasladar	
6 reconvertido	
7 tecnología	
8 aprovechar	
9 privatizaciones	
10 existe	
11 competencia	
12 inversiones	
13 referido	

¿Por qué crees que las empresas españolas se han decidido a salir al extranjero? Describid en pequeños grupos las razones que han hecho cambiar la actitud de dichas empresas.

Buenos Aires

  Intenta definir las palabras que has escuchado en el ejercicio anterior.

Haz un resumen en inglés (de 50 palabras) de las declaraciones de Álvaro Cuesta.

Cara y cruz de la globalización

 Vas a escuchar cuáles son las ventajas y las desventajas de la globalización en el campo de la economía. Enuméralas.

VENTAJAS	DESVENTAJAS

Una deuda externa que se vuelve eterna

La mayoría de los países de Hispanoamérica se han endeudado por el continuo aumento de los precios de sus importaciones de productos manufacturados, mientras bajan los de sus exportaciones de materias primas, un fenómeno impuesto por el poderío económico del mundo desarrollado. Además, la corrupción y el despilfarro de los regímenes dictatoriales – a los que los países ricos no tuvieron inconveniente en prestar grandes cantidades de divisas – arruinó sus economías y obligó a muchas naciones, tras la transición a la democracia, a endeudarse aún más para seguir cumpliendo los pagos de intereses.

La ONU estima que sólo un 10% de los créditos iniciales se empleó realmente en proyectos de desarrollo, pero cada nuevo préstamo negociado para cumplir con los pagos a los bancos internacionales ya no era blando, sino con elevadas tasas de interés. Así, desde 1980 los países latinoamericanos han reembolsado a los países ricos más de 10 veces lo que debían originalmente, pero en ese tiempo su deuda se ha cuadriplicado, llegando a ser casi 20 veces más que en 1973.

En consecuencia, estos países deben pagar por intereses al mundo industrializado una cantidad cinco veces mayor que la ayuda oficial al desarrollo que reciben, mientras que su deuda con los países ricos asciende al 36% de su Producto Interior Bruto (PIB), por lo que les es imposible liquidarla. En el caso de los países menos avanzados, su deuda externa equivale al 92,3% de su PIB, lo que les convierte en rehenes a perpetuidad de las corporaciones e instituciones financieras internacionales.

El programa de las Naciones Unidas para el Desarrollo y la UNICEF estiman que un gasto anual de 80.000 millones de dólares en 10 años permitiría garantizar a todo ser humano el acceso a la educación y la atención sanitaria básica, una alimentación sana y agua potable. Esa misma cantidad de dinero es inferior a lo que todo el Tercer Mundo reembolsa por su deuda externa pública cada año, equivale aproximadamente a la cuarta parte del presupuesto militar de EEUU y no llega a la mitad de la fortuna acumulada por las cuatro personas más ricas del planeta.

La cumbre del Consejo Europeo en Barcelona en 2002 sólo ha prometido alcanzar el 0,39% de su PIB en ayuda al desarrollo para el año 2006, mientras el presidente norteamericano habla ahora, tras las críticas recibidas, de llegar al 0,17%. Sin embargo, todos estos países se comprometieron hace 30 años a dedicar el 0,7% de su riqueza a ayudar al Tercer Mundo.

  Lee el texto y responde a estas preguntas con tus propias palabras.

1 ¿Por qué se han endeudado los países del tercer mundo?

2 ¿Qué arruinó las economías de los países pobres?

3 ¿Cómo pagaron los intereses tras la transición a la democracia?

4 ¿Cómo eran los préstamos que se pedían para pagar la deuda?

5 ¿Qué ha pasado con la deuda a lo largo del tiempo?

6 ¿Por qué los países más pobres del planeta están sometidos a las instituciones financieras?

7 ¿Cómo podríamos garantizar que todas las personas tuvieran todos los servicios básicos que necesitamos para vivir?

8 ¿Qué han incumplido los países ricos desde hace bastante tiempo?

B Lee el texto y pon una cruz en las declaraciones más adecuadas. ¡Ojo! Sólo hay 4 frases correctas.

1 Los países pobres pueden pagar su deuda a pesar de la corrupción.
2 Los países pobres pagan más de intereses que lo que reciben en ayudas.
3 Se empleó un porcentaje ínfimo de los primeros préstamos en mejoras.
4 Los PMA tienen un 92,3% de PIB.
5 La deuda de los países pobres es cada vez más grande.
6 El presupuesto militar norteamericano es cuatro veces mayor que lo que se necesitaría para cancelar la deuda de los países pobres.
7 Los préstamos cada vez tenían un mayor tipo de interés.

C Haz un resumen en español del texto de unas 150 palabras.

D Utilizando tu resumen, elabora con tus compañeros una campaña publicitaria que advierta de este problema a la población española. Para ello, cread:

- un anuncio de televisión. Describid qué imágenes incluiría: cómo sería la escenografía, qué pasaría, qué y quién aparecería en él, qué se diría, etc.
- un anuncio en radio, que vosotros leeréis o expondréis al resto de la clase.
- un anuncio en un periódico.

E Elegid entre toda la clase cuál es el anuncio que más os ha gustado y decid por qué.

Argentina

Salta
Córdoba
Buenos Aires
Mar del Plata
Océano Pacífico
Andes
Océano Atlántico
PATAGONIA

Situación: Estado de América del Sur, en la parte meridional del continente. Limita al norte con Bolivia y Paraguay, al noreste con Paraguay y Brasil, al este con Uruguay y el Atlántico y al oeste con Chile. Entre sus puntos extremos de norte a sur hay una longitud de casi 3.700 km, mientras que de este a oeste la distancia es de 1.460 km.

Superficie: Argentina tiene 2.780.092 km² de superficie.

Población: 34.995.000 habitantes, la mayoría de los cuales vive en la capital, Buenos Aires.

Economía: La economía de Argentina está muy ligada a las exigencias del mercado mundial en lo que se refiere a materias primas. La situación a principios del siglo XXI es bastante desfavorable tras el catastrófico legado socioeconómico de la dictadura militar, las diversas corruptelas gubernamentales, una altísima inflación y una pesada carga en su deuda externa.

Historia: A la llegada de los españoles, un variado mosaico de pueblos amerindios (diaguitas, querandíes, comenchigones, puelches, tehuelches, entre otros) estaba asentado en territorio argentino. Las exploraciones castellanas y portuguesas estuvieron impulsadas en un primer momento por el deseo de descubrir un paso meridional hacia el Pacífico (Magallanes, 1520). En 1536 Pedro de Mendoza, primer adelantado del Río de la Plata, fundó el Puerto de Santa María del Buen Aire. El liderazgo inicialmente ejercido por Tucumán, que proveía de materias primas al Alto Perú, se desplazó a Córdoba en el siglo XVIII y finalmente a Buenos Aires, al crearse en 1776 el virreinato del Río de la Plata. En 1810, el 25 de mayo, el cabildo de Buenos Aires depuso al virrey y nombró una junta presidida por el comandante general Cornelio Saavedra. En 1816 se convocó en Tucumán un congreso. Tras un arduo debate, y presionados por el general San Martín, el 9 de julio el congreso declaró la independencia.

A mediados del siglo XX, Juan Domingo Perón, tomó numerosas medidas de protección social y emprendió la industrialización del país. En 1976 los militares asumieron el poder, y empezaron una represión con un saldo de muertos y desaparecidos que se contaron por docenas de miles. La derrota en la guerra de las Malvinas (1982), sumada a la bancarrota del país, dio paso a una etapa democrática que dura hasta hoy.

14 La Globalización en Argentina

En este artículo se echa la culpa de la situación económica de Argentina al mercantilismo y al capitalismo, dos sistemas económicos que sólo atienden al desarrollo del comercio y al predominio del capital como elemento de producción y de creación de riqueza.

Los argentinos hemos llegado al colmo de las desventuras públicas, una vez más somos noticia mundial. Tema mundial. Sin jactancia, con esa habilidad que Dios nos dio para el fútbol y el escándalo, casi hemos dejado de lado a la desmayada cacería de Bin Laden*. No era fácil escandalizar al mundo.

En realidad nos toca estar en la proa del desmadre universal del mercantilismo exterminador (mal llamado globalizante y liberal). Honesta o deshonestamente los inversores del mundo pujaron por hacerse con las empresas argentinas privatizadas. Las empresas de España tuvieron las más grandes ganancias. En esos pasados días de ingenuo y dulce mercantilismo nadie reparó debidamente en los desocupados, en la marginación de los empresarios nacionales y en la especulación que se escondía detrás de la fiesta de las ganancias espectaculares.

Repentinamente, el presidente argentino De la Rúa escuchó los mayores insultos. La multitud quería asaltar la casa de Gobierno. Una Argentina desglobalizada, saqueó supermercados, joyerías y tiendas; destrozaron vidrieras de bancos y la reacción se recrudeció cuando el gobierno congeló los depósitos bancarios para evitar el descalabro total.

Argentina soportaba el fin de una experiencia mercantilista lamentable que en diez años puso al cuarenta por ciento del pueblo de mejor nivel de vida del continente, por debajo del límite de pobreza.

Sin embargo, Argentina está intacta en su poder humano y en su potencial agrario e industrial. Su parque industrial, por la recesión, trabaja al cuarenta por ciento de su poder y está modernizado para la mejor competitividad. España invirtió mucho y tiene intactos sus activos. El mal momento lo capeamos juntos.

*Bin Laden es el jefe de la banda terrorista Al Qaeda, responsable de la destrucción de las Torres Gemelas de Nueva York el 11 de septiembre de 2001.

  A Corrige los errores en las palabras subrayadas de las siguientes frases.

1 Las empresas <u>argentinas</u> compraron las compañías en proceso de privatización.
2 Los que más beneficios obtuvieron fueron las empresas <u>americanas.</u>
3 No se dieron cuenta del número de parados, de la especulación ni <u>del protagonismo</u> de los empresarios argentinos.
4 La muchedumbre quería <u>visitar</u> la casa del Presidente De la Rúa.

5 Los asaltos se <u>acabaron</u> cuando el gobierno congeló las cuentas.
6 El mercantilismo <u>evitó</u> que el pueblo argentino empeorara su nivel de vida.
7 Argentina ha <u>perdido</u> su potencial económico.
8 España <u>no tiene intacta</u> toda su inversión.

  B En este texto nos encontramos con muchas palabras nuevas. Busca las palabras que no conozcas en el diccionario y haz un resumen en inglés (100 palabras) del texto.

Grammar

ADVERBS

● Adverbs ending in **-mente**

a) Many adverbs are formed by adding the suffix *-mente* to the feminine singular form of the adjective.

adjective		adverb	
masc. sing.	fem. sing.		
repentino	*repentina*	*repentinamente*	suddenly
fácil	*fácil*	*fácilmente*	easily
debido	*debida*	*debidamente*	properly

b) When two or more adverbs are linked by *y*, *ni* or *pero* only the last adverb adds *-mente*.

Honesta y deshonestamente *los inversores del mundo pujaron por hacerse con las empresas argentinas privatizadas.*

By honest and dishonest means global investors struggled to gain control of privatised Argentinian companies.

c) Many common adverbs do not end in *-mente*, as in this example:

*… el mercantilismo exterior (**mal** llamado globalizante y liberal)*

… external mercantilism (wrongly called globalising and liberal)

For more information on adverbs see Grammar Summary p277.

15 Clubes de trueque para superar la crisis

En un garaje en Bernal, provincia de Buenos Aires, un pequeño grupo de vecinos se reúne para intercambiar verduras por pan casero, un arreglo de plomería por horas de inglés, un equipo de música en funcionamiento por ladrillos.

Desde aquel 1 de mayo de 1995 hasta hoy mucho ha cambiado. Ya son más de 5 millones los que participan en 4.500 clubes en todo el país, y todos los días, unos 1.300 nuevos miembros se suman. Ya no es ninguna novedad, y a diario, los medios de comunicación editan noticias de nuevos nodos, de consejos de coordinadores, de productos que se ofrecen, y de comercios y profesionales que anuncian que reciben créditos.

"Con el trueque ya se compran campos, autos y casas", tituló el diario *Clarín*. Por la noche, el noticiero de la televisión edita un informe sobre los nuevos clubes en funcionamiento y cuenta cómo Doña María, que ofrece panes caseros, pudo arreglar el desagüe del baño pagando en créditos.

Es más difícil estar fuera que poder participar de los clubes de trueque. Sólo hacen falta unas pocas clases para enterarse de qué es un crédito, cómo hay que presentar los productos, quiénes eligen a los coordinadores, y qué se puede y qué no hacer puertas adentro del club. Una vez que ese vecino pasó por el curso, recibe unos 50 créditos. Y esto no es ficción. Todos los días salen de la Bernalesa, la sede central del club, unos 250.000 créditos nuevos.

"No inventamos nada nuevo, sólo mezclamos un poco de necesidad, algo de originalidad y mucha solidaridad, y salió esto que hoy muchos llaman el nuevo fenómeno social del país", dice Horacio Covas, cofundador y coordinador a nivel nacional de esta propuesta de economía social.

La regla de oro que nadie viola es que, dentro de los clubes, el dinero no existe. Tomado sólo como referencia, Adriana imagina que su torta tiene un valor de cuatro créditos porque en el supermercado de la otra esquina sale unos cuatro pesos. Pero en el Club, el peso duerme en el bolsillo, y para colmo, nadie lo necesita.

Con las bolsas llenas de verduras, el pan casero en la mano, todos los días miles de argentinos resuelven su presente en la Red Global de Trueque. Y, como si fuera poco en esta Argentina de la crisis sin fin, desde hace un tiempo también construyen un futuro.

A ¿Qué significan las siguientes palabras o expresiones sacadas del texto? Intenta no usar el diccionario y extraer el significado del contexto. Mira a ver si tus compañeros saben otras palabras que tú no sabes.

1 vecinos	**3** créditos	**5** noticiero	**7** enterarse	**9** la regla de oro
2 nodos	**4** trueque	**6** desagüe	**8** cofundador	**10** torta

 B Relaciona las frases de las dos columnas.

1 Cada día hay

2 Los principios de los clubes de trueque son sencillos:

3 Es fácil

4 Para empezar

5 Los miembros de los clubes de trueque

6 Se dan instrucciones

7 En los clubes de trueque

8 El dinero

9 Los periódicos

a se juntan en lugares como naves o garajes.

b de cómo presentar los productos.

c siempre están hablando de los clubes de trueque.

d los miembros intercambian productos y servicios.

e no se utiliza dentro de los clubes.

f cientos de nuevos socios.

g necesidad, originalidad y solidaridad.

h enterarse de cómo funcionan los clubes.

i los socios tienen 50 créditos.

  C ¿Qué es un club de trueque? Escribe unas breves notas para describir cómo funciona un club de trueque.

  D Comenta con tus compañeros si pertenecerías o no a un club de trueque. Razona tu respuesta.

Grammar

CIENTO, MIL AND UN MILLÓN
Note the following differences between Spanish and English.

● *ciento* has two forms:

It is shortened to *cien* before a noun or an adjective but not before another number, with the exception of *mil*.

cien kilómetros	a hundred kilometres
las cien mayores empresas del mundo	the hundred biggest companies in the world
ciento veinte	a hundred and twenty
cien mil habitantes	a hundred thousand inhabitants

● *cien* and *mil* are not preceded by the indefinite article. Note that the plural noun *miles* meaning "thousands" is followed by *de* plus a noun.

mil pesos	a thousand pesos
miles de argentinos	thousands of Argentinians

● *un millón* (plural *millones*) must be followed by *de*. In the singular it is preceded by the indefinite article.

5 millones de participantes	5 million participants
un millón de dólares	a million dollars

For more information on numbers see Grammar Summary, p279.

Para terminar...

A En tu opinion, ¿cuáles serán los problemas políticos a los que se enfrentarán España y los países hispanohablantes en el siglo XXI? Haz una lista de estos problemas y compara tu lista con la de tu compañero. Luego comenta con toda la clase dos problemas de ambas listas y propón remedios.

B Haz un ensayo de unas 200 palabras sobre uno de los temas siguientes:

- ¿Cuál es la situación y qué solución se puede dar al problema de Gibraltar?
- ¿Es la globalización tan positiva o tan negativa como nos la pintan? ¿Por qué?

- Imagina que Argentina está sumida en una crisis económica muy aguda. ¿Qué podrían aportar los países industrializados para salvar la situación por la que pasa Argentina?
- Según las encuestas el mayor problema que tienen los españoles es el del terrorismo de ETA. Por un lado están las posturas nacionalistas que consideran que la única forma de acabar con el terrorismo es dando la independencia al País Vasco. Por otro lado están las posturas constitucionalistas que expresan que hay que acabar con ETA por medio de la policía y de las leyes. ¿Cuál crees que es la mejor postura? Explica tu respuesta.

Iguales ante la ley

Entrando en materia...

El tema de esta unidad trata de la ley y el orden, esto es, las reglas que se crean con el propósito de mantener el bienestar social. Se hará referencia a la Constitución Española, a los diferentes tipos de delitos, a la Ley de Extranjería, a la relación entre inmigración y criminalidad, así como al tipo de medidas tomadas por los gobiernos para mantener el orden social (controles de alcoholemia, detección de tráfico de estupefacientes, limpieza urgente en casos de concentraciones, manifestaciones y atentados terroristas, etc.). Estudiaremos términos relacionados con la violencia, los delitos, la ley y la actuación policial. Nos centraremos en una región geográfica en particular: la Comunidad de Madrid. Los puntos gramaticales que se van a tratar son:

- la duplicación del complemento
- usos del subjuntivo
- adjetivos derivados de países, regiones y ciudades

Reflexiona:

¿Cómo pueden los gobiernos establecer el orden social? ¿Qué tipos de delitos existen? ¿Has presenciado o sufrido alguna vez una agresión o atentado? ¿Crees que existe alguna forma de conexión entre la inmigración y la criminalidad? ¿Por qué? ¿Crees que los controles de alcoholemia son efectivos o sirven sólo de amenaza? ¿Para qué sirven las multas? ¿Crees que cumplen su función? ¿Cómo se puede frenar el tráfico de estupefacientes? ¿Qué medios se pueden tomar para evitar los ataques terroristas?

La Constitución Española

1 Algunos artículos

La Constitución Española (que consta de 169 artículos) fue aprobada el 27 de diciembre de 1978 por la Nación Española con el objetivo de establecer la justicia, la libertad y la seguridad y promover el bien de cuantos la integran. Aquí mencionamos tan sólo tres artículos, en relación con la ley y el orden:

Título I. Artículo 10.1
La dignidad de la persona, los derechos inviolables que le son inherentes, el libre desarrollo de la personalidad, el respeto a la ley y a los derechos de los demás, son fundamento del orden político y de la paz social.

Título I. Artículo 21
1. Se reconoce el derecho de reunión pacífica y sin armas. El ejercicio de este derecho no necesitará autorización previa.
2. En los casos de reuniones en lugares de tránsito público y manifestaciones se dará comunicación previa a la autoridad, que sólo podrá prohibirlas cuando existan razones fundadas de alteración del orden público, con peligro para personas o bienes.

Título IV. Artículo 104
1. Las Fuerzas y Cuerpos de seguridad, bajo la dependencia del Gobierno, tendrán como misión proteger el libre ejercicio de los derechos y libertades y garantizar la libertad ciudadana.
2. Una ley orgánica determinará las funciones, principios básicos de actuación y estatutos de las Fuerzas y Cuerpos de Seguridad.

 A Tras leer el texto, observa las siguientes definiciones e indica a qué palabras del recuadro corresponden:

Fuerzas	ejercicio	constar de	inviolables
bienes	estatutos	actuación	Constitución
	inherentes	artículos	

1 cada una de las partes numeradas de una ley.
2 ley fundamental que fija la organización política de un estado y establece los derechos y obligaciones básicos de los ciudadanos y los gobernantes.
3 que son parte de algo o alguien.
4 conjunto de normas que regula el funcionamiento de una entidad.
5 conjunto de los guardias que vigilan el orden público.
6 conjunto de todo lo que posee una persona en fincas, dinero, etc.
7 comportamiento que se somete a una valoración o calificación.
8 la puesta en práctica
9 que es digno de todo respeto
10 estar formado por

 B Lee el texto e indica cuál de las siguientes frases, en el recuadro, encaja mejor con cada artículo:

a) La policía y la guardia civil, cuyas funciones vienen establecidas por la ley, tienen la misión de asegurarse de que todos los ciudadanos españoles sean libres y puedan ejercer sus derechos.

b) Para que haya estabilidad, respecto a la política y a la sociedad, los ciudadanos han de obedecer la ley y ser libres, considerados con su prójimo y capaces de desarrollarse como personas.

c) Una persona puede reunirse con quien quiera siempre que no sea con fines violentos. Si la reunión es en una zona de uso común, se ha de informar previamente a la autoridad que concederá el permiso siempre que no considere que haya riesgo de causar víctimas o daños materiales.

1	Título I. Artículo 10.1	
2	Título I. Artículo 21	
3	Título IV. Artículo 104	

Delitos varios

2 Cárceles, terrorismo y reyertas

a) Las previsiones apuntan un peligro inminente. Y los expertos ya han fijado una fecha para el desastre: el año 2005. A partir de ese momento, la saturación de las cárceles españolas será tal que los centros llegarán al colapso. Para evitarlo, el Gobierno ha ordenado construir cuatro cárceles: dos en Andalucía, una en Madrid y otra en la comunidad valenciana.

b) La costa alicantina fue de nuevo objetivo de ETA. Los terroristas colocaron en Torrevieja dos bombas. La primera estalló el viernes en una hamburguesería de la localidad sin causar daños personales. La segunda, anunciada en la misma llamada telefónica que la primera, fue localizada tres días después enterrada en la playa de Torrevieja.

c) Un joven de 25 años de edad, de origen sudamericano, resultó herido grave en una reyerta que se produjo esta madrugada en la avenida de Monforte de Lemos, en el distrito de Fuencarral, según fuentes del Samur-Protección Civil.

 A **Lee los textos y busca en ellos las palabras que tengan el mismo sentido que las siguientes (recuerda que el contexto te puede ayudar mucho):**

1 cálculos anticipados
2 visible e inmediato
3 marcado
4 prisiones
5 paralización
6 encontrada
7 oculta bajo la tierra
8 pelea

9 a horas muy tempranas
10 barrio

B **Lee los textos y luego indica cuál de estos títulos correspondería a cada artículo.**

1 Herido grave en un enfrentamiento en localidad madrileña.
2 Artefacto explosivo colocado por banda terrorista en zona del Mediterráneo.
3 La avalancha de delincuentes obliga a construir cuatro centros penitenciarios.

3 Desciende el número de heroinómanos

Varón, en paro, sin estudios, con una edad de entre 30 y 35 años y a menudo enfermo, sobre todo de hepatitis, sida o tuberculosis. Ese es el perfil del consumidor de heroína, una droga que hizo estragos en los años 80 y 90 y cuyo consumo se está reduciendo desde 1995 en favor de otras drogas como la cocaína, según el último informe de Observatorio Español sobre Drogas (marzo 2001).

Las polémicas narcosalas han tenido mucho que ver en este descenso. Madrid fue la primera comunidad española que abrió un centro en el que los toxicómanos pudieran inyectarse en condiciones higiénicas y bajo vigilancia médica. La narcosala de Las Barranquillas, en el distrito de Vallecas, abrió sus puertas el 24 de mayo de 2000. El tratamiento con metadona es uno de los más frecuentes (de los 42.230 toxicómanos tratados en 1996 se pasó a 72.236 en 1999) y eficaces. Gracias al tratamiento de metadona en pacientes heroinómanos han descendido los ingresos en prisión, en urgencias y en centros psiquiátricos.

La rehabilitación del toxicómano es uno de los puntos prioritarios en la lucha contra las drogas. En mayo de 2000 una sentencia del Tribunal Supremo estableció la posibilidad de sustituir la pena de prisión por un tratamiento de desintoxicación. Según las 40 asociaciones de atención a drogodependientes que trabajan en la Comunidad de Madrid, el 80% de toxicómanos son pobres y socialmente marginados.

A   **¿Puedes deducir por el contexto lo que significan las siguientes palabras:**

hacer estragos, narcosalas, toxicómanos, metadona, rehabilitación, desintoxicación, drogodependientes?

Coméntalas con tu compañero y consulta con tu profesor, si lo necesitas.

B **Lee el texto e indica si las siguientes oraciones son verdaderas (V) o falsas (F). Si son falsas, corrígelas.**

1 El típico heroinómano de la época de los 80 y 90 era un hombre desempleado, con poca educación y poca salud.

2 A partir de 1995, se dio un ascenso en el consumo de heroína y cocaína.

3 Las narcosalas representan un factor importante en el descenso de consumo de heroína.

4 Las narcosalas ofrecen mejores condiciones sanitarias a los toxicómanos.

5 Desgraciadamente, el uso de metadona no ha resultado fructífero en ningún sentido.

6 No se puede hacer apenas nada para que desciendan los ingresos en prisión, en urgencias y en centros penitenciarios.

7 El gobierno se ha tomado la rehabilitación del toxicómano como una verdadera prioridad.

8 La gran mayoría de los toxicómanos procede de familias con medios económicos.

4 El Peñón de Gibraltar, paraíso fiscal

A pocos kilómetros de Sevilla, donde los jefes de Estado y de Gobierno de la Unión Europea han hablado este fin de semana de ampliación a los países del Este y medidas contra la inmigración ilegal, uno de los últimos paraísos fiscales de Europa, Gibraltar, teme por su futuro. En la Roca hay inscritas actualmente unas 81.000 sociedades, en relación a una población compuesta por 30.000 habitantes, mientras que las entidades financieras instaladas en el Peñón manejan 8.100 millones de euros, según un informe de la Asociación de Usuarios de Servicios Financieros (Ausbanc). Estas empresas dan trabajo a 30.000 personas de la zona, y de ellas, 3.000 españoles que diariamente cruzan la verja para prestar sus servicios en el sector servicios.

Este estudio contempla que las razones por las que Gibraltar se opone a las negociaciones entre Gran Bretaña y España para una soberanía compartida es su temor a dejar de ser un paraíso fiscal y perder así su principal fuente de recursos económicos.

Según explica el informe, en los últimos años Gibraltar ha perdido importancia para Gran Bretaña como enclave militar estratégico, y por ello se decidió potenciar como alternativa a esta actividad el turismo y el aprovechamiento financiero del estatus de puerto franco del Peñón. Para Ausbanc, Gibraltar se ha convertido en un centro de tráfico de dinero al margen de la ley, así como de tráfico de armas, y cita a este respecto un informe de los servicios secretos norteamericanos.

Según Ausbanc, cuando el Gobierno británico descubrió la base de Rota en los años ochenta y dejó de dar importancia a la base de Gibraltar, las autoridades del Peñón decidieron por la alternativa del turismo y el aprovechamiento financiero del status de puerto franco de la Roca para comercializar con otra serie de productos de dudosa legalidad. El informe señala que prácticamente los 30.000 habitantes de Gibraltar viven de las operaciones efectuadas al margen de la ley, ya que además del boom turístico que está experimentando la zona, existe también «una importante bolsa de tráfico de divisas y blanqueo de dinero».

La presión del Gobierno de Londres sobre Peter Caruana* para que aporte una información completa sobre las cuentas de la colonia y la evolución de la economía coincide con una seria preocupación ante el hecho de que Gibraltar pueda estar convirtiéndose en un centro de lavado de dinero. Gibraltar ofrece importantes ventajas fiscales y se calcula que hay unos 200 multimillonarios viviendo en la Roca. Además, en la Roca tampoco se aplica el IVA y existen leyes que protegen el secreto bancario de las compañías que trabajan con residentes en la Roca.

* Primer Ministro de Gibraltar

A Lee el texto y enlaza los términos de la columna de la izquierda con los elementos que tengan el mismo sentido en la de la derecha.

1 paraíso fiscal
2 temer por el futuro
3 cruzar la verja
4 prestar sus servicios
5 status de puerto franco
6 al margen de la ley
7 blanqueo o lavado de dinero
8 tráfico de armas

a pasar de Andalucía a Gibraltar
b trabajar
c ignorando lo que establecen las normas
d categoría de una zona que se ha habilitado para recibir en depósito mercancías sin pagar aduanas por ellas
e negocio irregular de utensilios que sirven para atacar, herir, matar o defenderse
f lugar donde se puede evitar el pago de impuestos
g inversión de "dinero negro" para ocultar su ilegalidad
h preocuparse por lo que pueda pasar

  B Lee el texto e indica lo que representan las siguientes cifras:

1 81.000
2 30.000 (1)
3 30.000 (2)
4 8.100.000.000
5 3.000
6 200

5 Atraco en el mercado

  A Escucha el fragmento y busca las expresiones que tienen el mismo sentido que las siguientes:

1 os habrá ocurrido
2 a dos pasos
3 grandísima
4 trabajo
5 echando un vistazo
6 le atizó
7 se derrumbó
8 inmediatamente
9 se abalanzó sobre
10 shock
11 raja
12 portamonedas
13 calderilla
14 aterrorizar

Asesinatos, secuestros y narcotráfico

6 Matar al Rey

Es una crónica de terror **1**_____, un final feliz que anula la que pudo ser una de las páginas más negras de la España contemporánea. El miércoles 9 de agosto, el Rey **2**_____ su copa de cava y brindó por el arte en un ex convento transformado en galería, en la Palma antigua. Dos horas antes que los geos* medianoche, **3**_____ en Mallorca a tres etarras que querían asesinarlo, don Juan Carlos se mostraba **4**_____ y estaba sonriente. Nunca había estado ETA tan cerca de intentar **5**_____ parte de la historia y lanzar su golpe más grande y brutal. Ese domingo, 13 de agosto, los terroristas pretendían disparar con un rifle preciso contra el jefe del Estado a bordo de su **6**_____. El viernes 4 y el domingo 6 de agosto lo intentaron, pero el plan de fuga era complicado por el **7**_____ policial. Los terroristas José Rego, de 53 años; su hijo Iñaki, de 25, y Jorge García Sertucha, de 27, **8**_____ como hienas dispuestas a matar. La espectacular acción policial de desarticulación fue urgente e instantánea. Existía el temor de un **9**_____ inminente. El jefe Rego fue derribado e inmovilizado, tras cenar, en una calle en Alcudia, donde ETA tenía **10**_____ el velero con el que pensaba retornar el comando a la costa del sur de Francia.

* Grupos Especiales Operativos

Iñaki y Sertucha, en pantalón corto y **11**_____, fueron sorprendidos a oscuras en el piso de Palma desde donde pensaban atentar. **12**_____, ocho policías les esposaron con la cara contra el suelo, medio minuto después de reventar los cerrojos de la puerta a tiros. Tenían el piso ordenado, comían **13**_____ y se documentaban con revistas rosas. No en vano un fotógrafo de Lecturas tenía su mirador sobre el yate real en el mismo edificio.

Uno de los terroristas, detenido por la policía

Media docena de personas estaban en el ajo y sabían que el hacha etarra **14**_____ en Mallorca. Los escoltas del Rey se movían con tensión y estaban en máxima alerta el día 6, fecha de una de las tentativas terroristas. Durante la entrega de trofeos de la Copa del Rey de Vela, la familia real **15**_____ ante muchos regatistas y más de medio centenar de periodistas en el club náutico. Se observó cómo algún policía tenía la pistola en la mano dentro de la bolsa riñonera. Nunca se había notado nada igual.

Don Juan Carlos, que el miércoles sabía que se preparaba la captura, no recibió ninguna comunicación en los cien minutos que permaneció en el centro de arte. Cerca de veinte policías cercaron la zona mientras él reflexionaba sobre pintura y escultura o la sensación de calma que observa al pasear. Contó algún chiste y, observador, detectó una **16**_____ en una escultura. Luego firmó autógrafos en la calle y partió manejando su Volvo.

 A **Lee el texto y completa los huecos que faltan con las palabras del recuadro:**

telaraña　　regicidio　　despliegue　　sin consumar　　sereno　　yate
alzó　　demoler　　atraparan　　husmeaban　　descalzos　　magdalenas
anclado　　lívidos　　compareció　　se afilaba

B **Lee de nuevo el texto y luego numera las siguientes frases según el orden en que se desarrollaron los acontecimientos.**

1 Había por lo menos seis personas involucradas en este regicidio.

2 Don Juan Carlos se encontraba tranquilo y alegre.

3 Tras el atentado, la banda terrorista planeaba regresar a la costa francesa.

4 El rey mostró buen sentido del humor y capacidad de observación.

5 El pueblo español estuvo a punto de sufrir un duro golpe.

6 La actuación de las fuerzas de seguridad fue rápida y eficiente.

7 Mientras estaba en el centro de arte, Don Juan Carlos era consciente de que era el blanco de los terroristas.

8 Durante esas fechas, hubo varios intentos de regicidios por parte de ETA.

9 Los terroristas fueron sorprendidos en ropa cómoda y sin calzado.

10 El apartamento de los terroristas no estaba desordenado.

7 Noticia de un secuestro

Antes de entrar en el automóvil miró por encima del hombro para estar segura de que nadie la acechaba. Eran las siete y cinco de la noche en Bogotá. Había oscurecido una hora antes, el Parque Nacional estaba mal iluminado y los árboles sin hojas tenían un perfil fantasmal contra el cielo turbio y triste, pero no había a la vista nada que temer. Maruja se sentó detrás del chofer, a pesar de su rango, porque siempre le pareció el puesto más cómodo. Beatriz subió por la otra puerta y se sentó a su derecha. Tenían casi una hora de retraso en la rutina diaria, y ambas se veían cansadas después de una tarde soporífera con tres reuniones ejecutivas. Sobre todo Maruja, que la noche anterior había tenido fiesta en su casa y no pudo dormir más de tres horas. Estiró las piernas entumecidas, cerró los ojos con la cabeza apoyada en el espaldar, y dio la orden de rutina: "A la casa, por favor".

Regresaban, como todos los días, a veces por una ruta, a veces por otra, tanto por razones de seguridad como por los nudos del tránsito. El Renault 21 era nuevo y confortable, y el chofer lo conducía con un rigor cauteloso. La mejor alternativa de aquella noche fue la avenida Circunvalar hacia el norte. Encontraron los tres semáforos en verde y el tráfico del anochecer estaba menos embrollado que de costumbre. Aun en los días peores hacían media hora desde las oficinas hasta la casa de Maruja, en la transversal Tercera n. 84A-42 y el chofer llevaba después a Beatriz a la suya, distante unas siete cuadras.

Maruja pertenecía a una familia de intelectuales notables con varias generaciones de periodistas. Ella misma lo era, y varias veces premiada. Desde hacía dos meses era directora de Focine, la compañía estatal de fomento cinematográfico. Beatriz, cuñada suya y su asistente personal, era una fisioterapeuta de larga experiencia que había hecho una pausa para cambiar de tema por un tiempo. Su responsabilidad mayor en Focine era ocuparse de todo lo que tenía que ver con la prensa. Ninguna de las dos tenía nada que temer, pero Maruja había adquirido la costumbre casi inconsciente de mirar hacia atrás por encima del hombro, desde el agosto anterior, cuando el narcotráfico empezó a secuestrar periodistas en una racha imprevisible.

Fue un temor certero. Aunque el Parque Nacional le había parecido desierto cuando miró por encima del hombro antes de entrar en el automóvil, ocho hombres la acechaban. Uno estaba al volante de un Mercedes 190 azul oscuro, con placas falsas de Bogotá, estacionado en la acera de enfrente. Otro estaba al volante de un taxi amarillo, robado. Cuatro, con pantalones vaqueros, zapatos de tenis y chamarras de cuero, se paseaban por las sombras del parque. El séptimo era alto y apuesto, con un vestido primaveral y un maletín de negocios que completaba su aspecto de ejecutivo joven. Desde un cafetín de la esquina, a media cuadra de allí, el responsable de la operación vigiló aquel primer episodio real, cuyos ensayos, meticulosos e intensos, habían empezado veintiún días antes.

Gabriel García Márquez

A Lee el texto y enlaza los números con las letras que tengan el mismo sentido.

1 acechar	6 racha	a denso	f espiar
2 soporífera	7 placas	b matrículas	g detenido
3 entumecidas	8 estacionado	c época	h con buena presencia
4 cauteloso	9 chamarras	d chaquetas	i sigiloso
5 embrollado	10 apuesto	e aburrida, poco interesante	j agarrotadas

B Lee el texto y señala con una cruz las técnicas de las que crees que se ha valido el autor para crear suspense.

1 Uso de la descripción ☐
2 Empieza a crear suspense a partir de la primera frase ☐
3 Empleo de muchos verbos en tiempo futuro ☐
4 Utiliza numerosos tiempos del pasado para describir la situación con todo detalle ☐
5 Se vale del vocabulario para crear cierto clima de tensión ☐
6 Relata los hechos con mucha rapidez y a grandes rasgos ☐
7 Empieza contando la parte clave: el secuestro ☐
8 No habla de los hombres que la acechaban hasta el final ☐

C   Escribe en 200 palabras la continuación de la historia "Noticia de un secuestro".

8 Hachís en el estanco

El ascenso imparable del tráfico y consumo de cannabis coloca a la justicia internacional ante la disyuntiva de ablandar las leyes. Suiza legaliza la venta y la producción. ¿Cuándo se sumará España? Los Gobiernos de Portugal y Bélgica han decidido despenalizar el consumo privado de hachís, al igual que ocurre en España. En Francia se ha abierto un debate donde algunos medios señalan que el consumo del hachís sigue aumentando año tras año mientras que la ley que penaliza el consumo hasta con 365 días de cárcel data de treinta años atrás. Pero el paso más grande lo ha dado el Gobierno suizo este mes con una propuesta para despenalizar no sólo el consumo y la venta, como en Holanda, sino para regular también la producción.

Nos hallamos en el corazón del Rif, lo que los fumadores de hachís de toda Europa conocen como La Montaña. Para llegar a las inmediaciones de Bab Barred, a 1.800 metros de altura sobre el nivel del mar, ha sido preciso atravesar dos controles policiales en la carretera y después ir sorteando a los vendedores que desde el borde de los barrancos te persiguen con sus coches, gesticulan para que te detengas y te ofrecen 'el mejor chocolate' de todo el Ketama y Bab Barred. Hace unos tres años esos automóviles acababan atravesándose en la carretera para que el extranjero apreciase el perfume, textura y color del material. Ahora todo es mucho más discreto. El Gobierno

marroquí ha reforzado su lucha contra el tráfico de hachís, aunque, paradójicamente, aún no ha movido un dedo contra el cultivo de la planta.

Pero mientras Marruecos declara que pretende cerrar su mano, Europa la abre. En Portugal se aprobó hace varios meses despenalizar el consumo privado, como en España (donde sólo está penalizado el consumo público – "el ejemplo claro sería el de desnudarse en casa y desnudarse en público. La ley sólo penaliza este último extremo", señala una fuente del Plan Nacional de Drogas). La misma actitud ha seguido Bélgica. En Francia, los principales diarios han emprendido una campaña para reformar las leyes, en vista de que

el consumo cada vez va a más. Pero el paso más grande lo emprendió el Gobierno suizo el pasado 9 de marzo. Elevó una propuesta al Parlamento para que se legalizara no sólo el consumo y la venta – como en Holanda –, sino la producción, algo que revolucionaría, de aprobarse definitivamente, el mercado del hachís.

La tenencia de marihuana o hachís – la ley no especifica a partir de qué cantidad se convierte en tráfico – puede acarrear sanciones que van de los 300,5 euros a 3.005. José Luis Félix, magistrado del Juzgado de lo Penal número 8 de Barcelona y portavoz en Cataluña de Jueces para la Democracia, cree que en cierta forma la ley promueve el cultivo privado de la marihuana.

Mientras Suiza avanza hacia la legalización, el Gobierno marroquí promete a la ONU que en siete años habrá terminado con las plantaciones de hachís. Pero los humildes productores del Rif, tienen mucho más poder que dinero. Es precisamente de la falta de dinero de donde sacan su poder. Basta echarle un vistazo a la zona de La Montaña, al barro casi medieval de sus calles, para darse cuenta de que son muy pocos los cultivadores de hachís que consiguen hacerse ricos. Porque se necesitan mucho poder y mucho dinero para hacer llegar la droga a donde tú quieres. Y eso, sólo lo tienen unos cuantos.

A Lee el texto y extrae al menos diez términos relacionados con el mundo de la droga.

  B Lee el texto y completa la tabla con la información que se menciona de cada país sobre el tema de las drogas.

Suiza	Portugal	Francia	Marruecos	Bélgica	Holanda	España

  C Consulta en folletos, libros, Internet … la legislación de cinco países europeos en lo referente a la heroína. Escribe 200 palabras mencionando qué ventajas y desventajas crees que, en tu opinión, ofrece cada legislación.

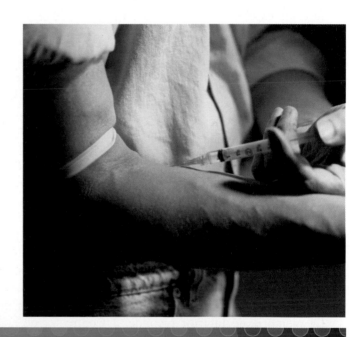

Grammar

REDUNDANT OBJECT PRONOUN

In Spanish the object is quite frequently placed before the verb, for reasons of emphasis or style. When this happens it is normal also to place the object pronoun before the verb, so "repeating" the idea.

*Pero el paso más grande **lo** emprendió el Gobierno suizo el pasado 9 de marzo.*

But the biggest step was taken by the Swiss Government on 9th March.

(This sentence could have been written: *Pero el Gobierno suizo emprendió el paso más grande el pasado 9 de marzo.*)

*Y eso, sólo **lo** tienen unos cuantos.*

And only a few have that.

(This sentence could have been written: *Sólo unos cuantos tienen eso.*)

For more information about word order see Grammar Summary p264.

Inmigración y criminalidad

 El aumento de la criminalidad

Interior atribuye a la inmigración el aumento de la criminalidad en más de un 9%

Aumentan los delitos porque sube la población de hecho en España debido a la inmigración. Con este argumento, el Ministerio del Interior explica el incremento en un 9,35% del número de delitos y faltas cometidos en los seis primeros meses del año pasado respecto al mismo periodo de 2000. El balance policial matiza además que en los ejercicios anteriores había descendido la criminalidad y "no es posible pretender una baja indefinida de la delincuencia, que en las sociedades desarrolladas registra siempre una tendencia ascendente". Justamente la contraria que la plantilla de la policía, que perdió unos 3.000 agentes en los últimos cuatro años, según la misma memoria.

La memoria de Interior reconoce el aumento de la criminalidad que se había detectado ya en los últimos meses, debido principalmente al incremento de los hurtos y los robos de vehículos o cometidos en el interior de coches.

Destaca en cambio la disminución de los delitos contra la libertad sexual, los tirones y las lesiones. Las muertes a tiros entre miembros de mafias, singularmente procedentes de Colombia, ha provocado una fuerte polémica en Madrid, donde este año se han producido algunos asesinatos de gran impacto social como el de tres ciudadanos de ese país que murieron acribillados a tiros en septiembre, supuestamente por una deuda de drogas. Asimismo la percepción de los españoles ha situado la inseguridad ciudadana como el tercer problema más importante tras el terrorismo y el paro, según el barómetro del Centro de Investigaciones Sociológicas de noviembre pasado, cuando en junio ocupaba el quinto lugar.

En referencia a la disminución de la plantilla de la Dirección General de la Policía, la memoria se limita a expresar la disminución de efectivos en una gráfica que refleja una bajada desde más de 53.000 agentes en 1990 a los menos de 48.000 actuales, si bien no proporciona cifras exactas. Además incluye una previsión de recuperar el nivel de 51.000 policías que había en 1998 dentro de dos años, con la convocatoria de 3.150 plazas realizada en septiembre pasado. Pero el que haya menos policías no implicó que las cárceles españolas estuviesen menos atestadas. Pese a que se pusieron en marcha dos nuevos centros penitenciarios el año pasado se mantuvo la ocupación de las prisiones al 106%, con una media de población reclusa de 40.088 personas, 919 más que en 2000.

A **Lee el texto y localiza aquellas palabras que tengan el mismo sentido que las siguientes:**

1 aumento
2 recalca
3 personal
4 realizados
5 controversia
6 agujereados
7 desempleo
8 muestra
9 supuso
10 saturadas

B **Lee el texto y escribe las preguntas con las que obtendrías estas respuestas:**

1 A la inmigración
2 Que ha disminuido su plantilla
3 En los últimos meses
4 Los delitos contra la libertad sexual, los tirones y las lesiones
5 De Colombia
6 El asesinato de tres ciudadanos colombianos que murieron acribillados a tiros en septiembre
7 El terrorismo, el paro y la inseguridad ciudadana
8 Unos 5.000 agentes
9 Se han convocado 3.150 plazas
10 La ocupación de las prisiones se mantiene al 106%.

⑩ Inmigración y criminalidad

  Escucha el CD y completa las siguientes frases:

1 El visado obligatorio para colombianos no ha ayudado a reducir _____.

2 A veces los españoles asocian a los ciudadanos colombianos con _____.

3 El _____ se encarga de adquirir los visados para llegar sin problemas a España.

4 Es posible que unos _____ hayan huido de la justicia de su país.

5 Los _____ se han cobrado varias muertes en los últimos meses.

6 Es posible que haya _____ grupos de sicarios en Madrid.

7 Los grupos de sicarios son jóvenes y actúan _____.

8 Es injusto, porque los propios colombianos han venido a España en busca _____.

⑪ Una España perpleja e inquieta

Torre Pacheco, en el Campo de Cartagena, a 15 kilómetros de la ciudad púnica y a 33 de Murcia, vive el fenómeno de la inmigración con la misma perplejidad que el resto de la sociedad española, y también con la misma creciente dosis de inquietud. Aunque si dependiera de Pilar esos sentimientos están de más. "Aquí no hemos tenido manifestaciones graves de xenofobia o racismo, por la sencilla razón de que el pueblo sabe que le convienen los inmigrantes, que son ellos los que lo están sacando a flote", dice mientras sigue intentando ayudar a un marroquí a regularizar su situación. En esta tarde de junio, la cola en el local de Murcia Acoge es larga y espesa. Acuciados por la Ley de Extranjería del Gobierno del PP*, magrebíes y ecuatorianos pugnan por conseguir o poner al día permisos de residencia y trabajo, documentos de reagrupación familiar, extensiones de visado y autorizaciones de regreso. Pilar les ayuda, inspirada por esa leyenda que hay en la entrada del local: "Si tu dios es judío, tu coche es japonés, tu pizza es italiana, tu gas es argelino, tu café es brasileño, tus vacaciones son marroquíes, tus cifras son árabes, tus letras son latinas ... ¿cómo te atreves a decir que tu vecino es extranjero?".

Como Pilar, hay cientos de millares, millones de personas en España. Son los que intentan facilitarles las cosas a los inmigrantes desde las ONG*. Pero también hay otros millones que no ocultan su desazón ante el hecho de que España viva hoy, aunque sea con una década o más de retraso, el mismo fenómeno de llegada masiva de trabajadores extranjeros y la conversión en una sociedad plurirracial y plurirreligiosa del Reino Unido, Francia, Holanda o Alemania.

Si ningún país europeo estaba en verdad preparado para ello, España aún menos. Éste es el país que a partir de 1492 expulsó a judíos y moriscos, y desde entonces y hasta la muerte de Franco vivió la mayor parte del tiempo bajo el impulso autoritario de la unidad racial, cultural y religiosa. Éste es un país que durante siglos fue exportador de mano de obra. Y ahora es el país desde donde el Gobierno tilda a la inmigración de "problema", la identifica con el crecimiento de la delincuencia y sólo propone medidas autoritarias, como endurecer aún más la Ley de Extranjería y blindar las fronteras europeas. Actualmente, la cifra de irregulares varía entre los 100.000 que calcula la Comisión Española de Ayuda al Refugiado y los 300.000 que estima Comisiones Obreras.

En un síntoma de que España está culminando su incorporación al conjunto de los países avanzados occidentales, la inmigración lleva camino de convertirse en la gran cuestión política, social y cultural. Y aunque, según el último barómetro del CIS* – enero–febrero de 2002 –, los españoles colocan la inmigración por detrás del terrorismo y el paro en la lista de sus preocupaciones, ni el PP, bajo cuyo Gobierno se ha multiplicado la llegada masiva de extranjeros legales o ilegales, ni el PSOE*, que no quiere correr el destino de sus correligionarios franceses, desean parecer blandos en esta materia.

Y continuando por lo más importante: las causas de la posible relación entre inmigración y delitos. Para Mariano Fernández Bermejo, fiscal jefe de Madrid, la asociación gubernamental es incorrecta. "No es la condición de extranjero, sino la marginación, lo que conduce al ámbito de la criminalidad", dice. "La solución es integrar al inmigrante".

* PP = Partido Popular   ONG = Organización No-Gubernamental
    CIS = Centro de Investigaciones Sociológicas   PSOE = Partido Socialista Obrero Español

Lee el texto y escoge las cinco afirmaciones que son correctas:

1 La localidad de Torre Pacheco no está sorprendida o preocupada ante el fenómeno de la inmigración.

2 Pilar opina que los inmigrantes ejercen una influencia positiva en este pueblo.

3 No hay mucha gente esperando en el local de Murcia Acoge.

4 Los magrebíes y ecuatorianos intentan poner sus papeles en regla.

5 Hay un cartel antirracista a la entrada del local.

6 No hay muchas personas u organizaciones que quieran ofrecer apoyo a los inmigrantes.

7 España sigue, aunque rezagada, los pasos del Reino Unido, Francia, Holanda o Alemania.

8 Desde el punto de vista histórico, resulta irónico que España no sea más receptiva a la inmigración.

9 Para los españoles, la inmigración es una cuestión de mayor importancia que el desempleo.

10 Mariano Fernández Bermejo opina que la solución es deshacerse de los inmigrantes.

  Mariano Fernández Bermejo, fiscal jefe de Madrid, afirma:

"No es la condición de extranjero, sino la marginación, lo que conduce al ámbito de la criminalidad. La solución es integrar al inmigrante".

Escribe 250 palabras haciendo una reflexión sobre esta declaración e intentando ilustrarla con ejemplos, que tú hayas vivido de cerca o que veas presentes en la sociedad de tu país.

12 Redadas policiales en los locutorios

  Escucha el CD y explica la información de la tabla:

1 Sentimiento de los inmigrantes que no tienen permiso de residencia y trabajo	
2 Razón por la que se esconden los inmigrantes	
3 Lo que piensan los inmigrantes que ha hecho la policía	
4 Razón por la que los inmigrantes van a los locutorios	
5 Barrios en los que la policía pide la documentación	
6 Qué le dijo a este emigrante la empleada del locutorio	

Traducción

Traduce al español el siguiente texto:

Madrid is a very complete city. It is full of museums, monuments, cinemas, theatres, bars, restaurants and a famous night life. The weather is generally very pleasant, but you won't find the scorching summer days or the cold winter periods to your liking. People here are very friendly, sociable and open. The huge wave of immigrants that has recently entered the country will put these qualities to the test. We are lucky to have the mountains only thirty or forty miles away; Madrid people are in the habit of escaping there, away from the pressures of the week (work, traffic, stress, lack of time …). But we would love to have the sea too!

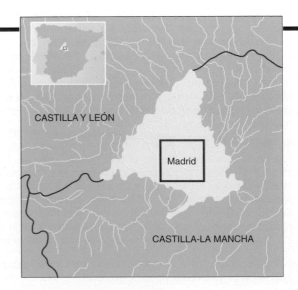

La Comunidad de Madrid

La Comunidad de Madrid

Situación: La capital de España está situada prácticamente en el corazón de la península, en pleno centro de la meseta castellana, a 646 metros de altitud sobre el nivel del mar. Limita al noroeste con Ávila y Segovia, al este con Guadalajara y al sur con Toledo y Cuenca.

Superficie: 607 km^2

Población: 3.100.000 habitantes

Lengua: castellano

Industrias principales: Empresas textiles, alimentarias y metalúrgicas, entre otras. Madrid se caracteriza por una intensa actividad cultural y artística y una vida nocturna muy activa.

Atracciones turísticas: Museos de fama internacional (El Prado, Thyssen, Reina Sofía), Monasterio de El Escorial, Valle de de los Caídos, Palacio de El Pardo, Palacio de Aranjuez, Alcalá de Henares, Chinchón …

Administración: Se trata de una ciudad cosmopolita, centro de negocios, sede de la Administración pública central, del Gobierno del Estado y del Parlamento Español y residencia habitual de los monarcas. Ocupa un primer orden en el sector bancario e industrial.

Historia: Tuvo su origen en los tiempos del Emir musulmán Mohamed I (852–886), que mandó construir una fortaleza en la orilla izquierda del río Manzanares. Fue objeto de disputa entre los reinos cristianos y musulmanes, hasta que fue conquistada por Alfonso VI en el siglo XI. A finales del siglo XVII se construyó una muralla para dar cobijo a los nuevos arrabales, cuyo trazado coincidía con las actuales Rondas de Segovia, Toledo y Valencia. En el XVIII, bajo el reinado de Carlos III, se trazaron las grandes arterias de la ciudad como el Paseo de la Castellana, el Paseo de Recoletos, el de El Prado y el dc Las Acacias. José Bonaparte, a comienzos del XIX, acometió la reforma de la Puerta del Sol y sus alrededores. La Gran Vía se abrió y urbanizó a comienzos del presente siglo. En la década de los 50 se llevó a cabo la prolongación del Paseo de la Castellana; se levantaron modernos edificios donde radican las más importantes empresas del mundo financiero. Lo que hoy queda en pie del pasado más lejano son fundamentalmente construcciones barrocas y neoclásicas de los siglos XVII y XVIII como, la Plaza Mayor o el Palacio Real.

Seguridad ciudadana

En el frente del delito

Rojo, como todos los comisarios consultados, ha registrado un incremento de los delitos en su comisaría pese a sus esfuerzos por controlar la situación optimizando los escasos recursos humanos que le quedan.

Argumenta: "El delincuente deja de delinquir si no está en la calle. Y para que un juez lo meta en prisión hay que demostrar, por supuesto, que ha cometido un delito, y para demostrarlo hay que investigar y conseguir las pruebas incriminatorias: pillarlo in fraganti; o que alguien lo identifique; o recoger sus huellas y encontrarlo, porque los chorizos no suelen vivir en la dirección que aparece junto a su nombre. Y eso se consigue investigando, no saludando al tendero desde una moto", ironiza en referencia al Plan Policía 2000.

Los policías se muestran convencidos de que la idea que dirige dicho plan (que hay que acercar la policía al ciudadano y que la presencia policial en las calles disuade a los delincuentes) es una utopía hoy: "Es terrible la sensación de impunidad que percibimos con respecto a los delincuentes. Y lo peor es que ellos lo saben y nosotros nos desmotivamos", comenta un agente de paisano mientras patrulla las calles de Madrid.

"Esas mujeres de ahí", dice señalando a un grupo que cruza en un semáforo de Banco de España, "van a intentar robarle la cartera a la chica que va delante". Y así es: las mujeres paran a la chica y le muestran un mapa, como para preguntarle una dirección. "Son familias enteras, se pasan el día entero así: llevan un mapa de Madrid en la mano, paran a alguien, y mientras una le tapa el bolso con el plano la otra mete la mano y se lleva la cartera. Las detenemos cuando podemos, pero entran por una puerta de la comisaría y salen por la otra. Si la cantidad robada no llega a 50.000 pesetas sólo tienen que pagar 15.000 de multa. A eso me refiero cuando hablo de impunidad", comenta mientras les pide la documentación al grupo de mujeres. En sus papeles plastificados pone que proceden de Bosnia. Pero mientras el agente los hojea, le hablan y le saludan como si le conocieran de toda la vida. "Nos hemos encontrado demasiadas veces, ¿tú crees que nos tienen algún miedo?", pregunta el agente. Estas situaciones son las que han llevado a los responsables policiales a demandar una reforma del Código Penal que permita la celebración de juicios rápidos y conseguir la tolerancia cero para los reincidentes.

A   Lee el texto y combina los elementos de abajo con los del recuadro:

en prisión	la cartera	un delito	la situación
in fraganti	a los delincuentes	la documentación	la tolerancia cero

1 meter ...   3 controlar ...   5 disuadir ...   7 pedir ...

2 pillar ...   4 cometer ...   6 robar ...   8 conseguir ...

B   Lee el texto y une los elementos de cada columna para formar frases completas (hay 10 en total).

1 Rojo ha hecho todo lo posible ...

2 Para erradicar la delincuencia, hay que ...

3 Es muy difícil demostrar que una persona ...

4 Los policías no creen que ...

5 Hay mujeres que se dedican a robar carteras ...

6 A menudo los delincuentes salen impunes, ...

7 Los delincuentes han perdido el respeto a la autoridad ...

8 Los agentes policiales opinan ...

a la presencia policial en las calles disuada a los delincuentes

b ha cometido un delito

c lo que molesta a los agentes policiales

d para mejorar la situación

e que no se deberían dar segundas oportunidades a los reincidentes

f utilizando un mapa "de tapadera"

g invertir más en investigación

h porque el Código Penal en cierta manera les protege

⑭ El Real Madrid

A   Escucha la grabación y señala con una cruz sólo aquellas palabras que sí has oído:

entrenará	enfrentará
fuente	puente
precisos	preciosos
Hamburgo	Edimburgo
fiesta	siesta
amenizar	aterrizar
cuatro mil	cuarenta mil

B   Escucha de nuevo el fragmento y comenta con tus compañeros qué creéis que va a ocurrir una vez que la selección del Real Madrid aparezca ante sus admiradores. ¿Y una vez que se den cita en la fuente de Cibeles como es tradición?

FINAL
FA Champions League

15 Agentes antidisturbios

La celebración de los aficionados del Real Madrid duró apenas 15 minutos. Lo que tardaron los ultras en reventar el festejo y sembrar el caos en la Cibeles. Los incidentes dibujaron un panorama dantesco: lluvia de botellas, adoquines que volaban de un lado a otro, paradas de autobús completamente destrozadas, disparos contra una furgoneta policial …

Cuando la fiesta no había hecho más que comenzar al filo de las 00.00 horas, un nutrido grupo de radicales comenzó a lanzar botellas contra los agentes que protegían la fuente para evitar que alguien se subiese a ella. Los radicales, varias decenas perfectamente organizadas obligaron a la policía a cargar contra ellos. Los violentos fueron dispersados de la fuente hacia la plaza de Cánovas del Castillo y hacia la puerta de Alcalá. Los agentes antidisturbios intervinieron para establecer el orden e incluso hubieron de actuar las unidades a caballo.

En su huída, los radicales repelieron la carga con fuego. Un furgón de la Policía Nacional recibió dos disparos que no causaron daños personales. Los dos impactos de bala alcanzaron al furgón en la parte de atrás cuando se encontraba a la altura del Paseo del Prado, junto a la fuente de la diosa Cibeles. En la concentración, a la que asistieron unas 300.000 personas, según la policía, hubo 35 contusionados y dos agentes resultaron heridos, uno de un botellazo en la clavícula y otro en la cabeza. También hubo seis detenidos acusados de atentados contra la autoridad, lanzamiento de objetos y desórdenes públicos.

Los impactos («del calibre nuevo corto o 38 milímetros», según explicó un portavoz policial) recibidos por el furgón motivaron, al parecer, alguna intervención de los agentes en la Plaza de Cibeles, que desalojaron a algunos radicales que lanzaban botellas y amedrentaban a los periodistas. Los seis individuos que resultaron detenidos en la concentración de Cibeles están acusados de diversos delitos cometidos al enfrentarse con la policía y cometer diversos actos vandálicos.

Según la policía, los 35 contusionados en la concentración de Cibeles resultaron heridos a causa de la lluvia de objetos durante las carreras. La Delegación del Gobierno afirmó que no se produjeron cargas policiales y que las fuerzas de seguridad se limitaron a proteger la fuente de La Cibeles y a los informadores que cubrían los festejos.

A   **Lee el texto y responde con tus propias palabras a las siguientes preguntas:**

1 ¿Cuándo finalizó la celebración de los aficionados del Real Madrid?
2 ¿Por qué protegían los agentes la fuente?
3 ¿Qué parte del furgón recibió los dos disparos?
4 ¿Qué les pasó a los dos agentes que resultaron heridos?
5 ¿A qué se dedicaban los radicales?
6 ¿Por qué hubo 35 contusionados?

B   **Escribe en 200 palabras tu opinión sobre:**

● la actitud de los radicales
● la actuación de la policía
● las causas que conducen del placer del deporte al caos
● la necesidad de agentes antidisturbios en este tipo de concentraciones

Grammar

TWO USES OF THE SUBJUNCTIVE

1 The "indefinite antecedent"

The subjunctive is used in subordinate clauses when the identity of the "antecedent", i.e. the person or thing referred to by the relative pronoun (e.g. *que* or *quien*), is uncertain or not known.

*No conozco a nadie que **pueda** ayudarme a terminar el trabajo.*	I don't know anyone who can help me to finish the job.
*La policía demanda una reforma que **permita** la celebración de juicios rápidos.*	The police are demanding a reform which will allow speedy sentencing. (We do not know the precise nature of the reform)
*Si un vecino le da una paliza a uno de éstos para defenderse será el vecino quien **acabe** en la cárcel.*	If a person who lives in the district beats one of these men up in self-defence he will be the one who ends up in gaol. (We don't know the identity of the person)

2 Verbs of "influence"

The subjunctive is used in subordinate clauses when preceded by verbs such as *hacer, conseguir, evitar, impedir, decir* (to tell someone to do something) and *insistir,* used in the sense of influencing the outcome of the action that follows.

*Los agentes protegían la fuente para evitar que alguien se **subiese** a ella.*	The police protected the fountain to prevent anyone climbing up it.
*Las bajas temperaturas en el mes de diciembre hicieron que Selur **funcionara** en 2.518 ocasiones.*	The low temperatures in December brought Selur out (literally: "caused Selur to function") on 2518 occasions.

Read texts 14 and 16 for other instances of the subjunctive and attempt to explain why the subjunctive is used in each case.

When in doubt, ask your teacher or refer to the account of the subjunctive in Grammar Summary on p271.

Ejercicio

Rellena los espacios del verbo entre paréntesis con la forma adecuada del subjuntivo.

a) La acción inmediata de la policía hizo que los ladrones _____. (irse)

b) Aquí no hay nadie que _____ (saber) traducir esta frase.

c) No quiero impedir que _____ (celebrarse) la fiesta.

d) No sé cómo Milagros consiguió que le _____ (dar) trabajo.

e) El criminal buscó un coche que sus colegas _____ (poder) utilizar para el robo.

f) Te pido que si vuelves después de medianoche ¡no _____ (salir) mañana!

g) Siempre voy al trabajo a una hora que me _____ (permitir) organizarme.

h) ¿Cómo podemos evitar que nuestros rivales _____ (descubrir) nuestro planes?

⑯ Consejos al ciudadano

A **Escucha el fragmento y marca aquellas declaraciones que no dice el policía:**

1. La Guardia Civil se llama Ertzaintza en Cataluña.
2. Una de nuestras principales funciones es ocuparnos de la vigilancia.
3. De la disciplina del tráfico nunca nos tenemos que hacer responsables.
4. Intenta siempre defender tu postura cuando te detengan las fuerzas de seguridad.
5. No es obligatorio firmar el boletín de denuncia.

6. Si te niegas a hacer el control de alcoholemia, te pueden meter en la cárcel.
7. La Guardia Civil te puede hacer un control y luego retirarte el carné de conducir.
8. Si te pusieran una multa por ir demasiado rápido, puedes exigir la medición del radar.
9. Los conductores no tendrán nunca derecho a solicitar una fotografía del radar.
10. Si alguna vez te multan por haber aparcado mal, tienes derecho a pedir una fotografía que muestre la infracción cometida.

El ruido

⑰ Protesta vecinal en el barrio de la Barceloneta

Protesta vecinal contra el ruido y la inseguridad

Alrededor de 300 vecinos del barcelonés barrio de la Barceloneta se concentraron ayer en el Pla de Palau contra la inseguridad, el ruido y la escasa presencia policial en sus calles. "Este era un barrio muy bonito donde dormíamos con las puertas abiertas – aseguró una señora –, pero ahora estamos como en la mina y todas las ventanas se llenan de verjas. El otro día entraron en casa de la Montse por la cocina y salieron como señores por la puerta tras llevarse hasta los 'airgamboys'. Y en la comisaría le dijeron que ellos sólo se ocupan de los yates, que fuera a la de Nou de la Rambla."

Allí se deriva la veintena de denuncias diarias. Robos en viviendas, tirones, violentos atracos... Todo ello alimenta una creciente sensación de inseguridad –"da miedo hasta de ir al cajero"– que alcanza la crispación vecinal por la falta de agentes de policía. "Aquí por las noches sólo hay un coche patrulla. Y, si pasa algo fuerte, tienen que venir desde Nou de la Rambla. Por eso queremos que haya una comisaría en el barrio y para el barrio, como antes", pidieron ayer los representantes vecinales al Ayuntamiento, la Generalitat y el Estado. "Que le suban los impuestos a los ricos si hace falta – apostilló un líder vecinal –, que a nosotros nos cuesta llegar a fin de mes." Luego están los ruidos: "Estamos hartos de gamberros que discuten borrachos a la salida de los bares, de las motos trucadas y de los gritos", espetó con potencia un megáfono. Lo cierto es que el hacinamiento y la alta densidad de población han mermado en los últimos años la calidad de vida de la Barceloneta. "También es un problema de educación. Aquí mucha gente no sabe apreciar el valor del silencio y basta con que uno ponga la música fuerte para que otro la ponga aún más fuerte, a cualquier hora del día – sentenció una vecina –, es la anarquía." Delincuencia, suciedad, ruidos. Muchos vecinos de la Barceloneta están pasando del hastío a la ira, una peligrosa transición que puede degenerar en violencia si las administraciones no toman nota: "Hay que cambiar las leyes que protegen a los ladrones que roban mucho pero poco a poco – suena por el megáfono –, porque si un día un vecino le da una paliza a uno de éstos para defenderse será el vecino quien acabe en la cárcel". Entre los aplausos, los de un joven tatuado y rapado de cuyo bolsillo cuelga un pequeño llavero con la forma de la esvástica. No le faltan colegas en el barrio – una docena más o menos – en una Barceloneta cada día más caliente.

A Lee el texto y trata de deducir qué significan las siguientes expresiones:

1 estar como en la mina
2 salir como señores
3 da miedo ir al cajero
4 nos cuesta llegar a fin de mes
5 motos trucadas

B Lee el texto e imagina que eres uno de los vecinos de la Barceloneta, indignados por el ruido. Escribe una carta de queja (unas 200 palabras) explicando los trastornos que sufre la vecindad y exigiendo que se mejore la seguridad ciudadana con una comisaría en la zona.

Grammar

ADJECTIVES OF PLACE

Adjectives formed from countries, regions, towns and cities have to be learned, since there are no general rules for their formation. Note that the adjective is always written in lower case.

● countries and regions

The following adjectives referring to Hispanic countries and regions should be noted:

Andalucía	andaluz	Guatemala	guatemalteco
Canarias	canario	Honduras	hondureño
Cataluña	catalán	la Mancha	manchego
Chile	chileno	Nicaragua	nicaragüense
Costa Rica	costarriqueño	Panamá	panameño
Ecuador	ecuatoriano	(el) Perú	peruano
Extremadura	extremeño	Puerto Rico	puertorriqueño
Galicia	gallego	(el) Uruguay	uruguayo

● Adjectives formed from towns and cities are widely used in written Spanish. In most cases the difference between the town and the adjective is recognisable from the name of the town, or part of it:

Barcelona	barcelonés
Santiago de Compostela	compostelano
Valencia	valenciano

In other cases spelling of the entire word may be affected, to the extent that the adjective may not be recognisable as belonging to the place:

Tenerife	tinerfeño
Alcalá	complutense
Buenos Aires	porteño

For more information on adjectives see Grammar Summary on p262.

Ejercicios

1 Escribe el adjetivo que corresponde a los países, regiones o ciudades siguientes.

Barcelona	Bilbao	(la) China	Córdoba	La/A Coruña
Dinamarca	Gibraltar	Lima	Londres	Madrid
Málaga	Marruecos	Nueva York	Polonia	Sevilla

2 ¿A qué ciudad corresponden los adjetivos siguientes?

caraqueño	carioca	donostiarra	gaditano	onubense
quiteño	salmantino	santanderino	tarraconense	vallisoletano

18 Gritos en el parque

A Escucha el fragmento y responde a las siguientes preguntas:

1 ¿Hace cuánto tiempo que vive cerca del aeropuerto de Madrid?

2 ¿Cómo era el lugar cuando empezó a vivir allí?

3 ¿Qué ha ocurrido en los últimos años?

4 ¿Qué ha pasado con los árboles, las verjas y los edificios?

5 ¿Para qué usan el parque los jóvenes?

6 ¿Cuál es el comportamiento de estos jóvenes?

7 ¿Por qué nadie se queja de la situación?

8 ¿Cómo se encuentran el barrio por las mañanas?

19 Atracos a la carta

Una banda de encapuchados desvalija restaurantes madrileños, clientes incluidos

A Vicente Alonso, de 21 años, propietario del madrileño restaurante Ninot, no le gustaba su pareja. A su espalda, la orquesta se afanaba en los primeros sones del pasadoble, y ante sí, con un leve balanceo, un revólver muy negro y muy pegado a su frente le invitaba a acompañarle. Vicente, sin decir palabra, lo condujo hasta la caja registradora. Era la 1.45 del domingo 26 de enero y en el concurrido local acababan de irrumpir cuatro encapuchados sin miedo escénico. Se trataba de la misma banda que en los últimos dos meses había atracado otros cinco restaurantes de la capital de España. Un grupo de cuatro hombres jóvenes, ágiles y de extrema sangre fría, cuya insólita forma de actuar ha sembrado el pánico entre los mesoneros madrileños y ha encendido la alarma policial. En sus golpes, los asaltantes no se limitan a robar las recaudaciones, sino que desvalijan, arma en mano, a los clientes. Y cuantos más, mejor.

"¡Quita de ahí!". Un encapuchado vestido con chándal azul a rayas blancas acababa de derribar al director de orquesta del restaurante Ninot. Se plantó ante los 130 comensales y les tendió el saludo de su pistola. Ahora dirigía él la función. Desde el fondo de la sala se oyó algún aplauso. Distinto lo vieron unos 30 clientes que, sentados en una misma mesa, advirtieron cómo otro atracador empezaba, pistola en ristre, a pasar el cepillo por las mesas. Se miraron unos a otros, y decidieron escapar con la ayuda de una camarera que abrió disimuladamente la puerta de la cocina. Los 30 comensales, aprovechando la confusión inicial, salieron en tromba. Nadie les disparó.

Desde que en diciembre emprendió sus correrías, la banda de los encapuchados no ha apretado el gatillo. Les basta la amenaza para conseguir lo que quieren. Y así, poco a poco, han aumentado el calibre de sus asaltos. Los dos primeros atracos fueron cometidos en restaurantes de Alcorcón, una ciudad periférica de Madrid. Después, pasaron al Cinco Pinos, un pequeño establecimiento situado al borde de la carretera de Zaragoza (N-II), en el que desvalijaron a 10 clientes. Pero el gran salto lo dieron en Pozuelo de Alarcón, en el lujoso restaurante La Txitxarreria. Fue en la madrugada del pasado 4 de enero. Sin temblarles el pulso, hicieron morder el polvo al servicio y, tras vaciar la caja, se lanzaron a por 50 comensales del salón principal. Atentos a todos los movimientos, cuando sorprendieron a un cliente en el intento de ocultar la cartera bajo el zapato le encañonaron el estómago. 6.000 euros sacaron del golpe. Animados por este éxito, a la semana siguiente, y ya con la policía movilizada, atracaron otro restaurante de relumbrón: La Fragata, en Coslada, a unos 10 kilómetros de la capital.

"¿Cómo que no hay recaudación?" gritó un encapuchado al abrir la caja del local y encontrársela vacía. "¡La tengo yo, la tengo yo, que la he sacado antes de irme!", contestó el propietario, tirado en el suelo, mientras el cañón del revólver le apuntaba. El asaltante que sostenía el arma y que le acababa de desvalijar dio la confirmación: "¡Que sí, que yo le he cogido los cuartos!". Luego, huyeron con tres mil euros en el bolsillo y el mechero Dupont del dueño en la mano.

La policía se ha lanzado sin éxito a la captura de esta banda, y aunque considera que se trata de un sólo grupo, su única duda procede de la diferencia en las armas empleadas en los asaltos. "Unas veces son plateadas y otras negras. Puede que esto indique que sean dos bandas, o más bien una en la que sus componentes se turnan. Pero hasta que no los detengamos no podemos asegurarlo", indica un agente.

Lee el texto y extrae al menos diez palabras relacionadas con el campo de la violencia y la actuación policial.

  Lee el texto otra vez e indica qué representa esta información respecto al relato:

1 pasodoble

2 1.45

3 chándal azul a rayas blancas

4 camarera

5 Alcorcón

6 La Txitxarreria

7 cartera

8 mechero Dupont

Para terminar…

  Comenta con tus compañeros y tu profesor lo que significa este párrafo y luego debatid los puntos que siguen:

El caso de España y su renuncia a abrirse al foráneo es cuando menos paradójica, dado su pasado plurirracial y muticultural, como bien lo resume la leyenda: "Si tu dios es judío, tu coche es japonés, tu pizza es italiana, tu gas es argelino, tu café es brasileño, tus vacaciones son marroquíes, tus cifras son árabes, tus letras son latinas … ¿cómo te atreves a decir que tu vecino es extranjero?".

- la renuncia al foráneo en España
- el pasado plurirracial y multicultural de España

- las razones de la xenofobia
- el racismo, ¿es un crimen?

 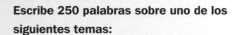 Escribe 250 palabras sobre uno de los siguientes temas:

- La seguridad ciudadana en algún país hispano que hayas visitado (comparándolo con tu país)
- Anécdota sobre el ruido y las molestias al vecindario
- Inmigración y criminalidad: ¿es justo unirlas?
- Los desastres ciudadanos tras un partido de fútbol
- Viajas a Madrid y presencias una intervención policial. Describe los hechos.

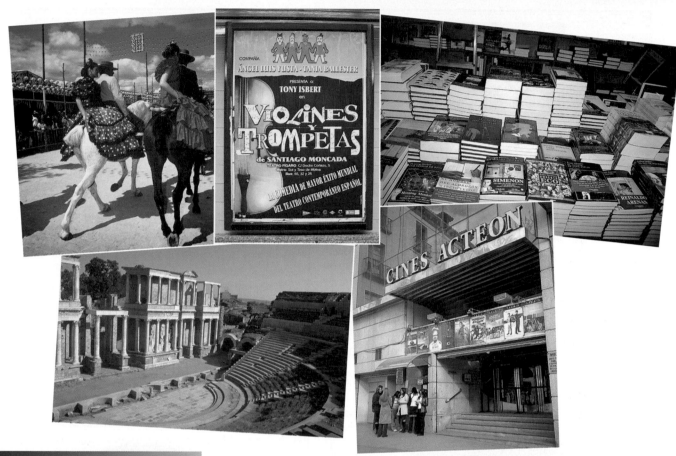

Entrando en materia...

El tema de esta unidad trata de la vida cultural. Estudiaremos aspectos como los hábitos culturales en España y Latinoamérica, aludiremos a figuras eminentes en el campo de la pintura, la música o la literatura en el mundo hispano y nos ocuparemos del creciente interés en la vida rural española y las actividades que se organizan para darle impulso. Profundizaremos en una cultura en particular, la peruana. Los puntos gramaticales que se van a tratar son:

● el (hecho) de que
● más de
● verbos seguidos de preposición

Reflexiona:

¿Qué entiendes por el término *cultura*? ¿Eres aficionado a la lectura? ¿Te gusta ir a museos? ¿Eres capaz de interpretar un cuadro? ¿Te interesa el mundo del cine? ¿Por qué? ¿Con qué frecuencia vas al teatro? ¿Has ido alguna vez a un concierto de música? ¿Crees que viajar ensancha la mente de las personas? ¿Cómo se refleja la historia de un lugar en las artes? ¿Crees que los gobiernos han de fomentar el consumo de cultura? Las artes viajan por el globo y son sin duda un medio idóneo de descubrir más sobre otras culturas ...

Consumo cultural de la sociedad

1 Me quedo con el teatro

Soy muy aficionada a la lectura. Cuando tenía unos nueve años cometía muchas faltas de ortografía y mis profesores insistían en que leer era el mejor método para dejar de escribir barbaridades que hacían daño a los ojos. Sin duda, tenían razón, y ahora soy yo la que hago esta recomendación a mis alumnos. La lectura es una actividad que se puede realizar en cualquier rato muerto, que no molesta a nadie y que siempre enriquece a aquél que tiene la suerte de haberla elegido como afición.

Lucía, 27 años

A mí me chifla el teatro. Siempre he sido un poco payaso, en el sentido de que me gustaba imitar a mis amigos y a los políticos o ser el que siempre contaba los chistes al final de una cena. Estudié unos años en la Escuela de Arte Dramático, de los cuales sólo me quedan las enrevesadas reverencias que a veces hago ante las mujeres para sacarles una sonrisa. Eso sí, voy al teatro una vez a la semana. Por suerte, a mi novia también le gusta y, aunque es un poco caro, es una forma de aprender y de compartir una afición.

Juan Carlos, 22 años

Mi debilidad es el cine, una forma perfecta de escapar durante un par de horas y viajar a las vidas de otras personas y otras tierras. Me molesta mucho el que me interrumpan cuando estoy enfrascado en una película, cosa que ocurre demasiado a menudo en el salón de tu casa. Admiro la grandeza de los colores, las expresiones y los sonidos que son casi mágicos en una sala de cine y casi mediocres en un televisor. El cine es uno de esos pequeños placeres de adulto, equivalente al de un caramelo para un niño …

Francisco, 18 años

Si hay algo que no puedo tragar son los museos. Entiendo su finalidad y su sentido estético, histórico y cultural, pero no conozco una actividad más tedia y agotadora. Puedo ver siete cuadros, diez, quince, si me apuras, pero ¿en qué cabeza cabe ver ciento cincuenta lienzos o cuarenta armas o doscientas monedas? Prefiero mirar un libro si de verdad me interesa un pintor o comprarme un póster de monedas curiosas. A lo mejor, tengo el cerebro muy pequeño y los pies muy delicados, pero te aseguro que los museos no hacen negocio conmigo …

Manuel, 24 años

Esta noche voy a un concierto de Granados al auditorio. Fue un amigo quien me hizo descubrir el placer de la música en vivo. Antes no era consciente de que, a pesar de los avances tecnológicos, la música no suena igual en el equipo de alta fidelidad de una casa. Se oye mucho más de lo que uno se cree: el reloj de pared, el frigorífico, la aspiradora de tu vecino … En una sala de conciertos esa inusitada paz, la calidad de la acústica, el sabor de la melodía se crece cuando todos tus sentidos se unen a los de una silenciosa audiencia que escucha notas que parecen tocar los mismos ángeles …

Teresa, 26 años

Si me preguntaran para qué sirve vivir contestaría que para crecer y mejorarse como persona, y contribuir a que los demás crezcan también. Una manera fructífera de crecer es viajar, sin lugar a dudas, mi pasión. Conocer lugares perdidos, gentes diferentes, culturas inverosímiles … amplía las miras de las personas y enseña muchas lecciones que casi siempre el estrecho y consumista mundo en que vivimos nos impide ver. Los viajes, especialmente los de verdad – sin guías, sin mucho dinero y con muchas ganas de vivir – enseñan lecciones de tolerancia, de humildad, de generosidad … eso para mí sí que es cultura …

Pedro, 23 años

  A Lee los textos de arriba y enlaza los siguientes términos del recuadro con sus definiciones o expresiones que tengan el mismo sentido. Fíjate en el contexto.

| falta de ortografía | barbaridades | un rato muerto | me chifla | enrevesadas | reverencia |
| mi debilidad | un guía | no puedo tragar | agotadora | si me apuras | inusitada |

1 Me gusta mucho
2 Odio
3 Incorrección al escribir una palabra
4 Inclinación de la parte superior del cuerpo hacia delante como expresión de respeto
5 Persona que acompaña a los turistas y les muestra lugares de interés
6 Si me llevas hasta el extremo
7 Complicada
8 Mi punto flaco
9 Intervalo de tiempo entre los quehaceres regulares
10 Disparates
11 Que cansa mucho
12 Poco común

  B Estos son algunos verbos extraídos del texto. Indica cuál es la preposición que les debe seguir y luego escribe la traducción completa en inglés.

1 Ser aficionado _____ algo.
2 Insistir _____ algo.
3 Dejar _____ + infinitivo + algo .
4 Molestar _____ alguien.
5 Estar enfrascado _____ algo.
6 Ser consciente _____ algo.
7 Unirse _____ alguien.
8 Impedir algo _____ alguien.
9 Hacer negocio _____ algo/alguien.

Vuelve a leer los textos y completa siete de las frases de la izquierda con los elementos de la columna de la derecha.

1 Lucía disfruta mucho
2 Juan Carlos ha decidido
3 Francisco desconecta
4 Lucía solía cometer
5 Pedro viaja constantemente para
6 Teresa prefiere escuchar
7 Pedro piensa que ir a otros lugares
8 Francisco pasa muchísimo tiempo
9 Manuel no tiene ningún interés
10 Parece que a Juan Carlos

a ayuda a que las personas maduren
b en visitar galerías de arte
c leyendo
d muchos errores al escribir
e música en directo
f de su vida cotidiana yendo al cine
g le gusta la juerga

 Comenta con tu compañero:

● ¿Qué te gusta más, el cine o el teatro? ¿Por qué? ¿Vas a menudo?

● ¿Qué tipo de películas prefieres? ¿Y qué obras de teatro?

● ¿Qué estilo de música te gusta? ¿Vas mucho a conciertos en vivo?

● ¿Te gusta leer? ¿Qué tipo de literatura?

● ¿Eres aficionado a viajar? ¿Qué países has visitado? ¿Y qué países te gustaría conocer? ¿Por qué?

● ¿Te gusta ir a museos? ¿Por qué sí o no? ¿Qué tipo de museos prefieres? ¿Sueles ir con frecuencia?

Ahora compara tus opiniones con lo que piensan los personajes de los textos. ¿Hay alguno con el que te sientas identificado? Justifica tu respuesta.

Grammar

EL (HECHO) DE QUE + SUBJUNCTIVE

el (hecho) de que ("the fact that") is normally followed by the subjunctive in statements of emotion or judgement.

*Me molesta mucho el que me **interrumpan** cuando estoy enfrascado en una película.*

It really annoys me to be interrupted (literally: the fact that they interrupt me) when I'm engrossed in a film.

For more information on the subjunctive see Grammar Summary on p271.

2 Informe sobre los hábitos de consumo cultural en España

Este informe aporta datos actualizados sobre las pautas de consumo cultural de la sociedad española. Recoge información fundamental para conocer el estado de la demanda de actividades culturales relativas a la música, las artes escénicas, el cine, el vídeo y la televisión, además de prestar especial atención a los hábitos de lectura y otras actividades como asistencia a museos, centros de reunión social y otras aficiones. El informe consta de más de 24.000 entrevistas personales, elaboradas a partir de un cuestionario con más de 100 preguntas. Entre los principales aspectos cabe destacar la información sobre el interés, la satisfacción y frecuencia de asistencia y compra de actividades y productos culturales, así como datos concretos acerca de cómo se configura el público para cada uno de los géneros de las distintas disciplinas artísticas, cuáles son los principales canales de compra, la presencia de equipamiento audiovisual en los hogares, etc. Toda esta información se presenta caracterizada según las variables de clasificación clásicas: sexo, edad, clase social, nivel de estudios y tipo de hábitat. Así, en lo que se refiere a la música, cabe destacar los siguientes datos:

Música: Un 31,1% de los entrevistados declara escuchar música a diario. Hay dos grandes fronteras generacionales en el interés por la música: antes de los 25 años, el interés se centra en el pop-rock y en la música disco; entre los 25 y los 55 años, el interés se diversifica hacia la música de baladas, canción latinoamericana y, en menor dimensión, el jazz, la música étnica y la new age; a partir de los 55 años, los géneros que acaparan el interés de la población son el flamenco, la canción española, y, en menor proporción, la música clásica. La asistencia a conciertos de música clásica es aún muy reducida: el 92,3 % de los españoles no va nunca a conciertos de música clásica. Sólo el 2 % acuden alguna vez a un espectáculo de danza y sólo el 1,8% lo hacen a una representación de ópera. Los principales compradores de discos son los menores de 35 años, de clases sociales medias y altas.

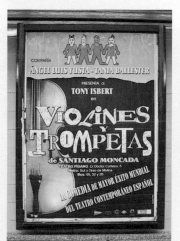

Teatro: El 75,4% de la población española nunca va al teatro, si bien el porcentaje de asistentes ha crecido en los últimos doce años. El núcleo de asistentes habituales al teatro está configurado por personas con estudios universitarios, de entre 25 y 44 años, clase social alta y con predominio de mujeres. Es de destacar la falta de interés que manifiestan jóvenes menores de 20 años respecto al teatro. Los géneros que mayor interés despiertan son la comedia, el musical y el drama contemporáneo.

Cine: La frecuencia de asistencia al cine en España es de 2,85 veces al año, muy por encima de la media europea (2,18) y de países como el Reino Unido (2,29) e Italia (1,96). La mayor asistencia al cine se concentra entre los jóvenes menores de 35 años, de clases medias y altas y con estudios universitarios. La valoración del cine español es muy similar a la que se hace del norteamericano: sobre una escala de 0 a 6, el cine español recibe una nota media de 3,90, mientras que el norteamericano obtiene un 3,92.

A pesar de ello, el consumo de películas de nacionalidad norteamericana es muy superior al de películas españolas.

Televisión: El 98,9% de los españoles posee en su hogar al menos un aparato de televisión. Las personas que más tiempo pasan frente al televisor son jóvenes menores de 19 años y los mayores de 65, pertenecientes a clases sociales bajas y con pocos estudios. Hay una clara insatisfacción respecto a la escasez de programas dedicados a la música, teatro y cine en las distintas cadenas de televisión.

Vídeo: Un 73,4% de los hogares españoles poseen al menos un reproductor de vídeo. Los principales compradores de películas de vídeo son los padres de niños menores de 14 años y aquellas personas que declaran ir al cine más de dos veces al mes. El alquiler de películas de vídeo se consolida como una alternativa de ocio entre las personas menores de 35 años.

Lectura: El 49,1% de la población española no lee nunca o casi nunca. El núcleo de lectores asiduos está compuesto por personas de estudios superiores, entre 25 y 35 años, de clases medias y altas, y con predominio de la población femenina. El 38,7% compró al menos un libro en el último año. Casi el 30% lee diarios de información general todos o casi todos los días. Este grupo está formado por personas de entre 25 y 55 años, con estudios medios o superiores, y principalmente hombres. Un 24,6% leen diariamente prensa deportiva y un 45% se considera consumidor habitual de revistas.

Lee el texto y busca abajo las palabras que tengan el mismo sentido que las del recuadro:

pautas	artes escénicas	cabe destacar	balada	acaparan	acuden
asistentes	con predominio de	por encima de	nota media	escasez	asiduos

1 personas que acuden a un lugar
2 insuficiencia
3 teatro
4 calificación promedio
5 composición musical romántica
6 tendencias
7 regulares
8 van
9 con mayor número
10 se ha de mencionar
11 superior a
12 atraen

  Lee el texto y explica con tus palabras qué representan las siguientes cifras:

1 24.000
2 31,1%
3 92,3 %
4 75,4%
5 entre 25 y 44 años

6 2,85 veces al año
7 98,9%
8 menores de 14 años
9 38,7%
10 24,6%

  Escribe 250 palabras comentando cuáles han sido las actividades culturales que has realizado en los dos últimos meses, cuáles has disfrutado más y por qué. Menciona también si estás satisfecho con la oferta cultural que existe en tu localidad.

Grammar

MÁS DE/ MENOS DE WITH QUANTITIES

● When *más* or *menos* is followed by a number, the preposition *de* is used.

*un cuestionario con **más de 100 preguntas***   a questionnaire with more than 100 questions

● When comparing quantities, if *más* or *menos* is followed by a clause containing a verb *más/menos del que/ de la que/ de lo que* etc. must be used.

*Se oye mucho **más de lo que** uno se cree.*   One hears much more than one thinks.

*Tiene **menos** dinero **del que** pensábamos.*   He has less money than we thought.

For more information on comparison see Grammar Summary on p263.

Tendencias del pop español

3 Rosana

---Rosana---

Dos discos (*Lunas Rotas* y *Luna Nueva*) han bastado para que Rosana se haya consagrado como una de las autoras más importantes del panorama musical español y latinoamericano. Su talento natural para componer e interpretar ha conseguido desde la aparición en 1996 de su álbum *Lunas Rotas*, una inmediata conexión con el público, que ha aceptado y hecho suyas sus canciones. El éxito de ventas (más de 2,5 millones de discos vendidos) y las listas de éxitos confirman esta aceptación y cariño hacia la cantautora española. Su canción *A Fuego y Miel* consigue el Primer Premio en el Festival de la Canción de Benidorm. Después de este éxito, Rosana graba una maqueta con 15 canciones interpretadas a guitarra y voz. Universal Music Spain no lo duda y firman contrato. *Lunas Rotas* continúa con las ventas de más de 1.000.000 de discos en España y 600.000 en el mundo, con cuatro discos de platino en Argentina y uno en Italia, además de editarse en 30 países con gran éxito.

El cine también busca a Rosana y la productora de Quentin Tarantino elige las canciones *El Talismán y Lunas Rotas* para la banda sonora del filme *Curdled*, de Red Braddock. Después del éxito, los conciertos en directo: Rosana comienza una extensa gira de más de 100 conciertos por España y América Latina.

En 1998, Rosana comienza la grabación de su segundo álbum, *Luna Nueva*, producido, compuesto e interpretado por ella con las colaboraciones de The Harlem Gospel Singers, Las Hijas del Sol y María Dolores Pradera.

La expectación es tan grande que durante los primeros 15 días *Luna Nueva* vende 200.000 copias y, 60 días después, llega a los 500.000 discos vendidos. Luna Nueva permanece nueve semanas en el número uno de la lista oficial de ventas en España (cinco de ellas consecutivas). Tras su segundo éxito, Rosana vuelve a encontrarse con su público en España y América, con actuaciones en Chile, México, Venezuela, Costa Rica, Colombia, Uruguay, República Dominicana, Puerto Rico, Argentina y Estados Unidos.

"El éxito", dice Rosana, "no ha devorado la parte más especial de mí: mis amigos de siempre y familia. Y eso es algo que debo agradecer a toda esa gente que ha estado ahí recordándome que el éxito es algo que aparece y desaparece, sube y baja, y que al final lo que debe quedar son todas esas cosas bonitas que estuvieron antes, durante y después del éxito".

Hoy, Rosana está a punto de terminar su tercer disco, que contiene 12 canciones que ella misma compone, interpreta y produce, fiel al estilo (a su estilo) que la ha llevado a ser una de las artistas fundamentales de los últimos años. En sus nuevas canciones está la Rosana tierna, alegre, melancólica, divertida, ensoñadora, bien humorada. Siempre emocionante. Siempre cercana. El 24 de septiembre, Rosana de nuevo con todos. Antes, como avance de su tercer disco, una canción como primer single: *Pa´ ti no estoy*. Es la presentación de un álbum que mantiene la esencia de una artista que llega hondo. Es el avance del esperado nuevo disco de Rosana.

A Lee el texto y luego traduce al inglés los términos subrayados – todos ellos pertenecen al tema de la música.

B Lee el texto y luego indica cuáles son los antónimos de estos términos:

1 aceptar
2 éxito
3 dudar
4 también
5 extenso
6 permanecer

7 recordar
8 fiel
9 alegre
10 divertido
11 hondo
12 esperado

C Rosana afirma:

"El éxito no ha devorado la parte más especial de mí: mis amigos de siempre y familia. Y eso es algo que debo agradecer a toda esa gente que ha estado ahí recordándome que el éxito es algo que aparece y desaparece, sube y baja, y que al final lo que debe quedar son todas esas cosas bonitas que estuvieron antes, durante y después del éxito".

Ahora imagina que has llegado a ser famoso/a y opinas igual que Rosana. Expón en 250 palabras qué actividad te ha llevado a la fama y las experiencias que te han marcado, demostrando que esta cantante está en lo correcto.

4 **La Oreja de Van Gogh**

Un grupo juvenil con futuro

Estos jóvenes españoles nacieron con suerte. Sin haber sido estrellas en su país y sin conexiones en el mundo de la música, el sello Sony les abrió las puertas para su primer lanzamiento. "Yo creo que fueron las oraciones de la abuela de Xabi, que rezaba muchas novenas", dice Pablo Benegas, el guitarrista de este grupo de cinco jóvenes "sin reglas en el que sus integrantes están condenados a crecer y a divertirse tocando". Nacidos y criados en San Sebastián, estos muchachos vascos han empezado a recorrer el mundo con su música, alegre y fresca, que va del reggae al pop descarado, abrazando al mundo con su ritmo juvenil.

Y aunque su música es grande y bien hecha, no se dan aires de importancia. Más bien, se muestran agradecidos con el público y la prensa. Al contrario de los "divos" en que se convierten los que van escalando los niveles más altos del éxito, traen ilusiones frescas y están decididos a derribar murallas con tal de llegar al corazón de la gente. "Gracias por su interés en nosotros y por ayudar a que unos jóvenes alcancen su sueño", saluda a la periodista el bajista Alvaro Fuentes. No tiene novia, y también están solos Pablo, Xabi San Martín (teclados), Haritz Garde (baterista) y Amaia Montero (cantante), la chica de ojos grandes y cabellos castaños que ha tenido la fortuna de caer dentro de este grupo de solteros enamorados de la vida.

Son alegres y con un gran sentido del humor. "No hay que tomarse la vida tan en serio", dice Amaia. Y explica que como no tiene novio los cuatro muchachos del grupo la celan como si fuese una hermana. "Como van las cosas, el que se me acerque va a necesitar mucho valor para someterse a la vigilancia de mis cuatro compañeros", agrega. Amaia, de ojos grandes como balcones y sonrisa luminosa, fue la última en anexarse al grupo que había empezado a soñar en el garaje de una casa. "No veíamos el momento de salir de clase para salir a ensayar. Soñábamos que éramos famosos, que nuestra música llegaba a los lugares más apartados de la tierra".

A pesar de la buena acogida que han tenido, todos esperan terminar una carrera formal. Uno quiere ser dentista, otro médico, otro maestro … "Estudiamos como podemos, y nos presentamos a los exámenes. Una profesión es muy importante, no solamente como una segunda opción en la vida, sino por la satisfacción personal que implica tener una carrera universitaria", dice Xabi.

Rebeldes en el género musical que practican, en su vida personal son estudiosos, trabajadores y con un gran sentimiento familiar. Todos habitan en el hogar de sus padres. Y están agradecidos de que les guarden su lugar. De hecho, dejan testimonio en su álbum, donde expresan sin timidez que agradecen a sus padres y hermanos "por no alquilar el cuarto que dejamos libre cuando nos vamos". Ninguno se atribuye glorias especiales. Incluso, cuando se les pregunta la autoría de algunas de las canciones de su reciente álbum "El viaje de Copperpot", aseguran que componen en grupo. "Nos reunimos todos en un garaje a componer y cada cual aporta algo", afirma Haritz.

Recuerdan todavía divertidos que empezaron a tocar como hobby. Pronto tocaban en fiestas y un día decidieron grabar un "demo" para llevarlo a una disquera. Para costearlo, pasaron muchos días sin merendar. "El dinero que nos daban nuestros padres lo metíamos en un fondo común", explica Xabi. Ninguno es cabeza del grupo. Ninguno se atribuye las glorias. Nadie es líder de nadie. En el grupo impera la democracia de la convivencia. La armonía en las relaciones de estos chicos del País Vasco, se refleja en su música, límpida y alegre. Casi medio millón de ventas en España confirmaron el éxito de este grupo que algunos habían predicho sería como tantos otros juveniles, que no alcanzan a su segundo álbum. Como van las cosas, hay 'Oreja de Van Gogh' para buen tiempo. (Por Beatriz Parga).

Tras leer el texto con atención, trata de explicar con tus propias palabras lo que significan las siguientes expresiones (recuerda que el contexto te puede servir de gran ayuda):

1 Nacer con suerte
2 Abrir las puertas a alguien
3 Abrazar al mundo
4 Darse aires de importancia
5 Traer ilusiones frescas
6 Estar decididos a derribar murallas
7 Alcanzar un sueño
8 Estar enamorado de la vida
9 Tocar un instrumento como hobby
10 Meter algo en un fondo común

  Lee el texto e indica si las siguientes oraciones son verdaderas (V) o falsas (F). Si son falsas, corrígelas.

1 La suerte ha sonreído a este grupo al haber sido contratado por Sony.
2 Su música dinámica y desenfadada ha contribuido al éxito rotundo de este grupo andaluz.
3 Es una pena que tanto la prensa como el público hayan detectado la arrogancia de este grupo.
4 Amaia tiene suerte, pues los cuatro muchachos del grupo la quieren y la protegen.
5 Todos los miembros del grupo son partidarios de tener una educación universitaria.
6 Aunque todos viven por su cuenta, les gusta estar en continuo contacto con su familia.
7 A algunos les ha sentado mal que nada más marcharse, sus padres hayan alquilado su habitación.
8 Para conseguir un fondo común no solían gastar el dinero que les daban en casa.

Pueblos y cultura

 Pedraza y el concierto de las velas

  Aquí tienes un cuadro de información sobre Pedraza, un hermoso pueblecito de Segovia. Al hacer fotocopias, hay palabras que han desaparecido. Completa los elementos que faltan empleando el vocabulario del recuadro.

alumbrados	veladas	te remonta	Plaza Mayor	
empedradas	soportales	enlazar	Dulces	la villa
retablo	Restaurante	gótico	inconfundibles	enclave

CONCIERTO DE LAS VELAS

- ESPECTÁCULO: CONCIERTO DE LAS VELAS
- LOCALIDAD: PEDRAZA

- PROVINCIA: SEGOVIA
- FECHA: DOS PRIMEROS SÁBADOS DE JULIO

El famoso Concierto de las Velas se celebra en (1)_____ de Pedraza, pintoresca y monumental población que se ha convertido en el marco ideal para este evento. El primer concierto, el de las velas, se celebra en la medieval (2)_____ del pueblo. Es impresionante el ambiente que se crea cuando está todo iluminado con más de 10.000 velas. Durante este acto, el pueblo y el castillo son (3)_____ con más de 30.000 velas que proporcionan un ambiente de misterio y magia (4)_____. Los artistas que participan en el evento son de primera línea, tanto nacional como internacional. Actualmente, hay unos fantásticos programas que llenan de magia y color estas dos interesantes (5)_____. Recomendado para los amantes de la música y de las orquestas sinfónicas.

Pueblo: Pedraza				Dónde Dormir
Población situada en un maravilloso (6)_____, la belleza y el sabor de las glorias pasadas de esta villa permanecen intactos. Pasear por sus calles (7)_____ y bien cuidadas, por las murallas y el elegante castillo, (8)_____ a otra época. Villa de interés cultural en la que podemos admirar casas blasonadas, palacios, la plaza Mayor con (9)_____ y varias iglesias de gran interés.				Hotel de la Villa Calzada, s/n Tel.: 921 508 651
Dónde Comer (10)_____ El Jardín Calzada, 6 Tel.: 921 509 862	**Qué comprar** Muebles artesanos. Quesos artesanos. (11)_____ y carne.	**Actividades** Visitar los interesantes monumentos del casco antiguo de la villa.	**Recomendamos** Visitar el castillo (12)_____ situado sobre una peña. En su interior alberga interesantes objetos.	**Información** Oficina de Turismo Ayuntamiento, Pl. Mayor Tel.: 921 509 817
• **DESDE SEGOVIA** Coger la carretera N-110 dirección Soria, hasta (13)_____ con la carretera secundaria que lleva a Pedraza.km: 29			• **LA SALCEDA** Hay una iglesia parroquial del s. XII que contiene una imagen gótica de la Virgen María del s. XIV y un (14)_____ barroco.	

6 Diego pasa un sábado en Pedraza

  Marca aquella información que no se menciona en el CD:

1 Diego ya había estado en Pedraza hacía tres años.
2 El concierto con velas que se celebra en la Plaza Mayor se ha hecho famoso.
3 Como es verano, al comprar la entrada te obsequian con una bebida fría.
4 Arturo fue precavido y adquirió su entrada anticipadamente.
5 El año pasado hubo un concierto del Maestro Rodrigo.

6 Este año Carmina Burana tuvo un éxito arrollador.
7 Se utilizan nada menos que 30.000 velas para iluminar el pueblo.
8 El castillo y las calles empedradas añaden encanto a este singular conjunto monumental.
9 Es una noche especialmente dedicada a las parejas, ya que es un lugar muy romántico.
10 A lo mejor el año que viene Diego vuelve a ir a Pedraza.

Perú

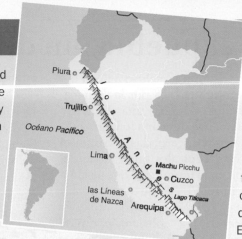

Situación: Perú está ubicado al oeste de la mitad norte inferior de Latinoamérica. Limita al oeste con el Océano Pacífico, al norte con Ecuador y Colombia, al este con Brasil y Bolivia y al sur con Chile.

Superficie: 1.285.215 km^2

Población: 27.012.899 habitantes

Capital: Lima

Lengua: castellano, quechua, aymará

Moneda: sol

Industrias principales: (industria agrícola) algodón, caña de azúcar, arroz, uvas, aceitunas, pescado; (industria minera) cobre, hierro, plomo, cinc, oro, plata; (industria pesquera) anchoa

Atracciones turísticas: Cuzco, Machu Picchu, Lago Titicaca, las líneas de Nazca, zona amazónica ...

Historia: Los primeros pobladores fueron cazadores - recolectores nómadas que habitaron las cuevas del litoral. A partir del siglo XII se desarrolló el imperio inca, que en el siglo XV se había hecho ya con el control de gran parte del país. Entre 1526 y 1528 Francisco Pizarro exploró el litoral peruano y, atraído por las riquezas incaicas, regresó a España con la intención de reunir dinero y así poder formar una hueste para otra expedición a Perú, que permaneció fiel a España hasta 1824, año en que el país fue liberado por Simón Bolívar y José de San Martín. Durante la década de 1980, una serie de huelgas a escala nacional, junto con la violenta insurrección del movimiento maoísta Sendero Luminoso, provocaron una fuerte inestabilidad política. Sin embargo, la victoria de Alberto Fujimori frente al novelista Mario Vargas Llosa en las elecciones presidenciales de 1990 alentaron las esperanzas de un período sostenible de paz. Pese al rápido crecimiento económico que registra Perú, las mayores amenazas para la estabilidad del país siguen siendo el desempleo y la pobreza. En abril de 1995, Fujimori fue reelegido presidente. En el año 2000, Fujimori salió victorioso de unas elecciones controvertidas. En noviembre acabó dimitiendo de su tercer período presidencial y escapó a Japón, después de que su asesor de inteligencia fuera acusado de violación de los derechos humanos y de corrupción. Se sucedió un gobierno encabezado por Alejandro Toledo.

7 Con los incas

Los incas, que en su origen eran una tribu pequeña, conquistaron, poco a poco, la larga franja de tierra montañosa de América del Sur que bordea el océano Pacífico. Lentamente se hicieron con un gran imperio, donde no todos los habitantes eran incas. Cuando los conquistadores españoles llegaron al Perú en 1532, no les fue difícil apoderarse del vasto imperio inca, debilitado por la guerra civil. Este imperio no terminó de formarse hasta el siglo XV – ahora vamos a viajar a él para descubrir su original forma de vida ...

En el pueblo, un día de mercado

Aquí, a 4.000 metros de altura, incluso a nivel del ecuador, la temperatura es baja por la mañana. Estas montañas son los Andes, una inmensa cordillera que bordea América del Sur a lo largo de la costa del Pacífico. Son muy <u>escarpadas</u> y cortan el paso a las fuertes lluvias tropicales que vienen del este, y hacen árida la planicie litoral, a la que aíslan a lo largo del océano Pacífico. A pesar de todo, en estas escarpadas pendientes viven hombres y mujeres. Son <u>achaparrados</u>, tienen <u>tez</u> cobriza, <u>pómulos</u> salientes y pelo negro y liso. Son campesinos y cultivan los campos en terrazas escalonadas, sostenidas por muros de piedra. En la montaña, la tierra escasea; por eso, los "indios" tienen que comenzar por <u>acarrearla</u> pacientemente con cestas. Separan y apilan piedras y, a base de esfuerzos, logran convertir las <u>empinadas</u> cuestas en una infinita sucesión de terrazas llanas. Las riegan cuidadosamente con el agua de los torrentes. Desvían el agua y la llevan por cañerías de tierra cocida o por canales excavados en zigzag para disminuir la fuerza de la corriente. Realizan este enorme trabajo con unos simples palos de madera dura, con herramientas de piedra y, a veces, sólo con sus manos.

Más arriba de los campos de cultivo aparece un pueblo. Es bastante grande; está construido con adobes, es decir ladrillos de barro secado al sol. Las casas son bajas y tienen los tejados cubiertos de <u>rastrojo</u>. Esta mañana hay mucha animación porque es día de mercado, cosa que ocurre cada diez días. Sin embargo, en la cuadrada plaza central, inundada de sol, solamente se ven algunos hombres. La mayoría trabaja en el campo. Otros están en el ejército o se hallan temporalmente al servicio de las personas importantes del imperio. En cambio, hay indias <u>en cuclillas</u>, bajo su amplio traje de lana gris o marrón. Algunas han venido de las <u>aldeas</u> de la montaña para intercambiar sus escasos recursos: unos puñados de pimientos o de <u>alubias</u> rojas, tomates, patatas, <u>cacahuetes</u> y, a veces, cestas finamente trenzadas. Algunas campesinas ofrecen productos más valiosos, como vasijas de cerámica o <u>plumas</u> de pájaros multicolores. Casi siempre, los intercambios se hacen en silencio. En este imperio montañoso, donde no existe la moneda, se utiliza el <u>trueque</u>. Se da un determinado peso de un producto por el mismo peso de otro producto, ya se trate de maíz o tomates. Solamente las mujeres que ofrecen mercancías más raras ponen más cuidado; por ejemplo, las que ofrecen las maravillosas plumas con que se <u>bordan</u> los espléndidos mantos de gala. ¡En realidad, lo más bello del mercado es estar allí, observar lo que hacen los demás!

  A Lee el texto y luego indica a cuál de las palabras subrayadas corresponden estas expresiones:

1 cutis
2 mecanismo por el cual se da una cosa a cambio de otra
3 de poca altura y rechonchos
4 maní
5 hueso de cada una de las mejillas
6 partes bajas de los tallos que quedan tras segar los campos
7 habichuela
8 en postura similar a la de estar sentado pero apoyándose en los talones
9 decoran por medio de la labor
10 pueblos muy pequeños
11 cargarla
12 abruptas
13 lo que cubre el cuerpo de las aves
14 en pendiente muy pronunciada

   B Lee el texto otra vez y completa las siguientes frases:

1 En los Andes hace frío por la mañana a pesar …
2 Los hombres y mujeres bajos y gorditos, con el cutis color de cobre y el cabello oscuro son …
3 Su principal ocupación es …
4 Los indios transportan la tierra en …
5 Utilizan las aguas de los torrentes …
6 Para reducir la fuerza de la corriente …
7 Sus utensilios son muy rudimentarios; emplean …
8 El mercado tiene lugar cada …
9 Los hombres se dedican a …
10 Las mujeres se ocupan de …

8 Vuelo sobre las líneas de Nazca

 Escucha el CD y responde las siguientes preguntas:

1 ¿En qué se tiende a pensar cuando se habla de Perú?
2 ¿Hace cuánto tiempo existió la cultura Nazca?
3 ¿Qué representan estas extrañas líneas kilométricas?
4 ¿Dónde están situadas estas líneas?
5 ¿De qué color es esta zona desértica parecida a la luna?
6 ¿Cuánto tiempo suelen durar los vuelos?
7 ¿Cuál es el precio aproximado de un vuelo?
8 ¿Cuál se sospecha que fue la utilidad de estos trazos?

  Ahora escribe el término genérico aves, mamíferos, reptiles e **invertebrados que corresponda a esta clasificación de animales, representados en las líneas de Nazca:**

1 Una ballena, un mono, un perro y dos llamas
2 Una garza, una grulla, un pelícano, una gaviota, un patillo, un colibrí y un loro
3 Un lagarto, una lagartija, una iguana y lo que parece ser una serpiente
4 Una araña y un caracol

Arquitectura y artesanía

9 A toda máquina

Ni el mismísimo Antonio Ligero, un inquieto profesor de música que el 19 de octubre de 1997 consiguió ser el visitante número 1 del Guggenheim, se podía imaginar que tras él entrarían en el museo, al cabo del primer año, más de 1.300.000 personas. Tampoco los responsables de la flamante pinacoteca, que ha situado a Bilbao en los circuitos internacionales del arte y ha hecho girar la mirada de miles de turistas hacia el País Vasco, aspiraban a tanto. La previsión que habían hecho de 450.000 visitantes para el primer año de funcionamiento del centro se ha quedado muy lejos de una entrada real de público que ha llegado a ser masiva por momentos y que coloca al Guggenheim como el segundo museo más visitado del país, después del Prado, que supera la cifra de 1.700.000 visitantes al año, y por delante del Reina Sofía, que ronda el millón, o el museo Dalí de Figueras y el Thyssen-Bornemisza, que andan en los 800.000. El nuevo museo bilbaíno ha superado incluso, en número de visitantes, a las dos sedes del Guggenheim de Nueva York, cuya audiencia media anual es de 900.000 personas.

Este año de rodaje del museo ha demostrado también que los veranos de Bilbao ya no volverán a ser lo que eran, que el sorprendente y atractivo edificio de Frank Gehry, pero también las grandes exposiciones, impulsan a entrar en la Villa a miles de turistas que antes pasaban de largo hacia el sur o Cantabria, y, en líneas generales, que la programación de muestras temporales va a ser también un arma decisiva para la captación de audiencia.

Así se ha podido comprobar con la mastodóntica exhibición de 5.000 años de arte en China, más allá de los límites del arte moderno y contemporáneo, que ha atraído al museo al doble de visitantes que durante el resto del año, permitiéndole además superar la prueba de fuego del verano de la capital vizcaína, tradicionalmente tranquilo y anodino, con muy buena nota y con los hoteles en unos niveles de ocupación desconocidos en Bilbao y sensiblemente mejorados en la zona, desde Biarritz a Vitoria y desde San Sebastián a Santander.

"Este primer año confirma que las hipótesis que se barajaron cuando se decidió hacer el museo eran válidas, tanto en cuanto a la propia actividad como al impacto que tendría en su entorno", constata el director general del centro, Juan Ignacio Vidarte, a quien no se le escapa que en todo ello tiene mucho que ver el acelerado crecimiento mundial de las comunicaciones. "Yo creo – afirma – que nos hemos visto beneficiados del hecho de que nuestro mundo está cada día más globalizado. La inauguración de un museo en Bilbao nunca hubiese sido una noticia de primera página hace diez años y hoy llega a ser noticia de cabecera en la CNN". El desbordante éxito de público, tanto que ha causado episódicas situaciones de overbooking en un museo que no es tan faraónico como decían sus detractores, no explica por sí solo que la economía del Guggenheim sea además de las más boyantes entre los establecimientos de su género en Europa. Como dice Vidarte, "que vengan tres veces más personas no quiere decir que los ingresos se multipliquen por tres o que tengamos un nivel de autofinanciación tres veces mayor. Para empezar, tener más visitantes implica también más gastos".

Lee el texto y contesta las siguientes preguntas:

1 ¿Quién es Antonio Ligero?

2 ¿Qué diferencia hay entre el número de visitantes que se esperaban y los que han acudido al museo en el primer año?

3 ¿Qué tienen en común el Prado, el Reina Sofía, el museo Dalí de Figueras y el Thyssen-Bornemisza?

4 ¿En qué ha tomado la delantera el nuevo museo de Bilbao a las sedes de Nueva York?

5 ¿Quién es Frank Gehry?

6 ¿Qué es una exhibición mastodóntica?

7 ¿En qué se ha reflejado el éxito de la exhibición 5.000 años de arte en China?

8 ¿Qué cree Juan Ignacio Vidarte que ha contribuido en gran medida al éxito de este museo?

⑩ Opiniones sobre el Guggenheim

  Escucha el CD y luego decide quién es probable que diga cada una de las siguientes afirmaciones:

1 "Congratulo con toda franqueza a los promotores y seguidores de este proyecto que ha supuesto un gran impulso para el turismo vasco."

2 "En mi opinión, el Guggenheim ha sido sin duda un proyecto que ha beneficiado enormemente al País Vasco y que ha contribuido a borrar su imagen de violencia. Mi temor es que los precios asciendan demasiado."

3 "La apertura del museo ha favorecido considerablemente a los propietarios de comercios y especialmente a aquéllos en el sector de la hostelería."

4 "Pienso que hasta ahora todo ha ido viento en popa, pero me preocupa lo que pueda pasar, especialmente si se fomentan las exhibiciones "al estilo americano.""

5 "Me encantaría deambular por esta joya arquitectónica, sin público ni contenido, simplemente para deleitarme en la belleza de su interior."

6 "El Guggenheim es un claro éxito, como obra arquitectónica, como museo y como argumento artístico."

a)	Juan Carlos Eguillor – Artista
b)	Michael J. McLoghlin – Cónsul Británico
c)	Mikel Lejarza – Subdirector General de Tele 5
d)	Pedro Olea – Director de cine
e)	Isabel Varela – Panadera
f)	Santiago Bengoa – Secretario General de CCOO de Euskadi

⑪ La artesanía alpujarreña

La realización de labores artesanas en la comarca de La Alpujarra (región montañosa de Andalucía), no sólo han sido una manifestación cultural del pueblo, sino que han ayudado en gran medida a amortiguar los efectos negativos que producía el aislamiento y la autosuficiencia, a veces obligada, de los pueblos. Todo lo que un hogar necesitaba se podía manufacturar en la casa de cada uno o en talleres de la comarca: ropas, utensilios de cocina y agrícolas, muebles … Sin embargo, como en otras zonas rurales de la Península, la filosofía del consumismo y la extensión de las redes de distribución de cualquier producto a cualquier rincón de la geografía y el pensar que los bienes obtenidos en "la fábrica de Cataluña" son de mejor calidad y sin defectos que los que hace Baldomero en su taller de forja, han llevado a la práctica desaparición de todas las artesanías. Hoy día, gracias esencialmente a la aparición de las nuevas corrientes turísticas y a los nuevos colonos venidos de otras latitudes, que estiman en gran medida los trabajos y el arte local, se está llevando a cabo una paulatina recuperación de algunas de las labores.

La alfarería

Aún quedan algunos hornos de leña que se remontan a la época islámica. Hoy día se intenta recuperar en algunos talleres alpujarreños la cerámica de herencia nazarí, abarcando variedades como la andalusí, la de reflejo metálico, la de cuerda seca o la más propiamente granadina. Los colores más representativos son los verdes y azules y con ellos se trazan estilizadas líneas que realzan la silueta de la granada, pájaros y flores. Azulejería, cántaros, platos, jarras … La más tradicional y auténtica alpujarreña aún se puede observar en Alhabia y sobre todo en el taller de Orellana padre, hoy casi en vía de extinción.

Esparto y cestería

La artesanía del esparto actualmente la producen algunos ancianos que la realizan como afición más que para la obtención de rentas; hacen alpargatas, serones, espuertas, fundas para las botellas, paneros, etc. No hay que olvidar que en la Cueva de los Murciélagos (situada a 3 km de un pueblo blanco de Córdoba llamado Zuheros) se encontraron unas alpargatas de esparto. El trabajo del mimbre pervive en manos de familias gitanas, transmitiendo este arte manual de generación en generación: cestos, sillones, mesas, … La herrería y la talabartería se están perdiendo en la Alpujarra debido a la desaparición de la caballería en la agricultura.

A Lee el texto e indica si las siguientes oraciones son verdaderas (V) o falsas (F). Si son falsas, corrígelas.

1 La Alpujarra es una zona de montañas gallega.
2 Antes se hacía en las mismas casas o talleres todo tipo de productos.
3 El pensamiento consumista estaba acabando con la artesanía.
4 Afortunadamente se van recuperando poco a poco las técnicas antiguas.
5 Los hornos de leña de hoy son todos modernos.
6 El azul y el rojo son colores que se usan frecuentemente en la cerámica alpujarreña.
7 El esparto es trabajado principalmente por personas mayores que lo consideran más bien un hobby.
8 El mimbre sirve para hacer cestos, sillones, mesas …

Las artes: literatura, cine, pintura y flamenco

12 Tan veloz como el deseo

Laura Esquivel es la autora de la conocida novela "Como agua para chocolate", una historia de amor y buena comida ubicada en el México fronterizo de principios de siglo XX. Tita y Pedro ven obstaculizado su amor cuando Mamá Elena decide que Tita, su hija menor, debe quedarse soltera para cuidar de ella en su vejez. En medio de los olores y sabores de la cocina tradicional mexicana, Tita sufrirá largos años por un amor que perdurará más allá del tiempo.

Calificada como ejemplo del realismo mágico, la novela logró traspasar los límites de la mera curiosidad y colocarse como el libro de ficción más vendido en México en los últimos veinte años. Su paso al cine fue producto de la buena suerte. Alfonso Arau - actor y director mexicano muy popular a principios de los setenta - se interesó inmediatamente en producir un filme basado en la novela de Esquivel. El resultado es un filme fiel a la novela original, excelentemente producido y, sobre todo, inteligentemente comercializado.

La nueva novela de la mejicana Laura Esquivel prosigue la exploración de las pasiones y la sexualidad a través de una historia <u>sin grandes pretensiones</u>, entretenida y comercial.

Tan veloz como el deseo (2001) es una novela tierna, entretenida, <u>de lectura liviana</u>. Trata la historia de Júbilo, telegrafista apasionado de la comunicación y de su mujer, Luz María, "Lucha". La hija de ambos cuenta la historia. Su padre la llama Lluvia; su madre, Ámbar. En la <u>discrepancia</u> se cifra tanto el desacuerdo entre la pareja como las cualidades de los elementos respectivos. Si la lluvia permite la conducción, el ámbar se presenta como aislante. Esta serie de <u>recurrencias</u> comunicativas articulan una novela que <u>rastrea</u> la pasión, que nombra el sexo en mayúsculas y <u>sin tapujos</u>, que teoriza las cualidades cósmicas de la relación entre seres y objetos, entre el mundo y sus gentes. Júbilo tiene la capacidad innata de comunicar, una capacidad que se interrumpe y alguna vez se pierde en la tragedia.

Se recuperará al final, ya <u>maltrecho</u> y viejo el protagonista, en una progresión de secuencias donde se mantiene el pulso del amor y de la risa, con algún <u>resbalón</u> en la tristeza, <u>iniquidades</u>, y <u>malquerencias</u>. Es una novela <u>grata</u>, sin pretensiones, a menudo ingenua, sin logros grandes pero acertada en su capacidad de agarrarte las ganas de leer, de no querer dejar el libro sin saber las razones de esta extraordinaria pareja, la de Lucha y Júbilo, para enredarse en el amor y sus <u>descalabros</u>. Triunfa el deseo, cómo no, en la secuencia inevitable de las historias de Esquivel. El lector y lectora podrán <u>saborear</u> en esta última entrega de la escritora mejicana el plato fácil y regular, casi aperitivo, de un amor apasionado y de sus soberanas, <u>intempestivas</u>, pero (casi) siempre benévolas leyes.

Lee el texto y localiza abajo las expresiones que tienen el mismo sentido que las subrayadas:

1 desastres
2 injusticias
3 sencilla, que se conforma con poco
4 en mal estado físico o moral
5 falta de armonía
6 agradable
7 acciones que se repiten
8 antipatía hacia las personas
9 degustar
10 fácil de leer
11 va en busca de
12 caída
13 abiertamente
14 inoportunas

13 La aventura de los molinos de viento

Miguel de Cervantes, autor de la famosa obra "El ingenioso hidalgo Don Quijote de la Mancha", es el escritor más importante en lengua española. Nació en 1547 en Alcalá de Henares (Madrid). Tras un viaje a Roma, luchó en la batalla de Lepanto, donde se hirió el pecho y perdió la mano izquierda. Después estuvo prisionero en Argel durante cinco años donde escribió sonetos y epístolas en verso. Al salir, y tras morir su padre, su situación económica se hizo cada vez más insostenible y finalmente tuvo que volver a prisión por motivos de deudas. Un año después de la terminación de su más exitosa obra, muere en 1616 en Madrid.

En esto, descubrieron treinta o cuarenta molinos de viento que hay en aquel campo, y así como Don Quijote los vio, dijo a su escudero:

- La ventura va guiando nuestras cosas mejor de lo que acertáramos a desear; porque ves allí, amigo Sancho Panza, donde se descubren treinta, o poco más, desaforados gigantes, con quien pienso hacer batalla y quitarles a todos las vidas, con cuyos despojos comenzaremos a enriquecer, que ésta es buena guerra, y es gran servicio de Dios quitar tan mala simiente de sobre la faz de la tierra.

- ¿Qué gigantes? – dijo Sancho Panza.

- Aquellos que allí ves – respondió su amo – de los brazos largos, que los suelen tener algunos de casi dos leguas.

Mire vuestra merced – respondió Sancho – que aquellos que allí se parecen no son gigantes, sino molinos de viento, y lo que en ellos parecen brazos, son las aspas, que, volteadas del viento hacen andar la piedra del molino.

- Bien parece – respondió Don Quijote – que no estás cursado en esto de las aventuras: ellos son gigantes; y si tienes miedo, quítate de ahí, y ponte en oración en el espacio que yo voy a entrar con ellos en fiera y desigual batalla.

Y diciendo esto, dio de espuelas a su caballo Rocinante, sin atender a las voces que su escudero Sancho le daba, advirtiéndole que, sin duda alguna, eran molinos de viento, y no gigantes, aquellos que iba a acometer. Pero él iba tan puesto en que eran gigantes, que ni oía las voces de su escudero Sancho, ni echaba de ver, aunque estaba ya bien cerca, lo que eran …

 Lee el texto y busca en el diccionario o pregunta a tu profesor las palabras que no conozcas. Luego resume en inglés (150 palabras) qué es lo que ocurre en la escena que se describe.

 Traduce el siguiente texto al castellano:

Don Quixote has become so entranced by reading romances of chivalry that he determines to become a knight errant and pursue bold adventures, accompanied by his squire, the cunning Sancho Panza. As they roam the world together, the aging Quixote's fancy leads them wildly astray. At the same time the relationship between the two men grows in fascinating subtlety. Often considered to be the first modern novel, Don Quixote is a wonderful burlesque of the popular literature its disordered protagonist is obsessed with.

14 Los amantes del Círculo Polar Ártico

A   **Escucha el CD que describe una película de Julio Medem. Hay elementos que han desaparecido. Escribe las palabras que faltan:**

Los **1**_____ del Círculo Polar es una historia de amor «desgarradora y triste» **2**_____ por cada uno de sus protagonistas desde que tienen ocho años hasta los veinticinco. Todo comienza en 1980, **3**_____, cuando dos niños echan a correr por **4**_____. Desde esa tarde, sus vidas **5**_____ en un mismo círculo, que comenzará a cerrarse diecisiete años **6**_____ en Finlandia, en el mismo borde del Círculo Polar. **7**_____ acción se centra en una pareja, interpretada por Nancho Novo y Maru Valdivieso y dos hijos de respectivos matrimonios anteriores (Najwa Nimri y Fele Martínez), que terminarán por **8**_____. Con un presupuesto de 2.404.135 euros, y tras un duro

9_____ que incluyó localizaciones en Madrid y Finlandia, *Los amantes del Círculo Polar* se dirige a un público que Julio Medem siente cercano. La **10**_____ estructura de la película, con constantes variaciones en el punto de vista de los personajes y saltos en el tiempo, fue objeto de **11**_____ revisiones según su autor, quien llegó a reescribir en ocho ocasiones el **12**_____. Julio Medem aseguró haber tenido en mente a los dos actores protagonistas desde el inicio. Para Nawja Nimri, la experiencia ha sido satisfactoria: «Julio tiene muy claro lo que quiere, aunque sus rodajes sean muy llevaderos. Como actriz tienes que entregarte a fondo para llegar hasta donde él te indica».

Grammar

VERBS FOLLOWED BY PREPOSITIONS

Some verbs are followed directly by the infinitive in Spanish, others conform to the pattern **verb + preposition + infinitive.** In some cases there is a choice between the two types of construction, depending on which verb is used. Thus "I tried to help him" could be either: *Intenté ayudarle* or *Traté de ayudarle.*

The following common verb + preposition constructions should be learned:

verb + **a**

ayudar a	to help to	*volver a*	to (do) again
negarse a	to refuse to		

verb + **de**

acabar de	to have just (done)	*olvidarse de*	to forget to
acordarse de	to remember	*terminar de*	to stop (doing)
dejar de	to stop (doing)	*tratar de*	to try to

verb + **en**

dudar en	to hesitate to	*pensar en*	to think about (doing)
interesarse en	to be interested in (doing)	*tardar en*	to take time in (doing)

verb + **con**

amenazar con	to threaten to	*soñar con*	to dream about

verb + **por**

acabar por	to finish by (doing)	*luchar por*	to fight for
empezar por	to begin by (doing)		

15 Diego de Rivera

Cuando hablo de Diego Rivera como creador de la identidad mexicana, hablo de la creación de mi propia identidad. Los murales de Rivera han creado en mí una memoria visual del pasado histórico de México y me han ayudado a entender y a respetar mi nacionalidad. A dos cuadras de mi casa se encuentra el "Teatro de los insurgentes" con el gran mural de Diego Rivera hecho de mosaico. Todos los días, caminando por insurgentes para tomar el autobús admiraba el mural con las imágenes de Cantinflas, Zapata y la vida teatral de México. Lo mismo pasó con las imágenes que grabé en mi memoria cuando mis padres me llevaban a Bellas Artes, al Palacio Nacional y al Palacio de Cortés: las batallas contra los españoles, la vida indígena y la lucha de clases en México, no son hechos lejanos que recuerdo con palabras sacadas de un libro de texto. Para mí, la historia de México está llena de imágenes vivas, llenas del colorido de Diego Rivera. Además de imágenes, mis recuerdos también están acompañados de sentimientos de dolor, honor, orgullo y magia, que vienen directamente de las emociones representadas en los murales. Gracias al muralismo de Diego Rivera puedo revivir con naturalidad la historia de México.

Rivera se encargó de recrear el pasado mexicano para recordarnos nuestras raíces. Su vida, sin embargo, no ha sido recordada de la misma manera. De él existen biografías escritas y alguno que otro retrato. Pero la vida de Diego Rivera no estaba hecha de palabras, sino de imágenes. Mientras hacía la investigación para este proyecto me encontré con que la mitad de lo que decía Diego al narrar su vida, era producto de su imaginación. Por eso muchos lo llamaban mitómano. Para mí, el hecho que Diego inventara mitos, es congruente con su manera de ver al mundo, es decir, el pintor engrandecía su vida como la hubiera pintado en un mural.

 A **Lee el texto y completa las siguientes frases:**

1 Diego de Rivera ha influido …
2 "Teatro de los insurgentes" se encuentra …
3 Siempre tuve admiración por ….
4 No he aprendido sobre Méjico y su historia …
5 Dolor, honor, orgullo y magia …
6 Las raíces del pasado mejicano …
7 Diego de Rivera tenía …

16 Rafael Amargo

Ha dejado **1**_____ ser una joven promesa del baile flamenco para convertirse **2**_____ uno de los valores más sólidos de la danza española en la actualidad. El bailaor y coreógrafo Rafael Amargo vuelve **3**_____ las tablas con un nuevo y ambicioso montaje, *Poeta en Nueva York*, un homenaje **4**_____ Lorca en clave flamenca con dirección escénica de Mario Gas. Amargo se sumerge **5**_____ la metrópoli neoyorquina desde el escenario del teatro Lope de Vega de Madrid.

Rafael Amargo se encuentra **6**_____ uno de sus mejores momentos profesionales. Bailaor codiciado que ha trabajado **7**_____ algunos de los mejores artistas del flamenco, hace cinco años decidió formar compañía propia. El éxito de su montaje Amargo, por el que está nominado **8**_____ los Premios Max de este año, no le ha estancado **9**_____ el sueño de la autocomplacencia. Creador e intérprete inquieto, alterna sus producciones de gran formato **10**_____ trabajos como *Tablao*, donde intenta recuperar la intimidad tan esencial para el flamenco. Ahora, a sus veintiséis años estrena *Poeta en Nueva York*. La obra de Lorca tiene una amplia representación dentro **11**_____ mundo del flamenco pero curiosamente es la primera vez que Amargo la aborda. "Quería hacer una obra de Lorca pero tenía claro que debía ser cuando yo me sintiera preparado. Estoy en un momento *in crescendo* en mi carrera y me siento capaz **12**_____ abordar un proyecto de esta envergadura, aunque no quería hacer con este autor lo que ya ha hecho todo el mundo".

Poeta en Nueva York es una producción ambiciosa que refleja las múltiples inquietudes artísticas del coreógrafo. Amargo confiesa que se identifica **13**_____ Lorca por su rebeldía, por su inquietud de aprender y de involucrar a muchos tipos de artes. "Además yo también viví mi experiencia neoyorquina. Después de trabajar dos años en Tokyo me fui **14**_____ Nueva York por seis meses. Allí impartí clases de flamenco mientras estudiaba en la escuela de Martha Graham. La ciudad me marcó. Ahora tenemos más información pero imagínate a Lorca cuando llegó a Nueva York **15**_____ 1929. ¡Se volvería loco!".

 A Lee el texto y complétalo con las preposiciones del recuadro:

| de (×2) | a (×4) | con (×3) | del | en (×5) |

 B Lee el texto de nuevo e identifica las cinco declaraciones correctas.

1 Rafael Amargo ya no se dedica al flamenco.

2 *Poeta en Nueva York* tiene lugar en el Teatro Lope de Vega de Madrid.

3 La carrera profesional de Rafael Amargo va camino de la cumbre.

4 Su sueño es formar su propia compañía dentro de cinco años.

5 *Amargo* y *Tablao* son dos de los espectáculos de este artista.

6 Eligió la obra de Lorca, porque también es de Granada.

7 No ha trabajado con este autor antes por falta de tiempo.

8 Le gustaría ser capaz de tratar la obra de Lorca con originalidad.

9 Rafael Amargo tiene ciertos rasgos en común con García Lorca.

10 Tanto Rafael Amargo como Lorca han estado en Tokyo.

 C Traduce el siguiente texto al castellano:

After a chance encounter at a theatre, two men, Benigno and Marco, meet again at a private clinic where Benigno works. Lydia, Marco's girlfriend and a bullfighter by profession, has been gored and is in a coma. It so happens that Benigno is looking after another woman in a coma, Alicia, a young ballet student. The lives of the four characters will flow in all directions, past, present and future, dragging all of them towards an unsuspected destiny.

(*Hable con ella* – película de Pedro Almodóvar)

Para terminar...

A

1 Elige un país hispano y escribe 250 palabras sobre un aspecto cultural que tú elijas. Has de documentarte en la prensa, radio, TV, Internet … para dotar al escrito de fundamento e ilustrarlo con hechos.

2 En 1928 el escritor español Federico García Lorca se aloja en la Residencia de Estudiantes, en Madrid, y conocerá al gran poeta Juan Ramón Jiménez, al cineasta Luis Buñuel, al poeta Rafael Alberti y a Salvador Dalí, pintor surrealista. También el pintor Pablo Picasso establece amistad con algunos de estos personajes. Estos lazos se verán reflejados en el arte surrealista del momento. Reúne información sobre las vidas de estas figuras y luego resume en 250 palabras los puntos comunes que hayas encontrado entre ellos.

3 Frida Khalo fue la esposa de Diego de Rivera. Su vida siempre ha interesado a mucha gente no sólo mejicana sino del mundo entero. Busca información sobre Frida Khalo en libros, prensa e Internet y escribe en 250 palabras las razones por las que su vida hizo despertar en el público tanto interés y expectación.

4 Elige una película española o latinoamericana y escribe en unas 250 palabras sobre uno de los siguientes aspectos:

● Descripción de los personajes
● Técnicas empleadas
● Contexto social

B   **Reúne datos sobre el consumo cultural en tu país y los de un país hispánico.** Después compara la información y comenta las conclusiones con tus compañeros. Estos son algunos de los aspectos que puedes tener en cuenta:

● Tendencias culturales
● Diferencias según sexo, edad, clase social …
● Posibles razones por las que se dan este tipo de tendencias y no otras.
● Pautas de consumo cultural de generación a generación.

Grammar Summary

The following summary complements the grammar sections which appear throughout the book. It is not a complete grammar. Students should also have access to an up-to-date grammar, such as:

J.Butt and C.Benjamin, *A New Reference Grammar of Modern Spanish* (Edward Arnold, 3rd edition, 2000)
Pilar Muñoz and Mike Thacker, *A Spanish Learning Grammar* (Arnold 2001)
Phil Turk and Mike Zollo, *Acción Gramática* (Hodder and Stoughton, 2nd edition, 2000)

ARTICLES

The definite article

	Singular	Plural
Masculine	*el*	*los*
Feminine	*la*	*las*

When *el* is preceded by the preposition *a* or *de*, a single word is formed:
a + el = **al**
de + el = **del**

*Las ondas **del** mar.*   The waves of the sea.
*Vamos **al** cine.*   Let's go to the cinema.

Note: *el* used before a feminine noun (see p.131)

• Uses
The definite article is used:
– before nouns in a general sense, abstract nouns and nouns indicating a unique person or thing:
*No me gustan **las** tortillas.*
I don't like omelettes.
*La democracia es una forma de gobernar **la** sociedad.*
Democracy is a way of governing society.

– with the names of languages, except when they follow *hablar, saber* and *aprender* directly:
El inglés es una lengua mundial.
English is a world language.
María habla japonés y ahora está aprendiendo chino.
Maria speaks Japanese, and now she's learning Chinese.

– before **titles** except when you are addressing the person directly:
*Conocí **al** doctor López en Oviedo.*
I met Dr Lopez in Oviedo.

Buenos días, señora Sánchez.
Good morning, Mrs Sanchez.

– to translate "on" with days of the week:
*La galería cierra **los** domingos pero está abierta **los** lunes.*
The gallery closes on Sundays but is open on Mondays.

– before the names of a few countries, cities and regions:
***La** India, **El** Reino Unido, **El** Salvador, **La** Coruña, **La** Mancha, **La** Pampa.* The names of most countries, *España, Inglaterra* etc. are **not** preceded by the definite article.

– with parts of the body:
*Tiene **los** ojos azules.*
She has blue eyes/Her eyes are blue.
*Me duele **la** cabeza.*
I have a headache.

The definite article is *not* used:
– with roman numbers after the names of monarchs and popes, when spoken:
Felipe IV (cuarto) de España
Philip IV (the fourth) of Spain

– when in apposition (i.e. giving more information about a person or thing):
Felipe González, antiguo presidente de España …
Felipe Gonzalez, the former Prime Minister of Spain…

The indefinite article

	Singular	Plural
Masculine	*un*	*unos*
Feminine	*una*	*unas*

Note: *un* used before a feminine noun (see p.131)

• Uses
The indefinite article is used:
– in the plural form *unos/unas* meaning "a few," "approximately" with numbers.
*El pueblo está a **unos** kilómetros de distancia.*
The village is a few kilometres away.

The indefinite article is *not* used:
– with professions or occupations after *ser,* unless the noun is qualified (see p.55).

– with *otro, tal, medio, qué* and *mil*
*No tiene **otro** remedio.*
There isn't another solution.
*No habría hecho **tal** cosa.*
He wouldn't have done such a thing.
*¡**Qué** chica tan rara!*
What an odd girl!

NOUNS

Nouns are words used for naming people, animals, things or ideas. All nouns in Spanish, without exception, are of either masculine or feminine gender, and almost all nouns have a singular and a plural form.

Gender of nouns

– The gender of some nouns is "biological", e.g. *el hijo,* (son), *la hija* (daughter), *el gallo* (cockerel), *la gallina* (hen).

– Be careful about the "rule" that nouns ending in *–o* are masculine and nouns ending in *–a* are feminine. Many common nouns contradict this, as the examples show.
el día – day   *la moto* – motorbike
el problema – problem   *la modelo* – (fashion) model
el planeta – planet   *la mano* – hand

– The following groups of nouns are normally masculine (see page 41):
(a) nouns ending in *–aje, –or* and a stressed vowel.
(b) rivers, seas, lakes, mountains, fruit trees
(c) cars, colours, days of the week and points of the compass.
un Renault nuevo   a new Renault
el lunes, el martes etc.   on Monday, on Tuesday etc.
El rojo me gusta más que el azul.   I like red better than blue.
el norte, el sur etc.   north, south etc.

– The following groups of nouns are normally feminine:
(a) Nouns with the following endings: *–ión, –dad, –tad, –triz, –tud, –umbre, –nza, –cia, –ie* (see page 41).
(b) letters of the alphabet, islands and roads.
la ene   the letter n
las Islas Baleares   the Balearic Islands
la M45   the M45

– Many common nouns ending in *–ma* are masculine:
el clima – climate   *el problema* – problem
el programa – program(me)   *el sistema* – system
el pijama – pyjama   *el tema* – theme, topic
but there are a number of important exceptions, for example:
la cama – bed   *la forma* – form

– New feminine words for professions (see p.154).

Number

Most nouns in Spanish form the plurals by adding:
– *–s* if they end in a vowel or stressed *e*:
la manzana → *las manzanas* – apple/s
el estudiante → *los estudiantes* – student/s
el té → *los tés* – tea/s

– *es* if they end in a consonant:
la flor → *las flores* – flowers

Notes: Nouns ending in an unstressed vowel and *s* do not change in the plural. These words include those days of the week which end in *s*.
la crisis → *las crisis* – crisis/es
el lunes → *los lunes* – Monday/s

– nouns ending in *z* change the ending to *–ces* in the plural:
la voz → *las voces* – voice/s

– nouns with an accent on the last syllable lose the accent in the plural:
el francés → *los franceses* – French person/people
la opinión → *las opiniones* – opinion/s

– nouns ending in *–en* which are stressed on the penultimate syllable add an accent in the plural in order to keep the stress:
el examen → *los exámenes* – examination/s
la imagen → *las imágenes* – image/s

– a number of words are used in the masculine plural but refer to both genders:
los hermanos – brother(s) and sister(s)
los hijos – son(s) and daughter(s)
los reyes – king and queen
los padres – parents

– proper names do not have a separate plural form:
los Gómez – the Gomez family   *las ONG* – NGOs

ADJECTIVES

Adjectives are words used to describe nouns.

Formation of adjectives

– many adjectives in Spanish end in *–o* (masculine) or *–a* (feminine); the plural forms end in *–os* and *–as*. Thus:
barato → *baratos (m)*   *barata* → *baratas (f)*

– most adjectives which do not end in *–o* or *–a* have the same form for masculine and feminine in the singular and plural:
dulce → *dulces (m/f)*   *real* → *reales (m/f)*

– adjectives ending in *–z*, change the *z* to a *c* in the plural:
capaz (m/f) → *capaces (m/f)*

– adjectives ending in *–án*, *–ón*, *–in* and *–or* add *–a* and *–as* to make the feminine:

bonachón (m) → *bonachona (f)*
bonachones (m) → *bonachonas (f)*
trabajador (m) → *trabajadora (f)*
trabajadores (m) → *trabajadoras (f)*

Note: comparative adjectives do not have a separate feminine form.

mayor → *mayores (m/f)*

– adjectives denoting region or country add *–a* in the feminine, and lose the accent on the last syllable of the singular form:

escocés (m) → *escocesa (f)*
escoceses (m) → *escocesas (f)*

Note: adjectives of this sort always begin with a small letter (see also p.238).

Agreement of adjectives

Adjectives agree with the nouns they describe in gender and number:

un nuevo problema   *una mano dura*
unos días hermosos   *unas mujeres felices*

Position of adjectives

– adjectives are normally placed after nouns:
   unas estrellas lejanas y centelleantes
   distant, twinkling stars

– adjectives are sometimes placed before nouns to indicate a special emphasis on the adjective, such as an emotional reaction:
   Al evocar aquel fugaz verano…
   When remembering that fleeting summer…

– The following adjectives are usually placed before the noun (see p.9):

(a) *bueno, malo, pequeño, gran(de):*
una buena experiencia   a good experience
una gran dificultad   a great difficulty

(b) cardinal and ordinal numbers, and *último* ("last", "latest"):

mi primer viaje a Sudamérica   my first journey to
                                 South America
los últimos días   the last few days

(c) a few other common adjectives, such as *ambos* (both), *llamado* (so-called), *otro* ((an)other), *mucho(s)* (much/many), *poco(s)* (little/few), *tanto(s)* (so much/many):

Vinieron ambos padres.   Both parents came.
Mucho ruido y pocas nueces.   much ado about nothing.

Shortening of adjectives

A number of common adjectives are shortened when placed before a singular noun (see p. 9).

Comparative adjectives

Adjectives are often employed in comparisons of one person or thing with another:

– *más* + adjective + *que* (more … than) and *menos* + adjective + *que* (less… than) are used for comparisons of superiority and inferiority.
   Javier es más trabajador que Jaime.
   Javier is more hard-working than Jaime.

– *tan(to)… como* (as (much) … as) is used when comparing people or things of equal or similar value:
   En las Palmas la temperatura es tan alta en invierno como en verano.
   In Las Palmas the temperature is as high in winter as in summer.

– *cuanto más/menos …(tanto) más/menos* is used to convey the idea of "the more/less …the more/less".
   Cuanto más trabaja, (tanto) más gana.
   The more he works the more he earns.

– Some very common adjectives have irregular forms:

adjective		comparative	
bueno	good	*mejor*	better
malo	bad	*peor*	worse
mucho	much	*más*	more
poco	little	*menos*	less
grande	big	*mayor*	bigger
pequeño	small	*menor*	smaller, less

Ana ha sacado mejores notas que Nacho.
Ana has got better marks than Nacho.
Sí, pero los míos son aún peores que los de Nacho.
Yes, but mine are even worse than Nacho's.

– *más/menos de*
   When a number follows *más* or *menos,* it is followed by *de* and not *que* (see p.246).

The superlative

The superlative adjective conveys the idea of "most".
There are two ways of expressing the superlative:

(a) by placing the definite article before the comparative form of the adjective (see p.75).

(b) by adding *–ísimo/–ísima* to the adjective.

When *–ísimo* is added, the final vowel is normally removed:

contento – happy   *contentísimo* – extremely happy
interesante – interesting   *interesantísimo* – very interesting

Note: with certain endings spelling changes occur. Adjectives ending in:
   –co/–ca become *–quísimo/a*
   –go/–ga become *–guísimo/a*
   –z become *–císimo*

rico – rich, tasty   *riquísimo* – very rich, tasty
largo – long   *larguísimo* – very long
feliz – happy   *felicísimo* – very happy

PERSONAL PRONOUNS

There are four groups of personal pronouns: subject, object (direct and indirect), disjunctive (or "strong") and reflexive.

Subject pronouns

yo	I
tú	you (familiar, sing.)
usted	you (formal, sing.)
él	he / it
ella	she / it
nosotros/as	we
vosotros/as	you (familiar, plural)
ustedes	you (formal, plural)
ellos (m)	they
ellas (f)	they

– It is not normal to use subject pronouns in Spanish other than for clarity, emphasis or contrast:
Soy yo.
It's me (on the telephone).
Cuando comemos fuera ella escoge siempre helado y yo fruta.
When we eat out she always chooses ice-cream and I have fruit.

– The second person: the two different forms of address used to express "you", familiar and formal, require different subject pronouns:
tú and *vosotros* for the familiar, which uses the second-person form of the verb.
usted and *ustedes* for the formal, which uses the third-person form of the verb.

familiar singular:	*¿Vienes conmigo al cine esta noche?*
familiar plural:	*¿Venís con nosotros al cine esta noche?*
formal singular:	*¿Sabe usted dónde está la Oficina de Turismo?*
formal plural:	*¿Saben ustedes dónde está la Oficina de Turismo?*

Note: In Spanish America *vosotros* is replaced by *ustedes* for the familiar second-person plural. Thus the second example above (*vosotros*), in a Spanish-American context, would be: *¿Vienen con nosotros al cine esta noche?*

Object pronouns

• Direct object pronouns

me	me
te	you (fam.,sing.)
le/lo	him / it; you (formal, sing. masc.)
la	her / it; you (formal, sing. fem.)
nos	us
os	you (fam., plural)
les/los	them (m); you (formal, plural, masc.)
las	them (f); you (formal, plural, fem.)

• Indirect object pronouns

me	(to) me
te	(to) you (fam., sing.)
le	(to) him / her; (to) you (formal, sing.)
nos	(to) us
os	(to) you (fam., plural)
les	(to) them (m/f); (to) you (formal, plural)

• Position

– Object pronouns are normally placed before the verb:
La vi ayer pero no me dio la noticia.
I saw her yesterday but she didn't give me the news.

– Object pronouns are normally added to the end of:
(a) an infinitive or a gerund:
Sólo quiero decirte una cosa…
I only want to tell you one thing…
Estamos esperándole desde las 5.
We've been waiting for him since 5 o'clock.

As an alternative, in the above sentences the pronoun may be placed before the auxiliary verb:
Sólo te quiero decir una cosa…
Le estamos esperando desde las 5.
(b) the affirmative imperative:
Déjame. Estoy bien.   Leave me alone. I'm all right.

– The order of object pronouns:
where a direct and an indirect object pronoun depend on the same verb, the indirect one is always placed first:
Me los entregó ayer. He handed them over to me yesterday.
Me is the indirect object and *los* the direct object.

– Third-person direct object pronouns:
(a) *lo/los*, *la/las* and *le/les* ("him", "her", "it", "them") are also used for second-person formal address ("you").
(b) *lo/los* and *le/les* are interchangeable in the masculine for people.
(c) *la/las* **must** be used for the feminine direct object.
¿Lo/Le conoció en Vigo?
Did she meet him/you in Vigo?
La vi en la calle.
I saw her/you in the street.
Los/Les/Las dejamos en el pueblo.
We left them/you in the village.

– indirect object pronoun replaced by *se*:
where a direct and indirect object depend on the same verb and are both in the third person, the indirect object pronoun becomes *se*. This is done in order to avoid two *l* sounds coming together (e.g. *le lo*, *les lo* etc.):
¿Se lo preguntaste?
Did you ask her/him/them (it)?
No voy a dárselas.
I'm not going to give them to her/him/them/you.

Disjunctive pronouns

mí	me
ti	you (fam., sing.)
usted	you (formal, sing.)

él	him	
ella	her	
sí	him- / herself; themselves	
nosotros/as	us	
vosotros/as	you (fam., plural)	
ustedes	you (formal, plural)	
ellos	them (m)	
ellas	them (f)	

– Disjunctive, or strong, pronouns are those used after prepositions:
*Entré después de **ella**.*   I went in after her.

– The disjunctive pronouns are, with the exception of *mí*, *ti* and *sí* (reflexive), the same as the subject pronouns.

– *Mí*, *ti* and the reflexive pronoun *sí* combine with *con* to make *conmigo* (with me), *contigo* (with you) and *consigo* (with him(self)/her(self), etc.):
*¿Va tu amiga **contigo** a Benidorm?*
Is your friend going to Benidorm with you?

Reflexive pronouns

Reflexive pronouns are part of reflexive verbs and refer back to the subject of the sentence (the equivalent of "myself", "yourself" etc. in English).

– The reflexive pronouns are the same as the object pronouns, with the exception of the third person, where the pronoun used is *se* (himself, herself, itself, yourself, yourselves, themselves), or *sí* after a preposition (see Verbs, section I):
***Se** levanta todos los días a la misma hora.*
He gets up at the same time every day.

– The disjunctive pronoun *sí* combines with *con* to make *consigo* ("with him/her/it/yourself" (singular) and "with themselves/ yourselves"(plural)).
*A menudo habla **consigo** mismo.*
He often talks to himself.

– Like other object pronouns, the reflexive pronoun is added to the end of gerunds, infinitives and imperatives.
*¿Por qué están riéndo**se** de mi hermano?*
Why are they laughing at my brother?
*No puedo despertar**me** antes de las 8.*
I can't wake up before 8 o'clock.
*¡Márcha**te** enseguida!*
Go away at once!

ⓖ DEMONSTRATIVE ADJECTIVES AND PRONOUNS

Demonstratives are the equivalent of "this" and "that". They can be adjectives or pronouns and so they agree in gender and number with the noun they describe or stand for.

Demonstrative adjectives

Singular		Plural	
este / esta	this	*estos / estas*	these
ese / esa	that	*esos / esas*	those
aquel / aquella	that	*aquellos / aquellas*	those

– *este* is normally the equivalent of "this" in English.

– Both *ese* and *aquel* etc. mean "that".
ese refers to something which is near to the listener; *aquel* refers to something which is distant from both the speaker and the listener:
***Este** bolígrafo está roto; pásame **ese** lápiz.*
This biro doesn't work; pass me that pencil (i.e. the one nearer the person being addressed).
*Mira **aquellas** nubes. Va a llover dentro de poco.*
Look at those clouds. It's going to rain soon.

Demonstrative pronouns

Singular		Plural	
éste / ésta	this (one)	*éstos / éstas*	these (ones)
ése / ésa	that (one)	*ésos / ésas*	those (ones)
aquél / aquélla	that (one)	*aquéllos / aquéllas*	those (ones)

– The demonstrative pronouns differ in form from the demonstrative adjectives by the addition of a written accent: *este* = this; *éste* = this one.

– Both *ése* and *aquél* etc. mean "that (one)".
ése refers to something which is near to the listener; *aquél* refers to something which is distant from both the speaker and the listener:
–Por favor, quisiera probarme un vestido.
"I'd like to try on a dress, please."
*–¿Te gusta **éste**?*
"Do you like this one?"
*–No, prefiero **ése**.*
"No, I prefer that one."
*–¿Por qué no te pruebas **aquél** al mismo tiempo?*
"Why don't you try that one (i.e. over there) at the same time?"

• Neuter form

The neuter form of the demonstrative pronoun is as follows:
esto (this)   *eso* (that)   *aquello* (that)

– this form is not masculine. It does not refer to a specific noun but to an idea.

– the neuter form carries no accent.
***Esto** me gusta mucho.*
I like this a lot.

– When followed by the preposition *de*, the neuter demonstrative is translated by "that matter/question/ business of":
***Esto** de tu empresa me preocupa.*
This matter concerning your company worries me.

POSSESSIVE ADJECTIVES AND PRONOUNS

Possessive adjectives and pronouns are used to indicate "belonging" and relationships between people and things.

Possessive adjectives

Singular	Plural
mi my	*mis* my
tu your	*tus* your
su his, her, its, your (formal), their	*sus* his, her, its, your (formal), their
nuestro/a our	*nuestros/as* our
vuestro/a your	*vuestros/as* your

— Possessive adjectives agree in number and gender with the person or thing possessed:
A los alumnos no les gustaba **su** *profesor.*
The pupils did not like their teacher.
Los fines de semana voy con **mis** *dos hermanas a ver a* **nuestros** *abuelos.*
At weekends I go with my two sisters to see our grandparents.

— *tu(s)*, *vuestro/a/os/as* and *su(s)*:
"Your" can be conveyed by *tu(s)*, *vuestro/a/os/as* or *su(s)* depending on whether you are referring to the other person(s) using the familiar or the formal mode of address. Thus the question "Have you got your ticket(s)?" could be any of the following:

Familiar: *¿Tienes* **tu** *entrada?* (to a single friend)
¿Tenéis **vuestras** *entradas?* (to two or more friends)

Formal: *¿Tiene* **su** *entrada?* (to a stranger)
¿Tienen **sus** *entradas?* (addressing two or more strangers)

— There is a second form of the possessive adjective, which is the same as that of the possessive pronoun in the table below, *mío, tuyo* etc. This form translates "of mine", "of yours" etc.
ese perro **mío**   that dog of mine
un amigo **nuestro**   a friend of ours

Possessive pronouns

Singular	Plural
mío/a mine	*míos/as* mine
tuyo/a yours	*tuyos/as* yours
suyo/a his, hers, yours (formal), theirs	*suyos/as* his, hers, yours (formal), theirs
nuestro/a ours	*nuestros/as* ours
vuestro/a yours	*vuestros/as* yours

— Possessive pronouns agree in number and gender with the person or thing possessed. They are preceded by the relevant definite article, except after the verb *ser*:
Sus *abuelos viven en Guadalajara;* **los míos** *viven en Alcalá de Henares.*
Her grandparents live in Guadalajara; mine live in Alcalá de Henares.
Este vídeo es **mío**.   This video is mine.

RELATIVE PRONOUNS AND ADJECTIVES

Relatives are words used to connect two clauses in a sentence. They correspond to English "which", "who", "that", etc. Note that:

(a) The relative pronoun is regularly omitted in English but not in Spanish:
La fiesta **que** *celebramos ayer terminó tarde.*
The party (that) we held yesterday finished late.
(b) A preposition used with a relative pronoun cannot be separated from it, as happens in English:
Las montañas **por encima de las cuales** *volamos son los Pirineos.*
The mountains (that) we are flying over are the Pyrenees.

The meanings of the relatives are as follows:

que	who, whom, which, that
el/la/los/las que	whom, which, that
quien(es)	who, whom
el/la cual; los/las cuales	whom, which, that
cuyo/a/os/as	whose, of which
lo que; lo cual	what, which

— *que*
Que is the most common of the relatives. It is used:
(a) as subject pronoun:
Ese señor **que** *dejó su cartera en el mostrador…*
That man who left his wallet on the counter…
(b) as an object pronoun for things (not people):
El avión **que** *cogiste ayer…*
The plane (that) you caught yesterday…

— *el que, la que, los que, las que*
This pronoun is used most frequently after prepositions:
La chica de **la que** *se enamoró…*
The girl he fell in love with…
El día en **el que** *ocurrió el terremoto…*
The day (on which) the earthquake happened…

— *quien(es)*
Quien has a plural form *quienes*. It is used for human antecedents only, usually after prepositions:
El chico a **quien** *viste en el mercado es mi hermano.*
The boy you saw in the market is my brother.

– *el cual, la cual, los cuales, las cuales*
This pronoun is used mostly after prepositions. It is more formal than *el que* etc.:
*La iglesia delante de **la cual** hay una plaza…*
The church in front of which there is a square…

– *cuyo*
Cuyo is an adjective, agreeing in number and gender with the noun that follows:
*Su abuelo, **cuya** vida había sido una gran aventura, murió a los 98 años.*
Her grandfather, whose life had been a great adventure, died when he was 98.

– *lo que, lo cual* (see p.196)

INTERROGATIVES

Interrogatives are words used to introduce questions.

¿qué?	what?
¿cuál(es)?	which? what?
¿(de) quién(es))	who(m) (whose)?
¿cómo?	how? what? why?
¿(a)dónde?	where (to)?
¿por qué?	why?
¿cuándo?	when?
¿cuánto/a/os/as?	how much?

Direct questions

– *¿Qué?*
¿Qué? can be both a pronoun and an adjective:
| *¿**Qué** dijeron?* | What did they say? |
| *¿**Qué** hora es?* | What time is it? |

– *¿Cuál(es)?*
¿Cuál? is the usual way of translating "What..?" with the verb "to be":
*¿**Cuál** es tu opinión sobre la eutanasia?*
What is your view on euthanasia?

¿Cuál? also means "Which…?", in the sense of a choice between alternatives.
*¿**Cuál** prefieres, la de carne o la de pescado?*
Which do you prefer, the meat or the fish one (e.g. referring to a pizza)?

– *¿Quién(es)?* and *¿de quién(es)?*
(a) *¿Quién(es)?*
| *¿**Quién** sabe?* | Who knows? |
(b) *¿De quién(es)?*
| *¿**De quién** es este paraguas?* | Whose umbrella is this? |

– *¿Cómo?*
*¿**Cómo** sabías que venía yo?*
How did you know I was coming?
*¿**Cómo** fue la fiesta?*
What was the party like?

– *¿Dónde?* and *¿adónde?*
*¿**Dónde** están mis gafas?*
Where are my glasses?
*¿**Adónde** iremos en verano?*
Where are we going in the summer?

– *¿por qué?*
*¿**Por qué** existe el racismo?*
Why does racism exist?

– *¿cuánto?*
¿cuánto? can be both a pronoun and an adjective.
*¿**Cuánto** cuesta ese abrigo?*
How much is that coat?
*¿**Cuántas** películas de James Bond has visto?*
How many James Bond films have you seen?

Indirect questions

Indirect questions also bear an accent.
*No sé a **qué** hora comienza la corrida.*
I don't know what time the bullfight starts.

EXCLAMATIONS

The following words are used to introduce exclamations:

¡Qué!	What a…! How!
¡Cómo!	How! What!
¡Cuánto(a/os/as)!	How much/many!

Note: exclamatory pronouns and adjectives always bear an accent.

Direct exclamations

– *¡Qué!*
| *¡**Qué** pena!* | What a shame! |

Note: an adjective which follows *qué* + noun is preceded by *tan* or *más*.
| *¡**Qué** chica **más** guapa!* | What a pretty girl! |
| *¡**Qué** fiesta **tan** aburrida!* | What a boring party! |

– *¡Cómo!*
*¡**Cómo**! ¡Y no te devolvió el dinero!*
What! And he didn't give you back the money!

– *¡Cuánto!*
¡Cuánto! can be an adverb or an adjective.
*¡**Cuánto** me gustó el espectáculo!*
I really loved the show!
*¡**Cuántas** veces me has dicho eso!*
How many times have you told me that!

Indirect exclamations

Indirect exclamations always bear an accent.
*No sé **cómo** te atreves a decirme eso.*
I don't know how you dare say that to me.

VERBS

Note: A thorough knowledge of irregular verbs is essential at A level. Tables of irregular verbs may be found in grammars and good dictionaries.

Ⓐ The indicative

Present tense

• Regular verbs

The present tense of regular verbs in the indicative is formed by adding the endings highlighted below to the stem of the verb:

	hablar: to speak	*comer:* to eat	*vivir:* to live
yo	habl**o**	com**o**	viv**o**
tú	habl**as**	com**es**	viv**es**
él/ella/usted	habl**a**	com**e**	viv**e**
nosotros/as	habl**amos**	com**emos**	viv**imos**
vosotros/as	habl**áis**	com**éis**	viv**ís**
ellos/ellas/ustedes	habl**an**	com**en**	viv**en**

• Irregular verbs:

– For radical-changing verbs and orthographic-changing verbs, see Verbs, section E.

– There are many other irregular verbs which, in the present tense, are irregular only in the first person singular:

e.g. *estar* (to be): *estoy, estás, está, estamos, estáis, están;*
poner (to put): *pongo, pones, pone, ponemos, ponéis, ponen*

• Uses of the present tense

The present tense is used:

– to state what is happening at the time of speaking:
Estamos listos.   We are ready.

– to describe a habitual action or state of affairs:
Hace mucho frío en Soria en invierno.
In winter it's very cold in Soria.

– to refer to inherent characteristics:
Mario es listo.   Mario is clever.

– to make statements generally held to be true:
El tabaco daña la salud. Tobacco damages your health.

– for future intention:
El tren de Barcelona llega a las 3.30 de la tarde.
The train from Barcelona will get in/gets in at 3.30 pm.

Perfect tense

The perfect tense is a compound tense which is formed from the auxiliary verb *haber*:

yo	he
tú	has
él/ella/usted	ha
nosotros/as	hemos
vosotros/as	habéis
ellos/ellas/ustedes	han

and the past participle of the verb, ending in *–ado*, for *–ar* verbs, or *–ido*, for *–er* and *–ir* verbs:
e.g. *he hablado; he comido; he vivido.*

Note: that the following verbs have irregular past participles:

abrir	to open	*abierto*	opened
cubrir	to cover	*cubierto*	covered
decir	to say	*dicho*	said
escribir	to write	*escrito*	written
freír	to fry	*frito*	fried
hacer	to do/make	*hecho*	done/made
imprimir	to print	*impreso*	printed
morir	to die	*muerto*	dead
poner	to put	*puesto*	put
prender	to catch	*preso*	caught
resolver	to resolve	*resuelto*	resolved
romper	to break	*roto*	broken
satisfacer	to satisfy	*satisfecho*	satisfied
ver	to see	*visto*	seen
volver	to return	*vuelto*	returned

Uses of the perfect tense (see pp. 62–3)

The perfect tense in Spanish is used in a similar way to its counterpart in English. It describes past actions from the point of view of the present:

Juan no ha venido todavía.
Juan hasn't come yet (i.e. he is not here now).

He tenido una buena idea.
I've had a good idea.

Preterite tense

• Regular verbs

The preterite tense of regular verbs is formed by adding the endings highlighted below to the stem of the verb:

–ar verbs	*–er verbs*	*–ir verbs*
habl**é**	com**í**	viv**í**
habl**aste**	com**iste**	viv**iste**
habl**ó**	com**ió**	viv**ió**
habl**amos**	com**imos**	viv**imos**
habl**asteis**	com**isteis**	viv**isteis**
habl**aron**	com**ieron**	viv**ieron**

• Irregular verbs

Irregular preterite forms should be learned. Twelve of the most common irregular preterites are given opposite:

dar	estar	decir
di	estuve	dije
diste	estuviste	dijiste
dio	estuvo	dijo
dimos	estuvimos	dijimos
disteis	estuvisteis	dijisteis
dieron	estuvieron	dijeron

hacer	ir	poder
hice	fui	pude
hiciste	fuiste	pudiste
hizo	fue	pudo
hicimos	fuimos	pudimos
hicisteis	fuisteis	pudisteis
hicieron	fueron	pudieron

poner	querer	saber
puse	quise	supe
pusiste	quisiste	supiste
puso	quiso	supo
pusimos	quisimos	supimos
pusisteis	quisisteis	supisteis
pusieron	quisieron	supieron

ser	venir	ver
fui	vine	vi
fuiste	viniste	viste
fue	vino	vio
fuimos	vinimos	vimos
fuisteis	vinisteis	visteis
fueron	vinieron	vieron

Notes:

(a) *ir* and *ser* have the same form in the preterite.

(b) The first and third person singular forms do not carry an accent.

• **Uses of the Preterite tense**

The preterite is used:

– to relate an action in the past which is completely finished (for examples see p.45).
El año pasado fui de vacaciones a Cuba.
Last year I went to Cuba on holiday.

– to narrate a sequence of events which happened in the past (for example see p.45).

– for actions which happened over a long period of time in the past, provided that the period is clearly defined.
Felipe González fue presidente de España durante 14 años, de 1982 a 1996.
Felipe González was Prime Minister of Spain for 14 years, from 1982 to 1996.

Imperfect Tense

• **Regular verbs**

The imperfect tense of regular verbs is formed by adding the endings highlighted below to the stem of the verb:

–ar verbs	–er verbs	–ir verbs
hablaba	comía	vivía
hablabas	comías	vivías
hablaba	comía	vivía
hablábamos	comíamos	vivíamos
hablabais	comíais	vivíais
hablaban	comían	vivían

• **Irregular verbs**

Only three verbs have irregular forms: *ir* (to go), *ser* (to be), *ver* (to see), as follows:

	ir	ser	ver
yo	iba	era	veía
tú	ibas	eras	veías
él/ella/usted	iba	era	veía
nosotros/as	íbamos	éramos	veíamos
vosotros/as	ibais	erais	veíais
ellos/ellas/ustedes	iban	eran	veían

• **Uses of the imperfect tense** (see also p.22 for examples)

The imperfect tense is used:

– for habitual or repeated actions in the past.

– to describe what was happening when a particular event occurred.

– for setting the scene and descriptions in the past:
Era un día muy lluvioso, y desafortunadamente llevaba mis nuevos zapatos.
It was a very rainy day and unfortunately I was wearing my new shoes.

– for past actions which refer to a period which is not clearly specified:
Estaban en el bar, charlando con el vecino de enfrente.
They were in the bar, talking to their neighbour who lived opposite.

– for polite requests, especially with *querer*.
Por favor, quería una mesa para dos.
I'd like a table for two, please.

– in time expressions, when the pluperfect tense would be used in English:
Esperaba la carta desde hacía una semana.
He'd been waiting for the letter for a week.

Future Tense

The future tense of regular verbs is formed by adding the endings highlighted below to the infinitive:

• Regular verbs

–**ar** verbs	–**er** verbs	–**ir** verbs
hablar**é**	comer**é**	vivir**é**
hablar**ás**	comer**ás**	vivir**ás**
hablar**á**	comer**á**	vivir**á**
hablar**emos**	comer**emos**	vivir**emos**
hablar**éis**	comer**éis**	vivir**éis**
hablar**án**	comer**án**	vivir**án**

• Irregular verbs

Twelve verbs have an irregular future stem; they have the same endings as the regular verbs.

caber	**cabré** etc.	poder	**podré**
decir	**diré**	poner	**pondré**
haber	**habré**	querer	**querré**
hacer	**haré**	saber	**sabré**
salir	**saldré**	tener	**tendré**
valer	**valdré**	venir	**vendré**

Verbs that derive from the above verbs also have an irregular stem, for example:

deshacer (to undo) *desharé* etc.
intervenir (to intervene) *intervendré* etc.
maldecir (to curse) *maldiré* etc.
mantener (to maintain) *mantendré* etc.

• Uses of the future tense

The future tense is used:

– to talk about future events:
  El concierto tendrá lugar el 5 de noviembre.
  The concert will take place on 5th November.

– to express a **supposition**:
  Serán las siete. It must be/I guess it's around 7 o'clock.

Note: Future intention is often expressed by using *ir + a* followed by the infinitive, especially in speech.

En verano vamos a ver a nuestros amigos en Lorca.
In the summer we'll go to see our friends in Lorca.

Conditional tense

• Regular verbs

The conditional tense of regular verbs is formed by adding the endings highlighted below to the infinitive:

–**ar** verbs	–**er** verbs	–**ir** verbs
hablar**ía**	comer**ía**	vivir**ía**
hablar**ías**	comer**ías**	vivir**ías**
hablar**ía**	comer**ía**	vivir**ía**
hablar**íamos**	comer**íamos**	vivir**íamos**
hablar**íais**	comer**íais**	vivir**íais**
hablar**ían**	comer**ían**	vivir**ían**

• Irregular verbs

The same twelve verbs have an irregular stem as in the future tense; they have the same endings as the regular verbs, e.g. *decir: diría* etc; *hacer: haría* etc.; *poder: podría* etc.

• Uses of the conditional (for examples see also p.122)

The conditional tense is used:

– in "if" clauses to describe events which could happen.

– for polite expression.

– to express **supposition** in the past.
  Sería mediodía cuando vinieron.
  It must have been mid-day when they came.

Compound tenses

Compound tenses consist of two parts: an *auxiliary verb* and a *past participle*. Remember that many common verbs have irregular past participles (see Perfect tense for a list of them).

This section deals with three compound tenses in the indicative (but not the perfect tense): the pluperfect, the future perfect and the conditional perfect. The perfect and pluperfect tenses also exist in the subjunctive (see p.271 of this Summary).

Pluperfect tense

The pluperfect tense is formed from the imperfect tense of *haber* and the past participle of the verb:
había *hablado/comido/vivido,* **habías** *hablado/comido/vivido* etc.

The pluperfect is used, as in English, for an action which occurred before another action in the past.
Cuando llegamos al cine los otros ya habían entrado.
When we got to the cinema the others had already gone in.

Future perfect tense

The future perfect tense is formed from the future of *haber* and the past participle of the verb:
habré *hablado/comido/vivido;* **habrás** *hablado/comido/vivido* etc.

As in English, the future perfect indicates a future action which will have happened.
Cuando llegues al aeropuerto el avión ya habrá despegado.
When you get to the airport the plane will have taken off already.

Conditional perfect tense

The conditional perfect tense is formed from the conditional tense of *haber* and the past participle of the verb: **habría** *hablado/comido/vivido;* **habrías** *hablado/comido/vivido* etc.

As in English, the conditional perfect indicates a past action which would have happened.

Si no me hubieras dado las entradas no habría ido al concierto.

If you hadn't given me the tickets I wouldn't have gone to the concert.

Ⓑ The subjunctive

The subjunctive mood is used in four tenses: present, perfect, imperfect and pluperfect.

Present subjunctive

The present tense of regular verbs in the subjunctive is formed by adding the endings highlighted below to the stem of the verb:

–ar verbs	*–er* verbs	*–ir* verbs
hab**le**	co**ma**	vi**va**
hab**les**	co**mas**	vi**vas**
hab**le**	co**ma**	vi**va**
hab**lemos**	com**amos**	viv**amos**
hab**léis**	com**áis**	viv**áis**
hab**len**	co**man**	vi**van**

Note that:

- A number of otherwise regular verbs change their spelling in the present subjunctive, e.g. *llegar: llegue, llegues* etc; *coger: coja, cojas*, etc. (See Verbs, section E).

- For most irregular verbs the present subjunctive is formed by removing **o** from the end of the first person singular of the present indicative and adding the endings for regular verbs. For example: *hacer: haga, hagas, haga, hagamos, hagáis, hagan*. The following verbs are exceptions to this rule *dar (dé, des etc.), estar (esté, estés etc.) haber (haya, hayas etc.), saber (sepa, sepas etc.)* and *ser (sea, seas etc.)*.

Perfect subjunctive

The perfect subjunctive is formed from the present subjunctive of *haber* plus the past participle:

–ar verbs	*–er* verbs	*–ir* verbs
haya hablado	haya comido	haya vivido
hayas hablado	hayas comido	hayas vivido
haya hablado	haya comido	haya vivido
hayamos hablado	hayamos comido	hayamos vivido
hayáis hablado	hayáis comido	hayáis vivido
hayan hablado	hayan comido	hayan vivido

Imperfect subjunctive

The imperfect subjunctive is formed by adding the endings below after removing the ending of the third person plural of the preterite tense:

–ar verbs	*–er* verbs	*–ir* verbs
hablara/ase	comiera/iese	viviera/iese
hablaras/ases	comieras/ieses	vivieras/ieses
hablara/ase	comiera/iese	viviera/iese
habláramos/ásemos	comiéramos/iésemos	viviéramos/iésemos
hablarais/aseis	comierais/ieseis	vivierais/ieseis
hablaran/asen	comieran/iesen	vivieran/iesen

Note:

(a) there are alternative endings for the imperfect subjunctive, *–ara/–ase* and *–iera/–iese*, which are **interchangeable**.

(b) irregular verbs also follow the above rule:
tener: tuviera/iese, tuvieras/ieses, tuviera/iese, tuviéramos/iésemos, tuvierais/ieseis, tuvieran/iesen.
hacer: hiciera/iese etc.; poner: pusiera/iese etc.
decir: dijera/ese etc.

Pluperfect subjunctive

The pluperfect subjunctive is formed from the imperfect subjunctive of *haber* plus the past participle.

–ar verbs	*–er* verbs	*–ir* verbs
hubiera hablado	hubiera comido	hubiera vivido
hubieras hablado	hubieras comido	hubieras vivido
hubiera hablado	hubiera comido	hubiera vivido
hubiéramos hablado	hubiéramos comido	hubiéramos vivido
hubierais hablado	hubierais comido	hubierais vivido
hubieran hablado	hubieran comido	hubieran vivido

• Uses of the subjunctive

The subjunctive is used in three main ways: in subordinate clauses, in main clauses and in conditional sentences.

1. The subjunctive in subordinate clauses

The principal uses of the subjunctive in subordinate clauses are illustrated in Units 5, 6, 7, 12 and 13 (pp.88-9, p.103, p.106, p.116, p.236, p.244):
The subjunctive must be used after verbs and expressions indicating:

(a) possibility, probability and doubt: *es posible/probable que, puede que, dudar* etc.
e.g. *Puede (ser) que no lleguen hasta la noche.*
Maybe they won't get here until tonight.

(b) "emotion": *querer, esperar, gustar, alegrarse de, temer* etc.
e.g. *Espero que te recuperes pronto.*
I hope that you get better soon.

(c) "influence": *hacer, conseguir, impedir etc.*
e.g. *Consiguió que le dejaran entrar.*
He got them to let him in.

(d) judgement: *es importante que, sería mejor que etc.*
e.g. *Sería mejor que vinieras conmigo.*
It would be better for you to come with me.

(e) necessity: *es necesario que, hace falta que etc.*
e.g. *Hace falta que devuelvan los vídeos en seguida.*
They have to return the videos straight away.

(f) permission and prohibition: *dejar, permitir, prohibir etc.*
e.g. *Le prohibieron que saliera después de las 10 de la noche.*
They forbade him to go out after 10.00 pm.

(g) concession: *sin que, a menos que, a no ser que, aunque, a pesar de que etc.*
e.g. *No podremos abrir la puerta a menos que encontremos la llave.*
We won't be able to open the door unless we find the key.

(h) condition: *con tal que, a condición de que etc.*
e.g. *Puedes coger el diccionario con tal que me lo devuelvas mañana.*
You can take the dictionary provided you give it back to me tomorrow.

(i) requesting: *pedir, rogar etc.*
e.g. *Le pedí que me diera la dirección de su amiga.*
I asked her to give me her friend's address.

The subjunctive must also be used in the following circumstances:

(j) after verbs of thinking used in the negative (see p.116).

(k) after *el (hecho) de que* (see p.244).

(l) after *no es que, no (es) porque*:
Le di dinero, pero no porque me lo pidiera.
I gave him money, but not because he asked for it.

(m) After conjunctions of time, e.g. *cuando, en cuanto, mientras, hasta que, antes de que* used with a **future** meaning:
No podré descansar hasta que sepa adónde se ha ido.
I won't be able to rest until I know where she has gone.

(n) After conjunctions of purpose, e.g. *para que, a fin de que, de modo/manera que*:
Te escribo a fin de que/para que te des cuenta de mi dilema.
I am writing to you so that you are aware of my dilemma.

(o) After *como si*:
Me miró como si estuviera loco.
He looked at me as if I were mad.

(p) After an indefinite antecedent:
Buscamos un colegio que tenga buenas instalaciones deportivas.
We're looking for a school that has good sports facilities.

No conozco a nadie que vaya a la fiesta.
I don't know anyone who is going to the party.

2. The subjunctive in main clauses
The subjunctive is also found in main clauses after words and expressions which express uncertainty and strong wishes:

(a) *Que...* used for a command or strong wish:
¡Que lo pases bien!   Have a good time!

(b) Words meaning "perhaps", e.g. *quizá(s), tal vez*:
Quizás eche de menos a sus padres.
Perhaps he's missing his parents.

(c) *Ojalá* meaning, "if only", "I wish":
¡Ojalá hubiera aprobado el examen!
I wish I'd passed the exam!

3. The subjunctive in conditional sentences
The subjunctive is used in two types of conditional sentence: conditions which are either unlikely to be fulfilled or impossible, and conditions which are contrary to fact (see p.136).

Note: In *"if"* clauses that express an "open" condition, i.e. one which may or may not happen, the present **indicative** must be used:
Si vamos a Segovia, volveremos tarde.
If we go to Segovia we'll get back late.

Ⓒ The imperative

Don't forget that there are different forms of the imperative for familiar and formal commands, in both the affirmative and in the negative. The basic rules for the formation of the second-person imperative are described on pp. 51–52.

- **The position of object pronouns**
– Object pronouns are added to the end of affirmative commands:
  ¡Cómetelo!   Eat it(up)!
  Dígame lo que quiera.   Tell me what you want.

– In negative commands pronouns precede the verb:
  ¡No me digas!   You don't say!
  ¡No os acostéis!   Don't go to bed!

- **First person plural commands**
– First person plural commands ("Let's (go)" etc.) are formed from the first person plural (*nosotros*) of the present subjunctive, for both the affirmative and the negative.
  Salgamos ahora mismo.   Let's go out straight away.

– the final **–s** of the *nosotros* form is omitted in reflexive verbs.
  Vámonos.   Let's go.
  Acostémonos.   Let's go to bed.

- **The use of *que* to express commands**

Que plus the subjunctive form may be used with any person of the verb to express a wish or command:

¡Que aproveche! Enjoy your meal!

- **The second person plural in Latin American Spanish**

In Latin-American Spanish the familiar plural imperative (*hablad, comed* etc.) is replaced by the *ustedes* form (which is also used for the formal imperative).

Ⓓ Continuous forms of the verb

— Continuous tenses are formed from the verb *estar* followed by the gerund:

estoy (etc.) *hablando*
estoy (etc.) *comiendo*
estoy (etc.) *escribiendo*

The continuous forms of the verb are used to indicate actions that are in progress at the time of speaking. They may be used with all tenses but are most commonly found in the present and imperfect.

En este momento está hablando con su vecino.
At the moment he's talking to his neighbour.
Las muchachas estaban jugando en la calle.
The girls were playing in the street.

— *ir, venir, seguir, continuar, andar* and *llevar* may also be followed by the gerund to indicate the idea of duration (see p.194).

Ⓔ Spelling changes in verbs

In Spanish verbs often undergo changes in their spelling in the different tenses and persons. These changes are of two types: (a) in the stem, called "radical" changes and (b) in other parts of the verb, called "orthographic" changes.

Radical-changing verbs (see p.4)

- **–ar and –er verbs**
— In the present indicative the stem vowel *o* becomes *ue*, and *e* becomes *ie*, in the first, second and third persons singular and the third person plural:

contar (to count, tell): *cuento, cuentas, cuenta, contamos, contáis, cuentan*
entender (to understand): *entiendo, entiendes, entiende, entendemos, entendéis, entienden*

— In the **present subjunctive** of these verbs, changes occur in the same persons:

cuente, cuentes, cuente, contemos, contéis, cuenten
entienda, entiendas, entienda, entendamos, entendáis, entiendan

— The stem also changes in the *tú* (familiar) form of the **imperative**:

cuenta   *entiende*

- **–ir verbs**

There are three types of radical changing *–ir* verbs, each of which follows a different pattern in the present tense: those which change the stem vowel from *e* to *i*, e.g. *pedir*, from *e* to *ie*, e.g. *mentir*, and from *o* to *ue*, e.g. *dormir*

— In the present indicative the changes occur in the first, second and third persons singular and the third person plural:

e > i: *pedir* (to ask for): *pido, pides, pide, pedimos, pedís, piden*
e > ie: *mentir* (to lie): *miento, mientes, miente, mentimos, mentís, mienten*
o > ue: *dormir* (to sleep): *duermo, duermes, duerme, dormimos, dormís, duermen*

— In the **present subjunctive** the change occurs in all persons of the verb:

pida, pidas, pida, pidamos, pidáis, pidan
mienta, mientas, mienta, mintamos, mintáis, mientan
duerma, duermas, duerma, durmamos, durmáis, duerman

— Changes also occur in the stem of the **preterite** of these verbs: *e* changes to *i* and *o* changes to *u* in the third persons singular and plural:

pedí, pediste, pidió, pedimos, pedisteis, pidieron
mentí, mentiste, mintió, mentimos, mentisteis, mintieron
dormí, dormiste, durmió, dormimos, dormisteis, durmieron

— In the **imperfect subjunctive** the *i* or *u* of the stem is present in every person of the verb: *pidiera/pidiese, pidieras/pidieses* etc.
mintiera/mintiese, mintieras/mintieses etc.
durmiera/durmiese, durmieras/ieses etc.

— The stem change also occurs in the familiar form of:

the **imperative**: *pide*   *miente*   *duerme*
the **gerund**: *pidiendo*   *mintiendo*   *durmiendo*

Note: It is not possible to predict whether a verb is radical-changing or not; if you are unsure, consult your dictionary or grammar.

Orthographic changes

Spelling changes in certain verbs are necessary in order to maintain the correct sound of the verb.

— The following verbs make changes before the vowel *e* in the whole of the present subjunctive and the first person singular of the preterite:

(a) verbs with stems ending in *–car* change *c* to *–qu*:
sacar (to take out): Present subjunctive: *saque, saques, saque* etc. Preterite: *saqué, sacaste* etc.

(b) verbs with stems ending in *–gar* change *g* to *gu*:
llegar (to arrive): Present subjunctive: *llegue, llegues, llegue* etc. Preterite: *llegué, llegaste* etc.

(c) verbs with stems ending in *–zar* change *z* to *c*:
empezar (to begin): Present subjunctive: *empiece, empieces, empiece* etc. Preterite: *empecé, empezaste* etc.

(d) verbs with stems ending in **–guar** change **u** to **ü**: *averiguar* (to find out): Present subjunctive: *averigüe, averigües, averigüe* etc. Preterite: *averigüé, averiguaste* etc.

– The following verbs make changes before the vowel **o**, in the first person singular of the present indicative, and before **a** in the present subjunctive:

(a) verbs with stems ending in **c** change **c** to **z**: *vencer* (to conquer): Present indicative: *venzo, vences,* etc. Present subjunctive: *venza, venzas* etc.

(b) verbs with stems ending in **g** change **g** to **j**: *coger* (to catch): Present indicative: *cojo, coges* etc. Present subjunctive: *coja, cojas* etc.

(c) verbs with stems ending in **gu** change **gu** to **g**: *seguir* (to follow): Present indicative: *sigo, sigues,* etc. Present subjunctive: *siga, sigas, siga* etc.

– Some verbs ending in **–uar** and **–iar** add an accent in the three persons singular and the third person plural of the present indicative and the present subjunctive, and in the *tú* form of the imperative: e.g. *continuar* (to continue); *enviar* (to send)

Present indicative:
continúo, continúas, continúa, continuamos, continuáis, continúan
envío, envías, envía, enviamos, enviáis, envían

Present subjunctive:
continúe, continúes etc; *envíe, envíes* etc.

Imperative (second person singular):
continúa envía

F Gustar and similar verbs

Many common verbs in Spanish have the same construction as *gustar* (see p.59). In the statement *Me encantan las tapas* ("I love tapas") the subject in Spanish is *las tapas*; we know this because the verb is in the plural. The indirect object of the verb is *me*. This is a kind of "back-to-front" construction when compared to the English version of the same statement. Here is how the Spanish construction works literally:

indirect object pronoun	verb	subject
Me	*encantan*	*las tapas*
To me	are delightful	tapas

The same pattern is followed with other persons:

Le interesa mucho la película.
He's very interested in the film. [Lit. The film is very interesting to him].

Nos faltan dos sillas más.
We need two more chairs. [Lit. Two more chairs are lacking to us.]

Note: In this construction the object is frequently given emphasis by adding an extra pronoun:
A mí me encantan las tapas.
A él le interesa mucho la película.

G Ser and estar

Ser

Ser is used:

– for characteristics that are considered to be part of the identity of a person or thing, such as religion, nationality and permanent features:
Soy británica.
I'm British.
Las montañas son altas.
Mountains are high.

– for occupations:
Joan Miró era pintor.
Joan Miró was a painter.

– to indicate the ownership or origin of something:
Esta propiedad es de mi madre.
This property belongs to my mother.
La estatua es de madera.
The statue is made of wood.

– for time expressions:
Son las nueve y cuarto.
It's nine fifteen.

– before infinitives, nouns or pronouns:
Lo esencial es vivir una vida sana.
The essential thing is to live a healthy life.
Su tío era ingeniero.
His uncle was an engineer.

as the auxiliary verb for the passive (see section on the passive):
La casa fue destruida por el terremoto.
The house was destroyed by the earthquake.

– for information about where or when an event is happening:
¿Sabes dónde es la fiesta?
Do you know where the party is?

Estar

Estar is used:

– for location (temporary or permanent):
Estábamos en México cuando empezó el huracán.
We were in Mexico when the hurricane began.
El Museo del Prado está en Madrid.
The Prado Museum is in Madrid.

– for a state considered to be temporary:
Está contenta.
She's happy (but this is momentary).
Las playas están limpias.
The beaches are clean.

– to express a change noted in someone's appearance:
¡Qué joven estás, Marisa!
How young you look, Marisa!

– to form the continuous tenses (see Verbs, section D)

– with the past participle to express a resultant state:
La puerta estaba cerrada.
The door was shut. [i.e. in the state that resulted from someone having shut it.]

• Ser and estar with adjectives

Some adjectives differ in meaning according to whether they are used with *ser* or *estar*:

	ser	*estar*
aburrido	boring	bored
bueno	good (character)	delicious/tasty (food)
cansado	tiring	tired
listo	clever	ready
malo	bad, evil	ill
triste	sad (disposition)	sad (temporarily)

(H) The passive construction

The same sentence may be expressed actively or passively (for explanation see p.159).

– The passive can be used in all tenses:
Sus novelas son publicadas por Plaza & Janés.
Her novels are published by Plaza & Janés.
El concierto será celebrado el sábado.
The concert will be held on Saturday.
Esa pintura ha sido dada al Museo de Arte Contemporáneo.
That painting has been given to the Museum of Contemporary Art.

– The passive in Spanish tends to be used in written rather than spoken language and is found less than in English. A number of alternative constructions exist:

(a) the third person plural with an active verb:
Le entregaron las llaves de la casa.
He was given the keys of the house.

(b) duplication of the direct object:
The direct object can be placed first in the sentence and duplicated as a pronoun before the verb:
Aquel castillo lo destruyó el rey Carlos V.
That castle was destroyed by King Charles V.

(c) the use of the reflexive pronoun *se*:
se can be used to express the passive without an agent.
Se alquilan pisos aquí.
Flats (are) rented here.

(I) Reflexive verbs

A reflexive verb has two components: the verb plus a reflexive pronoun. The pronoun changes according to the person, as in the verb *levantarse* (to get up):

yo	*me levanto*	I get up
tú	*te levantas*	you get up
él/ella/usted	*se levanta*	he/she/it/you get(s) up
nosotros/as	*nos levantamos*	we get up
vosotros/as	*os levantáis*	you get up
ellos/ellas/ustedes	*se levantan*	they/you get up

Position of the reflexive pronoun (see also Personal Pronouns)

– In the first person plural of the affirmative imperative the final *s* is dropped:
Levantémonos.   Let's get up.

– In the second person plural of the affirmative imperative the final *d* is dropped:
Sentaos.   Sit down.

Uses of the reflexive verb

– The addition of a reflexive pronoun turns a transitive verb into a reflexive one. Reflexive verbs translate the idea of "self":
Cortó el pan.   He cut the bread. (transitive)
Se cortó.   He cut himself. (reflexive)

– The addition of the reflexive pronoun can change the meaning of a verb:

aburrir	to bore	*aburrirse*	to get bored
dormir	to sleep	*dormirse*	to go to sleep
ir	to go	*irse*	to go away
poner	to put	*ponerse*	to become, get, turn,
volver	to return	*volverse*	to become, turn round

(J) The infinitive

The infinitive is the form of the verb which is not inflected. The infinitives of the conjugations of the verb end in either *–ar*, *–er* or *–ir*, e.g. *hablar, comer, vivir*.

The perfect infinitive is formed from the infinitive of *haber* and the past participle: *haber hablado, haber comido* etc. "to have spoken, eaten etc."

Uses

– The infinitive can stand on its own, having the value of a noun. In this case it may be preceded by the masculine definite article.
El vivir en Cantabria es muy agradable.
Living in Cantabria is very pleasant.

– The infinitive frequently follows:

(a) modal verbs, denoting obligation, permission and possibility, e.g. *tener que, hay que, deber, poder*:
Tienes que mandarle un mensaje.
You have to send her a message.
¿Puedo ayudarle?
Can I help you?

(b) *acabar de*, meaning "to have just", and *volver a*, meaning "to do something again":
Acaba de llegar.
She has just arrived.
He vuelto a copiar el vídeo.
I've copied the video again.

(c) verbs of "perception", e.g. *ver, oír* and *mirar*:
La vi entrar en la discoteca.
I saw her go(ing) into the disco.
Les oyó cantar en la calle.
She heard them singing in the street.

– The infinitive is sometimes used for the imperative, e.g. in notices:
No pisar el césped.
Don't walk on the grass.
No fumar.
No smoking.

– *al* followed by the infinitive means "when..." referring to an action that happens at the same time as that of the main verb:
Al entrar en la habitación saludó a su hermano.
When he went into the room he greeted his brother.

Ⓚ The past participle

The past participle is formed by substituting:

– the ending of *–ar* infinitives by **–ado**: *hablar > hablado*

– the ending of *–er* and *–ir* infinitives by **–ido**: *comer > comido; vivir > vivido*

For a full list of irregular past participles, e.g. *ver > visto*, see Verbs, section A on the perfect tense.

Uses

The past participle is used:

– after the verb *haber* as part of compound tenses, e.g. the perfect tense, the pluperfect tense. In this case the past participle is **invariable**:
Todavía no hemos visto El Escorial.
We haven't yet seen the Escorial.

– as an adjective, and after the verbs *ser* and *estar*. In these cases the past participle agrees in number and gender with the noun, or the subject of the verb:
unos pantalones rotos
a torn pair of trousers
Esa chica está mal educada.
That girl is badly behaved.

– preceded by *lo*, meaning "the thing which" or "what":
Lo divertido es jugar a la Gamecube.
Playing at Gamecube is the enjoyable thing.

Ⓛ The gerund

The gerund is formed by adding *–ando* to the stem of *–ar* verbs and *–iendo* to the stem of *–er* and *–ir* verbs. The gerund is **invariable** in form.

hablar > hablando
comer > comiendo
vivir > viviendo

Uses

– The gerund is used for actions which occur at the same time as the main verb:
Estaba sentada en la plaza, mirando los pájaros.
She was sitting in the square, looking at the birds.

– The gerund preceded by *estar* is used to form the continuous tenses. (See Verbs, section D)

– a number of common verbs, especially *ir, venir, continuar, seguir* and *andar* are followed by the gerund to emphasise duration (see p.191).

Note: It is important to know the differences between the Spanish gerund and the English *–ing* form.

(a) After a preposition, Spanish uses the infinitive, English the *–ing* form.
Antes de subir al coche se despidió de su familia.
Before getting into the car he said goodbye to his family.

(b) The *–ing* form in English is often adjectival and cannot be translated by a gerund in Spanish.
a hard-working boy
un chico trabajador
running water
agua corriente

Ⓝ NEGATIVES

Negative words
The most common negative words in Spanish are:

no	not, no
nunca	never, not ever
jamás	never, not ever (more emphatic than *nunca*)
nada	nothing, not anything
nadie	nobody, not anybody
ninguno	no, not any, none, no-one
ni (siquiera)	nor, not even
ni....ni	neither...nor
tampoco	neither, nor, not either
apenas	scarcely

– In order to make a negative statement, a negative word must be placed before the verb. The simplest negative word is *no*, as in *No sabe* (He doesn't know).

– Negative words other than *no* may be added after the verb, making a kind of "double negative" (see p.184).

– Two or more negatives may be used together in the same sentence, as in *No entiende nunca nada* (He never understands anything).

ADVERBS

An adverb is a word or phrase used to modify a verb. For example, an adverb can give more information about when, how, where or to what degree the action of the verb takes place. An adverb can also modify the meaning of another adverb or an adjective.

– Adverbs of time (When?)
This group includes many of the most common adverbs, such as *ahora, antes, a veces, ayer, después, entonces, hoy, luego, mañana, siempre, tarde, temprano, todavía, ya*.
Volvió tarde.
He came back late.
Hablaremos después.
We'll speak afterwards.

– Adverbs of manner (How?)
(a) Many adverbs in this group are formed from the feminine of the adjective plus *–mente* (see p. 218).
(b) The following common adverbs are adverbs of manner: *así, bien, de repente, despacio, mal*.
Volvió de repente.
He came back suddenly.
Lo has escrito bien/mal.
You've written it well/badly.

– Adverbs of place (Where?)
This group includes *abajo, adelante, allí, aquí, arriba, atrás, cerca, debajo, delante, dentro, detrás, encima, fuera, lejos*.
Volvió aquí.
He came back here.
La iglesia está muy cerca.
The church is very near.

– Adverbs of degree (How much?)
This group includes: *bastante, casi, demasiado, más, menos, mucho, muy, tanto, (un) poco*.
La iglesia está bastante cerca del banco.
The church is quite near the bank.
Habla mucho y no hay manera de pararle.
He speaks a lot and there's no way of stopping him.

– Some adjectives also function as adverbs:
Por favor, ¡habla más alto!
Speak up (i.e. more loudly), please!
Lo pasamos fatal.
We had a terrible time.

– Adverbs of comparison
(a) Adverbs of comparison are made by placing *más* or *menos* before the adverb: *más eficazmente* (more effectively); *menos despacio* (less slowly).
(b) Some very common adverbs have special comparative forms:

adverb	comparative
bien	*mejor*
mal	*peor*
mucho	*más*
poco	*menos*

Mi hermano conduce peor desde el accidente.
My brother drives worse since the accident.
No sé quién cocina mejor, mi madre o mi padre.
I don't know who cooks better, my mother or my father.

– Position of adverbs
In general adverbs are placed just after the verb that they modify.
Salió mal.
It turned out badly.

PREPOSITIONS

Prepositions are words that link a noun, noun phrase or pronoun to the rest of the sentence. Although prepositions work in a similar way in Spanish and English, it is important to note that in Spanish:

– prepositions can consist of a single word, e.g. *de, con, durante, según*, or of two or more words, e.g. *a pesar de, al lado de, con relación a, después de*.

– when a preposition is followed by a verb in Spanish the verb must be in the infinitive:
Antes de salir me voy a despedir de la abuela.
Before going out I'm going to say goodbye to grandma.

– when combined with particular prepositions, verbs have a specific meaning e.g. *comenzar a* (to begin to), *tratarse de* (to be a question of), *pensar en* (to think about something), *soñar con* (to dream of) (see p.257).

Specific prepositions
• *a*

– personal *a* precedes the direct object of the verb when the object is human, or an animal referred to affectionately:
Conocí a tu padre en Sevilla.
I met your father in Seville.
Voy a dar de comer al perro.
I'm going to feed the dog.

If a human object is not personalised *a* is unlikely to be used:
Se busca dependiente.
We require a shop-assistant.

— *a* expresses movement towards:
Va al centro a buscar unas gafas del sol.
She's going to the centre to look for some sunglasses.

Note: *a* does not normally translate the idea of "at", of location, which is usually *en*, e.g. *en casa* (at home).

— *a* is used to express a precise time and to convey the idea of rate.
a la una y cuarto
at a quarter past one
El tren sale dos veces al día para Aranjuez.
The train departs for Aranjuez twice a/per day.

• antes de/ ante/ delante de
All three prepositions mean "before". *Antes de* refers to time, whereas *delante de* and *ante* both refer to place.
Ven antes de la seis.
Come before six o'clock.
Tuvo que comparecer ante el juez.
He had to appear before the judge.
Nunca habla de eso delante de los niños.
She never speaks about that in front of the children.

• con
con is used before *céntimos*:
Son dos euros con cincuenta (céntimos).
That's two euros and fifty cents.

• de
de means "of" (of possession), and "from" (of origin):
Este coche es de Rafael.
This car is Rafael's.
Soy de Alicante.
I'm from Alicante.

• desde
desde means "from", usually indicating a strong sense of origin, and "since":
Desde aquí se ve el castillo.
The castle can be seen from here.
Desde 1977 los españoles tienen un gobierno democrático.
Since 1977 the Spaniards have had a democratic government.

• en
As well as meaning "in" and "on", *en* has the sense of "at", of location:
Estaban sentados a la mesa.
They were sitting at the table.
Antes estudiaba en la Universidad de Salamanca.
Previously I studied at Salamanca University.

• dentro de
dentro de, meaning "inside", is frequently used in time expressions such as *dentro de poco*, "in a short while", *dentro de media hora*, "in half an hour".

• para
para, meaning "for", "(in order) to" has the sense of *destination* and *purpose*. It must be distinguished from *por*, which may also be translated by "for". *Para* can also translate "by", of the time by which something must be done:
El CD es un regalo para mi hermano.
The CD is a present for my brother.
¿Para qué sirven las vacaciones? Para relajarse.
What are holidays for? To relax.
Por favor, haz el trabajo para el lunes.
Please get the work done by Monday.

• por
por means "by", "through", "because of", "on behalf of" and is used for *cause* and *origin*. It must be distinguished from *para*, which may also be translated by "for".
Entra por la puerta principal.
Go in by/through the main door.
Por mí no te preocupes.
Don't worry about (i.e. on account of) me.
Por este camino se va a la estación.
You go to the station along this road.
Este castillo fue construido por los moros.
This castle was built by the Moors.

• sobre
sobre means "on", "on top of", "above", "about". It also means "around" with reference to time:
Las revistas estaban sobre la mesa.
The newspapers were on the table.
Quisiera saber más sobre el Museo del Prado.
I'd like to know more about the Prado Museum.
Llegaré sobre las diez.
I'll arrive around 10 o'clock.

CONJUNCTIONS

Conjunctions are words used to connect words, phrases and clauses. There are two types of conjunctions: co-ordinating and subordinating.

Co-ordinating conjunctions
Co-ordinating conjunctions like *y, o, ni, pero* and *sino*, link words or sentences of equal weight.
El niño se cayó y se echó a llorar.
The little boy fell over and began to cry.
No sé quién es ni de dónde viene.
I don't know who you are or where you've come from.
— *y* becomes *e* when the word that follows begins with *i* or *hi*.
o becomes *u* when the word that follows begins with *o* or *ho*.
España e Inglaterra
Spain and England
limpieza e higiene
cleanliness and hygiene

setenta u ochenta
seventy or eighty
¿Prefieres limón u horchata?
Do you prefer lemon or horchata?

— *pero* and *sino*
Pero is the word for "but" in the sense of a limitation of meaning. *Sino* must however be used when "but" contradicts a previous statement in the negative. If the clause introduced by *sino* has a verb in it, *que* must follow *sino*:
Mi novia no es alta y morena sino baja y rubia.
My girlfriend is not tall and dark but small and blonde.
El dueño no sólo no le pidió perdón sino que además le insultó.
Not only did the boss not apologise but he also insulted him.

Subordinating conjunctions
Subordinating conjunctions like *aunque, cuando, mientras, porque* and *ya que,* introduce a clause that is dependent on the main clause.
Aunque la selección española parece más fuerte, no creo que gane la copa.
Although the Spanish team seems stronger, I don't think it will win the cup.

NUMBERS
The main types of number are cardinal, for counting, and ordinal, for ordering.

Cardinal numbers
1	*uno/una*
2	*dos*
3	*tres*
4	*cuatro*
5	*cinco*
6	*seis*
7	*siete*
8	*ocho*
9	*nueve*
10	*diez*
11	*once*
12	*doce*
13	*trece*
14	*catorce*
15	*quince*
16	*dieciséis*
17	*diecisiete*
18	*dieciocho*
19	*diecinueve*
20	*veinte*
21	*veintiuno/una*

22	*veintidós*
23	*veintitrés*
24	*veinticuatro*
30	*treinta*
31	*treinta y uno*
40	*cuarenta*
50	*cincuenta*
60	*sesenta*
70	*setenta*
80	*ochenta*
90	*noventa*
100	*cien(to)*
101	*ciento uno/una*
102	*ciento dos*
120	*ciento veinte*
200	*doscientos/as*
300	*trescientos/as*
400	*cuatrocientos/as*
500	*quinientos/as*
600	*seiscientos/as*
700	*setecientos/as*
800	*ochocientos/as*
900	*novecientos/as*
1000	*mil*
1001	*mil uno/una*
100,000	*cien mil*
1,000,000	*un millón*
3,000,000	*tres millones*

Notes:
(a) be careful with the spelling of 5, 15, 50 and 500, 6 and 60, 7 and 70, 9 and 90.

(b) numbers up to 30 are written as one word.

(c) *y* is placed between tens and units: 41 = *cuarenta y uno,* but **not** between hundreds or thousands and units or tens: 104 = *ciento cuatro*; 110 = *ciento diez*; 1006 = *mil seis*; 1152 = *mil cincuenta y dos.*

— *Uno/una*
Uno and all numbers ending in *uno* become *un* before a masculine singular noun. *Una* does not change before a feminine singular noun.
una clase de treinta y un chicos
a class of thirty-one boys
una clase de veintiuna chicas
a class of twenty-one girls

— *Ciento, mil, un millón* (see p.219)

— Time
In travel timetables the twenty-four hour clock is used, but when speaking it is normal to use the twelve-hour clock and refer to the part of the day:
El tren sale a las 22.45.
The train departs at 22.45.
El tren salió a las 10.45 de la noche.
The train departed at 10.45 pm.

– Dates
Cardinal numbers are used for dates except for the first of the month, where the ordinal number is normally used:
el 9 de junio
9th June
el primero de diciembre
1st December

Note: when writing the date *de* must be inserted between the day and the month and the month and the year:
El 24 de diciembre de 2002
24th December 2002

– Percentages (see p.138)

Ordinal numbers

1st	1°/ª	*primero/a*
2nd	2°/ª	*segundo/a*
3rd	3°/ª	*tercero/a*
4th	4°/ª	*cuarto/a*
5th	5°/ª	*quinto/a*
6th	6°/ª	*sexto/a*
7th	7°/ª	*séptimo/a*
8th	8°/ª	*octavo/a*
9th	9°/ª	*noveno/a*
10th	10°/ª	*décimo/a*
20th	20°/ª	*vigésimo/a*
100th	100°/ª	*centésimo/a*
1000th	1000°/ª	*milésimo/a*

Ordinal numbers are adjectives and so they agree with the noun in number and gender. Note that *primero* and *tercero* drop the final *o* before a masculine singular noun.
las primeras experiencias de la infancia
the first experiences of childhood
el primer paso
the first step
el tercer día
the third day

• **Use of ordinals**
Ordinal numbers are used up to 10; subsequently cardinal numbers normally replace them.
el sexto siglo   the sixth century
el siglo diecinueve   the nineteenth century

Note: For the use of ordinal numbers for fractions, see p. 138.

Acknowledgements

The authors and publishers would like to thank the following for permission to reproduce copyright materials:

Copyright texts

p6 ©*Revista Mía*; pp10-12 ©*El País Semanal* 11/9/94*;* p10-12 ©*El País Semanal* 2002; p32 ©www.elpais.es 12/01/02; p71 ©*El País* 12/01/02; p72 ©www.elpais.es 18/05/02; p72-73 ©www.elpais.es 17/5/02; p74 ©www.elpais.es 10/03/02; p90 ©*El País Semanal/Luis Gómez* 4/03/02; p92 ©*El País* 17/09/01; p94 ©*El País* 22/10/01; p96 ©*El País* 24/02/02; p120 ©www.elpais.es 17/03/02; p126 ©*El País/J.A.H* 10/04/02; p127 ©*El País/I.G. Mardones* 10/03/02; p146 ©*El País* 03/11/02; p151 ©*El País* 01/04/01; p193 ©www.elpais.es *T. Constenla/A. Torregrosa* 07/02/00; p194 ©*El Pais* 30/8/98; p195 ©*El País/Manuel Delano* 30/08/98; pp198-9 ©*El País/Juan Jesús Aznarez* 04/03/01; p225 ©*El País/Andreu Manresa* 13/08/95; p228 ©www.elpais.es 25/03/01; pp230-1 ©www.elpais.es 03/01/01; p233 ©www.elpais.es 24/02/02; p239 ©*El País/J.M. Ahrens* 02/02/97; pp13-14 ©*Mujer Hoy* 16/03/02; p28 ©*Mujer Hoy* 16/03/02; p49 ©*Mujer Hoy* 09/03/02; p50 ©*Mujer Hoy* 09/03/02; p186 ©*El Mundo* 16/05/02; p33 ©*El Mundo*; p61 ©*El Mundo* 10/04/02; p63 ©*El Mundo* 11/04/02; p65 ©*El Mundo* 14/01/02; p66 ©*El Mundo* 20/05/02; p67 ©*El Mundo* 08/05/02; p99 ©*El Mundo* 8/2/02; p102 ©*El Mundo* 29/4/02; p104 ©*El Mundo* 19/3/02; p105 ©*El Mundo* 24/3/02; p109 ©*El Mundo* 6/3/00; p115 ©*El Mundo* 19/7/02; p130-131 ©*El Mundo* 27/4/02; p167 ©*El Mundo* 13/9/02; p168 ©*El Mundo* 7/6/99; p170 ©*El Mundo* 9/2/97; p171 ©*El Mundo* 14/1/02; p172 ©*El Mundo* 7/11/2002; p174 ©*El Mundo* 19/11/2002; p176 ©*El Mundo*; p205 ©*El Mundo* 04/02; p206 ©*El Mundo* 04/02; p208 ©*El Mundo* 2001; p208-210 ©*El Mundo* 19/08/02 & 5/5/02; p223 ©*El Mundo* 16/5/02; p235 ©Quo magazine; p32 ©*Quo* magazine; pp37-38 ©*Quo* magazine 08/97; p40 ©*Quo* magazine 08/97;p42 ©*Quo* magazine 03/96; p135 ©*Quo* magazine 05/97; pp111-2 ©*Vanaga*.; p113 ©www.mgar.net; p26 ©*El Periódico* 10/05/02; pp43-4 ©*El Periódico* 28/03/02; p46 ©*El Periódico*; p54 ©*El Periódico* 08/05/02; p60 ©*El Periódico* 05/04/02*;* p116 ©*El Periódico* 06/05/02; p188 ©*El Periódico* 23/03/02; p7 ©*Cambio 16* 16/10/00; p185 ©*Cambio 16* 18/12/00; p53-54 ©*Cambio 16* 28/08/00; p124 ©*Cambio 16* 28/08/00; p133 ©*Cambio 16* 12/02/01; 163-4 ©Revista *Cambio/Gabriel García Márquez*; p199 ©*Tot de Tot*; p202 ©*Bastaya*; p212 ©*Centro de Investigaciones Sociológicas*; p218 ©*Autosuficiencia*; p68 ©*Renfe*; p68 ©*Machu Picchu Ruinas*; p69 ©*Trasmediterranea*; p70 *La vida sobre ruedas* ©Miguel Delibes (Destino 1989); p79 ©*El Tiempo Amarillo*, F.Fernán-Gómez (Debate 1999); p80 *Las Ataduras* ©Carmen Martín Gaite (Destino 1988); p84 *Red Enlaces*; pp87-8 ©*Educaweb*; p92 ©*Edufam*; p123 ©*Clara* 01/01; p121 ©*Verdes*; p125 ©*Herederos de Federico Garcia Lorca*; p129 ©*Greenpeace*; p132 ©*Antonio Burgos*; p135 ©*La Voz de Galicia*; pp141,143,144, 145 *Expansion y Empleo*; pp147, 237 ©*La Vanguardia*; p150 ©*Casa-Alianza*; p158 ©*Cinco Dias*; p159 ©*El deber*; p224 ©*La Verdad*; p227 Excerpt from *Noticia de un secuestro* ©Gabriel García Márquez 1996*;* p234 ©*Cadena Cope*; p245 © *Innovarium*; p247 ©www.rosana.net; p248 ©*La Revista del Diario*; p250 ©*Eurospain*; p253 ©*Enjoy Peru*; p253-4 ©*Diario el Correo*; p255 ©*Literate World*; p259 ©*El Cultural*; p193 ©*The n* 22/02/00; p128 ©*Eulalia Furriol* 20/05/97; p195 ©*Eulalia Furriol* 22/02/00; p82 ©*Club Cultura*; p24 ©*InterAulas*; p83 ©*Universidad de Chile*; p92 ©*ABC Newspapers* 14/03/99; p93 ©*ABC Newspapers* 14/03/99; p186 ©*ABC Newspapers* 03/02/98; p217 ©*ABC Newspapers* 02/02/02; p117 ©*Pacharán Zoco*; p117 ©*Havana Club*; p131 ©*RNE* 30/04/98; p135 ©*RNE* 05/04/89; *p125* ©*Muy Interesante* 12/00; p134 ©*Muy Interesante* 12/00; p162 ©*Muy Interesante*; p165 ©*Muy Interesante*; p232 *Nodo 50*; p246 ©*Innovatec-Innovarium Inteligencia del Entorno*; p237 ©*Embragaos*; p250 ©*Lonely Planet*; p251 ©*Redescolar*; p237 ©*El Correo* ; p257 ©*www.literateworld.com*; p255 ©*www.socios.las.es*

Copyright photographs

The authors and publishers would like to thank the following for permission to reproduce photographs:
©Sylvia Pageon pp1,51,123; ©Tim Weiss pp6,21,66,68,76,99,129,176; ©Matthew Driver pp1,7,13,14,20,29,36-9,42,44,46,50,61,66-7,77,86-7,90,98,173,183,185,212,221,241-3, 245; ©Mónica Morcillo pp1,3,16,96,137,157; ©Corel pp19,127-8; ©El País pp10-11; ©Life File/Jeremy Hoare p12; © José Carballo pp13,23,25,57,110; ©Gianni Dagli Orti/CORBIS p30; ©DESPOTOVIC DUSKO/CORBIS SYGMA p32; ©Empics p33; ©Life File p47; ©Owen Franken/CORBIS p47; ©BSIP MASO/Science Photo Library p53; ©Clare Dubois pp57,68,111,129,139,148-9,181,251; ©Flora Torrance/Life File p65; ©Reg Charity/CORBIS p70; ©Catherine Weiss pp71-2,124; ©Life File p73; ©Elke Stolzenberg/CORBIS p79; ©AP/Eric Risberg p82; ©Mary Evans Online p83; ©Gest Music pp100,102; ©AP/Paco Torrente p104; ©Europa Press pp107, 109, 259; ©PA Photos p112; ©AP/Cesar Rangel p115; ©Photodisc pp118,125,137,139-40, 143,151,153,161,170,229; ©Voz Noticias/CORBIS p124; ©Paul Thompson, EyeUbiquitous/CORBIS p126; ©Nik Wheeler/CORBIS p132; ©Life File p135; ©Michael Thacker p137; ©Michael Dubois pp139,149,181,197-8; ©Viviane Moos/CORBIS p140; © Chuck Savage/CORBIS p140; ©Life File p145; ©Wolfgang Kaehler/CORBIS p147; ©PA photos/EPA p148; ©Charles Mann/CORBIS p155; ©James Sparshatt/CORBIS p162; © Universal Studios, Port Aventura Spain p163; ©Hank Morgan & Peter Yates /Science Photo Library p166; ©W.A. Ritchie/Roslin Institute/Eurelios/Science Photo Library p167; ©Ian Harwood,Ecoscene/CORBIS p168; ©J.B.RUSSELL/CORBIS SYGMA p181; ©LORPRESSE/CORBIS SYGMA p182; ©Popperfoto p186; ©AP/Santiago Lyon p190; ©CORBIS SYGMA p193; ©AP/Santiago Llanquin p195; ©AP/Eduardo Verdugo p199; ©AP/Paul White p202; ©DUCH DANY/CORBIS SYGMA p203; ©John Parker,Cordaiy Photo Library Ltd./CORBIS p206; © CHUPA CHUPS under authorisation of the trademark owner; ©Yann Arthus-Bertrand/CORBIS p214; ©REX/John Angerson p224; ©PA Photos/EPA p226; © Jonathan Blair/CORBIS p228; © J.B.RUSSELL/CORBIS SYGMA p231; ©Empics p234; ©AP/Gustavo Cuevas p235; ©MAURY CHRISTIAN/CORBIS SYGMA p237; ©Adam Woolfitt/CORBIS p241; ©CARDINALE STEPHANE/CORBIS SYGMA p248; ©Rebecca Teevan p253; Pablo Picasso, Don Quixote y Sancho Panza, 1960, Institut Amatller d'Art Hispanic ©Succession Picasso/DACS 2003 p256; Rivera, Diego The Flower Carrier (formerly The Flower Vendor), 1935 oil and tempera on Masonite, San Francisco Museum of Modern Art, Albert M. Bender Collection, Gift of Albert M. Bender in memory of Caroline Walter, ©Estate of Diego Rivera, courtesy of Banco de México, photography credit: Ben Blackwell p258.